数字媒体技术与教育应用

——基础篇

主　编　周红春
副主编　张焕明　谢舒潇

北京理工大学出版社
BEIJING INSTITUTE OF TECHNOLOGY PRESS

图书在版编目（CIP）数据

数字媒体技术与教育应用．基础篇／周红春主编．—北京：北京理工大学出版社，2013.5

ISBN 978－7－5640－7788－4

Ⅰ.①数…　Ⅱ.①周…　Ⅲ.①计算机辅助教学－研究　Ⅳ.①G434

中国版本图书馆 CIP 数据核字（2013）第 114795 号

出版发行／北京理工大学出版社有限责任公司
社　　址／北京市海淀区中关村南大街 5 号
邮　　编／100081
电　　话／（010）68914775（总编室）
　　　　　82562903（教材售后服务热线）
　　　　　68948351（其他图书服务热线）
网　　址／http：//www. bitpress. com. cn
经　　销／全国各地新华书店
印　　刷／北京地质印刷厂
开　　本／787 毫米×1092 毫米　1/16
印　　张／17
字　　数／402 千字
版　　次／2013 年 5 月第 1 版　2013 年 5 月第 1 次印刷
定　　价／38.00 元

责任编辑／张慧峰
文案编辑／张慧峰
责任校对／陈玉梅
责任印制／吴皓云

序

“加快教育信息化进程”是国务院颁布的《国家中长期教育改革与发展规划纲要（2010—2020年）》（以下简称《纲要》）提出的重要任务。《纲要》明确指出：“信息技术对教育发展具有革命性影响，必须予以高度重视。把教育信息化纳入国家信息化发展整体战略，超前部署教育信息网络。”《纲要》还从“教育信息基础设施建设”“优质教育资源开发与应用”“国家教育管理信息系统”三个方面提出了教育信息化的发展目标和路线。国家《教育信息化十年发展规划（2011—2020年）》提出了我国教育信息化未来十年的战略目标，就是要实现“三基本两显著”，即基本建成人人可享有优质教育资源的信息化学习环境，基本形成学习型社会的信息化支撑服务体系，基本实现宽带网络的全面覆盖，使得教育管理信息化水平显著提高，信息技术与教育融合发展的水平显著提升。《发展规划》还明确提出高等教育信息化的任务是“进一步加强基础设施和信息资源建设，重点推进信息技术与高等教育的深度融合，促进教育内容、教学手段和方法现代化，创新人才培养、科研组织和社会服务模式，推动文化传承创新，促进高等教育质量全面提高”。

在今后十年的教育信息化建设和发展进程中，信息技术对教育改革不仅具有支撑作用，同时要强调其引领作用：在推进信息技术普及教育应用的同时，要强调信息技术与教育的融合；在继续加强基础设施建设的同时，要强调教育信息化能力的提升；在推进信息化的进程中，要强调机制建设；在整个信息化建设中还必须把资源建设与共享、学校信息化建设放在十分重要的地位。要实现我国高校教育信息化的科学发展，其关键举措之一，就是要推进信息化可持续发展能力的建设，包括提升教育技术能力，推广应用教育信息化标准，建立教育信息化技术支持和战略研究体系，培养教育信息化后备人才。具体措施就是要提升教师信息技术应用水平，建设专业化信息技术支撑队伍，提高各级组织教育信息化领导力，优化信息化人才培养体系。

教师是新知识、新技术的传播者，教师是教育信息化的实践者，也是教育信息化的推动者。随着社会信息化进程的加快，教育技术能力已成为教师专业素质的重要组成部分，是教师专业化的重要体现。教师要适应信息时代教育发展的要求，肩负起推动教育改革、为国家和社会培养创新人才的历史重任，就必须清醒地认识到除了掌握本学科的专业知识外，还必须不断地学习与信息技术相关的新知识、新观点，提高自己的教育技术能力，并将新知识渗透到教学中，以适应现代科技的高速发展。教育技术作为教育改革的突破口和制高点已逐渐成为人们的共识，并且与教育信息化、素质教育、创新人才培养、终身教育等重大问题紧密相关。要通过对教师进行教育技术培训和教师的自觉学习，提升教师应用信息技术的水平和现代信息技术环境下的教学能力，促进教师更新教学观念，改进教学方法和手段，创新教学模式，积极探索信息技术与课程深度融合的方法与规律，提高教学效果。要鼓励学生利用信息技术手段主动学习、自主学习，增强运用信息技术分析、解决问题的能力，拓宽思路，将信息技术作为支持自己终身学习的手段。

暨南大学从2001年起就成立了暨南大学教育技术培训中心，持续开展教师教育技术培训工作，目前已进行了20多期教师教育技术等级培训，培训人数达4000多人次，并连续10年为学生开设了《多媒体技术及应用》通识教育选修课。暨南大学网络与教育技术中心老师们还共同编写《数字媒体技术与教育应用》系列教材，该系列教材整合了数字媒体技术、现代教育技术和新媒体等相关理论、技术和应用，是比较综合的数字媒体技术与教育应用的教材，内容涉及数字媒体技术的基本原理、应用、基本操作以及数字媒体技术教育应用的新发展等。该系列教材注重理论联系实际，使用者既可以通过它掌握比较主流的数字媒体技术基础知识，还可以将这些技术与实践应用相结合，提高自身的信息素养。该系列教材分为基础篇和应用篇两部分，体系比较完整、清晰，可操作性更强，能适合不同层次人群的需要，适用范围更广泛。《数字媒体技术与教育应用》系列教材是他们积累了多年的教育技术培训与教学经验的结晶，他们在繁忙的工作中克服各种困难，将自己的思考和实践经验付诸文字。我希望通过本书的出版能够抛砖引玉，为促进教师教育技术能力培养和提高学生的信息素养尽一份力，使得教育技术的普及水平不断提高，为推动教师专业化发展、培养创新人才做出更大贡献！

华南师范大学教育技术研究所 李克东
广东省高等学校教育技术中心
2013年5月

前　言

数字媒体技术是一种新兴的、综合的技术，广泛应用于信息、通信、影视、广告、出版、教育等领域。数字媒体技术的发展推动着社会生产方式、生活方式和内容的变革，已成为信息社会中最广泛的信息载体，几乎渗透到人们工作、生活和学习的方方面面，数字媒体技术应用能力已经成为信息时代人们必备的能力之一。

面对日趋激烈的国力竞争，世界各国普遍关注教育信息化在提高国民素质和增强国家创新能力方面的重要作用。高等教育信息化是促进高等教育改革创新和提高质量的有效途径，是教育信息化发展的创新前沿。对教师进行教育技术培训，可以提高教师应用信息技术的水平和现代信息技术环境下的教学能力，促进教师更新教学观念，改进教学方法和手段，创新教学模式，积极探索信息技术与课程深度融合的方法与规律，提高教学效果。要鼓励学生利用信息技术手段主动学习、自主学习，增强运用信息技术分析、解决问题的能力，拓宽思路，将信息技术作为支持自己终身学习的手段。为此，我们结合长期开展的高校教师教育技术培训以及十年来为本科学生开设“多媒体技术及应用”通识课教学的经验，编写了这套《数字媒体技术与教育应用》系列教材，比较综合地介绍数字媒体技术、现代教育技术和新媒体等相关理论、技术和应用，内容涉及数字媒体技术的基本原理、应用、基本操作以及数字媒体技术教育应用的新发展等。

本系列教材具有以下特点：

● 内容齐全：分为基础篇和应用篇，应用方面侧重于教育教学应用。主要内容涉及数字媒体技术概述、数字图像技术基础、数字音视频技术基础、数字动画技术基础、网页制作技术基础、网络基础知识、数字媒体技术发展促进教学方式的变革、信息化环境下的教学设计、多媒体教案设计与制作、网络教学平台的应用、新媒体技术教育应用等，共 11 个章节，其中基础篇 6 个章节，应用篇 5 个章节。

● 实践性强：在内容编排上，比较注重理论与实践相结合，每一章均设计有学习提要、重点难点和练习题。每一种技术的介绍都是按照“基础知识 - 基本操作 - 综合实例”的线索进行安排，由浅入深，理论联系实际，符合学习者的认知规律，实践性强。

● 注重教学方法改革：在教学过程中采用边讲边上机操作的方法，注重教学方法和手段的改革，采用混合式教学法：传统课堂讲授 + 课堂多媒体 + 网络辅助教学 + 学生课堂上机实习 + 课后学生上机练习 + 课后网络学习平台师生交流互动和上传作业。

● 适用面广：除了适合作为本科、成人教育、高职高专的学生教材使用，还可以作为高校教师教育技术培训教材，也可供社会人士学习数字媒体技术使用。

本系列教材由周红春任主编，张焕明、谢舒潇任副主编，由暨南大学网络与教育技术中心的老师们合作编写。其中基础篇第 1、2 章由周红春编写，第 3 章由黄雅编写，第 4 章由林秀曼编写，第 5 章由林秀曼、谢舒潇编写，第 6 章由吕双欢、张焕明编写。应用篇第 1 章由周红春编写，第 2 章由赵海霞编写，第 3 章由陈毓超编写，第 4 章由谢舒潇编写，第 5 章由刘冠编写。本书配套素材资料可在北京理工大学出版社网站下载，网址：www. bifpress. com. cn。

在本教材编写过程中，得到华南师范大学况姗芸教授、暨南大学熊玉珍副教授和北京理工大学出版社周磊老师的大力支持，我国著名教育技术专家、广东省高等学校教育技术中心主任李克东教授在百忙中为本书作序，在此表示衷心的感谢！在本书的编写过程中，编者参考和引用了有关书籍和大量的文献资料，绝大部分资料来源已经标注，如有遗漏，敬请原谅，在此向这些作者致以深深的谢意。

由于编者水平和时间有限，书中难免有诸多不足之处，敬请广大读者在使用过程中提出宝贵意见。同时，恳请各界专家、学者批评指正。

编　者

2013 年 5 月

目　录

第1章

概　述

学习提要

本章主要了解媒体、数字媒体与数字媒体技术的含义；掌握数字媒体的特点、数字媒体的媒体元素、数字媒体设备等；掌握数字媒体技术的研究内容、教育应用与新发展。

重点难点

掌握数字媒体技术的含义，数字媒体的类型、特性，数字媒体技术的研究内容，数字媒体技术的教育应用与新发展。

1.1　数字媒体的含义

美国著名网络大师尼葛洛庞帝十多年前就敏锐地感觉到当今时代是一个数字化生存的时代。1995 年，他出版了被称为信息社会“圣经”的专著《数字化生存》一书，为我们描绘了建立在高新科技之上的数字化时代正在向我们疾驶而来，信息技术的发展将变革人类的学习方式、工作方式、娱乐方式，改变人们的生存方式，带来我们生存世界的扩展。数字化生存建立在数字技术迅猛发展的基础上。

数字媒体技术是一种新兴的、综合的技术，广泛应用于信息、通信、影视、广告、出版、教育等领域。数字媒体技术的发展推动着社会生产方式、生活方式和内容的变革，已成为信息社会中最广泛的信息载体，几乎渗透到人们工作、生活的方方面面。

1.1.1　媒体与数字媒体

1. 媒体

媒体（medium）在计算机领域有两种含义：一是指存储信息的载体，如磁盘、光盘、磁带、半导体存储器等，中文常译为媒质；二是指传递信息的载体，如数字、文字、声音、图形和图像等，中文译作媒介。

人类在信息交流中要使用各种信息载体。国际电信联盟（International Telecommunication

Union，简称 ITU）将媒体分为感觉媒体、表示媒体、显示媒体、存储媒体和传输媒体五大类：

感觉媒体（Perception medium）：指的是能直接作用于人们的感觉器官，从而能使人产生直接感觉的媒体。如语言、音乐、自然界中的各种声音、各种图像、动画、文本等。

表示媒体（Representation medium）：指的是为了传送感觉媒体而人为研究出来的媒体。借助于此种媒体，便能更有效地存储感觉媒体或将感觉媒体从一个地方传送到遥远的另一个地方。诸如语言编码、图像编码、电报码、条形码等。

显示媒体（Presentation medium）：指的是用于通信中使电信号和感觉媒体之间产生转换用的媒体。如键盘、鼠标器、显示器、打印机、话筒、数码相机等输入输出设备。

存储媒体（Storage medium）：指的是用于存放某种媒体的媒体。如纸张、磁带、磁盘、光盘、硬盘、U 盘等。

传输媒体（Transmission medium）：指的是用于传输某些媒体的媒体。常用的有电话线、电缆、光纤、红外线、微波等。

2. 数字媒体

简单地说，数字媒体是指以数字化的形式产生、获取、存储、处理和传播的信息媒体。数字媒体包括两个方面：一是信息，采用二进制形式表现的内容；二是媒介，能产生、获取、存储、传播信息的载体。

从学科的角度来看，数字媒体是以信息科学和数字技术为主导，以大众传播理论为依据，以现代艺术为指导，将信息传播技术应用到文化、艺术、商业、教育和管理领域的科学与艺术高度融合的综合交叉学科。数字媒体包括了文字、图像、音频、视频、动画等各种形式，以及传播形式和传播内容中采用的数字化，即信息的采集、存取、加工和分发的数字化过程。数字媒体已经成为继语言、文字和电子技术之后的最新的信息载体。

1.1.2 数字媒体的特点

1. 数字化

数字媒体以二进制的形式存储、处理和传播文字、图像、音频、视频、动画等的信息。这种方式使得信息易于复制，可以快速传播和重复使用，不同媒体之间的信息还可以相互混合，有利于多媒体的表现。

2. 集成性

数字媒体并不是简单地把多种媒体叠加起来，而是对多种媒体有机的集成，它集文本、图形、图像、音频、视频、动画等多种媒体信息于一体，通过信息多通道统一获取、统一存储与处理，然后综合不同形式的信息集中地表现出来，使表现的内容更加丰富多彩，达到最佳的传播效果。包括媒体设备的集成和信息媒体的集成。

3. 交互性

交互性是数字媒体的关键特性。数字媒体具有双向传播的特点，使人们获取和使用信息由被动变为主动，都可以进行编辑、控制和传送，具有双向互动的功能。数字媒体的交互性可以增强对信息的注意力和理解，延长信息保留的时间。

4. 多样性

多样性指数字媒体处理信息的多样性和传播形式的多样性。

数字媒体处理信息不再局限于数值和文本，还包括图形、图像、音频和视频等，可以做到图文声像并茂。人类自身对于外界信息接收依靠 5 个感觉器官：视觉、听觉、触觉、嗅觉和味觉，而视觉、听觉和触觉占了 95% 以上的信息量。

传播形式的多样性主要表现在：传播渠道有光盘、互联网、数字电视广播网、数字卫星、移动网络等，传播方式有 E-mail、BBS、QQ、微博、博客、播客、IPTV、手机电视、移动电视、数字电视广播等。

1.1.3　数字媒体的媒体元素

数字媒体含有多种不同的媒体元素，其基本类型主要包括：文本、音频、图像、图形、视频和动画等。

1. 文本（text）

文本是用得最多的一种符号媒体形式，是最简单的数据类型，其占用的存储空间最少。文本数据类型在数据库中可为字段，可以被索引、搜索及分类。文本是关系数据库的基本元素。文本也是文档的基本构成元素。

文本数据可以在文本编辑软件里制作，如通过写字板、记事本、WPS 和 Word 文字处理软件等，所编辑的文本文件大都可以被输入到数字媒体应用设计之中。图形与图像处理软件或数字媒体编辑软件一般也有文本制作功能。

2. 音频（audio）

音频对象包括音乐、语音、电话交谈等。音频对象具有与之相关的时间维度。为使音频让人听起来正常，保持最初录音时的频率和音高是很重要的。以正确的速度回放，要求回放必须保持一个固定的速度。

一个音频对象需要存储与声音片断有关的信息，如声音片断的长度、它的压缩算法、回放特性，以及与原始片断相关的任何声音注释，这些注释必须作为叠加内容与原始片断同时播放。

由此可见，声音具有过程性，适合在一个时间段中表现。可以这样说，没有时间也就没有声音。由于时间性，声音数据具有很强的前后相关性，数据量相对于文本而言要大得多，实时性要求也比较高。因为声音是连续的，所以又称之为连续型时基媒体类型。

3. 图像（image）

“图（Picture）”是指用描绘或用摄影等方法得到的景物的相似物。“像（Image）”是指直接或间接得到的人或物的视觉印象。可以这样认为：凡是能为人类视觉系统所感知的信息形式或人们心目中的有形想象统称为图像。这样，无论是图形，还是文字、影像、视频等最终都是以图像形式出现的。图像对象包括 3 种类型：抽象图像、不可视图像和可视图像。

（1）抽象图像并不是存在于真实世界中的对象的图像或显示，而是基于一些算术运算的计算机生成的图像。

（2）不可视图像是那些不作为图像存储但作为图像显示的图像。这些图像包括气压计、温度计以及其他度量的显示。

（3）可视图像有各类图片（如蓝图、工程图等）、文档图像（如通过图像扫描得来的一页书）、摄影照片（如扫描的，或直接用数码相机拍摄的）、画（如由计算机绘图软件生成的，或扫描的）以及由数字摄像机捕获的静止帧。

图像除采集、存储以外还有处理、传递、输出等复杂的过程。就图像处理而言，包含有图像数据压缩、优化、编辑以及格式转换。图像的处理是目前研究的热点之一。

4. 图形（graphic）

图形是一种抽象化的图像，即用图形指令取代了原始图像，去掉不相关的信息。图形的矢量化使得有可能对图中的各个部分分别进行控制。图形的产生需要计算时间。

通常将图形分为二维图形、三维图形两大类。平面图形就是二维图形，它的变换都是在二维空间中进行的。三维图形要实现的是三维空间的图形显示与变换。例如在虚拟现实、三维地图、计算机辅助设计中需要广泛应用三维图形。

图形与图像是两个不同的概念，主要区别如下：

（1）图形是矢量的概念，它的基本元素是图元，如点、线、面等元素；而图像是位图的概念，它的基本元素是像素，像素是把一幅位图图像考虑为一个矩阵，矩阵中的任一元素对应于图像中的一个点。因此，图像显示得要逼真些。

（2）图形可以进行变换而不失真，而图像经过变换可能会失真。图形可以以图元为单元单独进行属性修改、编辑等操作，而图像只能对像素或图像块进行处理，这是由于在图像中并没有关于图像内容的独立单位的缘故。

（3）图形的显示过程是依据图元的顺序进行的，而图像的显示过程是按照位图中所安排的像素进行的，与图像内容无关。

5. 视频（video）

视频是影像视频的简称，大多数用于与电视、图像处理有关的技术中。与动画一样，视频是由连续的、随着时间变化的一组图像（或称画面）组成。视频信号也是连续的、随着时间变化的一组图像。只是画面图像是自然景物的图像，而视频信号因为在计算机中使用，所以就必须是全数字化的，但在处理过程中免不了受到电视技术的各种影响。

6. 动画（animation）

动画可以认为是运动的图画。计算机动画就是用以生成一系列可供实时演播的画面的技术。它可辅助传统卡通动画片的制作，也可通过对三维空间中虚拟摄像机、光源及物体运动和变化的描述，逼真地模拟客观世界中真实或虚构的三维场景随时间而演变的过程。由计算机生成的一系列画面可在显示屏上动态演示，也可将它们记录在电影胶片上或转换成视频信息输出到录像带上。

动画具有如下特点：

（1）时间连续性。即动态帧构成的图像具有时间连续性。由于图像是一帧帧地连续在屏幕上显示，故动画序列属于离散型时基媒体类型。

（2）数据量大。必须采用合适的压缩方法才能在计算机中使用。

（3）相关性。即动态图像的帧与帧之间具有很强的相关性。

（4）对实时性的要求高。在规定时间内，必须完成更换画面播放的过程，以使被观看的动态图像具有连续性。这就要求计算机的处理速度、显示速度、数据读取速度都要满足实时性的要求。

二维动画与三维动画是不相同的。当计算机制作的动画画面仅是二维的透视效果时，就是二维动画。如果通过 CAD 形式创作出具有真实的光照效果和质感，就是三维真实感动画。通常，二维动画可由计算机实时变换生成并演播，但三维动画尤其三维真实感动画由于计算量太大，只能先生成连续的帧图像画面序列，在播放时，调用该图像序列演播，有明显的生成和播放的不同过程。

1.1.4　数字媒体设备概述

数字媒体设备主要包括几大类：数字媒体采集设备、数字媒体存储设备和数字媒体输出设备等。

1. 数字媒体采集设备

数字媒体信息采集技术是数字媒体信息处理的基础，包括文字、图像、声音和视频等数据获取技术、人机交互技术等，主要设备包括手写板、扫描仪、数码相机、数码摄像机、录音笔、键盘、鼠标、触摸屏以及用于运动数据采集与交互的数据手套和数据衣等。

1）手写板

手写板是一个总称，由手写板和手写笔两部分组成。其作用与键盘类似，是一种手写绘图输入和文字输入设备，也带有一些鼠标的功能，如图 1-1-1 所示。

手写板主要分为电阻压力式板、电磁式感应板和电容式触控板。电磁式手写板又可细分为有压感手写板和无压感手写板两种。有压感手写板可以感应到手写笔在手写板上的力度，从而产生粗细不同的笔画，这一技术成果被广泛应用在美术绘画和银行签名等领域。

(a)　(b)　(c)

图 1-1-1　手写板

（a）电磁式；（b）电容式；（c）电阻式

2）扫描仪

扫描仪是重要的图像输入设备，可以将图片、照片、胶片及各类文稿资料扫描到计算机中，从而实现对这些资料的信息处理、使用、存储和输出等。根据扫描的幅面和质量，可将扫描仪分为手持式扫描仪、平板式扫描仪和滚筒式扫描仪，如图 1-1-2 所示。

(a)　(b)　(c)

图 1-1-2　扫描仪

（a）手持式；（b）平板式；（c）滚筒式

手持式扫描仪体积较小、质量较轻，携带方便，价格较低，早期应用于办公和家用领域，但由于其扫描精度、扫描质量和扫描幅面的限制，目前只应用于特殊图像输入领域，如条码读入器、卡片阅读机等。

平板式扫描仪是最常见的扫描仪，被扫描的图稿正面向下置于扫描平台上，由机械传动装置移动扫描头逐行完成扫描图稿。平板式扫描仪广泛用于办公及家用领域。

滚筒式扫描仪一般应用于大幅面的扫描，如大幅面工程图纸的输入。它通过旋转滚筒的进纸方式来工作，主要应用于专业领域。

扫描仪一般都配有相应的扫描应用软件，用户通过软件来选择扫描时的工作参数，包括实际扫描所采用的分辨率等，由此控制扫描仪的工作。扫描软件还可以对图像进行一些预处理，生成的数字图像可以按不同的文件格式存储。

3）数码相机

数码相机是近几年来迅速发展起来的多媒体信息输入设备，它可以将用户拍摄的照片直接输入计算机中进行加工、处理和输出。数码相机记录的影像可以不经复杂的暗房操作，直接由相机本身的液晶显示屏、电视机或个人计算机再现，也可以通过打印机输出。与传统摄影技术相比，数码相机简化了影像再现加工过程，可以便捷地显示被摄画面。数码相机可以分为单反数码相机、卡片数码相机和长焦数码相机等，如图 1-1-3 所示。

(a) (b) (c) (d)

图 1-1-3 数码相机

（a）单反数码相机；（b）卡片数码相机；（c）长焦数码相机；（d）单电数码相机

单反数码相机指的是单镜头反光数码相机，可以更换不同规格的镜头，比较适合专业人士使用。

卡片数码相机在业界并没有明确的概念，小巧的外形、相对较轻的机身以及超薄时尚的设计是衡量此类数码相机的主要标准。卡片数码相机的手动功能相对薄弱，液晶显示屏耗电量较大，镜头性能不强，比较适合家庭使用。

长焦数码相机指的是具有较大光学变焦倍数的机型。光学变焦倍数越大，能拍摄的景物越远。

单电数码相机是指采用电子取景并且具有数码单反相机的功能的相机。我们知道，单反数码相机指单镜头反光取景的相机。因此“单电”和“单反”的数码相机主要区别是取景方式的不同。单电数码相机和单反数码相机相比有它自身的优势，因为它没有五棱镜和移动的反光镜，避免了活动反光镜的动作所产生的震动，提高了影像的质量，同时消除了反光镜动作的声音。缺点是费电，只要打开电源，电子取景器就一直工作。

4）数码摄像机

1995 年 7 月，索尼公司发布第一台数码摄像机 DCR-VXIOOO；1996 年，JVC 公司发布了首款轻薄便携式家用数码摄像机。在其后的几年间，数码摄像机以其众多的优势，渐渐替代了模拟摄像机，让人们朝着数字化生活又迈进了一步。数码摄像机可分为广播级机型、专业级机型和消费级机型，如图 1-1-4 所示。

(a)　　(b)　　(c)

图 1-1-4　数码摄像机

（a）广播级机型；（b）专业级机型；（c）消费级机型

广播级机型主要应用于广播电视领域，图像质量高，信噪比大，性能全面，但价格较高，体积也比较大。

专业级机型应用在广播电视以外的专业电视领域，图像质量略低于广播用摄像机。

消费级机型一般应用在图像质量要求不高的非专业场合，比如家庭娱乐等。这类摄像机体积小，质量轻，便于携带，操作简单，价格便宜。

5）录音笔

录音笔又称为数码录音笔、数码录音棒或数码录音机，如图 1-1-5 所示。其工作原理是通过对模拟信号的采样、编码将模拟信号通过数模转换器转换为数字信号，并进行一定的压缩后进行存储。数码录音笔拥有多种功能：声控录音、电话录音、自动录音、MP3 播放、FM 调频、TTS 文字转语音功能、定时录音、外部转录、分段录音以及录音标记、多种播放查找、可用做复读机等，其中声控录音和电话录音功能是比较重要的，声控录音可以在没有声音信号时停止录音，有声音信号时恢复工作，延长了录音时间，也更省电；电话录音功能则为电话采访及记事提供了方便；分段录音以及录音标记功能对录音数据的管理效率比较高。

与传统录音机相比，数码录音笔具有携带方便、拥有多种功能、录音的时间很长、安全可靠、使用寿命长等特点；并且数码录音笔是通过数字存储的方式来记录音频，即使经过多次复制，声音信息也会保持原样不变。

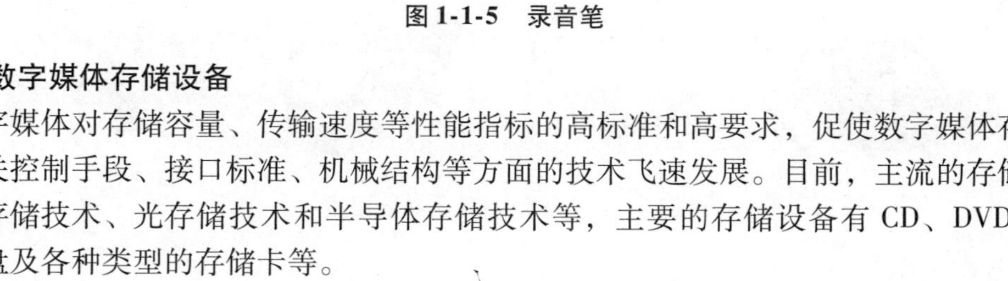

图 1-1-5　录音笔

2. 数字媒体存储设备

数字媒体对存储容量、传输速度等性能指标的高标准和高要求，促使数字媒体存储媒介以及相关控制手段、接口标准、机械结构等方面的技术飞速发展。目前，主流的存储技术主要有磁存储技术、光存储技术和半导体存储技术等，主要的存储设备有 CD、DVD、U 盘、移动硬盘及各种类型的存储卡等。

1）CD

CD 是通过光学方式来记录数字信息的存储设备。目前，用于计算机系统的光盘按其记录原理的不同，大致可分为只读光盘、一次性写入光盘和可擦写光盘。只读光盘中的数据只能读取而不能修改或写入，它可规模化生产，适于廉价、大批量地发行同一种信息。一次性写入光盘的发展则极大方便了普通的计算机用户，它既可用于小批量复制发行，也能用于数据备份，但是数据只可以一次性写入，而且已写入的数据不能改写。可擦写光盘允许用户在同一张光盘上反复进行数据擦写操作，如果光盘刻录失败或必须重写，可通过软件清除已有数据，重新写入新数据。

2）DVD

DVD 的应用不仅可以用来存放影视节目，而且可以用来存储其他类型的数据，因此 DVD 也称为数字多用途光盘。DVD 和 CD 一样，都是光学存储媒体，但 DVD 的存储容量和带宽都明显高于 CD。人们通常用 DVD 存放影视节目，它利用 MPEG－2 的压缩技术来存储影像，能提供高清晰度的数字影像、高存储容量以及高品质的音响效果。

3）U 盘

U 盘即 USB 盘的简称，也叫闪存盘，是采用闪存存储技术、基于 USB 接口、以闪存芯片为存储介质的存储设备。任何带有 USB 接口的电脑都可以使用它来交换数据，部分 U 盘还具备系统启动、杀毒、加密保护和装载一些工具等功能，如图 1-1-6 所示。

图 1-1-6　U 盘

4）移动硬盘

移动硬盘以高速、大容量、轻巧便捷等优点赢得许多用户的青睐。外表上看，移动硬盘的体积比 U 盘大，其实两者的存储原理不同。U 盘以闪存芯片作为存储介质，移动硬盘则以磁性介质作为存储器。移动硬盘可以提供相当大的存储容量，且大多采用 USB 和 IEEE 1394 接口，能提供较高的数据传输速度，如图 1-1-7 所示。

与 U 盘相比，移动硬盘有自身的一些不足。其一，耗能相对较大，有时一个 USB 端口提供的电流不能保证其正常运行，因此移动硬盘配置的数据线一般都有两个 USB 端口，甚至需要配置专门的电源，这也是一些移动硬盘不能正常工作的原因。其二，移动硬盘内部有机械读写装置，容易因碰伤、跌落等原因造成机械损坏，抗震动和潮湿性能及可靠性不如 U 盘。

图 1-1-7　移动硬盘及其数据线

5）各种类型的存储卡

存储卡也是利用闪存技术存储数字信息的存储器，一般应用在数码相机、掌上电脑、MP3 播放器和手机等小型数码产品中。

存储卡和 U 盘的工作原理是完全一样的。U 盘体积较大是因为它除了存储介质外还自带了 I/O 接口元件。存储卡的这些接口是安装在数码相机里的，如果电脑要读取存储卡的内容，则需要读卡器。换句话说，U 盘就是把存储卡和读卡器制作在一起了。

目前市面上有各种类型的存储卡，如 CF（Compact Flash）卡、SM（Smart Media）卡、记忆棒（Memory Sticks）、MMC（Multi Media Cards）卡、SD（Secure Digital）卡和 XD（XD-Picture Card）卡等，如图 1-1-8 所示。

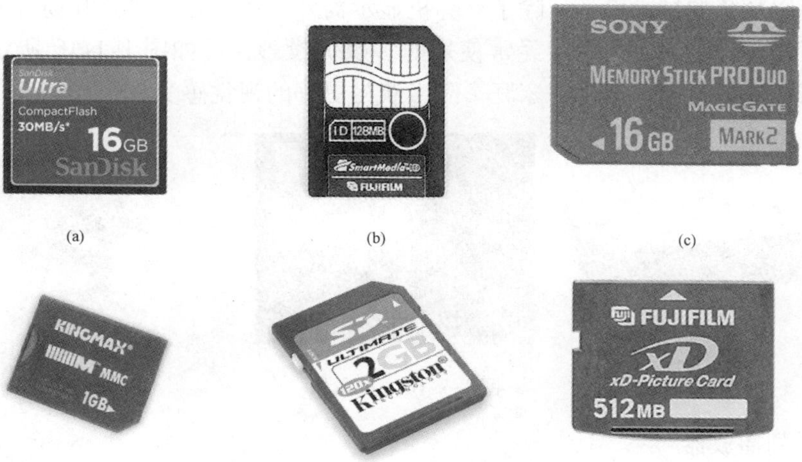

(a)　(b)　(c)

(d)　(e)　(f)

图 1-1-8　各种存储卡

（a）CF 卡；（b）SM 卡；（c）记忆棒；（d）MMC 卡；（e）SD 卡；（f）XD 卡

3. 数字媒体输出设备

数字媒体输出技术是将数字信息转化为人类可感知的信息，其主要目的是为数字媒体内容提供更丰富的交互界面，主要设备有打印机、投影仪、各种音视频播放器、耳机、音箱、显示器等。

1）打印机

根据打印原理不同，常见的打印机可分为针式打印机、喷墨打印机和激光打印机，如图 1-1-9 所示。

(a)　(b)　(c)

图 1-1-9　打印机

（a）针式打印机；（b）喷墨打印机；（c）激光打印机

针式打印机通过打印头中的 24 根针击打复写纸，从而形成字体。在实际使用中，只有针式打印机能够快速完成多联纸的一次性打印。这一特性决定针式打印机一直都有着独特的市场份额，服务于一些特殊的行业用户，如医院、银行和邮局等。

喷墨打印机是在针式打印机之后发展起来的，采用非打击的工作方式，其比较突出的优点有体积小，操作简单、方便，打印噪声低，打印效果好，使用专用纸张时可以打出和照片相媲美的图片等。喷墨打印机适合小型企业或家庭用户。

激光打印机综合采用了激光扫描技术和电子照相技术，具有精美的打印质量、低廉的打印成本、优异的工作效率以及极高的打印负荷等特点。

2）投影仪

多媒体应用系统的显示设备，除了计算机显示器外，还有在一些公共场合如学校的多媒体教室、会议、各种培训、演示中经常使用的多媒体投影仪，如图 1-1-10 所示。另外，现在也有不少家庭选择投影仪来组建家庭影院，获得更好的视觉感受。

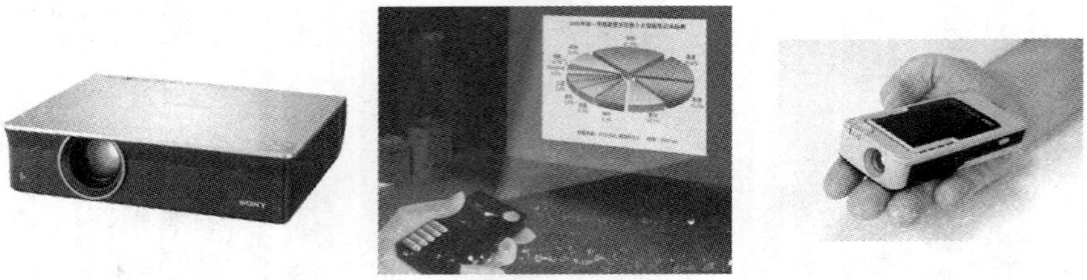

图 1-1-10　投影仪

3）MP 系列播放器

MP3 是在 1991 年由位于德国埃尔朗根的研究组织 Fraunhofer Gesellschaft 的一组工程师发明和标准化的，是 MPEG－1 Audio Layer 3 的缩写。它是当今较流行的一种数字音频编码和有损压缩格式，音频编码具有 10：1～12：1 的高压缩率，同时基本保持低音频部分不失真，但是牺牲了声音文件中 12kHz 到 16kHz 高音频（人类的听觉对这段音频不敏感）这部分的质量来换取文件的小容量，相同长度的音乐文件，用 *.mp3 格式来储存，一般只有 *.wav 文件的 1/10，而音质要次于 CD 格式或 WAV 格式的声音文件。MP3 又可理解为能播放 MP3 音乐文件的播放器，有的还集成了收音机播放、录音等功能，这类播放器具有音质好、体积小、价格低、操作方便但显示屏较小的特点。如图 1-1-11 所示。

MP4 全称为 MPEG－4 Part 14，是一种使用 MPEG－4 的多媒体计算机档案格式，文档名后缀为 .mp4，以储存数码音频及数码视频为主。另外，MP4 又可理解为 MP4 播放器，是一种集音频、视频、图片浏览、电子书、收音机等于一体的多功能播放器。这类播放器种类繁多：有支持 AAC 文件格式的 MP4、能播放视音频的 MP4、硬盘式 MP4、闪存式 MP4、智能 MP4 等。如图 1-1-12 所示。

图 1-1-11　MP3 播放器

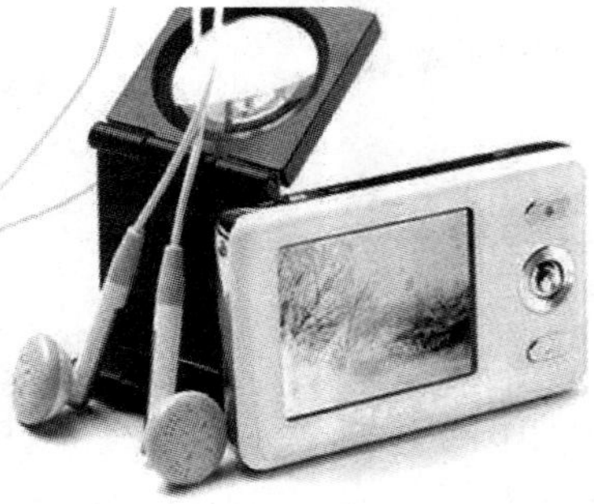

图 1-1-12　MP4 播放器

MP5 是 MPEG Layer 5 的简称，通常被理解为能收看电视的 MP4，其核心功能就是利用地面及卫星数字电视通道实现在线数字视频直播收看和下载观看等功能，同时，MP5 内置4～10G 硬盘，使用者可以将 MP3、网络电影甚至 DVD 影片、电视连续剧、照片等统统纳入其中。其特点是能够用相对较低的功耗、技术难度和费用，使产品具有很高的协同性和扩展性；还第一个将 ARM11 平台应用于手持多媒体终端，其主频可高达 1GHz，能够播放更多视频格式的文件，如 AVI、ASF、DAT、RM、RMVB 等。如图 1-1-13 所示。

MP6 是一种改变原文件存储读取方式，实现数码设备与网络无线连接的新一代创新型网络音频播放设备，也称作“网络音响”。如图 1-1-14 所示。所应用的领域有：

图 1-1-13　MP5 播放器

图 1-1-14　MP6 播放器

（1）完全取代 MP5 播放器，可看视频、听歌曲、玩游戏、电子书、图片浏览等，如 2008 年 6 月爱立信推出的歌王 MP6；

（2）代替电视，这种 MP6 机器可以内置 CMMB 功能，也可以直接连接机顶盒放电视，白天当 21 英寸的电视看，晚上当 60 英寸的电视，方便携带，空间不受移动限制；

（3）代替计算机，WinCE5.0 系统，WIFI 无线上网功能直接上网，直接插键盘，鼠标操作；

（4）代替投影机功能：代替大型的投影机。这类 MP6 主要是通过 LCOS 三色投影仪技术，在传统视频播放器基础上扩大视频视觉，把传统的播放器便携化、娱乐化。

未来的播放功能将越来越强大，越来越齐全，就像随身携带的一款小多媒体计算机，随着科技的发展与进步，以后的随身播放器可能是无法想象的。

4）智能手机和平板电脑

智能手机（smart phone），是指像个人计算机一样，具有独立的操作系统，可以由用户自行安装软件、游戏等第三方服务商提供的程序，通过此类程序来不断对手机的功能进行扩充，并且可以通过移动通信网络来实现无线网络接入的一类手机的总称。

目前，全球大多数手机厂商都有智能手机产品，美国的苹果、韩国的三星、芬兰的诺基亚、加拿大的 RIM（黑莓）、美国的摩托罗拉、中国台湾的宏达（HTC）、中国的华为等。图 1-1-15 展示了常见的几款智能手机。

(a) (b) (c) (d)

图 1-1-15 智能手机

（a）苹果 iPhone；（b）三星；（c）黑莓；（d）华为

1.2 数字媒体技术的研究内容

数字媒体技术是实现数字媒体元素（即文字、图形与图像、声音、视频和动画等）的表示、记录、处理、存储、传输、显示、检索、管理等各个环节的软硬件技术，一般分为数字媒体信息获取技术、数字媒体信息处理技术、数字媒体信息存储技术、数字媒体信息传输技术、数字信息检索与信息安全技术等。

1. 数字媒体信息获取技术

数字媒体信息的获取是数字媒体信息处理的基础，其关键技术包括声音和图像等信息的获取技术、人机交互技术、传感技术等。对于不同的媒体信息，获取设备各有不同，如适用于图像信息获取的扫描仪、数码相机、数码摄像机、视频采集系统等，适合音频信息获取的话筒、数码录音机、录音笔、音乐合成器等，还有用于运动数据采集的数据手套、数据衣，用于三维立体建模的立体扫描仪、自动跟踪仪等。

2. 数字媒体信息处理技术

数字媒体信息处理技术主要包括模拟媒体信息的数字化、高效的压缩编码技术，以及对数字媒体信息的特征提取、分类与识别技术等。数字媒体信息处理技术主要包括数字声音处理技术、数字语音处理技术、数字图像处理技术、数字视频处理技术等。数字声音处理是将模拟声音信号经采样、量化和编码转换为数字音频信号，其中数字音频压缩编码技术尤为关键。数字语音处理技术包括语音合成和语音识别等技术。对视觉信息的处理，则涉及数字图像处理技术和数字视频处理技术，其中编码技术、图像识别技术等在数字媒体系统中应用广泛。

3. 数字媒体信息存储技术

由于数字媒体对计算速度、性能以及数据存储的要求高，数字媒体数据一般都非常大，具有并发性和实时性，所以，数字媒体存储技术不仅要考虑存储介质，还必须考虑存储策略。随着数字媒体存储介质以及相关控制、接口、机械结构等技术的发展，高存储容量和高速的存储产品不断涌现。目前主流的存储技术主要有磁存储技术、光存储技术和半导体存储技术。

4. 数字媒体信息传输技术

数字媒体信息传输技术为数字媒体的传播和信息交流提供了高速、高效的网络平台，全面应用和综合了现代通信技术和计算机网络技术。数字媒体信息传输技术是指各类调制技术、差错控制技术、数字复用技术、多址技术等。流媒体技术、P2P（Peer-to-Peer）技术和

IPTV（Internet Protocol Television）技术是目前流媒体传输采用的主要技术。数字媒体信息输出技术包括显示技术、硬拷贝技术、声音系统以及用于虚拟现实技术的三维显示技术等。目前，平板高清显示器、三维显示技术及带有交互功能的输入、输出技术已经成为一种趋势。

5. 数字信息检索与信息安全技术

数字媒体的数据库技术、信息检索技术是对数字媒体信息进行高效管理、检索、查询的关键技术。如何让数据库管理系统满足各类数字媒体的应用需求，建立专用的数字媒体数据库是数据库技术的研究方向。基于内容的检索技术也是目前研究的趋势，如直接对图像、视频、音频内容进行分析，抽取特征和语义，建立索引并进行检索等。数据媒体信息安全技术的应用则包括数字信息保护和数字版权管理。数字水印技术是数字信息安全领域一个新的研究方向。

除此之外，数字媒体技术还包括在这些关键技术基础上综合的技术，如基于人机交互、计算机图形显示等技术，广泛应用于娱乐、教育等领域的虚拟现实技术等。

1.3　数字媒体技术的教育应用

1.3.1　数字化学习

信息时代的学习与以数字媒体技术和网络技术为核心的信息技术的发展密切相关。信息技术以数字化为支柱，应用到教育教学过程后，使得学习环境、学习资源、学习方式向数字化方向发展。数字化学习是指学习者在学习环境中，利用数字化学习资源，以数字化方式进行学习的过程。它包含 3 个基本要素：数字化学习环境、数字化学习资源和数字化学习方式：

1. 数字化学习环境

信息技术教学应用环境的基础是多媒体计算机和网络化环境，其最基础的是数字化的信息处理。数字化学习环境具有信息显示多媒体化、信息网络化、信息处理智能化和教学环境虚拟化的特征。为了适应学习者的学习需求，数字化学习环境包括如下基本组成部分：

（1）设施：如多媒体计算机、移动学习终端、多媒体教室网络、校园网络、因特网等。

（2）资源：为学习者提供的经数字化处理的多样化、可全球共享的学习材料和学习对象。

（3）平台：向学习者展现的学习界面，实现网上教与学活动的软件系统。

（4）通信：实现网上互动、远程协商讨论的保障。

（5）工具：学习者进行知识构建、创造实践、解决问题的学习工具。

在数字化学习环境中，基础设施是由因特网、城域网、校园网和教室网等构成的。平台是向学习者展现的学习界面，是实现网上教与学活动的软件系统，该系统具有网络化、数字化和智能化的特征。学习空间指在新的生存状态中，借助数字化的信息中介，人与人之间形成的一种新的互动模式，它是一个多元的、无限的、虚拟的空间环境。网络的互联加快了信息传播的速度，扩大了信息传播的范围，为学习者提供了丰富的资源库，学习者在学习空间中通过直接或间接的方式获取这些资源，同时，学习者之间的相互学习又在某种程度上丰富了资源库。

2. 数字化学习资源

数字化资源是指经过数字化处理，可以在多媒体计算机上或网络上运行的数字化学习材料，能够激发学生通过自主、合作、创造的方式来寻找和处理信息，使数字化学习成为可能。数字化资源包括数字视频、数字音频、多媒体软件、CD-ROM、网站、电子邮件、在线学习管理系统、计算机模拟、在线讨论、数据文件、数据库等。数字化学习资源是数字化学习的关键，可通过教师开发、学生创作、市场购买、网络下载等方式获取。数字化学习资源具有切合实际、即时可信、可用于多层次探究、可操纵处理、富有创造性等特点。数字化学习不仅仅局限于教科书的学习，还可以通过各种形式的多媒体电子读物、各种类型的网上资源、网上教程进行学习。与使用传统的教科书学习相比，数字化学习资源具有多媒体、超文本、交互友好、虚拟仿真、远程共享等特性。

3. 数字化学习方式

在数字化学习环境中，人们的学习方式会发生重要的变化。与传统的学习方式不同，数字化学习不是依赖于教师的讲授与课本，而是利用数字化平台和数字化资源，教师、学生之间开展协商讨论、合作学习，并通过对资源的利用、探究知识、发现知识、创造知识、展示知识的方式进行学习，因此，数字化学习方式具有多种途径：

（1）资源利用的学习：即利用数字化资源进行情景探究学习。

（2）自主发现的学习：借助资源，依赖自主发现、探索性的学习。

（3）协商合作的学习：利用网络通信，形成网上社群，进行合作式、讨论式的学习。

（4）实践创造的学习：使用信息工具，进行创新性、实践性的问题解决学习。

4. 高校教学信息化

高等教育信息化是促进高等教育改革创新和提高质量的有效途径，是教育信息化发展的创新前沿。进一步加强基础设施和信息资源建设，重点推进信息技术与高等教育的深度融合，促进教育内容、教学手段和方法现代化，创新人才培养、科研组织和社会服务模式，推动文化传承创新，促进高等教育质量全面提高。

1）加强高校数字校园建设与应用

利用先进网络和信息技术，整合资源，构建先进、高效、实用的高等教育信息基础设施，开发整合各类优质教育教学资源，建立高等教育资源共建共享机制，推进高等教育精品课程、图书文献共享、教学实验平台等信息化建设。提升高校教师教育技术应用能力，推进信息技术在教学中的普遍应用。

2）促进人才培养模式创新

加快对课程和专业的数字化改造，创新信息化教学与学习方式，提升个性化互动教学水平，创新人才培养模式，提高人才培养质量。加速信息化环境下科学研究与拔尖创新人才培养的融合，推动最新科研成果转化为优质教育教学资源，创新拔尖学生培养模式。推动学科工具和平台的广泛应用，培养学生自主学习、自主管理、自主服务的意识与能力。

3）人才培养与教学促进信息化平台建设

搭建满足学生自主学习需要、提供全方位学习支持和服务、内容丰富、科学合理、特色鲜明的网络教学平台；基于教学资源管理平台促进各类教育资源整合与共享，试点数字化专业、课程；大力推广混合式教学模式和探究式学习，鼓励教师利用网络教学平台进行辅助教学，指导学生利用网络教学平台进行自主学习，支持信息技术与教学过程的深度融合与创新，推动教学内容和教学方法改革，促进人才培养模式创新；完善信息化教学的支持、使用、评价等服务体系。

4）信息化教育教学模式变革

在教育信息化过程中，教育教学面临着打破传统的教学模式，构建新型的信息化教学模式的艰巨任务。信息化教学模式中，将数字化的课程学习内容和资源放在学习环境中，贯穿整个教与学的过程，学生是学习的主体，他们在教师创设的情境中开展自主学习和协作学习。教师是教学过程的组织者与指导者，是意义构建的帮助者。教师在教学中应明确目标，大胆尝试和探索信息化教学方法与手段，积极推进教育教学模式改革，为创新型人才培养服务。努力做到传统的教学活动与在线教学活动有机结合，根据不同的教学内容采取辅助课堂讲授、小组协作学习、混合式协作学习、主题探究、技能训练、案例教学、角色扮演等多种学习模式的有机结合，体现更加民主、科学、合理的师生、生生关系。

5）开展远程协作学习，提供网络学习空间服务

充分利用信息技术所带来的灵活性，打破课堂的空间局限，为师生提供网络学习空间服务，综合多种教育形式的优势提高质量，提高教师应用网络学习空间的能力和水平，使教师利用网络空间进行备课，习惯在网络学习空间上进行教育教学过程，把课前、课中、课后都能与网络空间有机结合起来，采用网络研修、名师工作室等形式把网络学习空间用出效果，并以教师空间带动学生学习空间的发展。

1.3.2　数字化科研

数字化科研也就是科研信息化，是充分利用信息技术，促进科技资源交流、汇集与共享，变革科研组织与活动模式，推动科技转型的一个重要手段。数字化科研主要包括两个基本方面：信息化科研基础设施和信息化科研活动。

1. 信息化科研基础设施建设

信息化科研基础设施包括网络设施、高性能计算设施、数据存储设施、科研仪器、科学数据库、数字图书馆以及基于这些设施的应用软件、中间件、工具和提供的服务等。

2. 信息化科研活动

信息化科研活动是指各种学科领域的工作，围绕着数据的获取、存储、传输、处理、显示、应用等环节而进行的协作与交流，还包括科研信息化标准、规范、制度、政策和法规，以及服务和人才培养环境等保障因素。

科研信息化是高校信息化的重要组成部分，是高校科技创新和创新型人才培养的关键所在。高校科研信息化重点是建设知识开放共享环境，促进高校与科研院所、企业共享科技教育资源，推动高校知识创新。构建数字化科研协作支撑平台，推进研究实验基地、大型科学仪器设备、自然科技资源、科学数据、科学文献共享，支持跨学科、跨领域、跨地区的协同创新。不断提高教师、科研人员利用信息技术开展科研的能力，推动高校创新科研组织模式和机制，完善高等教育科技创新体系，引领信息时代科技创新。

3. 高校科研信息化

首先，高校科研信息化应以学科、专业为核心，整合高校各种类别的知识资源，建立高校知识共享库，提升高校科技知识共享的水平；

其次，促进高校科研协作共同体的建设，探索网上的科研交流与合作模式，通过活动管

理机制协调高校科研工作者之间的工作，实现思想、知识、工作信息的快捷交互与协同工作，推动高校科研手段和方法创新；

第三，建立高校科研信息与成果共享机制，提高科研人员的信息化科研能力；

第四，提高高校科研机构的信息化建设与应用水平等。

1.3.3 数字化管理

数字化教育管理亦即教育管理信息化。教育管理信息化是推动政府转变教育管理职能、提高管理效率和建设现代学校制度的有力手段。

1. 国家教育管理信息系统建设行动

建设国家教育管理信息系统是支撑教育管理现代化的基础工程，为各级教育行政部门和各级各类学校提供教育管理基础数据和管理决策平台，为公众提供公共教育信息和教育管理公共服务平台。

1）建立国家级教育管理基础数据库和信息系统

建设国家教育基础数据库和国家级教育管理信息系统，实现对教育质量、招生考试、学生流动、资源配置和毕业生就业等状况的有效监管，提供教育考试评价服务。

2）推动地方政府建立教育管理基础数据库和信息系统

开展省级教育管理基础数据库和管理信息系统建设，建设网络信息安全与运行维护保障体系，并实现与国家级系统的有机衔接。推动省级教育行政部门建设云教育管理服务平台，基于云服务模式，为本地区相关教育机构和各级各类学校提供管理信息系统等业务应用服务。

3）推动学校管理信息系统建设与应用

制订学校管理信息化标准与要求，通过分类指导、示范引领推动各级各类学校管理信息化建设。推动基础教育和中等职业教育学校基于云服务的信息化管理，建立高校管理信息系统开源软件库，带动学校管理信息化水平的整体提升。推动电子学籍建设，完善学生综合素质评价。

4）实现系统整合与数据共享

建立教育管理信息标准与编码规范，建立数据采集、交换共享、管理与应用的技术平台与工作机制，建立教育管理信息安全保障体系，衔接各级各类教育管理信息系统与基础数据库，实现系统互联与数据互通，建设纵向贯通、横向关联的教育管理信息化体系。

2. 整合信息资源，提高教育管理现代化水平

大力推进教育管理信息化，支撑教育管理改革，促进教育决策科学化、公共服务系统化、学校管理规范化。

1）提升教育服务与监管能力

建立教育管理信息标准体系，制订教育管理信息标准，规范数据采集与管理流程，建立以各级各类学校和师生为对象的国家教育管理基础数据库。整合各级各类教育管理信息资源，建立事务处理、业务监管、动态监测、评估评价、决策分析等教育管理信息系统，大力推动教育电子政务，提高教育管理效率，优化教育管理与服务流程，支撑教育管理改革与创新。

2）提高教育管理公共服务质量与水平

利用信息技术创新教育管理公共服务模式，建立国家教育管理公共服务平台和配套服务机制，扩大和延伸招生、资助等信息服务，为社会公众提供及时丰富的公共教育信息。建立覆盖全体学生的电子档案系统，做好学生成长记录与综合素质评价，并根据需要为社会管理和公共服务提供支持。完善国家教育考试评价综合信息化平台，支持考试招生制度改革。

3）加快学校管理信息化进程

建立电子校务平台，加强教学质量监控，推动学校管理规范化与校务公开，支持学校服务与管理流程优化与再造，提升管理效率与决策水平，提高办学效益，支撑现代学校制度建设。利用信息化手段提升学校服务师生的能力和水平。

3. 高校教育信息化管理

高校教育信息化管理要坚持需求导向，应用带动，主要从高校教育信息化顶层设计、体制机制建设、信息化标准规范、信息化评估等方面进行探讨，加强有效管理，以便更好地促进我国高校教育信息化的持续稳定向前发展。

首先，建立覆盖学校各项管理业务（包括教务、财务、人事、招生、学生、科研、设备、后勤服务管理等）的校务管理平台；

其次，整合学校各类数据资源，建设校级统一信息系统；

第三，建立学校主数据库，构建优良的数据环境；

第四，建设教学基本状态数据库和监控系统；

第五，建立信息化决策支撑平台，为高校各级领导决策提供科学的数据支持服务。

1.3.4 社会服务与文化传承创新

1. 建设信息化公共支撑环境，提升公共服务能力和水平

信息化公共支撑环境包括教育信息网络、国家教育云服务平台、优质数字教育资源与共建共享环境、教育信息化标准体系、教育信息化公共安全保障体系等，是全国教育机构和相关人员开展各级各类教育信息化应用的公共支撑。建设信息化公共支撑环境，为青少年学生提供健康的信息化学习环境，支撑以学习者为中心的学习模式，为培养创新型人才提供高性能信息化教学科研环境，为构建学习型社会奠定重要基础。

1）完善教育信息网络基础设施

加快中国教育和科研计算机网（CERNET）、中国教育卫星宽带传输网（CEBSat）升级换代，不断提升技术和服务水平。充分利用现有公共通信传输资源，实现全国所有学校和教育机构宽带接入。根据国家互联网发展战略要求，率先实现向下一代互联网的过渡。探索国家公益性网络的可持续发展机制。

2）建立国家教育云服务模式

充分整合现有资源，采用云计算技术，形成资源配置与服务的集约化发展途径，构建稳定可靠、低成本的国家教育云服务模式。面向全国各级各类学校和教育机构，提供公共存储、计算、共享带宽、安全认证及各种支撑工具等通用基础服务，支撑优质资源全国共享和教育管理信息化。

3）建立优质数字教育资源和共建共享环境

遵循相关标准规范，建立国家、地方、教育机构、师生、企业和其他社会力量共建共享优质数字教育资源的环境，提供优质数字教育资源信息服务；建设并不断更新满足各级各类教育需求的优质数字资源，开发深度融入学科教学的课件素材、制作工具，完善各种资源库，建设优质网络课程和实验系统、虚拟实验室等，促进智能化的网络资源与人力资源结合。坚持政府引导，鼓励多方参与投入建设，发挥多方优势，逐步形成政府购买公益服务与市场提供个性化服务相结合的资源共建共享机制，减少低水平重复开发，实现最大范围的开放共享；提高数字教育资源对教育教学模式改革创新的支持能力和水平，支持偏远地区、少数民族地区、经济欠发达地区和薄弱学校享用优质的教育资源服务。

4）完善教育信息化标准体系

加强教育信息化标准化工作和队伍建设。制定相关政策措施，形成标准测试、认证、培训、宣传和应用推广保障机制。加快标准制订步伐，完善教育信息化国家标准和行业标准体系，提高标准的采标率，促进资源共建共享和软硬件系统互联互通。

5）建立教育信息化公共安全保障环境

加强基础设施设备和信息系统的安全防范措施，不断提高对恶意攻击、非法入侵等的预防和应急响应能力，保证基础设施设备和信息系统稳定可靠运行。采取有效的内容安全防护措施，防止有害信息传播。探索建立安全绿色信息化环境的保障体系和管理机制。

2. 高校社会服务与文化传承创新

（1）积极利用信息化手段，推进产学研用结合，加快科研成果转化，提高高校服务经济社会发展的能力。

（2）依托信息技术，面向社会公众开展学科教育、科普教育和人文教育，提高公众科学素质和人文素质。

（3）建设校园综合信息服务平台，增强高校为师生和社会服务的能力。

（4）搭建教师沟通、交流、发展网络平台，促进教师业务素质提高与全面发展。

（5）构建学生就业信息化支撑服务平台，促进学校专业与课程的设置调整，更好地满足和适应社会对人才的需求。

（6）建立有吸引力的校园网上虚拟社区，加强学生思政教育，提倡繁荣健康向上的大学网络文化，创新高校网络思想政治教育阵地建设，促进文化传承创新。

（7）建立校园生活服务信息化平台，为师生提供方便、快捷的生活服务。

（8）建立网上文化宣传平台，建设国际化、多语种网站群，传播中华民族优秀文化，展示我国高等教育发展成果，提升我国高校的国际影响力，促进跨文化交流。

1.3.5 继续教育信息化

继续教育信息化是建设终身学习体系的重要支撑。构建继续教育公共服务平台，推进开放大学建设，面向全社会提供服务，为学习者提供方便、灵活、个性化的信息化学习环境，促进终身学习体系和学习型社会建设。

1. 推进继续教育数字资源建设与共享

建立继续教育数字资源建设规范和网络教育课程认证体系。探索国家继续教育优质数字资源公共服务平台的建设模式和运营机制，鼓励建设各类继续教育优质数字资源库。充分利用包括有线电视网在内的公共通信网络，积极推动教育资源进家庭。推动建立优质数字教育资源的共建共享机制，为全社会各类学习者提供优质数字教育资源。

2. 加快信息化终身学习公共服务体系建设

持续发展高等学校网络教育，采用信息化手段完善成人函授教育和高等教育自学考试，探索中国特色高水平开放教育模式。根据现代远程教育发展和学习型社会建设的需要，探索开放大学信息化支撑平台建设模式，加强继续教育机构的信息化建设，建立遍及城乡的一站式、多功能开放学习中心，促进终身学习公共服务体系建设。

3. 加强继续教育公共信息管理与服务平台建设

完善继续教育“学分银行”制度，探索相关信息系统与支撑平台建设与运行模式，建设支持终身学习的继续教育考试与评价、质量监管体系，形成继续教育公共信息管理与服务平台，为广大学习者提供个性化学习服务，为办学、管理及相关机构开展继续教育提供服务。

1.4　数字媒体技术教育应用的新发展

当前，数字媒体技术正在以其多样化、渗透式、高科技、强交互的特性赢得越来越多的受众，同时也对人们的思维方式、行为习惯、学习教育等方面产生了极大的影响。不断挖掘数字媒体技术特别是新媒体技术在教育中的应用已经成为人们关注的重点。

地平线项目（The Horizon Project）是新媒体联盟（New Media Consortium）于 2002 年启动的项目，对新兴信息技术在教育中的潜能作为评估标准进行了持续而系列化的质性研究，关注对教学、学习、研究或创作等产生重大影响的新兴技术，下面参照地平线项目报告中的相关研究，探讨数字媒体技术在教育中的应用新发展。

1. 移动技术

自 2004 年起，《地平线报告》中逐年提出泛在计算、情境感知、移动设备、移动智慧物体技术和电子书等技术手段在教育方面的应用趋势变化，展现出移动技术在发掘资源、练习技能和获取研究数据等方面的应用前景。

由于移动技术和无线数据网络不断发展，笔记本电脑、平板电脑、数字式音频播放器、智能手机和学习机等各种移动技术终端的出现和普及，使移动学习成为可能。通过新一代移动电话和通信技术，学习者可以随时随地进行学习，移动技术可实现学习时间和空间的扩展、丰富学习交互方式、提高学习效率。

移动教学系统利用手机、掌上电脑、平板电脑等媒体，有机结合移动通信、网络技术与教育，将教师、学生和学习资源联合起来。移动学习是指利用无线移动通信网络技术以及无线移动通信设备获取教育信息、教育资源和教育服务的一种新型学习形式。强调学习的主动性、开放性，学习形式的多样性，具有明显的个性化、个体化特征。

网络、手机等媒介具有极高的便捷性，可以随身携带。在无线网络以及手机上网越来越普遍的数字媒体时代，移动技术使学习者真正摆脱了时空限制，在课堂之外，公园里、火车上乃至世界各地都可以随时随地利用工具查阅学习信息和资源，更好地实现学习自主和自助。

2. 教育游戏

教育游戏是针对特定教育目的而开发的游戏，具有教育性和娱乐性并重的特点。研究表明，游戏可以有效地应用于多种学习情境中，其本身所具有的趣味性会吸引学习者投入更为集中的精力。计算机游戏技术可建构仿真三维在线虚拟环境，使不同地点的用户跨越时空限制，以强烈沉浸感的方式进行交互。目前，美国、加拿大、韩国等国家通过各种合作方式设计开发的教育游戏逐渐成熟，切实满足了学生和学校教学的需要，帮助学生学习语言、绘画等。此外，教育游戏还可以促进学生的合作，提升解决问题和程序性思维的能力。

游戏应用于教育，产了一种新的学习方式——悦趣化学习（Game-based Learning），并提出了教育和游戏整合的两个方向：一是支持学生的游戏行为，让学生在游戏中担任不同的角色以增强决策、创新和解决问题的能力；二是将游戏与特定的课程内容相整合，让学生以一种全新的视觉对待学习材料，从而以一种更为复杂和细致的方式参与课程内容的学习。悦趣化学习在培养学生协作能力、问题解决能力和程序思维能力等方面有着巨大的潜力。

3. 社会网络

社会网络是将用户作为积极的参与者，促进人们的协作与交流的技术，用户使用 Blog、微博、Podcasting、Wiki、SNS 等 Web2. 0 工具进行协作和社交互动。

中国互联网信息中心第 31 次《中国互联网络发展状况统计报告》中显示，截至 2012 年 12 月底，我国使用社交网站的用户规模为 2. 75 亿，较上年底提升了 12. 6%。社交网络已经成为用户重要的交流载体，其用户自创内容在其他同类技术中对教育产生的影响相对较大，例如 Blog、微博等在教育中的应用主要集中在教学辅助、教师专业发展和知识共享等方面。协作网络、播客技术和虚拟世界则分别在校际间的远程协作学习、学科教学和提高学习者的高阶学习技能上有独特优势。

4. 虚拟现实技术

虚拟现实技术（Virtual reality，VR）是 20 世纪末兴起的一门崭新的综合性信息技术，它是一种多通道的新型人机交互接口，人们可以通过视觉、听觉、触觉和加速度感等多种感觉通道感知计算机模拟的虚拟世界，也可以通过移动、语言、表情、手势及视线等自然方式，使操作者与虚拟世界进行交互，可以创造出一种身临其境的完全真实体验。

虚拟现实技术是计算机技术、传感器技术、人机交互技术、人工智能技术等多种技术的综合发展。

1）虚拟现实技术的三个基本特征

（1）沉浸性：是根据人类视觉、听觉的生理心理特点，由计算机产生逼真的三维立体图像，使用者戴上头盔显示器和数据手套交互设备，便可将自己置身于虚拟环境中，如同在现实世界中的感觉一样。

（2）交互性：虚拟现实系统中的人机交互是一种近乎自然的交互，可以通过键盘、鼠标、头盔、数据手套等设备进行交互。使用者通过自身的语言、身体运动或动作等自然技能，对虚拟环境中的对象进行触摸或操作。

（3）多感知性：是指用户沉浸在多维信息空间中，依靠自己的感知和认知能力全方位地获取知识，发挥主观能动性，寻求解答，形成新的概念。

2）虚拟现实技术的应用前景

虚拟现实技术的应用前景很广泛，目前已经在军事、医学、教育、娱乐、制造业、工程培训等方面得到应用，它被认为是当前及将来影响人们生活的重要技术之一。

例如在教育培训中，为了使医学院实习者获得更深刻的体验，虚拟现实系统还可仿真各种外科手术，其内容包括一般的开刀直至复杂的人体器官替换。这种虚拟环境使医学院的大学生不必冒任何医疗事故的风险就可以反复练习病房中的各种实际操作，进行某种技能的训练，并可尝试选择不同的技术处理方案以检验自己的判断是否正确。

VR 技术在教育中应用的另一个例子是创建一种虚拟的物理实验室。物理学按其本身的性质提出了许多“如果…将会怎样”的问题，这些问题最好通过直接观察物理作用力对各种客体的作用效果来进行探索。休斯敦大学和 NASA（美国国家航空和宇航局）约翰逊空间中心的研究人员建造了一种称之为“虚拟物理实验室”的系统，利用该系统可以直观地研究重力、惯性这类物理现象。使用该系统的学生可以做包括万有引力定律在内的各种实验，可以控制、观察由于改变重力的大小、方向所产生的种种现象，以及对加速度的影响。这样，学生就可以获得第一手的感性材料（直接经验），从而达到对物理概念和物理定律的较深刻理解。

VR 技术在化学教学中也取得了显著效果。北卡罗莱纳大学的科学家们已经研制了一种可以让用户用手操纵分子运动的 VR 系统。用户戴上头盔并通过数据手套进行反馈控制，可以使分子按某种方式结合在一起。不难看出，这种 VR 系统不仅在教学上有重要意义（例如可直接观察到蛋白质的分子结构），而且在科学研究上也有重大的价值：按某种新方式结合在一起的分子结构很有可能是治疗某种疾病的新药，或者是工业上所需要的某种特殊材料。

除此以外，VR 技术还可应用于历史学的学习与研究，使学生和研究人员可以重新回到历史中去亲身体验当时的事件；还可通过仿真热带雨林来了解和研究生态学。总之，VR 技术可以应用于大、中、小学各门课程的研究与学习。

在教育领域，虚拟现实技术具有广泛的作用和影响。亲身去经历、亲身去感受比空洞抽象的说教更具说服力；主动去交互与被动的观看，有质的差别。这门崭新的技术，会带给我们崭新的教育思维，解决了我们以前无法解决的问题，将给我们的教育带来一系列的重大变革。尤其在科技研究、虚拟仿真校园，虚拟教学、虚拟实验，教育娱乐等方面有更为广泛的应用。

随着宽带时代的来临，三网合一不久将实现。与网络技术、多媒体技术并驾齐驱的虚拟现实技术，必将具有更加广阔的应用领域和发展前景，在教育领域亦是如此，我们需要紧密关注，大胆应用，才能为我们的教育事业增添强大的生命力。

5. 增强现实技术

增强现实技术（Augmented Reality，AR）是将计算机生成的虚拟信息叠加到真实场景上，并借助感知和显示设备将虚拟信息与真实场景融为一体，最终给使用者一个感官效果真实的新环境。

增强现实技术在教育领域中具有广阔的应用前景，它可以运用虚拟技术将视觉与体验互动高度结合，同时它可以实现响应用户输入，学习者可以在现实的基础上，通过与虚拟物体的互动，进行认知建构；增强现实技术可以促进学生在不同情境中的学习迁移能力；移动设备与增强现实技术的结合能促进更为深入的学习，使正式与非正式学习的界限日渐模糊，促进学习生态的进化。综上所述，增强现实技术能够具有虚实结合性、实时交互性和沉浸性，可以为师生提供更为丰富的学习体验。

6. 语义网技术

目前搜索引擎是人们在互联网上查找相关信息时最常用的工具，搜索引擎技术可以检索互联网的大部分数据和资源。但在信息量不断激增的数字媒体时代，有效信息与大量冗余信息、垃圾信息混杂在一起，搜索引擎在实现基于资源所指意义的互联搜索方面仍存在缺憾。有研究显示，现有的网络资源中，83% 的网站含有商业广告，只有 6% 的网站含有科学和教育的内容。如何能在信息海洋中去粗取精，提高搜索的准确性，提高使用者的学习效率，成为语义网技术发展的探索途径。

语义网技术可以通过在信息中加入表示其含义的内容，为每一条信息添加关于语义的元数据，或是采取开发自然语言搜索引擎的方式。届时语义网中的各类资源不再只是各种相连的信息，还包括其信息的真正含义，从而提高信息相关度，为教育教学和学术研究提供高效优质的信息资源。

7. 开放课程

开放课程是指通过网络向社会免费开放可重复使用的课程资源。自美国麻省理工学院OCW（Open Course Ware）通过媒体免费向全世界公开发布本科至研究生教育的全部课程以来，世界各地的高校纷纷效仿，哈佛大学等世界名校也不断推出优质的公开课程，我国也近年推出了“精品视频公开课”和“精品资源共享课”项目建设，目前在爱课程网上已经上线240多门来自全国各大高校名师的课程。

开放课程作为优质的教学资源，具有不受时空限制的特点，能真实再现名师授课课堂，而且课堂笔记案例等教学资源丰富、制作水平精良，借助网络、微博、即时通讯工具等载体的广泛传播，与全社会共享，满足更大范围的学习者的需求。

练习题

1. 填空题

（1）媒体（medium）在计算机领域有两种含义：一是指存储信息的实体，如磁盘、光盘、磁带、半导体存储器等，中文常译为______；二是指传递信息的载体，如数字、文字、声音、图形和图像等，中文译作______，多媒体技术中的媒体是指______。

（2）在多媒体元素类型应包括：______、______、______、______、______和______等。

（3）多媒体技术的具有几个主要特点：______、______、______、______、______。

2. 思考题

（1）什么是媒体？媒体有哪些类型？

（2）什么是数字媒体技术？

（3）常见的数字媒体存储设备有哪些？各有什么特点？

（4）简述数字媒体技术的研究内容。

（5）简述数字媒体技术在教育方面有哪些应用。

（6）简述数字媒体技术教育应用的新发展。

第2章

数字图像技术基础

学习提要

通过本章的学习，让学习者对数字图像及其处理方式有基本的了解，了解数字图像基础知识，常用图形、图像处理软件，掌握 Photoshop CS6 的新功能，能够综合应用工具箱、菜单、控制面板、图层、滤镜等熟练进行图像的设计、制作与处理。

重点难点

了解矢量图与位图的区别；掌握获取图像、设计制作图像、处理图像的方法；综合应用 Photoshop CS6 熟练进行图像的设计、制作与处理。

2.1 数字图像基础知识

2.1.1 像素

像素（pixel）是组成图像的最基本单元，它是一个小的矩形颜色块。一幅图像通常由许多像素组成，这些像素被排成横行或纵列。当用缩放工具将图像放到足够大时，就可以看到类似马赛克的效果，每一个小矩形块就是一个像素，也可称之为栅格。每个像素都有不同的颜色值，单位长度的像素越多，分辨率（ppi）越高，图像的效果就越好。

2.1.2 位图与矢量图

在电脑里，所有的图像都是由许多小方块所构成的，并以矩阵的方式排列。所谓位图是用排列紧密的正方形网格，即像素来显示的图像，也称为点阵图像或绘制图像。位图的特点是放大或缩小会使图像失真，如图 2-1-1 所示。一般来说，位图适合表现丰富的色彩层次，所表现的内容通常是自然界的真实景物。数字图像通常是通过扫描仪扫描或者数码相机拍摄后输入并存储在计算机中的，并可以用图像处理软件如 Photoshop 来进行加工处理。

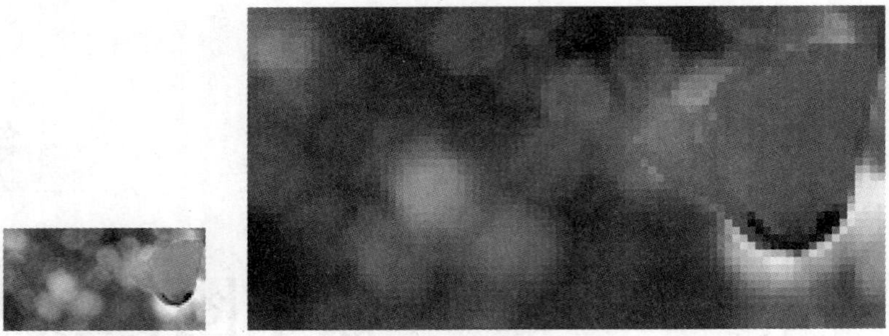

图 2-1-1　放大后失真的位图图像

矢量图是用直线和曲线来描述图形，这些图形的元素是一些点、线、矩形、多边形、圆和弧线等等，它们都是通过数学公式计算获得的。由于矢量图形可通过公式计算获得，所以矢量图形文件体积一般较小。矢量图形最大的优点是无论放大、缩小多少都不会失真，如图 2-1-2。最大的缺点是难以表现色彩层次丰富的逼真图像效果。矢量图主要用于线形图、美术字、标志设计、工程制图等。

图 2-1-2　矢量图放大后效果

2.1.3　图像分辨率

图像分辨率是指组成一幅图像的像素密度的度量方法，它的单位是 ppi （pixels per inch），即每英寸所包含的像素数量。如果图像分辨率是 72ppi，就是在每英寸长度内包含 72 个像素。图像分辨率越高，意味着每英寸所包含的像素数目越多，图像就越逼真；相反，图像显得越粗糙。

图像分辨率和图像大小之间有着密切的关系。图像分辨率越高，所包含的像素越多，图像的信息量就越大，因而文件也就越大。通常文件的大小是以兆字节（MB）为单位的。

通过扫描仪获取大图像时，将扫描分辨率设定为 300ppi 就可以满足高分辨率输出的需要。如果扫描时分辨率设置得比较低，通过 Photoshop 来提高图像分辨率的话，由 Photoshop 利用差值运算来产生新的像素，则会造成图像模糊、层次差，不能忠实于原稿。如果扫描时分辨率设置得比较高，图像已经获得足够的信息，通过 Photoshop 来减少图像分辨率则不会影响图像的质量。

另外，常提到的输出分辨率是以 dpi（dots per inch，每英寸所含的点）为单位，这是针对输出设备而言的。通常激光打印机的输出分辨率为 300 ~ 600dpi，照排机要达到 1200 ~ 2400dpi 或更高。

2. 1. 4　常用图像文件的格式

图像是一种普遍使用的数字媒体，有着广泛的应用。数字图像在计算机中都是以文件的方式存储和记录的。多年来不同公司开发了许多图像应用软件，再加上应用本身的多样性，因此出现了许多不同的图像文件格式，常用的有：

1. BMP 格式

BMP 图像是微软公司在 Windows 操作系统下使用的一种标准图像文件格式，一个文件存放一幅图像，几乎所有 Windows 应用软件都能支持。该图像格式采用的是无损压缩，其优点是包含的图像信息较丰富，缺点是占用磁盘空间过大。所以，目前 BMP 格式图像在单机上比较流行。

2. GIF 格式

GIF（graphics interchange format）是目前因特网上广泛使用的一种图像文件格式，它的颜色数目较少（不超过 256 色），文件特别小，适合网络传输。由于颜色数目有限，GIF 适用于插图、剪贴画等色彩数目不多的应用场合。GIF 文件的特点是压缩比高，占用磁盘空间小。GIF 格式能够支持透明背景，具有在屏幕上渐进显示的功能。它可以将许多张图像保存在同一个文件中，显示时按预先规定的时间间隔逐一进行显示，从而形成动画的效果，因而在网页制作中大量使用。

3. JPEG 格式

JPEG 格式是最流行的压缩图像文件格式，也是一种高度压缩的图像格式。当选择这种保存格式时，可选择压缩后图像文件的质量，图像的压缩比可在较宽的范围内调节，即1∶5至1∶50，甚至更高。选取的质量越低压缩比越高，文件所占的存储空间也越小。这种格式比较适合用于保存和发布较大的和质量较好的静态图像，大量用于因特网和数码相机等。

4. PSD 格式

PSD 格式是图像处理软件 Photoshop 的专用格式。这种格式可以存储 Photoshop 中所有的图层、通道、参考线、注解和颜色模式等信息。它的保真度和 BMP 文件没什么两样，但是它能够记录层，而且每一个层就是一幅同等大小的图像，所以体积比 BMP 大很多。不过正是因为这个层的存在，使得它可以存储许多 BMP 图像所不能存储的效果，因此很多美工、图像编辑人员都用它来存储作品。

5. PNG 格式

PNG 格式是 Fireworks 默认格式，是 20 世纪 90 年代中期开发的一种新兴的网络图像格式，它汲取了 GIF 和 JPEG 二者的优点并将之发挥得淋漓尽致 。它与 GIF 格式相类似，支持透明格式，但不支持动画效果。PNG 格式最大可支持 24 bit 真彩色，弥补了静态 GIF 的一些不足。

6. TIFF 格式

TIFF（tagged image file format）图像文件格式大量使用于扫描仪和桌面出版，能支持多种压缩方法和多种不同类型的图像，有许多图形图像应用软件支持这种文件格式。该格式最高支持的色彩数可达到 16 MB，文件体积庞大，但能较好地还原原始图像的色彩信息。一般只有专业级数码相机以这种文件格式输出照片，极少应用于网络上。

7. CDR 格式

CDR 格式是著名绘图软件 CorelDRAW 的专用文件格式，是一种矢量图文件格式。

2.2 常用图形、图像处理软件

2.2.1 平面图像处理软件

1. Adobe Photoshop

谈到平面图像处理软件，首推 Adobe 公司的 Photoshop。Adobe 公司成立于 1982 年，是美国最大的个人计算机软件公司之一，是图形界的航母。Photoshop 创建了平面图像处理软件的标准，其地位非任何同类软件可比。Adobe Photoshop 是集各种颜色调整、图层与混合模式以及功能强大的选择工具和滤镜工具于一体的图像处理软件。

2. Corel Painter

Corel Painter 是由 Corel 公司出品的专业绘图软件，在绘图的领域有着相当高的知名度，它是许多工业领域，包括电影、游戏开发和摄影领域中专业人士和艺术家的选择。它能够带给使用者全新的数字化绘图体验，更接近手工素描、绘画的表现，它与 Adobe Photoshop 兼容，虽然其图形处理功能不如 Photoshop，但其丰富的笔刷效果是 Photoshop 难以达到的，只不过它不支持核心汉化，使用者较少。

3. Fireworks

Fireworks 是一款专为网络图形设计的图形编辑软件。Fireworks 不但能进行平面图形处理，还能制作 GIF 动画和网页等。它在图形处理领域的地位仅次于 Photoshop，其自成一体的 PNG 文件格式早已成为图形图像领域的一个新标准，它大大简化了网络图形设计的工作难度，无论是专业设计师还是业余爱好者，使用 Fireworks 都可以轻松地制作出十分动感的 GIF 动画，还可以完成大图切割、动态按钮、动态翻转图等，因此，对于辅助网页编辑来说，Fireworks 将是最大的功臣。

2.2.2 矢量图形处理软件

1. Adobe Illustrator

由于矢量图形有很强的可操作性和自由性，一直受到很多艺术家的喜爱。在矢量图形处理领域，首推 Adobe 公司开发的 Adobe Illustrator 软件，它是出版、多媒体和在线图形图像工业标准插画绘图软件。通过它提供的绘制各种图形所需的工具，可以获得专业的图形质量效果。无论是生产印刷、出版行业的设计者或专业插画家、生产多媒体图像的艺术家，还是万维网页面及内容的制作者，都认为 Illustrator 是一个很好的艺术产品工具。这个软件的优势在于处理矢量图形方面，能够非常精确地控制矢量图形的位置和大小，是工业界标准的绘图软件。另外，它在文字处理和图表方面也有着独特的优势，尤其是它将矢量图形、字体和图表有机地结合起来，非常适合于制作海报、网页、广告等宣传资料。

2. Freehand

Freehand 是插图及排版设计工具，从面市开始，Freehand 就被公认为是最佳的平面印刷排版工具。而今，Freehand 更可覆盖从插图设计、手册制作、排版印刷、站点地图直至动画制作以及网络出版的所有领域，并且迅速在不同载体上实现同样的创意与设计。通过 Freehand 独特的设计和结构环境可制作引人注目的插图、图标和精心设计的各种文件。它是专业印刷和网络设计所应用的优秀软件之一。

3. CorelDRAW

CorelDRAW 是目前图形软件中功能最为强大的一个图形绘制与图像处理软件，是一个基于矢量的绘图程序，是绘图与图像编辑组合式软件；其增强的易用性、交互性和创造力可用来方便地创作专业级美术作品；其新颖的交互式工具让用户直接修改图像和加插不同效果；而易于使用的画面控制让用户即时看到修改结果；新的点阵图显示功能使物件放置和显示更精确顺畅，无论是制作简单的公司标识还是复杂的技术图例都轻而易举。这套矢量绘图软件可创作出多种富于动感的特殊效果及点阵图像，使用户在设计和出版图形作品时如虎添翼。

2.3　常用图像处理软件 Photoshop CS6 应用及实例

2.3.1　Photoshop CS6 简介

1. 简介

Photoshop 是 Adobe 公司旗下最为出名的图像处理软件之一。在 Photoshop 的发展历程中，Photoshop8.0 的官方版本号是 CS，9.0 的版本号变成 CS2，10.0 的版本号变成 CS3，13.0 的版本号则变成 CS6。本书学习 Adobe Photoshop CS6 版本。Adobe Photoshop CS6 软件具有直观的用户体验、更大的编辑自由度，可大幅提高的工作效率。

Photoshop 的应用领域是很广泛的，在图像、图形、文字、视频、出版各方面都有所涉及，主要包括平面设计、修复照片、广告摄影、影像创意、艺术文字、网页制作、绘画、婚纱照片设计、图标制作及界面设计等领域。平面设计是 Photoshop 应用最为广泛的领域，无论是我们正在阅读的图书封面，还是大街上看到的招贴、海报，这些具有丰富图像的平面印刷品，基本上都是利用 Photoshop 软件对图像进行处理的。

2. 新增功能

Photoshop CS6 采用了全新的用户界面，重新开发了设计工具，可利用最新的内容识别技术更好地修复图片，为用户提供了更多的选择工具。Photoshop CS6 拥有超快的性能和现代化的 UI，编辑时几乎能获得即时结果。Photoshop CS6 可以有效地增强用户的创造力，大幅提升用户的工作效率。下面将主要介绍一些比较突出的新功能。

（1）全新的工作界面：Photoshop CS6 的深色工作界面可以凸显图像，让用户工作时更加专注于图像。按【Alt + F1】快捷键可以将工作界面的亮度调暗，按【Alt + F2】快捷键可以将工作界面调亮。

（2）内容识别移动：内容识别移动工具是 Photoshop 中内容识别填充功能的延伸和加强，使内容识别移动工具编辑处理图像更加便利。用户可以将选中的对象移动或扩展到图像的其他区域，然后使用“内容识别移动”功能重组和混合对象，产生出色的视觉效果。

（3）裁剪工具：使用全新的裁剪工具可以进行非破坏性裁剪，用户可以精确地控制图像裁剪区域，灵活、快速地旋转图像，进行裁剪操作。

（4）超智能的肤色选择与人脸检测：“色彩范围”命令提供了全新的肤色识别选择和蒙版技术，从而轻松选择精细的图像元素，如头发、脸孔等，让用户毫不费力地调整或保留肤色。

（5）矢量图层描边功能：在新版本中，用户可以对矢量对象应用描边并添加渐变效果，还可以自定义描边图案，创建虚线描边。

（6）统一的文字样式：新增的“字符样式”和“段落样式”面板可以保存文字样式，并可快速应用于其他文字、线条或文本段落，从而节省时间并确保文字样式一致，只需单击一下就能将格式应用至选择的字母、线条或文本段落。

（7）神奇的油画滤镜：新增的“油画”滤镜具有超凡的表现力，它能将普通的图像瞬间变成一幅逼真的油画，使用“油画”滤镜可大大节约用户的工作时间。

（8）创新的侵蚀效果画笔：Photoshop CS6 提供了全新的侵蚀效果画笔笔尖，可以绘制出更加自然、逼真的笔触，并且可以任意磨钝和削尖炭笔或蜡笔，以创建不同的效果。

（9）照片模糊画廊：新增加了“场景模糊”“光圈模糊”“倾斜偏移”滤镜，可使用直观的图像控件快速创建 3 种不同的照片模糊效果。

（10）Camera Raw 7.0 增加模块：能够呈现图像亮部所有细节的同时保留阴影的丰富细节，可消除高 ISO 图像及普通相机拍摄出来的照片常见的噪点，适当地增加颗粒会使照片看上去更加自然。

（11）直观的视频创建和视频内容：基于剪辑的“时间轴”面板包含可提供完美视频的专业效果的过渡和特效，可轻松更改剪辑持续时间和速度，并可将动态效果应用到文字、静态图像和智能对象上。

（12）图层搜索功能：在“图层”面板中新增了图层搜索功能，可以让用户快速找到需要的图层。执行菜单“选择—查找图层”命令，在“图层”面板顶部会出现文本框，输入图层名称，面板会只显示该图层。

（13）轻松创建 3D：用户可直观地创建 3D 模型，通过控制框架可产生 3D 凸出效果，更改场景和对象方向，以及通过编辑光线轻松将阴影拖动到所需位置。在完成 3D 对象后，可将其导出为 Adobe Flash 3D 格式，以便在网页浏览器中查看。

（14）贴心的自动后台与自动恢复：Photoshop CS6 新增的自动恢复选项可以避免由于出现意外情况而丢失文件的编辑效果。

2.3.2 Photoshop CS6 的工作界面

（1）在桌面上双击 Adobe Photoshop CS6 图标启动 Adobe Photoshop CS6。如果在桌面上找不到 Photoshop CS6 图标，可选择菜单“开始” > “所有程序” > “Adobe Photoshop CS6”。

（2）出现提示时，单击“是”按钮确认。启动 Photoshop CS6 后，任意打开一幅图像，其工作界面如图 2-3-1 所示。

图 2-3-1　Photoshop CS6 的工作界面

图 2-3-1 所示的是 Photoshop 默认的工作界面显示情况，经过使用后，各种面板和工具的位置会发生变化。通常情况下，Photoshop 会将所做的变化存储起来，保证工作的延续性。

2.3.3　工具箱

第一次启动 Photoshop 应用程序时，工具箱出现在屏幕的左侧。Adobe Photoshop CS6 的工具箱在第一次打开时默认为单栏，单击工具箱左上方的小三角可将工具箱恢复成双栏状态。当选择不同的工具时，会有相应的工具选项栏显示不同的选项设定。

Photoshop CS6 的工具箱包括选取工具、绘画和编辑工具、前景色和背景色选择框、查看工具和 3D 工具。运用工具箱中的工具可以创建选区、绘画、绘图、取样、编辑、移动、注释和查看图像等，还可以在工具箱内更改前景色和背景色、使用不同的图像显示模式等。

Photoshop 工具箱以及其中的工具如图 2-3-2 所示。对于工具箱中隐含的工具，可用鼠标拖曳选中或者在按住 Alt 键的同时用鼠标单击工具图标进行切换。

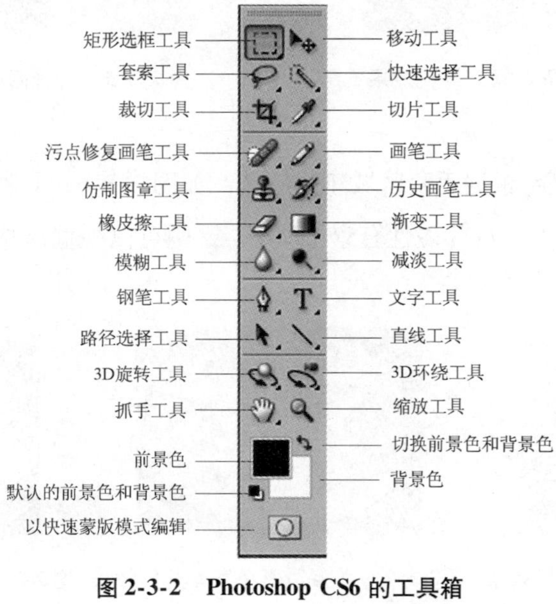

图 2-3-2　Photoshop CS6 的工具箱

工具箱中的工具可以分为以下几种类型：

1. 移动工具

移动工具包括移动选取、图层和参考线等，如图 2-3-3 所示。

图 2-3-3 【移动工具】效果

2. 选择工具组

1）规则选取工具

【矩形选框工具】如图 2-3-4，【椭圆选框工具】如图 2-3-5。

图 2-3-4 【矩形选框工具】效果

图 2-3-5 【椭圆选框工具】效果

2）套索工具

【普通套索工具】根据手绘区域建立选区，如图 2-3-6；【多边形套索工具】可建立多边形选区，如图 2-3-7；【磁性套索工具】则可以根据所选物体的边沿建立选区，如图 2-3-8。

图 2-3-6 【普通套索工具】效果

图 2-3-7 【多边形套索工具】效果

图 2-3-8 【磁性套索工具】效果

3）魔术棒工具

【魔术棒工具】用于选择颜色相似的区域，如图 2-3-9。

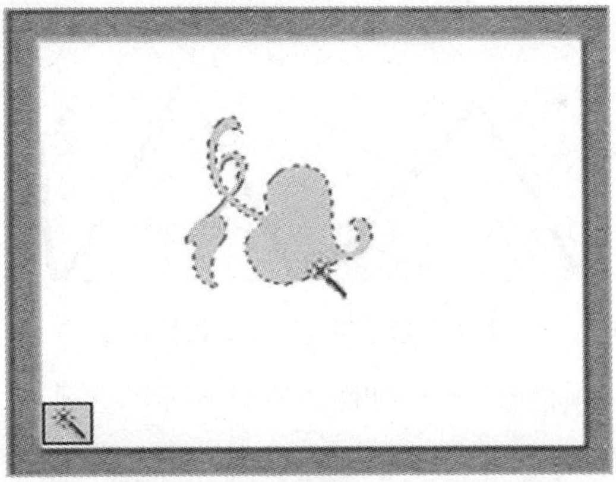

图 2-3-9　【魔术棒工具】效果

选择【魔术棒工具】，在图中绿色位置点击鼠标左键，则选中了整个绿色的图像。由于图中的绿色为纯色填充，所以比较容易完全选中图像。如果图像中需选中的区域不是纯颜色，如图 2-3-10 中要选中紫红色扇子①，则可以调整【魔术棒工具】选项栏的“容差”数值为 50，再点击紫红色扇子来实现，如图 2-3-11。

图 2-3-10　用【魔术棒工具】调整“容差”后效果

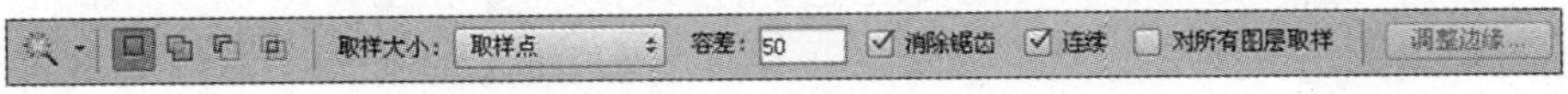

图 2-3-11　【魔术棒工具】选项栏

3. 绘图工具组

1）画笔工具

【画笔工具】用于绘制出边沿柔软的画笔效果，画笔颜色为工具箱中的前景色，如

① 由于本书是单色印刷，画面的色彩效果不能直观看到，读者可在实际操作中或教师演示中看到。本书其他部分涉及色彩的表述也一样。

图 2-3-12 所示。

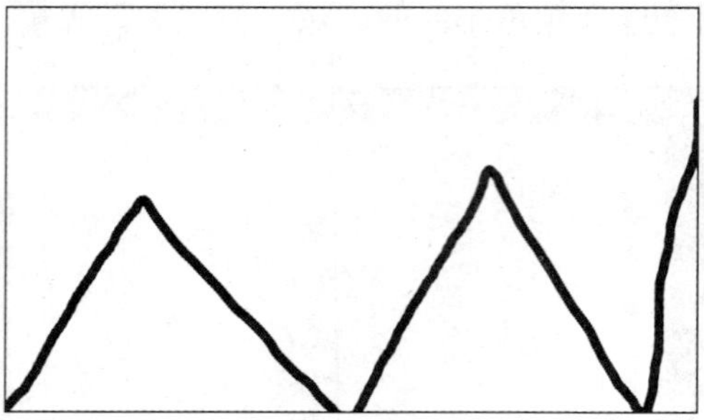

图 2-3-12　用【画笔工具】绘图

在【画笔工具】的选项栏中可看到如图 2-3-13 所示的选项。

图 2-3-13　【画笔工具】的选项栏

单击【画笔工具】选项栏中“画笔”选项后面的小三角，可出现一个弹出式面板，可选择预设的各种画笔，如图 2-3-14，选择画笔后再次单击小三角将弹出式面板关闭。

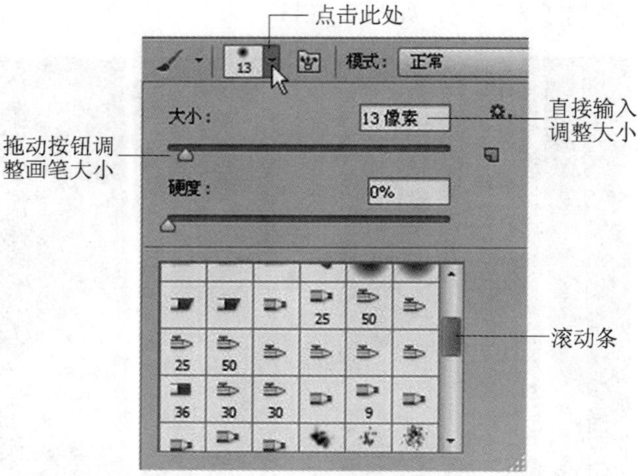

图 2-3-14　【画笔工具】选项栏中的弹出式面板

通过“画笔”面板的设定项可以实现更多的画笔效果。在图 2-3-14 所示的面板中，可以拖动主直径“大小”下方的滑钮来调整画笔的大小，也可以通过直接输入数字来调整画笔大小。拖动右下方的滚动条可以出现各种画笔形状，如图 2-3-15 所示。

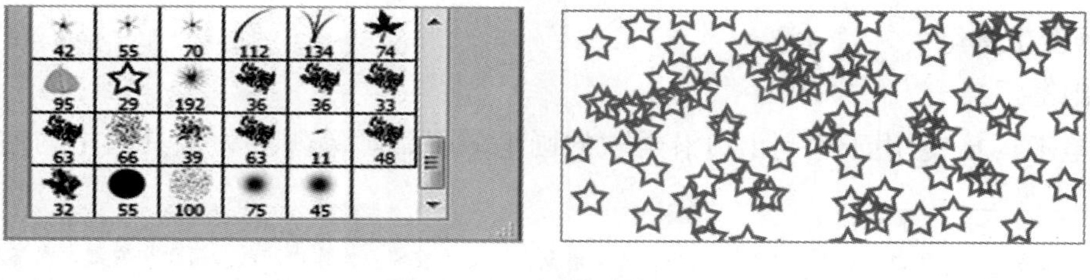

图 2-3-15　部分画笔形状

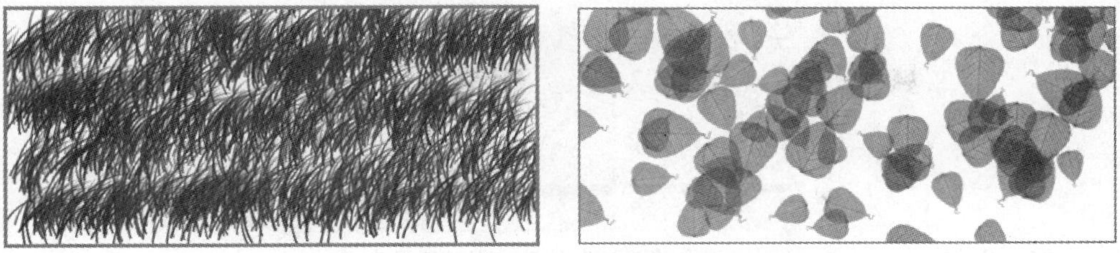

图 2-3-15　部分画笔形状（续）

Photoshop CS6 中画笔工具选项栏中增加了“画笔”面板切换按钮，可弹出“画笔”面板和“画笔预设”面板，如图 2-3-16 和图 2-3-17。

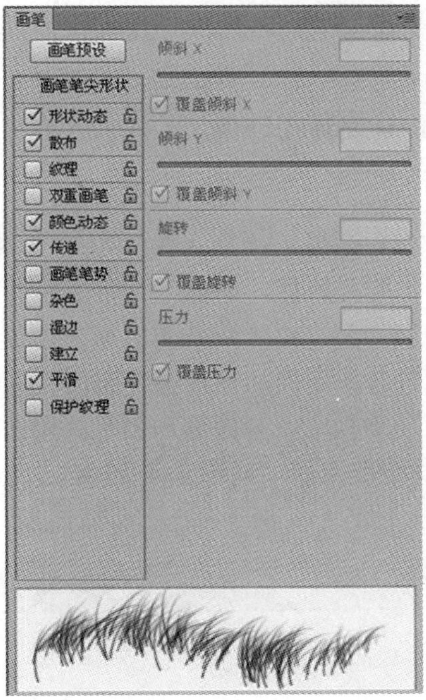

图 2-3-16　“画笔”面板

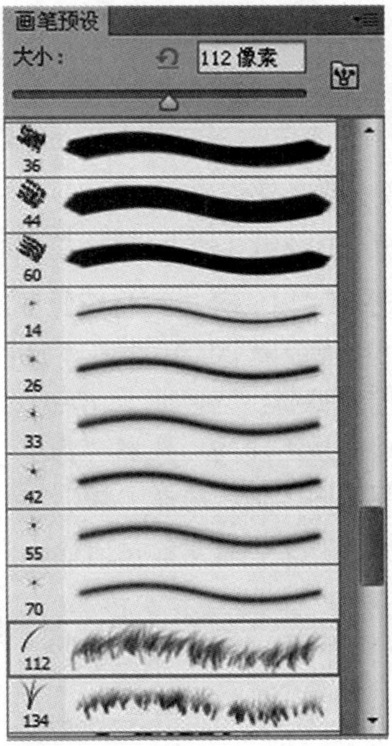

图 2-3-17　“画笔预设”面板

小提示

如果想使绘制的画笔保持直线效果，可在画面上单击鼠标键，确定起始点，然后在按住 Shift 键的同时将鼠标键移到另外一处，再单击鼠标，两个击点之间就会自动连接起来形成一条直线。

2）铅笔工具

使用【铅笔工具】可绘出硬边的线条，如果是斜线，会带有明显的锯齿。绘制的线条颜色为工具箱中的前景色。在铅笔工具选项栏的弹出式面板中可看到硬边的画笔，如图 2-3-18。

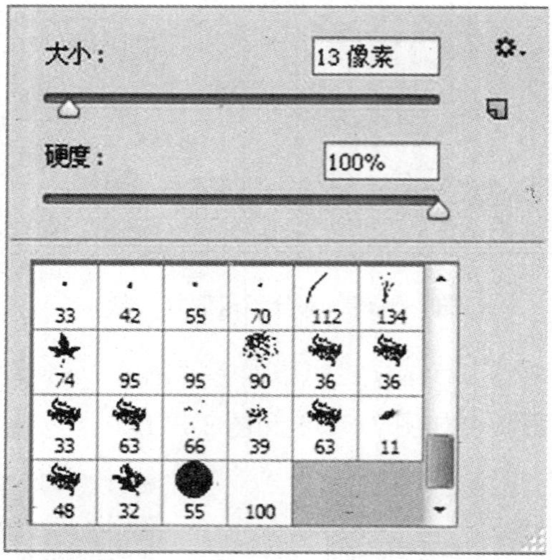

图 2-3-18 【铅笔工具】选项栏的弹出式面板

3）橡皮擦工具

橡皮擦工具分为【橡皮擦工具】、【背景橡皮擦工具】和【魔术橡皮擦】三种。

【橡皮擦工具】：可将图像擦除至工具箱中的背景色。单击工具箱中的【橡皮擦工具】，弹出【橡皮擦工具】选项栏如图 2-3-19 所示。在“模式”后面的弹出菜单中可选择不同的橡皮擦类型：“画笔”“铅笔”和“块”。当选择不同的橡皮擦类型时，工具选项栏中的设定项也是不同的。选择“画笔”和“铅笔”选项时，与画笔和铅笔的用法相似，只是绘画和擦除的区别。选择“块”，就是一个方形的橡皮擦。如图 2-3-20 是用【橡皮擦工具】擦除后的效果，背景色是白色。

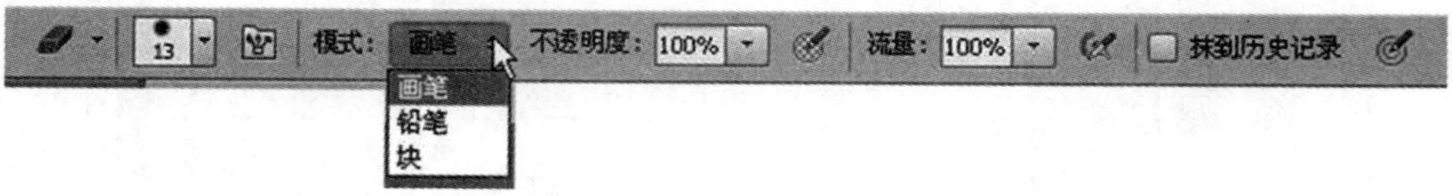

图 2-3-19 【橡皮擦工具】选项栏

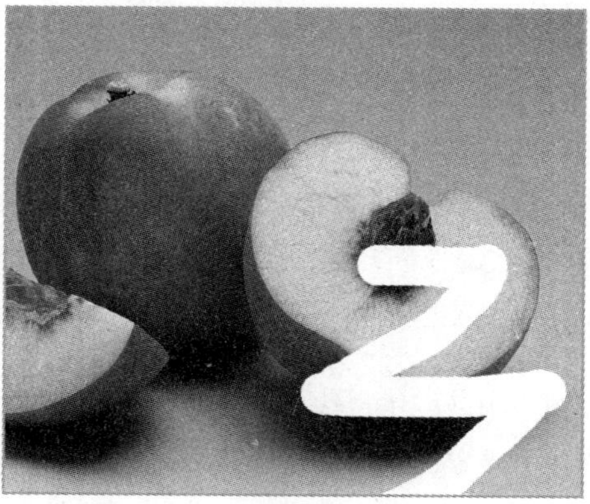

图 2-3-20 用【橡皮擦工具】擦除的效果

【背景橡皮擦工具】：可将图层上的颜色擦除成透明，单击工具箱中的工具，就会出现其选项栏，如图 2-3-21。【背景橡皮擦工具】可以在去掉背景的同时保留物体的边缘。通过定义不同的取样方式和设定不同的“容差”数值，可以控制边缘的透明度和锐利程度。【背景橡皮擦工具】在画笔的中心取色，当工具移动到图像上时，光标变成圆形的，中心有十字符号，十字符号的中心就表示取样的中心，不受中心以外其他颜色的影响。

图 2-3-22 是利用【背景橡皮擦工具】擦除的效果。

图 2-3-21　【背景橡皮擦工具】选项栏

图 2-3-22　用【背景橡皮擦工具】擦除的效果

【魔术橡皮擦工具】：可根据颜色近似程度来确定将图像擦成透明的程度，而且它的去背景效果比常用的路径还要好。当使用【魔术橡皮擦工具】在图层的图像上单击，工具会自动将所有相似的像素变为透明，如图 2-3-23。如果当前操作的是背景层，操作完成后变成普通图层。

图 2-3-23　使用【魔术橡皮擦工具】擦除前后比较

单击工具箱中的工具，就会出现其选项栏，如图 2-3-24。

图 2-3-24　【魔术橡皮擦工具】的选项栏

在工具选项栏中，可以输入颜色的“容差”数值，如20，输入数值越大代表可擦除范围越广，选择“消除锯齿”选项可以使擦除后图像的边缘保持平滑。选择“连续”选项只会去除图像中和鼠标单击点相似并连续的部分，如果不选择此项，将擦除图像中所有和鼠标单击点相似的像素，不管是否和鼠标单击点连续。

4）填充工具

填充工具分为【油漆桶工具】和【渐变填充工具】两种。

【油漆桶工具】：可根据像素的颜色的近似程度来填充颜色，填充的颜色为前景色（纯色）或连续图案（【油漆桶工具】不能作用于位图模式的图像）。单击工具箱中的【油漆桶工具】，出现其选项栏，如图2-3-25。

图2-3-25 【油漆桶工具】选项栏

图2-3-26是原图，背景经过填充后如图2-3-27所示。

图2-3-26 应用【油漆桶工具】填充前

图2-3-27 应用【油漆桶工具】填充背景后

【渐变填充工具】：【渐变填充工具】用来填充渐变色，如果不创建选区，【渐变填充工具】将作用于整个图像。此工具的使用方法是按住鼠标左键拖曳，形成一条直线，直线的长度和方向决定了渐变填充的区域和方向，拖曳鼠标的同时按住Shift键可保证鼠标的方向是水平、竖直或45°。选择工具箱中的渐变工具，可看到如图2-3-28所示的工具选项栏。

图2-3-28 【渐变填充工具】选项栏

在工具选项栏中，通过单击小图标，可选择不同类型的渐变，包括线性渐变（）、放射状渐变（）、角度渐变（）、对称渐变（）和菱形渐变（）。这些渐变工具的使用方法相同，但产生的渐变效果不同。

单击渐变预览图标后面的小三角，会弹出渐变面板，在面板中可以选择预定的渐变，也可以自己定义渐变色，如图 2-3-29。左上角第一个选项是从前景色到背景色的渐变，第二个选项是从前景色到透明的渐变。以上五种类型的渐变效果如图 2-3-30 所示。

图 2-3-29　渐变色选择面板

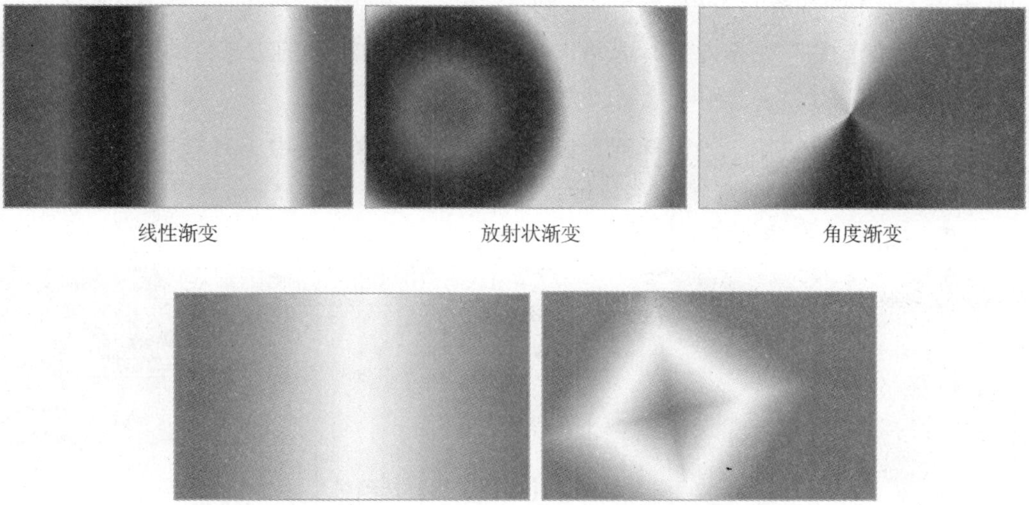

线性渐变　放射状渐变　角度渐变

对称渐变　菱形渐变

图 2-3-30　渐变效果类型

5）形状工具

在工具箱可以选择不同的形状工具，它们是【矩形工具】、【圆角矩形工具】、【椭圆工具】、【多边形工具】、【直线工具】和【自定形状工具】，如图 2-3-31。

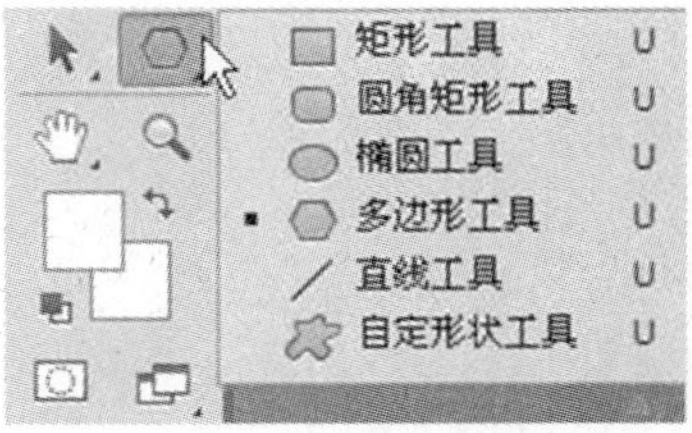

图 2-3-31　形状工具类型选择

【矩形工具】：单击选中工具箱中的【矩形工具】，在选项栏中单击按钮，会弹出其相应的选项面板，如图 2-3-32，用来对工具进行各种设定。设定完成后再次单击按钮可将弹出的面板关闭（注意：【圆角矩形工具】、【椭圆工具】及【自定形状工具】具有一些相似的设定）。

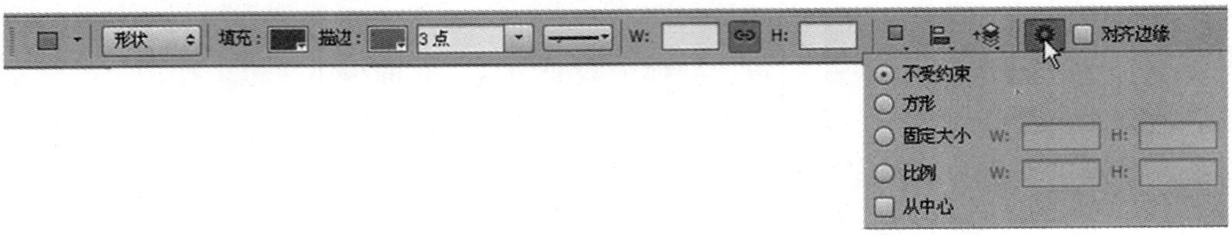

图 2-3-32 【矩形工具】选项栏

不受约束：允许通过拖移设置矩形、圆角矩形、椭圆或自定形状的宽度和高度。

方形：将矩形或圆角矩形约束为正方形。

固定大小：当选中矩形、圆角矩形、椭圆或自定形状工具并选择此选项后，就可在“W”（宽度）和“H”（高度）后面的框中输入数据，在图像中形成的形状就会完全符合选项面板中的设定。

比例：当选中矩形工具、圆角矩形工具或椭圆工具并选择此选项后，就可在“W”（宽度）和“H”（高度）后面的文本框中输入数据，然后在图像中形成的形状就会完全符合选项面板中的长宽比例。

从中心：选中此选项后，当绘制矩形、圆角矩形、椭圆或自定形状时，就会从中心开始。

另外，如果选中“对齐边缘”选项，可将矩形或圆角矩形的边缘自动对齐像素边界。

【圆角矩形工具】：用于绘制圆角矩形。

【椭圆工具】：用于绘制椭圆。如要绘制正圆，单击选中工具箱中的【椭圆工具】，按住 Shift 键可以直接绘制出正圆形；或选中其工具属性选项栏中的“圆（绘制直径或半径）”选项，如图 2-3-33 所示，即可绘制一个正圆。

图 2-3-33 【椭圆工具】选项栏

【多边形工具】：选择多边形形状工具可产生直线型的多边形区域，单击多边形形状工具，在选项栏中有以下选项，如图 2-3-34。

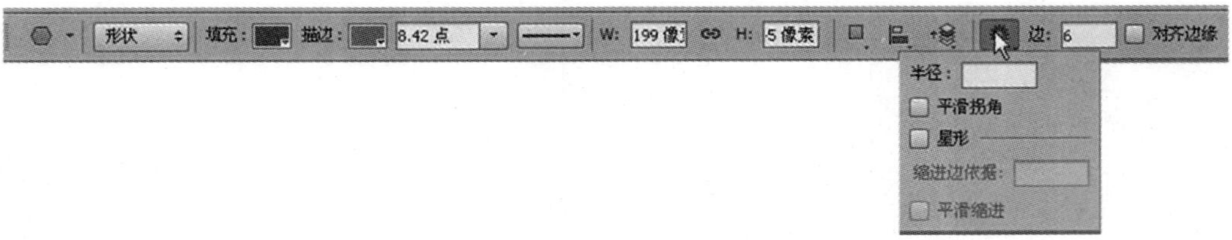

图 2-3-34 【多边形工具】选项栏

半径：对于圆角矩形，指定圆角半径；对于多边形，指定多边形中心与外部点之间的距离。

平滑拐角：选择此选项后，将用圆角代替原来突出的尖角。

缩进边依据：可将多边形的边缩进，成为星形。在文本框中输入一个百分比，我们可以将缩进的星形半径称为内半径，将原来多边形的半径称为外半径，那么，框中输入的百分比就是内半径和外半径的比例。

平滑缩进：选择此选项后，将用圆角代替原来缩进的尖角。

将选项栏中的“边数”设定为 6，设定不同的选项后可得到如图 2-3-35 所示的不同结果。

图 2-3-35　【多边形工具】不同选项效果比较

【直线工具】：用此【直线工具】可以画直线。在直线选项栏中可设定直线的宽度。

“起点”和“终点”：当“起点”和“终点”都选中时，画出的线两边都带箭头。

【自定形状工具】：当选中【自定形状工具】时，在工具选项栏中单击“形状”图标右侧的小三角，会弹出自定形状面板，如图 2-3-36。

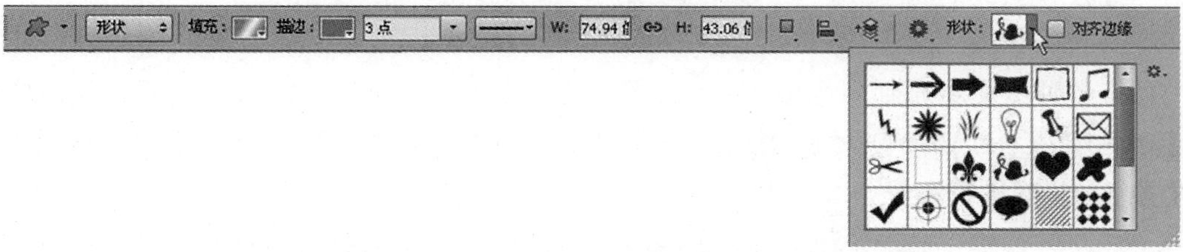

图 2-3-36　【自定形状工具】中不同形状选项

单击弹出面板的右上角，会出现一个弹出式菜单，可选择 Photoshop 预置的形状，当选择一种形状文件后，会弹出对话框，单击“追加”按钮，将新的形状载入。

4. 修图工具

修图工具包括【仿制图章】、【图案图章】、【污点修复画笔】、【修复画笔】、【修补】、【红眼】、【模糊】、【锐化】、【涂抹】、【减淡】、【加深】以及【海绵】工具，可以使用它们来修复和修饰图像。

1）仿制图章工具

【仿制图章工具】：使用【仿制图章工具】可准确复制图像的一部分或全部从而产生某部分或全部的拷贝，它是修补图像时常用的工具。

单击工具箱中的【仿制图章工具】，出现工具选项栏，如图 2-3-37，在画笔预览图的弹出面板中选择不同类型的画笔来定义【仿制图章工具】的大小、形状和边缘软硬程度。在“模式”弹出菜单中选择复制的图像以及与底图的混合模式，并可设定“不透明度”和“流量”，还可以选择喷枪效果。

图 2-3-37　【仿制图章工具】选项栏

在【仿制图章工具】的选项栏中选择一个软边和大小适中的画笔，然后将【仿制图章工具】移到图像中，按住 Alt 键的同时单击鼠标键确定取样部分的起点。然后将鼠标移到图像中另外的位置，当按下鼠标键时，会有一个十字形符号标明取样位置和【仿制图章工具】相对应，拖曳鼠标就会将取样位置的图像复制下来，如图 2-3-38。

图 2-3-38　应用【仿制图章工具】前后

在图 2-3-37 中，【仿制图章工具】选项面板中有一个“对齐”选项，这一选项在修复图像时非常有用。因为在复制过程中可能需要经常停下来，以更改【仿制图章工具】的大小和软硬程度，然后继续操作，因而复制会终止很多次，若选择“对齐”选项，下一次的复制位置会和上次的完全相同，图像的复制不会因为终止而发生错位。

2）【图案图章工具】

可将各种图案填充到图像中。【图案图章工具】的选项栏如图 2-3-39，和前面所讲的【仿制图章工具】的设定项相似。不同的是，【图案图章工具】直接以图案进行填充，不需要按住 Alt 键进行取样。

图 2-3-39　【图案图章工具】选项栏

可以在图案预览图的弹出面板中选择预定好的图案，也可以使用自定义的图案，方法是用【矩形选框工具】选择一个没有羽化设置的区域（羽化 =0），如图 2-3-40，执行“编辑 > 定义图案”命令，弹出“图案名称”对话框，在“名称”栏中输入图案的名称，单击“确定”按钮可将图案存储起来。在【图案图章工具】选项栏中的图案弹出式面板中可看到新定义的图案。定义好图案后，直接以【图案图章工具】在图像内绘制，即可将图案一个挨一个整齐排列在图像当中，如图 2-3-41。

图 2-3-40　定义图案原图

图 2-3-41　执行【图案图章工具】后

3）修复工具

【污点修复画笔工具】：用于快速移去图像中的污点和其他不理想部分。和【修复画笔工具】相似，【污点修复画笔工具】使用图像或图案中的样本进行绘画，并将样本的纹理、光照、透明度和阴影与所修复的像素相匹配。与【修复画笔工具】不同，【污点修复画笔工具】不需要指定样本点，【污点修复画笔工具】将会在需要修复区域外的图像周围自动取样。如图2-3-42所示，左图是修复前的效果，右图是修复后的效果。

(a)　　　　(b)

图 2-3-42　使用【污点修复画笔工具】前后对比

（a）修复前；（b）修复后

【修复画笔工具】：用于修复图像中的缺陷并能使修复的结果自然溶入周围的图像。和【仿制图章工具】类似，【修复画笔工具】也从图像中取样复制到其他部位，或直接用图案进行填充。但不同的是，【修复画笔工具】在复制或填充图案的时候，会将取样点的像素信息自然溶入到复制的图像位置，并保持其纹理、亮度和层次，被修复的像素和周围的图像完美结合，如图 2-3-43 所示。

(a)　　　　(b)

图 2-3-43　应用【修复画笔工具】前后

（a）原图；（b）应用【修复画笔工具】后

在【修复画笔工具】选项栏，如图 2-3-44 中，可以看到和【仿制图章工具】类似的选项。在画笔弹出面板中选择画笔的大小来定义【修复画笔工具】的大小；在画笔弹出面板中只能选择圆形的画笔，可以调节画笔的粗细、硬度、间距、角度和圆度的数值。

首先按住 Alt 键确定取样起点，然后松开该键，将鼠标移动到要复制的位置，单击或拖曳鼠标即可实现修复画笔功能。

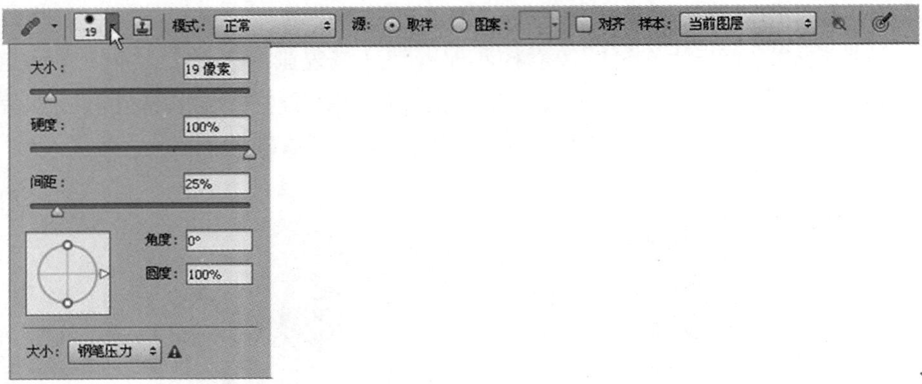

图 2-3-44 【修复画笔工具】选项栏

【修补工具】：使用【修补工具】可以从图像的其他区域或使用图案来修补当前选中的区域。它与【修复画笔工具】相同之处是修复的同时也保留图像原来的纹理、亮度及层次等信息，图 2-3-45 所示为【修补工具】的工具选项栏。

图 2-3-45 【修补工具】选项栏

图 2-3-46 中的划痕用【修补工具】进行修补后，结果如图 2-3-47 所示。

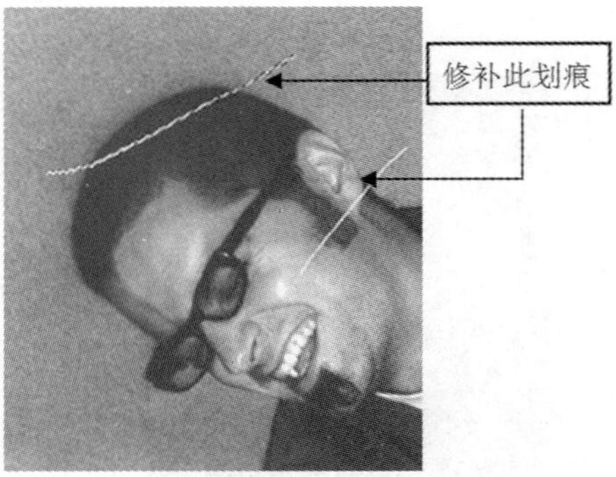

图 2-3-46 原图

图 2-3-47 应用【修补工具】修补后

【内容感知移动工具】：使用【内容感知移动工具】可在无需复杂图层或慢速精确的选择选区的情况下快速地重构图像。“扩展”模式可对头发、树或建筑等对象进行扩展或收缩，效果令人信服。“移动”模式可将对象置于完全不同的位置中（在背景相似时最有效）。

打开需要修改的图像，在工具栏中选择【内容感知移动工具】，将图像中的人物进行选取，见图 2-3-48，在工具选项栏中选择“扩展”模式，使用【内容感知移动工具】将选区向右平移，得到结果如图 2-3-49 所示，在工具选项栏中选择“移动”模式，使用【内容感知移动工具】将选区向右平移，得到结果如图 2-3-50 所示。

图 2-3-48　原图

图 2-3-49　“扩展”模式效果

图 2-3-50　“移动”模式效果

【红眼工具】：【红眼工具】可以移去闪光灯拍摄的人物照片中的红眼，也可以移去用闪光灯拍摄的动物照片中的白色或绿色反光。红眼是由于相机闪光灯在视网膜上反光引起的。

打开需要修改的图像，如图 2-3-51，在工具栏中选择【红眼工具】，在需要修复红眼的图像处使用鼠标单击，如结果不满意，调整工具选项栏中的“瞳孔大小”和“变暗量”，再次使用【红眼工具】单击修复红眼，直到结果满意为止，如图 2-3-52。

图 2-3-51　原图

图 2-3-52　应用【红眼工具】去红眼后

4）模糊/锐化工具

【模糊工具】：可使图像的一部分边缘模糊，降低相邻像素的对比度，将较硬的边缘软化，使图像柔和，图 2-3-53 左边是原图，右边是使用【模糊工具】后的图像。

图 2-3-53　应用【模糊工具】前后

【锐化工具】：可使图像的一部分边缘清晰，增加相邻像素的对比度，将较软的边缘明显化，使图像聚焦。但是如果过度使用将会导致图像严重失真。图 2-3-54 所示是使用【锐化工具】前后的图像。

图 2-3-54　应用【锐化工具】前后

【涂抹工具】：用于模拟用手指涂抹油墨的效果，以【涂抹工具】在颜色的交界处作用，会有一种相邻颜色互相挤入而产生的模糊感。图 2-3-55 是使用【涂抹工具】前后的效果。

图 2-3-55　应用【涂抹工具】前后

5）减淡/加深/海绵工具

这三个工具主要用来调整图像的细节部分，可使图像的局部变淡、变深或使色彩饱和度增加或降低。

【减淡工具】可使细节部分变亮，类似于加光的操作。【加深工具】可使细节部分变暗，类似于遮光的操作。【海绵工具】用来增加或降低颜色的饱和度。图 2-3-56 是原图，图 2-3-57 是减淡后效果，图 2-3-58 是加深后效果，图 2-3-59 是使用【海绵工具】后的效果。

图 2-3-56　原图

图 2-3-57　减淡后

图 2-3-58　加深后

图 2-3-59 海绵工具效果

5. 文字工具

【文字工具】T主要是通过其选项栏来调整文字的大小、形状或设定文字的显示方式。所有的文字编辑工作都可以在选项栏中完成。【文字工具】有四种，T是实体文字、IT是竖排文字，T和IT是创建文字形选区工具。

单击【文字工具】，其选项栏如图 2-3-60 所示。

图 2-3-60　【文字工具】选项栏

6. 其他常用工具

（1）【缩放工具】：用来放大或缩小图片。如果需要缩小图片，则在使用缩放工具的同时按住 Alt 键。

（2）【裁切工具】：用于裁切图片多余的部分或重新设定图像大小。应用时先用鼠标在图像上拖出一个裁切矩形，然后在矩形选框中双击鼠标，可将图像多余的部分裁切，保留裁切框中的图像。如果不想进行下一步的裁切操作，只需点击右键，选择“取消”即可还原选区。

（3）【切片工具】：主要运用在网页设计中的网页文件的输出上，它是为了让网页文件在下载时更快捷，以及便于管理，在不损害其图像质量的情况下，将图像分割成若干分。图 2-3-61 是应用【切片工具】后的效果。

图 2-3-61　应用【切片工具】后

2.3.4　菜单介绍

这里简单介绍各个主要菜单的功能应用效果，以便对 Photoshop 的菜单有个基本的认识。Photoshop CS6 的菜单共有文件菜单、编辑菜单、图像菜单、图层菜单、文字菜单、选择菜单、滤镜菜单、视图菜单、窗口菜单和帮助菜单 10 大菜单命令。下面介绍文件菜单、编辑菜单、图像菜单和选择菜单。

1. “文件”菜单

1）打开文件

执行“文件” > “打开”命令，弹出“打开”对话框，如图2-3-62，在此选中要打开的文件，单击对话框右下角的“打开”按钮就可将此文件打开。

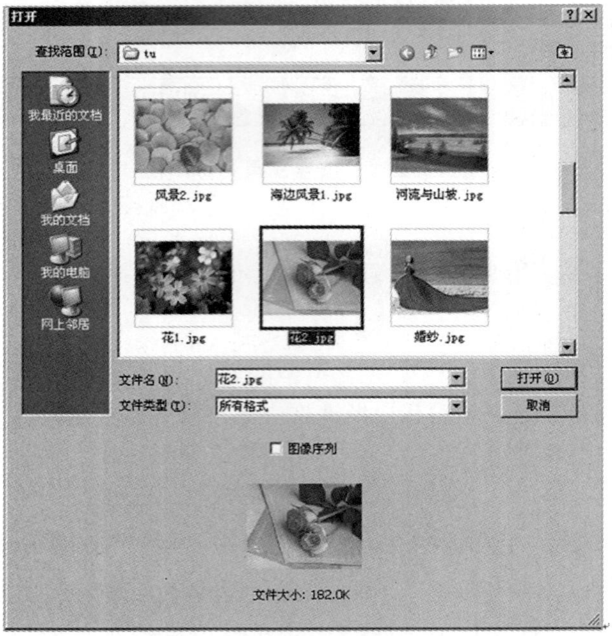

图 2-3-62　“打开”对话框

2）建立新文件

执行“文件” > “新建”命令，可弹出“新建”对话框，如图2-3-63。

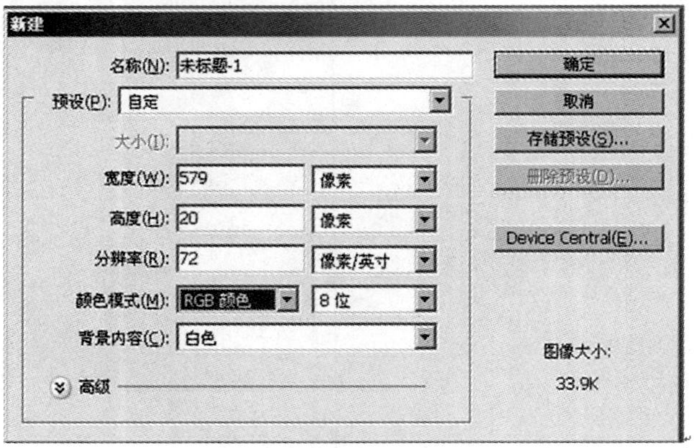

图 2-3-63　“新建”文件对话框

在“新建”对话框中可对所建文件进行各种设定：在“名称”文本框中输入图像名称；在“预设”后面的下拉菜单中可选择一些内定的图像尺寸；在“宽度”和“高度”后面的文本框中输入自定的尺寸，在文本框后面的弹出菜单中选择不同的度量单位；“分辨率”的单位习惯上采用像素/英寸（pixels/inch），一般为72像素/英寸，如果制作的图像是用于印刷，需设定300像素/英寸的分辨率；在“颜色模式”后面的下拉菜单中可设定图像的色彩模式，默认为“RGB 颜色”。

3）保存文件

执行“文件” > “存储”命令，可弹出“保存”对话框，如图 2-3-64。在“文件名”文本框中输入文件名称，并在“格式”下拉选项中选择文件格式，文件格式选项如图 2-3-65。

图 2-3-64　“保存”文件对话框

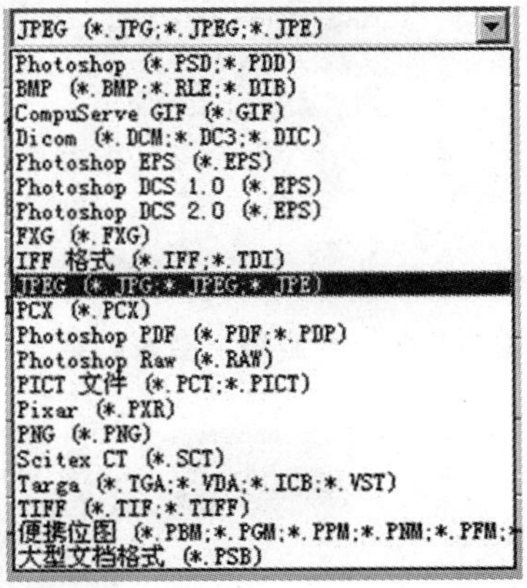

图 2-3-65　文件格式选项

2.“编辑”菜单

利用“变换”和“自由变换”命令可以对整个图层、图层中选中的部分区域、多个图层、图层蒙版，甚至路径、矢量图形、选择范围等进行缩放、旋转、斜切和透视等操作。

如图 2-3-66 所示，选中需要变换的区域，然后执行“编辑” >“变换” >“缩放”命令，可看到图像的四周有一个矩形框，有 8 个手柄来控制矩形框的大小。矩形框的中心有一个标识用来表示缩放或旋转的中心参考点。将鼠标放在四个角的手柄上拖曳时，按住 Shift 键可以保证缩放的比例，效果如图 2-3-67 所示。缩放到合适大小后在缩放区域双击鼠标确定。

图 2-3-66　选择需要缩放的区域

图 2-3-67　缩放后

“变换”菜单还有各种变换命令，执行“编辑” > “变换”命令后，拉出如图 2-3-68 的菜单，可以选择不同的变换命令。

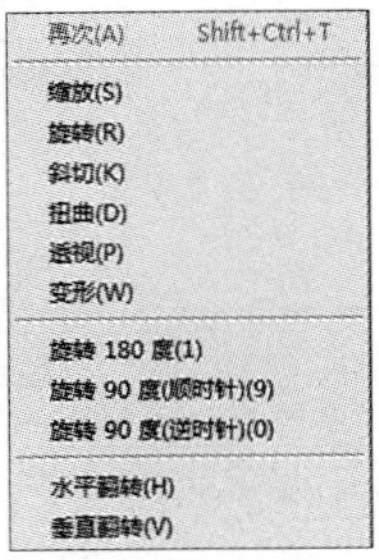

图 2-3-68　变换菜单选项

旋转：可实现图像的旋转。执行“编辑” > “变换” > “旋转”命令，将鼠标移到四个角的手柄外侧，出现双向弯箭头，按住鼠标顺时针或逆时针旋转图像到合适位置，双击鼠标即可，效果如图 2-3-69 所示。

斜切：效果如图 2-3-70 所示。

扭曲：效果如图 2-3-71 所示。

透视：效果如图 2-3-72 所示。

图 2-3-69 “旋转”图像效果

图 2-3-70 “斜切”图像效果

图 2-3-71 “扭曲”图像效果

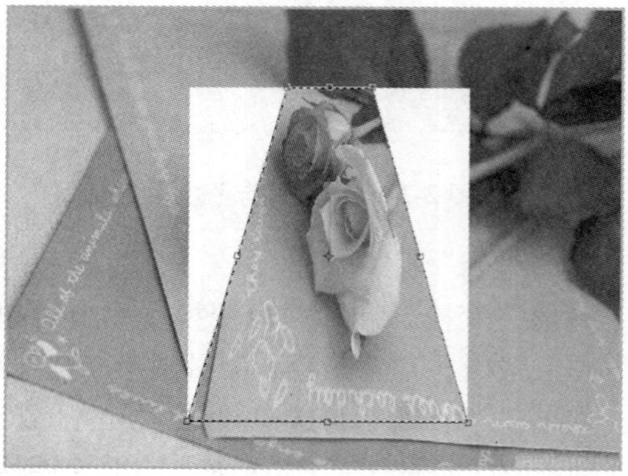

图 2-3-72 “透视”图像效果

变形：执行“编辑” > “变换” > “变形”命令后，在选项栏的“变形”选项中弹出下拉选项如图 2-3-73；变形图像效果（自定）如图 2-3-74 所示。其他变形效果就不一一示范了。

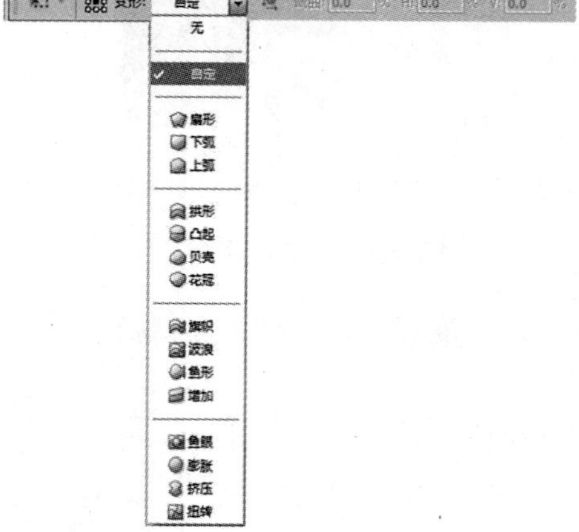

图 2-3-73 变形选项

图 2-3-74 “变形”图像效果（自定）

水平翻转：效果如图 2-3-75 所示

垂直翻转：效果如图 2-3-76 所示。

图 2-3-75　“水平”翻转效果

图 2-3-76　“垂直”翻转效果

3. “图像” 菜单

“图像”菜单是 Photoshop 的一个主要菜单，其中的“模式”“调整”“图像大小”和“画布大小”菜单是极常用的功能。

1）模式

模式主要用来调整各种类型图像的色彩模式。由于图像可以由许多不同的颜色组成，当使用图形的用途改变时，色彩模式也需作出相应的调整。主要有以下几种主要模式：

灰度模式：图像中有黑、白和各种深浅不同的灰，可显示类似于黑白照片那样的有阶调层次变化的图像。此命令可将彩色图片转换成灰度模式。

索引颜色模式：基于 256 色图像的模式。图像可由 RGB 模式、灰度模式、双色模式转换而成，但图像质量比较差。

RGB 颜色模式：以 R（红）、G（绿）、B（蓝）为三基色，其他任何颜色都可以通过 R、G、B 混合得到，即任何一个像素的颜色值都可以用 R、G、B 三个值来描述。

CMYK 颜色模式：这种模式是四色处理的基础。印刷中为了印刷出色调连续的图像，常用 C（青）、M（品）、Y（黄）、K（黑）四色油墨来叠合出各种颜色。为满足印刷需要，Photoshop 设计了 CMYK 色彩模式，图像中任何一个像素的颜色值以 C、M、Y、K 四个值来表示。

2）调整

调整主要是对各个色彩之间的平衡或图像色调的调整，其中包含了从快速调整到精细的手工设置等一系列调整模式，可以满足不同层次的需求。主要有以下几种主要调整模式：

亮度/对比度：主要针对图像的“亮度”和“对比度”进行调整，如图 2-3-77。图 2-3-78原图调整后效果如图 2-3-79。

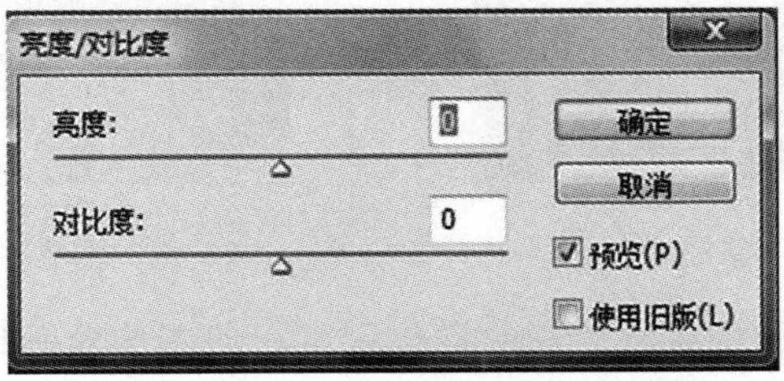

图 2-3-77　亮度/对比度调整对话框

图 2-3-78 原图

图 2-3-79 调整后

色相/饱和度：针对单一颜色中“色相”“饱和度”和“明度”三项的独立调整，如图 2-3-80。图 2-3-81 原图调整后效果如图 2-3-82。

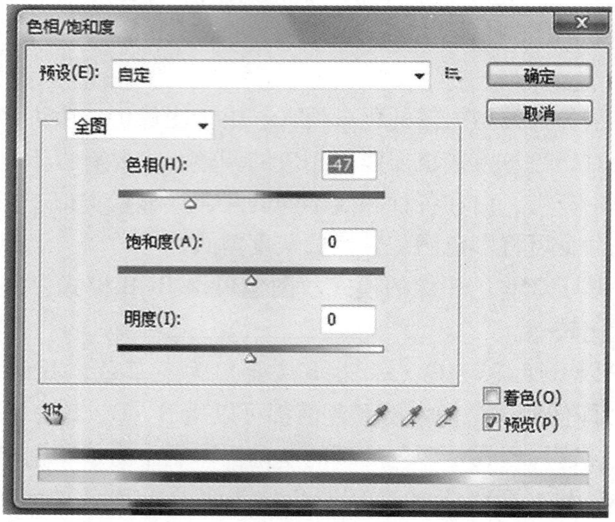

图 2-3-80 色相/饱和度调整对话框

图 2-3-81 原图

图 2-3-82 调整后

色彩平衡：可调整图像中各种色彩的均化程度。使图像单独增加或减少某种颜色的值。它和几种色彩调整命令一样，都是通过调整图像的高光、暗调和中间调来实现对图片的处理。

3）图像大小

调整文档图像大小的菜单命令，如图 2-3-83 所示的是调整“图像大小”对话框。

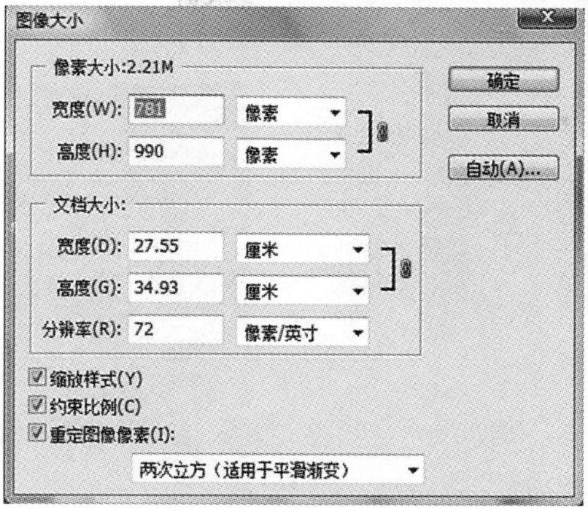

图 2-3-83　调整“图像大小”对话框

图像像素：用于设定图像像素的大小。

文档大小：用以改变文档的宽度、高度、分辨率等。

约束比例：选取这个复选框，更改图像大小及文档大小时，宽度和高度会按一定比例变化。

4）画布大小

调整文档图像画布大小的菜单命令，如图 2-3-84 所示的是图像“画布大小”对话框。可以直接输入画布的宽度和高度。

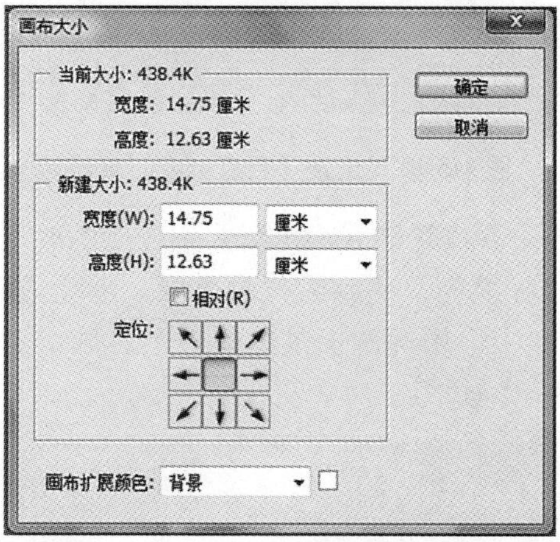

图 2-3-84　调整图像“画布大小”对话框

4. “选择”菜单

“选择”菜单中的主要命令如下：

（1）全选：选定整幅图像。

（2）反选：选取图层或图像当前选区以外的所有区域。

（3）色彩范围：通过在“色彩范围”面板中的参数设置，可以对图像进行较为准确、快捷的、不定区域选定，能对图像中分布不一的色彩区域进行处理。面板如图 2-3-85，选择图 2-3-86 中向日葵花的黄色部分，调整颜色容差为 131，选中的区域如图 2-3-87。

图 2-3-85　“色彩范围”对话框

图 2-3-86　需选定“色彩范围”的图片

图 2-3-87　选定“色彩范围”区域后

（4）修改：用于对选区边界或轮廓大小进行一定程度的改动。

羽化：使图层或图像边缘模糊，达到柔化的效果。羽化效果需要在复制、粘贴后才能体现出来。例如在图 2-3-88 中，用椭圆工具选择一个区域，羽化 10 个点后复制并粘贴到图2-3-89中，效果如图 2-3-90 所示。

图 2-3-88　椭圆工具选定一个区域

图 2-3-89　需粘贴的原图

图 2-3-90　羽化粘贴后效果

（5）扩大选取：把选取的范围扩大。

（6）选择相似：当用【魔术棒工具】等选定某个区域后，用“选择相似”命令可以将图像中所有与该区域颜色相似的部分全部选中。

2.3.5　面板

1. 面板介绍

在 Photoshop 中有很多浮动的面板，方便进行图像的各种编辑和操作。这些面板均列在“窗口”菜单下。浮动面板指的是打开 Photoshop 软件后在桌面上可以移动，可以随时关闭并且具有不同功能的各种控制面板。

在 Photoshop CS6 中，面板的位置与以前的版本有了很大的变化，增强的面板管理简化了工作环境。在不使用面板时，面板收缩在软件窗口的右侧，如图 2-3-91；单击右上角的展开面板按钮（ ），面板将展开显示，如图 2-3-92；当再单击折叠面板按钮（ ）时，面板将收起，以图标的方式显示。也可单击面板上的某个图标，图标相对应的面板将自动展开，再次单击图标，面板将自动收起。

图 2-3-91　控制面板收缩后

图 2-3-92　控制面板展开后

软件本身将不同的面板进行了分组，但用户也可以根据自己的工作习惯进行重新编排。根据默认情况，Photoshop 重新启动后会记得上次退出时所有面板的位置。在“窗口”菜单下可看到由横线将面板分为几组，在默认状态下，每组的面板都是组合在一个面板组中出现的。

在面板槽中的面板同样可以与面板槽分离，在需要分离的面板组的最上方按下鼠标后拖曳，如图 2-3-93，直至蓝色框消失，释放鼠标，此时面板组与面板槽分离，如图 2-3-94，在分离的面板组的最上方按下鼠标后拖曳到面板槽位置直至出现蓝色，释放鼠标，面板组将放置在面板槽中。

如需选择某个面板，则在“窗口”菜单的下拉菜单中点击选中（打“√”）即可。

图 2-3-93　面板槽中的多个面板

图 2-3-94　从面板槽中分离后的“导航器”面板

浮动的面板分为图层面板、历史记录面板、样式面板、颜色面板、动作面板等。图层面板在 2. 3. 6 中详细介绍，下面简单介绍几个常用的面板。

2. 历史记录面板

“历史记录”面板是用来记录操作步骤的，如果有足够的内存，“历史记录”面板会将所有的操作步骤都记录下来，可以随时返回任何一个步骤，查看任何一步操作时图像的效果。

选择“窗口” > “历史记录”命令，会弹出“历史记录”面板，如图2-3-95所示。

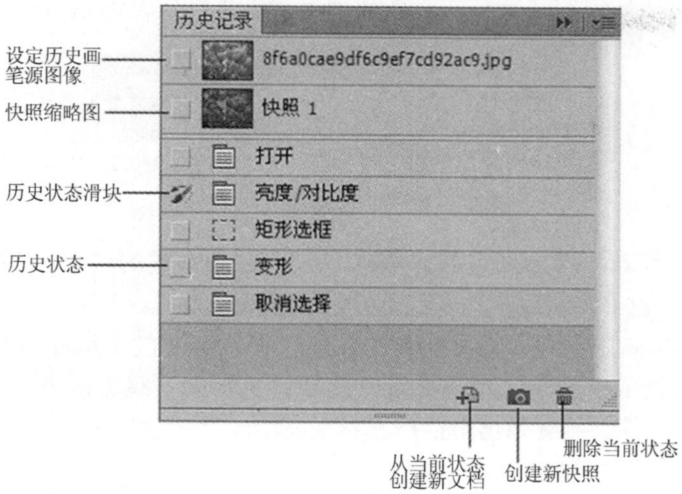

图2-3-95　“历史记录”面板

当打开一个图像时，只有一个“状态”，表明执行了一个操作步骤，其名称通常是“打开”，在其左边是一个滑钮，当执行不同的步骤时，在“历史记录”面板中会记录下来，并根据所执行命令的名称自动命名，滑钮始终随着操作向下移动。用户可以用鼠标单击任何一个记录的状态，滑钮就会出现在选中的状态前面，其下面的状态就会变成灰色，名称变成斜体字。

默认情况下，“历史记录”面板将列出前20个操作状态。更早的状态被自动删除以便为Photoshop释放更多的内存。若要在整个工作过程中保留一个特定的状态，可创建该状态的快照。

当关闭并重新打开文档后，上次工作过程的所有状态和快照都将从面板中清除。

3. 样式面板

将各种图层效果集合起来完成一个设计元素后，为了方便其他的图像使用相同的图层效果集合，可以将其存放在“样式”面板中供随时调用。执行菜单“窗口 > 样式”命令，就可以弹出“样式”面板，如图2-3-96。

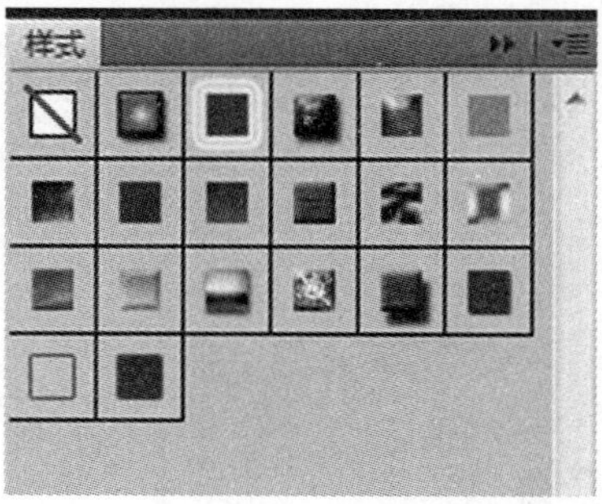

图2-3-96　“样式”面板

“样式”面板中已经有了一些预制的样式存在。也可以建立自己的样式，其建立方法如下所述。

（1）按照前面讲过的方法，在“图层样式”对话框中设定所需要的各种效果，然后单击“图层样式”对话框中的“新样式”按钮弹出“新建样式”对话框，如图 2-3-97。

图 2-3-97　“新建样式”对话框

（2）在“新建样式”对话框中的“名称”栏中输入样式的名称。“新建样式”对话框中包括两个选项：“包含图层效果”和“包含图层混合选项”。

对于用不到的样式我们可以将其拖到“样式”面板下方的垃圾桶图标上将此样式删除。Adobe Photoshop 提供了一些样式库，给用户选择样式带来了很大的方便，在弹出菜单中选择任何一个样式库文件，接着弹出对话框，单击其中的“追加”按钮就可以了。

小提示

Photoshop 中快速显示/隐藏工具箱的快捷方法是按键盘上的 Tab 键；快速显示/隐藏控制面板的方法是按 Shift + Tab 键。

2.3.6　使用图层

1. 图层简介

如果把显示屏比作一张桌子的桌面，你准备在上面绘画或者处理图片，那么图层就相当于铺在桌面上的纸张和摆在桌面上的一摞图片。不同的是，在 Photoshop 中，除背景图层外的任何新建图层都是完全透明的。图层中包含准备处理的内容。

在画布窗口中可以看到一幅完整的图片（图 2-3-98），这看起来和一张普通的图片没有任何区别，但打开“图层”面板（图 2-3-99），可以发现它们之间实际上是各自独立的（图 2-3-100），并没有必然的联系，可以在“图层”面板中单击图层名称选中一个图层，然后点击工具箱中的移动工具。回到图像编辑窗口中，按住鼠标左键拖动，图层中的内容会随鼠标移动，也就是这个层的图像被移动了。

图 2-3-98　原始图片

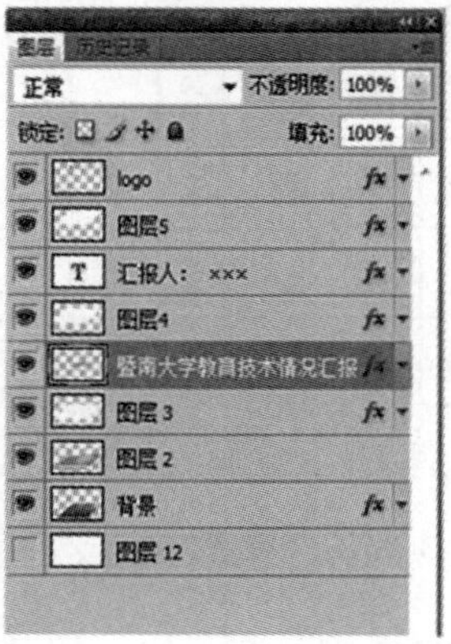

图 2-3-99　“图层”面板

图 2-3-100　各自独立的图层

例如上文的图示，我们可将图层理解为一摞透明的纸，每一张上面都有需要处理的内容，最后将这些纸按次序叠起来，在图像编辑区中能看到整体的效果。既然是叠起来，那就要有叠放的次序。这个次序可以直观地理解为在“图层”面板中，位于顶端的图层内容就是放在最上面的，越向底端的就是放在最下面的。如果一个图层中含有不透明的内容，如图 2-3-101所示，改变图层的排列顺序能够改变它们之间的压盖次序。

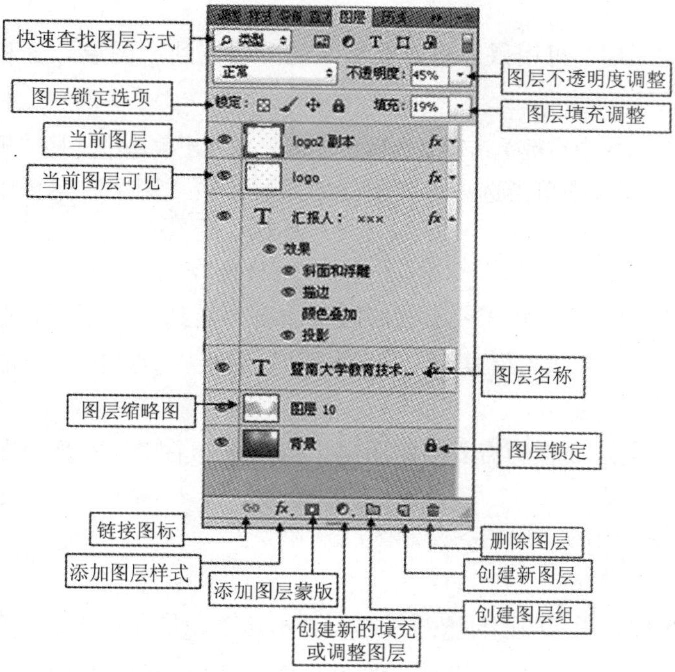

图 2-3-101　“图层”面板说明

2. 图层的基本操作

1）新建图层

在 Photoshop 中建立新图层的方法有下列几种：

（1）单击“图层”面板下方的按钮建立新图层。

用鼠标单击“图层”面板底部的 创建新图层图标，在“图层”面板中就会出现一个名叫“图层 1”的空图层，如图 2-3-102。

（2）从“图层”菜单中建立新图层。

在“图层”菜单中有 4 个命令可创建新的图层：

① 直接选择“图层” >“新建” >“图层”命令。

② 首先用工具箱中的选框工具确定一个选区（如可用矩形工具确定一个矩形的选区），然后选择“图层 > 新建 > 通过拷贝的图层”命令。

在“图层”面板中可看到原始图层上的图像没有变化，通过拷贝将矩形选区转换在一个新图层上。将原始图层关掉后可看到新建的图层。

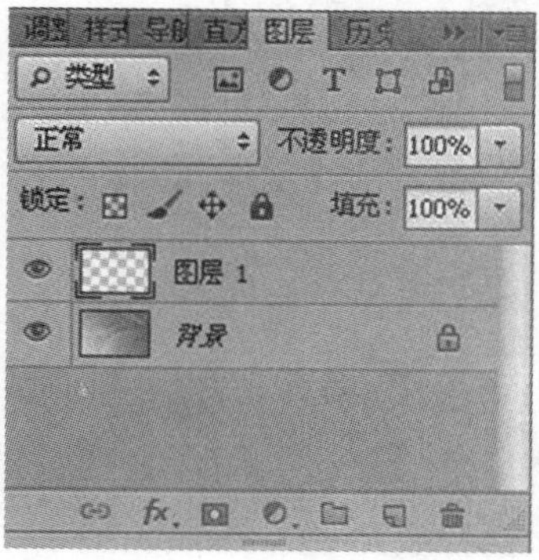

图 2-3-102　创建新图层

③ 确定一个矩形选区，然后选择“图层 > 新建 > 通过剪

切的图层”命令，建立一个新图层。通过此命令新建图层后，原始图层上选中的区域将被裁掉，被裁掉的部分放在了新图层上。

④ 在“图层”面板中选中“背景”图层，执行“图层 > 新建 > 背景图层（Layer From Background）”命令可以将背景图层转换为新图层。也可以双击“图层”面板中的背景图标，在弹出“新建图层”对话框后，单击“确定”按钮。

2）删除图层

（1）如果要删除图层，可用鼠标将需要删除的图层拖到“图层”面板右下角的垃圾桶图标上。

（2）在“图层”面板中右键单击需要删除的图层，在弹出菜单中选择“删除图层”命令。

（3）在“图层”面板中单击选中需要删除的图层，在“图层”菜单中执行“图层 > 删除图层”命令。

3）复制图层

（1）在“图层”面板中，将需要复制的图层用鼠标拖到“图层”面板下面的“创建新图层”图标上，就可将此图层复制，在“图层”面板中会弹出一个带有“副本”字样的新图层。

（2）可以在“图层”面板的需复制的图层上点击鼠标右键，在弹出菜单中选择“复制图层”命令。

（3）执行图层菜单中的“图层 > 复制图层”命令。

4）隐藏图层

在“图层”面板中，当眼睛图标显示时，表示这个图层是可见的。要显示或隐藏图层时，先在“图层”面板内单击眼睛图标，即可隐藏该图层。再次单击则会重新显示该图层。

3. 编辑图层

1）排列图层

图像中图层的排列顺序被称为堆叠顺序。堆叠顺序决定了将如何查看图像，可以修改堆叠顺序，使图像的某些部分出现在其他图层的前面或后面。

如图 2-3-103 所示，各图层均可见，但是图像 flower 被图像 sea 隐藏了，不可见。

为了能够使所有图层的内容在图像编辑区中均能看到，可以通过重新排列图层来实现。在“图层”面板中，将 flower 图层向上拖到图层 sea 和 HAI TAN 之间，然后松开鼠标，结果如图 2-3-104 所示。

图 2-3-103　flower 图层被 sea 图层覆盖

图 2-3-104　将 flower 图层上移后图像可见

flower 图层沿堆叠顺序向上移动了一级，位于 sea 图层和 HAI TAN 图层的中间。

也可以在“图层”面板中选择“flower 图层”，然后选择菜单“图层” > “排列”中的“前移一层”或“后移一层”命令。

2）修改图层的不透明度

可降低任何图层的不透明度，使其他图层能够透过它显示出来。在图 2-3-104 中，花朵盖住了椰子树。下面编辑 flower 图层的不透明度，让椰子树图像透过花朵显示出来。

选择 flower 图层，然后单击“不透明度”文本框旁边的箭头以显示不透明度滑钮，将滑钮拖曳到 50%，如图 2-3-105 所示。也可在“不透明度”文本框中直接输入数值或在“不透明度”滑钮上拖曳鼠标。flower 图层将变成半透明，可看到下面图层的图像。

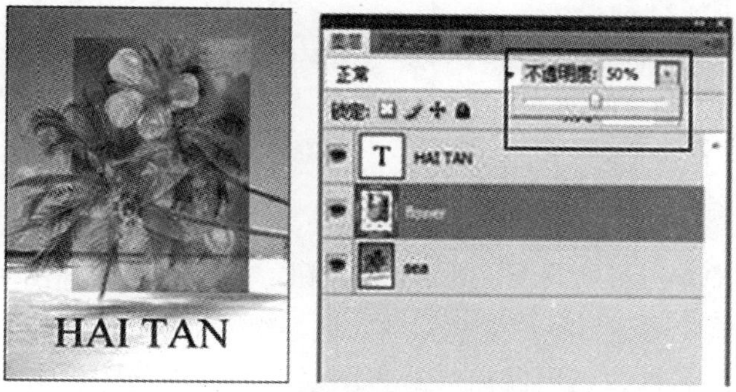

图 2-3-105　调整图层的不透明度

3）合并图层

在“图层”面板右边的弹出菜单中有 3 个命令：“向下合并”“合并可见图层”和“拼合图层”（见图 2-3-106），在“图层”菜单中也有这 3 个命令。

如果选择“向下合并”命令，当前选中的图层会向下合并一层；如果在“图层”面板中将图层链接起来，原来的“向下合并”命令就变成了“合并链接图层”命令，可将所有的链接图层合并。

如果要合并的图层处于显示状态，而其他的图层和背景隐藏，可以选择“合并可见图层”命令，将所有可见图层合并，而隐藏的图层则不受影响。如果所有的图层和背景都处于显示状态，选择“合并可见图层”命令后，则所有图层都将被合并到背景上。

“拼合图层”命令可将所有的可见图层都合并到背景上，隐藏的图层会丢失，但选择“拼合图层”命令后会弹出对话框，提示是否要丢弃隐藏的图层。注意图层拼合后，将不能再编辑，所以要慎重考虑是否要拼合图层。

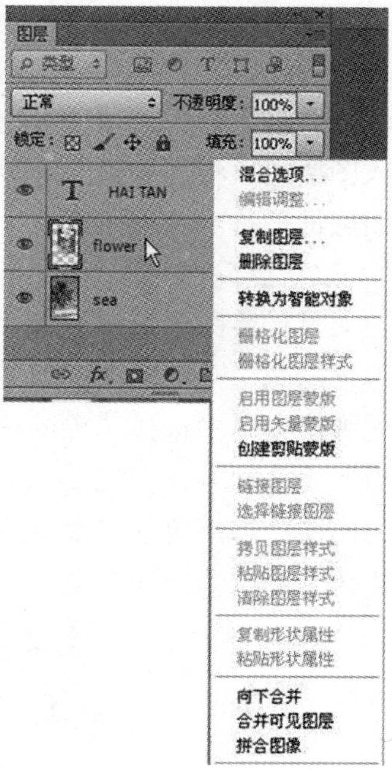

图 2-3-106　“图层”面板的弹出菜单

4. 图层组

在 Photoshop 中提供了很多种不同类型的图层，并提供了“图层组”的概念，利用图层组可管理图层。图层组和文件夹的概念是类似的，可以建立不同的图层组来装载不同类型的图层（见图 2-3-107），不管图层是否在图层组内，其本身的编辑都不会受到任何影响。

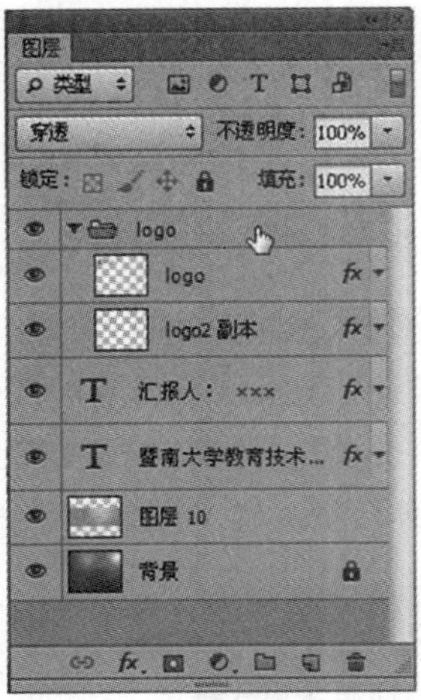

图 2-3-107 建立不同的图层组

图 2-3-108 图层“组属性”对话框

1）新建图层组

在“图层”面板中单击“新建图层组” 按钮，或在面板的弹出菜单中选择“新图层组”命令，或执行菜单“图层” > “新建” > “图层组”命令，都可以创建一个新的图层组。

如要改变图层组的名称，则用鼠标双击“图层”面板中的图层组，或在“图层”面板的弹出菜单中选择“组属性”命令，或执行图层菜单“图层” > “组属性”命令，将弹出“组属性”对话框（见图 2-3-108），在该对话框中可以改变图层组的名称、在“图层”面板中的标记颜色和所显示的通道。

2）编辑图层组

图层在图层组内进行删除和复制等操作与没有使用图层组是相同的。另外还可以将原来不在图层组内的图层拖曳到图层组中，或是将原来在图层组中的图层拖曳出图层组。具体方法是，将需要放入图层组的图层用鼠标拖到图层组上，出现黑色边框后，松开鼠标，图层加入图层组；将需要移出图层组的图层用鼠标拖到图层组的上方，出现黑色横条后松开鼠标，图层即被移出图层组。

3）删除图层组

直接将图层组拖放到“图层”面板下面的垃圾桶图标 上，可将整个图层组以及其中包含的图层全部删除。如果只想删除图层组而保留其中的图层，可在“图层”面板右上角的弹出菜单中选择“删除图层组”命令，或在主菜单中选择“图层” > “删除” > “图层组”命令，弹出如图 2-3-109 所示的对话框。单击“仅组”按钮，只删除图层组但保留其中的图层；如果单击“组和内容”按钮，则将图层组和其中的图层全部删除；如单击“取消”按钮，则取消当前的操作。

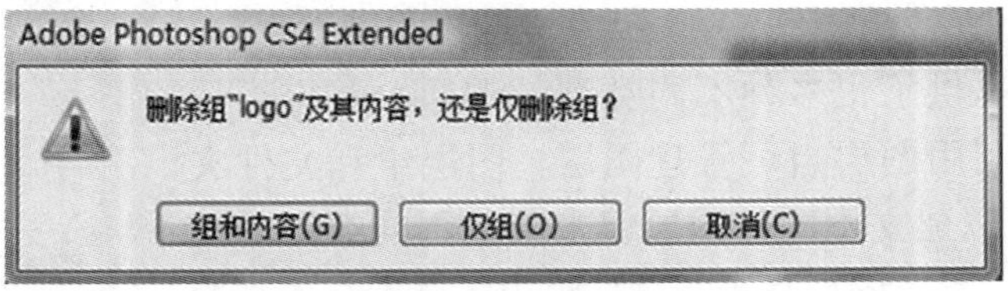

图 2-3-109 “删除图层组”对话框

5. 图层样式

Adobe Photoshop 图层样式及“样式”面板提供了更强的图层效果控制和更多的图层效果，在“图层”菜单下的“图层样式”中提供了10种不同的效果。在“图层样式”对话框中可以对这些效果进行调整，以达到需要的效果。另外还可以设定“混合选项”，并且可以自定义一些图层样式，Adobe Photoshop 提供的“样式”面板可以随时调用、存储、预览或删除任何一个样式。

1）混合选项

选择“图层”>“图层样式”菜单命令，或单击“图层”面板下方的 fx 按钮，在弹出的子菜单中选择任何一种图层效果，或在“图层”面板上选择某个图层并双击鼠标，都会弹出“图层样式”对话框，如图2-3-110所示。

在“图层样式”对话框的左侧面板中列出了各种特殊的图层效果，效果名称前面的方框有“√”表示选中了该图层效果，如果要进一步编辑该效果，可单击该名称使之以黑体显示，这样，在右侧的面板中就会显示对应的调节选项，单击“图层样式”对话框左上侧的“混合选项：默认”名称，将其选中后在右侧就会显示“常规混合”和“高级混合”两部分。

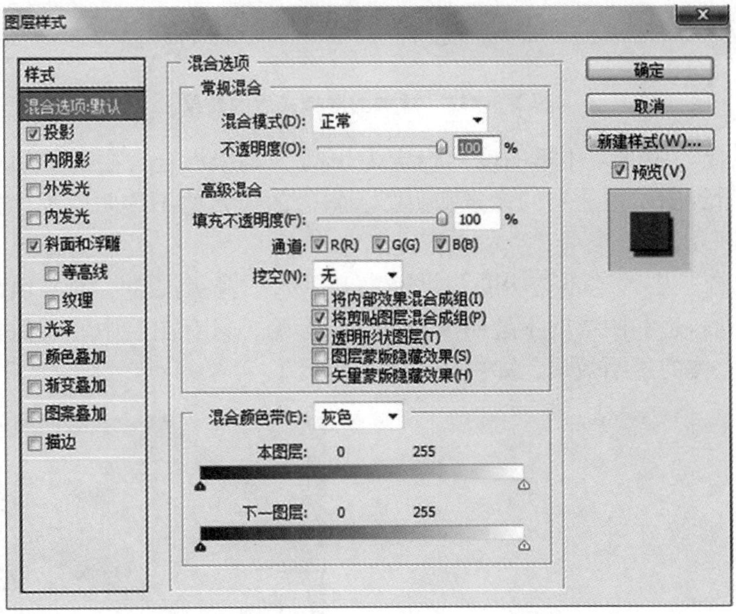

图2-3-110　“图层样式”对话框

（1）常规混合。

在“混合模式”弹出菜单中选择不同的混合模式，并可通过输入数字或拖动滚动滑钮来改变图像的“不透明度”。这里“不透明度”的设定会影响图层中所有的像素，这其中包括执行图层样式后增加或改变的部分。例如，通过“投影”选项给图层增加阴影，当调整“不透明度”数值的时候，图层上原有的图像和阴影的不透明度都发生同样的变化。

（2）高级混合。

高级混合中有以下几个选项可以进行调整。

填充不透明度：改变“填充不透明度”只影响图层中原有的像素或绘制的图形，并不影响执行图层样式后带来的新像素的不透明度，如执行“投影”后所增加的阴影并不随着“填充不透明度”数值的变化而变化。

图 2-3-111 所示是执行了“斜面和浮雕”和“投影”等图层效果的示例。

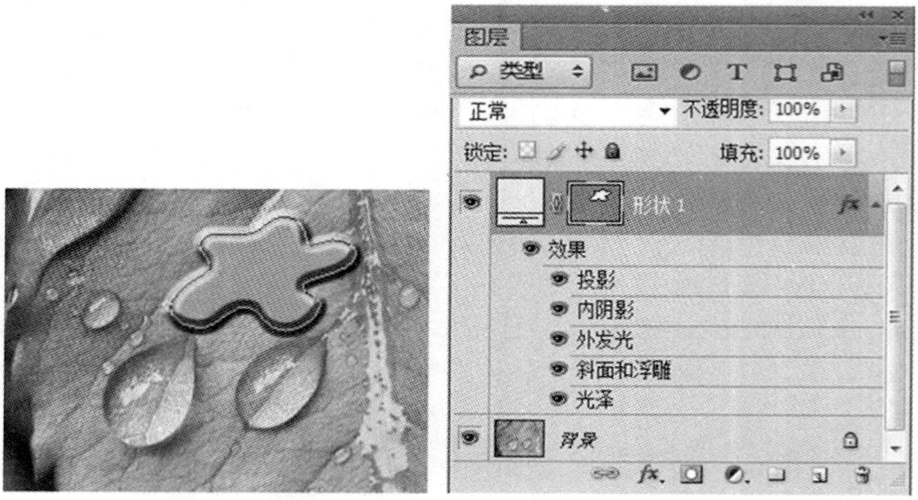

图 2-3-111　添加图层样式后的效果

将“常规混合”中的“不透明度”设定为 0%，“高级混合”中的“填充不透明度”设定为 100%，可看到图层中原有的像素和阴影、斜边的像素的不透明度都消失了。其图层效果如图 2-3-112 所示。

将“常规混合”中的“不透明度”设定为 100%，“高级混合”的“填充不透明度”设定为 0%，可看到斜边和阴影的不透明度没有受到影响，只有图层中原有像素的不透明度变为 0%，出现了立体的透明效果，如图 2-3-113 所示。

图 2-3-112　“不透明度”设定为 0%的效果

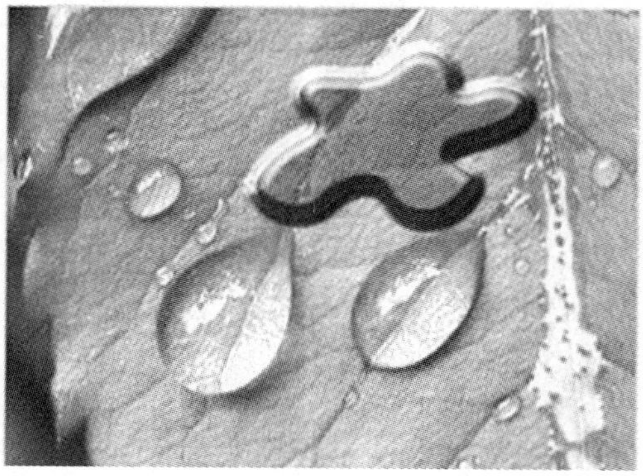

图 2-3-113　“填充不透明度”设定为 0%的效果

2）图层效果

在“图层样式”对话框中可设定 10 种不同的图层效果，可以将这些图层效果任意组合成各种图层样式，存放在“样式”面板中随时调用，如图 2-3-114 所示。

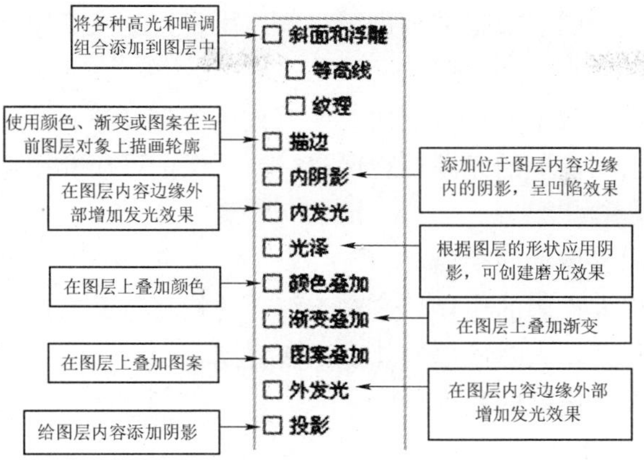

图 2-3-114　“图层样式”对话框中 10 种不同的图层效果

（1）投影。

在图层面板中，双击要增加图层样式的图层，弹出“图层样式”对话框，选择“投影”选项，如图 2-3-115 所示，调整后的效果如图 2-3-116 所示。

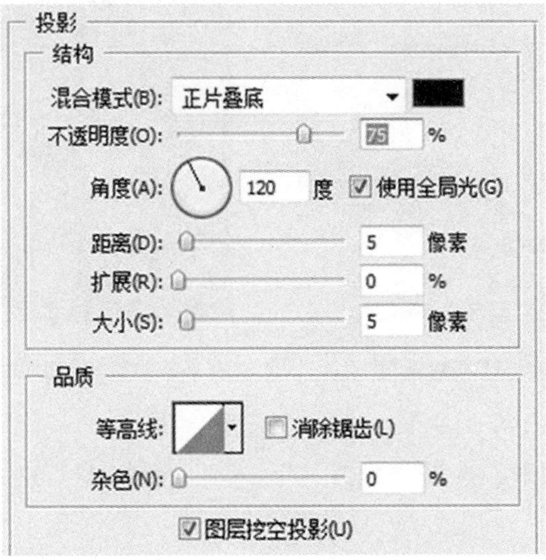

图2-3-115　“图层样式”中“投影”选项对话框

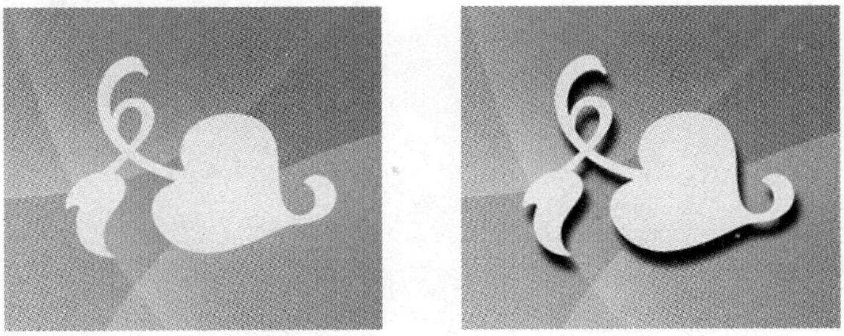

图 2-3-116　增加图层样式“投影”效果前后

其中“结构”一栏中有下列选项：

不透明度：用来设定图层效果的不透明程度，可直接输入数字，或用鼠标拖动滑动栏中的三角滑钮来改变透明度。

角度：用来设定投影效果应用于图层时所采用的光照角度。“使用全局光”是一个非常有用的选项，可使照在图像上的光源外观保持一致，保证了所有图层效果的光线一致。此选项默认状态为选中。

距离：用来设定阴影偏移的距离。

扩展：模糊之前扩大投影的边界。这对于细微的特写特别有用，如连笔字中的字母下部或字母上部，在模糊程度较大时该部分几乎无法看到。

大小：用来设定投影模糊的程度。

（2）内阴影。

在图层面板中，双击要增加图层样式的图层，弹出“图层样式”对话框，选择“内阴影”选项，如图 2-3-117 所示，调整后的效果如图 2-3-118 所示。

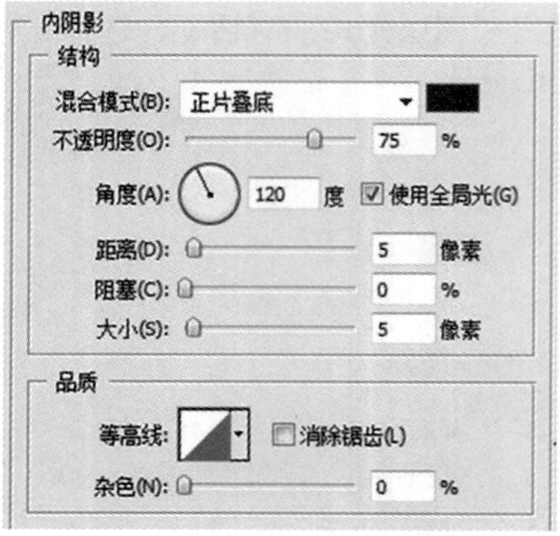

图 2-3-117　“内阴影”选项对话框

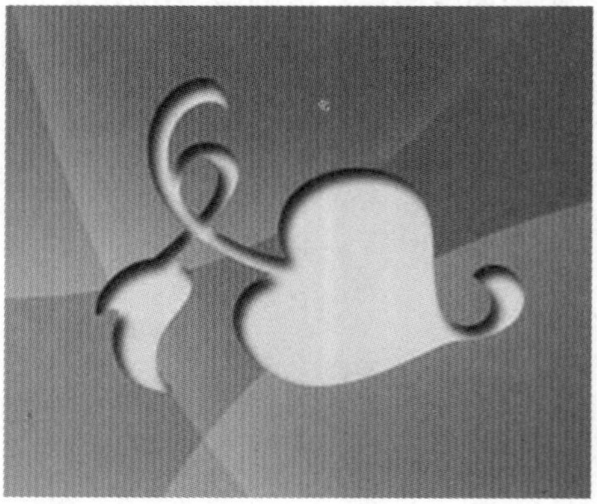

图 2-3-118　选择“内阴影”后产生的效果

（3）外发光。

在“图层样式”对话框，选择“外发光”选项，如图 2-3-119 所示，调整后的效果如图 2-3-120 所示。

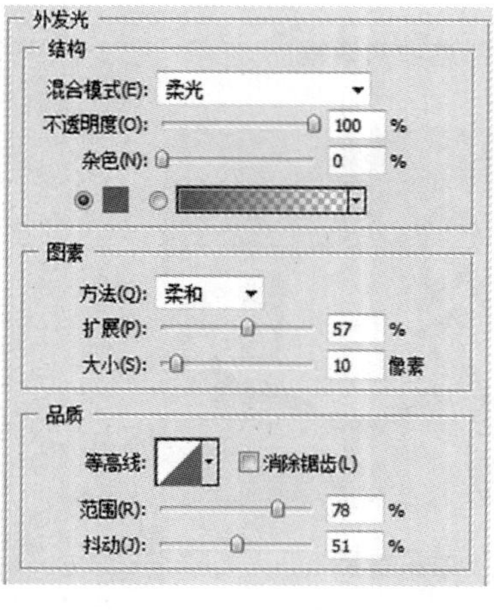

图 2-3-119　“外发光”选项对话框

图 2-3-120　选择“外发光”后产生的效果

（4）内发光。

在“图层样式”对话框，选择“内发光”选项，如图 2-3-121 所示，调整后的效果如图 2-3-122 所示。

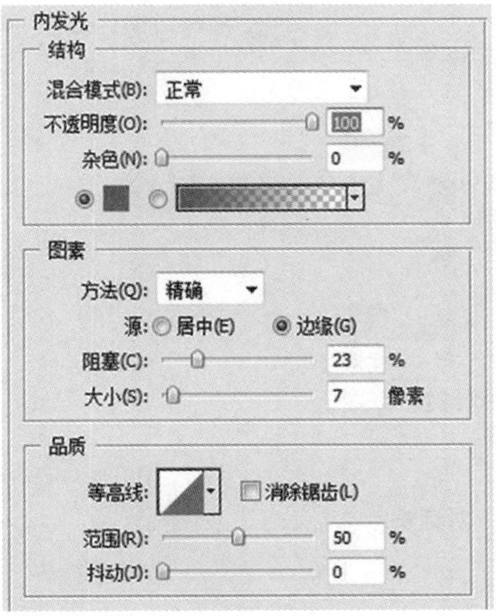

图 2-3-121　“内发光”选项对话框

图 2-3-122　选择“内发光”后产生的效果

（5）斜面和浮雕。

“斜面和浮雕”可以在图层图像上产生多种立体的效果，让图像看起来更有立体感。其中的“结构”栏（见图 2-3-123）是针对斜面和浮雕的变形进行设定的。

样式弹出式菜单共有 5 种效果样式，分别为“外斜面”“内斜面”“浮雕”“枕状浮雕”和“描边浮雕”。图 2-3-124 是进行斜面和浮雕的效果样式调节后产生的效果。

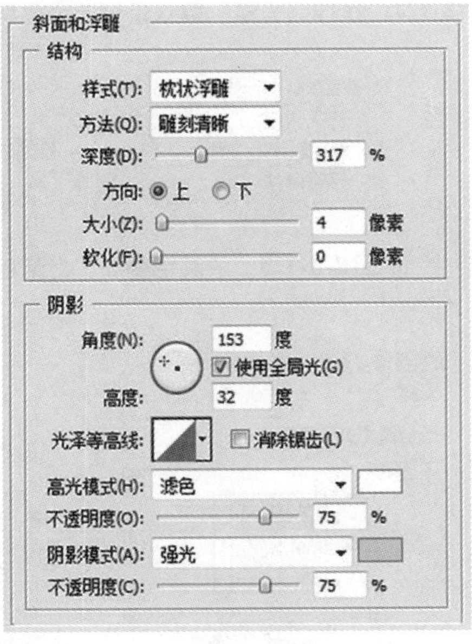

图 2-3-123　“斜面和浮雕”对话框

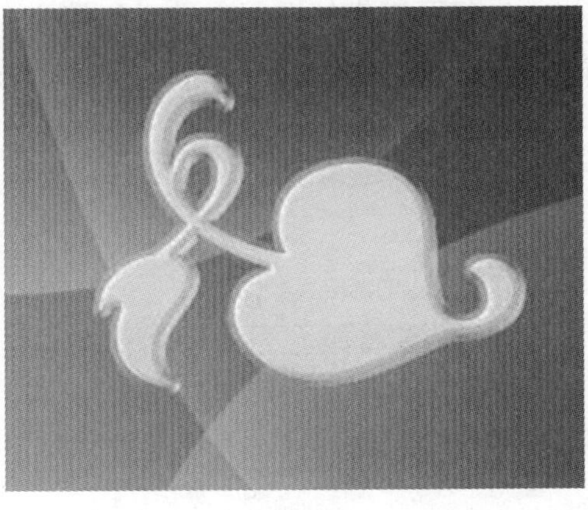

图 2-3-124　调节“斜面和浮雕”后产生的效果

（6）光泽。

“光泽”效果可以在图像上填色，并在边缘部分产生柔化的效果。“光泽”对话框如图 2-3-125 所示，各个选项的使用效果和前面讲到的类似。图 2-3-126 所示的是没有执行“光泽”效果的原图。图 2-3-127 所示的是执行“光泽”默认设置的效果图。

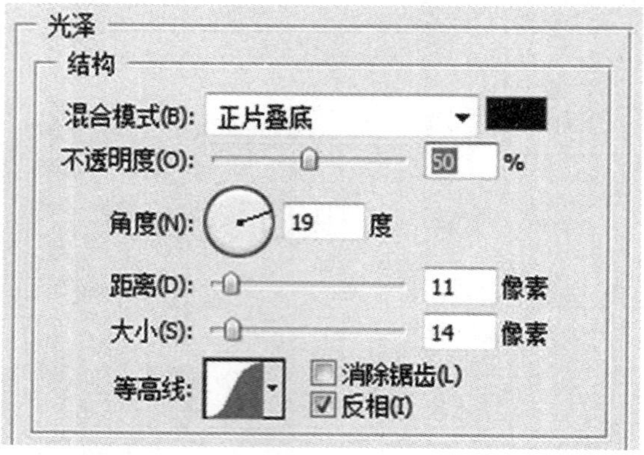

图 2-3-125 “光泽”对话框

图 2-3-126 原图

图 2-3-127 执行“光泽”默认设置后的效果图

（7）颜色叠加、渐变叠加和图案叠加。

“颜色叠加”“渐变叠加”和“图案叠加”的对话框分别如图 2-3-128、图 2-3-129 和图 2-3-130 所示。这 3 种图层效果都可以直接在图像上进行填充，但是填充的内容不同，分别为填充单一颜色、填充渐变颜色和填充图案。

图 2-3-128 “颜色叠加”对话框

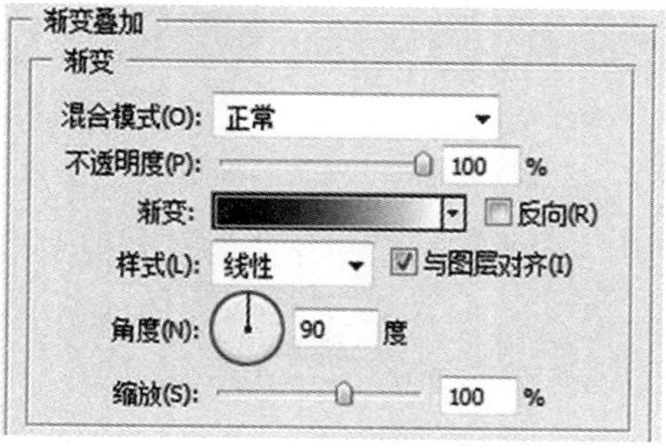

图 2-3-129 “渐变叠加”对话框

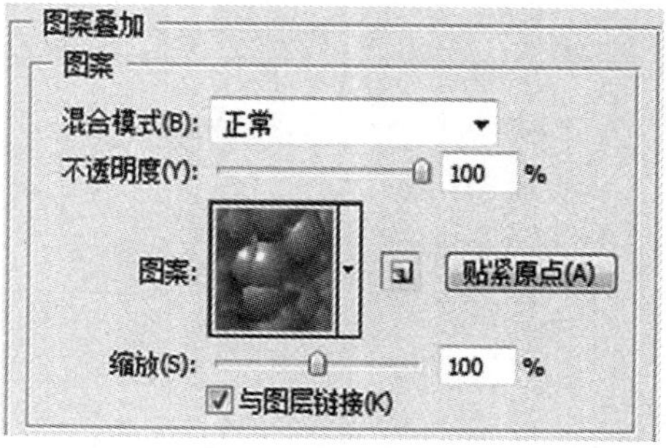

图 2-3-130 “图案叠加”对话框

图 2-3-131 是原图，图 2-3-132 是选择了“渐变叠加”的效果，图 2-3-133 是选择了“图案叠加”的效果。

图 2-3-131　原图

图 2-3-132　“渐变叠加”的效果

图 2-3-133　“图案叠加”的效果

（8）描边。

“描边”直接为图像描边，其对话框如图 2-3-134 所示。“大小”用来设定描边的粗细。“位置”弹出式菜单用来设定描边的位置，可以选“外部”“内部”或“居中”3 种位置。在“填充类型”的弹出菜单中有 3 个选项，可以选“颜色”“渐变”或“图案”3 种填充类型，当选择不同选项的时候，会有相应的填充设定。图 2-3-135 是描边后的效果。

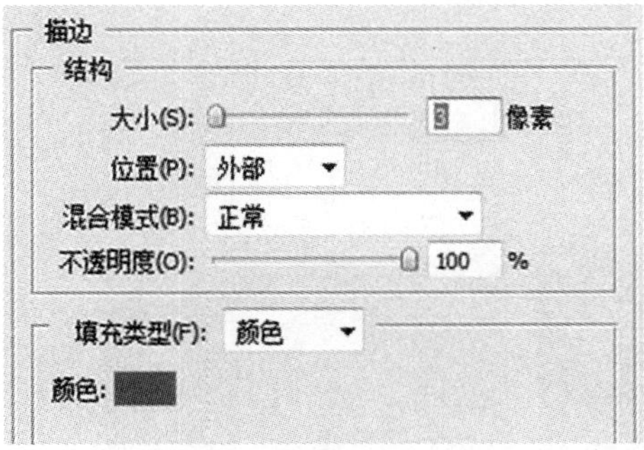

图 2-3-134　“描边”对话框

图 2-3-135　文字描边后效果

2.3.7　滤镜

Adobe Photoshop 中内置了许多可以对图像进行特殊处理的滤镜技术。其中的每一个滤镜都能产生一种特殊的效果，其效果的控制是通过滤镜对话框进行的。滤镜对图像的处理是以像素为单位进行的，其命令只能作用于当前正在编辑的、可见图层的选定区域，如果没有选定区域，系统会将整个图像视为当前选定区域。

1. 艺术效果

“艺术效果”滤镜主要用来表现不同的绘画效果，通过模拟绘画时使用的不同技法得到各种精美艺术品的特殊效果，如图 2-3-136 所示。

图 2-3-136 “艺术效果”滤镜效果对比

2. 模糊

“模糊”滤镜的作用主要是使图像看起来更朦胧一些，也就是降低图像的清晰度，降低局部细节的相对反差，使图像更加柔和，增加对图像的修饰效果，如图 2-3-137 所示。

图 2-3-137 “模糊”滤镜效果对比

3. 渲染

1）云彩

“云彩”滤镜没有对话框控制项，使用它可由当前使用的前景色与背景色之间的变化随机生成柔和的云纹图案，而将原稿内容全部覆盖，如图 2-3-138 所示。

2）分层云彩

“分层云彩”命令可将工具箱中的前景色与背景色混合，形成云彩的纹理，并和底图以“差值”方式合成，如图 2-3-138 所示。

3）镜头光晕

“镜头光晕”滤镜用来产生一种透镜接受光照时形成的光斑，通常用几个相关联的光圈来模拟日光的效果，如图 2-3-138 所示。其中，可以设置光照的“亮度”、选择“镜头类型”、在预视区内以鼠标指定光斑的“光晕中心”。

图 2-3-138 “渲染”滤镜的效果对比

4. 像素化

“像素化”滤镜的作用是将图像以其他形状的元素重新再现出来。它并不是真正地改变了图像像素点的形状，只是在图像中表现出某种基础形状的特征，以形成一些类似像素化的形状变化，如图 2-3-139 所示。

图 2-3-139 “像素化”滤镜的效果对比

5. 扭曲

“扭曲”滤镜用于将图像进行几何扭曲，创建 3D 或其他整形效果。如图 2-3-140。

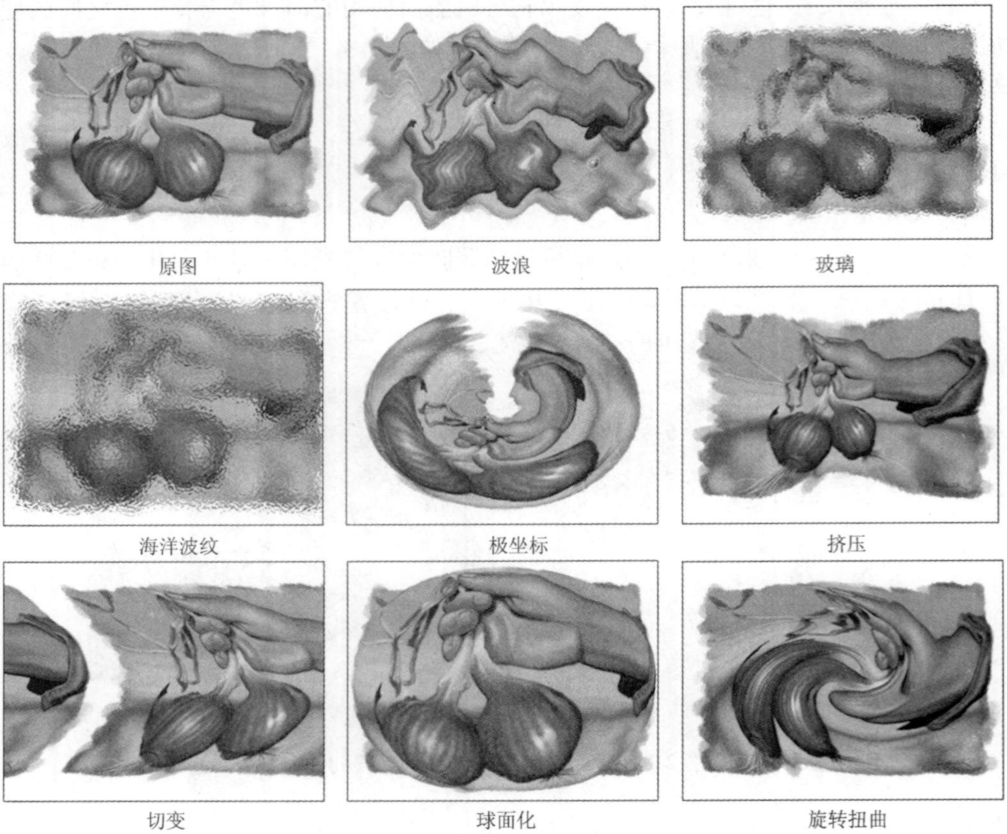

图 2-3-140 “扭曲”滤镜的效果对比

2.3.8 文字的输入与处理

将文字输入后，需设定文字的属性，文字的属性包括字符属性和段落属性。字符属性指的是文字的字体、样式、大小以及字距等，段落属性则是指段落的缩排、对齐以及定位点等。

1. 文字的输入

1）横排文字

在工具箱中选择【文字输入工具】，然后在图像上单击鼠标，出现闪动的插入光标，此时可直接输入文字。图 2-3-141 所示的是输入的中文，在文字右侧有闪动的插入光标，表示当前的文字输入状态。

2）直排文字

在工具箱中选择【直排文字输入工具】，然后在图像上单击鼠标，出现闪动的插入光标，此时可直接输入文字。如图 2-3-142 所示。

图 2-3-141　输入横排文字

图 2-3-142　输入直排文字

3）段落文本

在工具箱中单击【横排文字工具】或【直排文字工具】，然后在文档窗口中单击鼠标左键并拖动光标创建段落文本定界框，此时文字光标显示在定界框内，如图 2-3-143 所示。此时“图层”面板中自动新建一个文本图层。

当创建完文本定界框后，在左上角会有闪动的文字输入光标，可以直接输入文字，也可以从其他软件中拷贝一些文字粘贴过来。图 2-3-144 所示的是从文档中拷贝粘贴过来的一些文字。

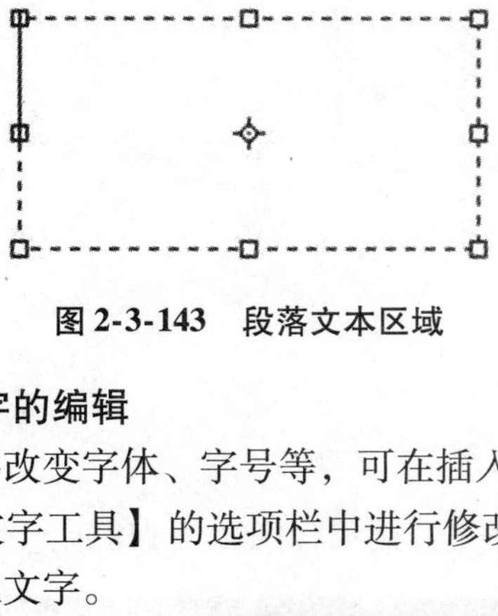

图 2-3-143　段落文本区域

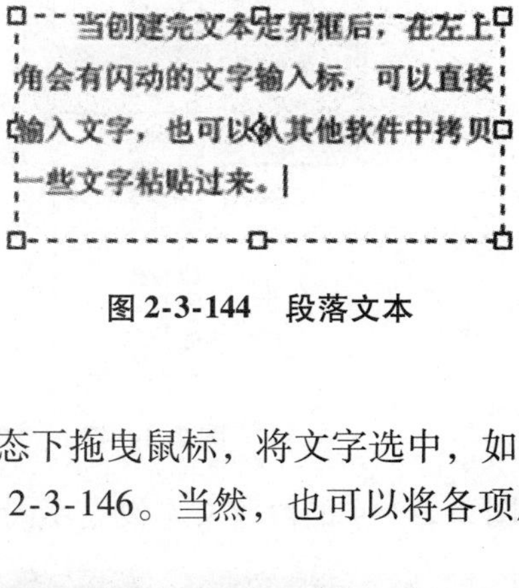

图 2-3-144　段落文本

2. 文字的编辑

如果要改变字体、字号等，可在插入光标状态下拖曳鼠标，将文字选中，如图 2-3-145，然后在【文字工具】的选项栏中进行修改，如图 2-3-146。当然，也可以将各项属性设定完成后再输入文字。

图 2-3-145　用【文字工具】将需修改的文字选中

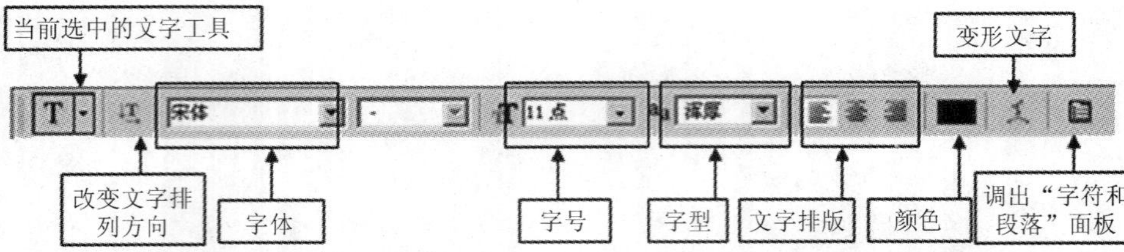

图 2-3-146　修改【文字工具】选项栏

3. 创建文字变形

对于文字图层中输入的文字可以通过选项栏中的“创建文字变形”选项进行不同形状的变形。如波浪形、弧形等，如图 2-3-147。在该对话框中可以进行各种设定。“样式”后面是一个弹出菜单，可以在 15 种效果中选择所需要的弯曲样式。“创建文字变形”操作对文字图层上所有的字符有效，而不能只对选中的字符执行弯曲变形。

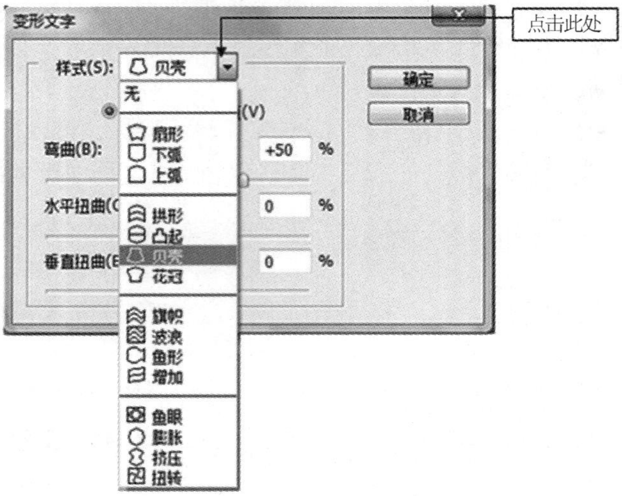

图 2-3-147　“创建文字变形”对话框

下面对图 2-3-144 的段落文本设定不同的弯曲样式，效果如图 2-3-148 所示。

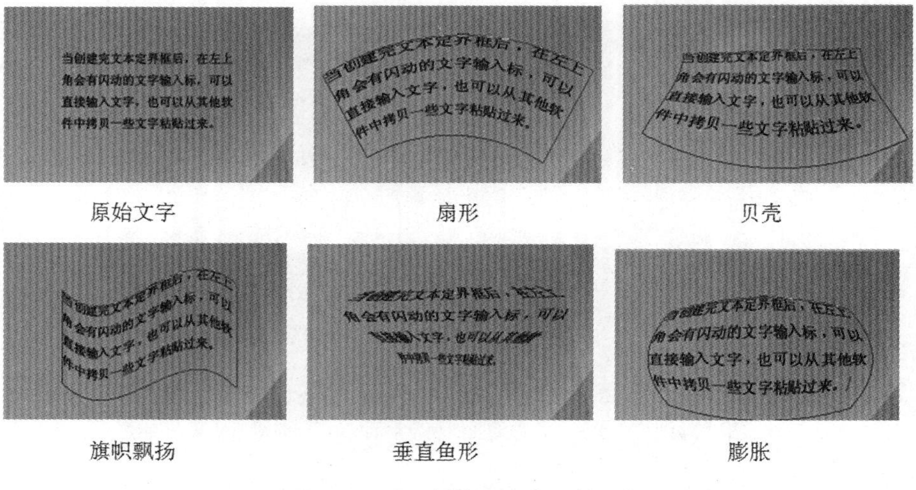

图 2-3-148　创建文字变形效果

2.3.9　综合实例

制作《房地产经济学》网络课程封面，效果如图 2-3-149 所示。

图 2-3-149　实例效果图

具体操作步骤如下：

1. 新建文档

点击菜单"文件" >"新建"，在弹出的"新建"对话框中，设置相关参数，然后单击"确定"按钮，如图 2-3-150 所示。

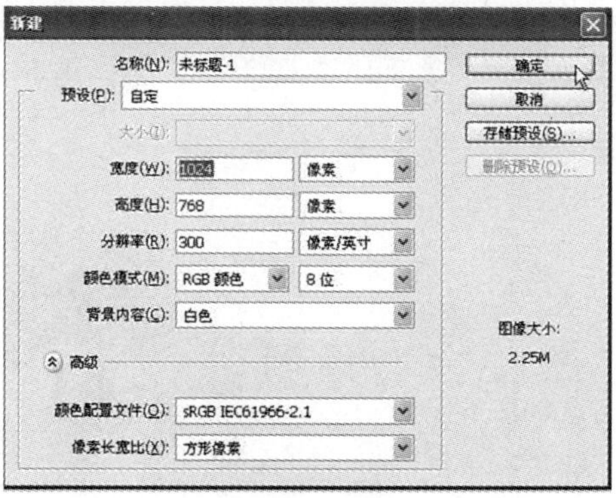

图 2-3-150　"新建"对话框

2. 添加素材

打开素材文件蓝天.jpg，并拖动至当前图像中，如图 2-3-151 所示。

图 2-3-151　加入蓝天素材

3. 创建选区并填充颜色

新建“图层 1”图层，设置前景色为（R：200、G：232、B：247），选择工具箱中的【矩形选框工具】，在图像中创建矩形选区。选择工具箱中的【油漆桶工具】进行填充，如图 2-3-152 所示。

图 2-3-152　填充矩形选区

4. 添加并编辑素材

打开素材文件高楼.jpg，并选择工具箱中的【魔术棒工具】，单击白色背景区域选中白色背景，点击菜单“选择”>“反向”，如图 2-3-153 所示。

图 2-3-153　选取高楼主体

5. 编辑图层蒙版

将选区内容拖动至当前图像中，按【Ctrl + J】快捷键进行复制，分别为图层添加图层蒙版。设置前景色为黑色、背景色为白色，选择工具箱中的【渐变工具】，在工具选项栏中单击“对称渐变”按钮，并在图像中的建筑底部单击并拖动鼠标创建渐变，如图 2-3-154 所示。

图 2-3-154　编辑图层蒙版

6. 添加文字

选择工具箱中的【文字输入工具】**T**，输入文字“房地产经济学”，在图层面板中，双击“房地产经济学”文字图层，打开“图层样式”面板，如图 2-3-155 所示，选择“渐变叠加”和“投影”选项。

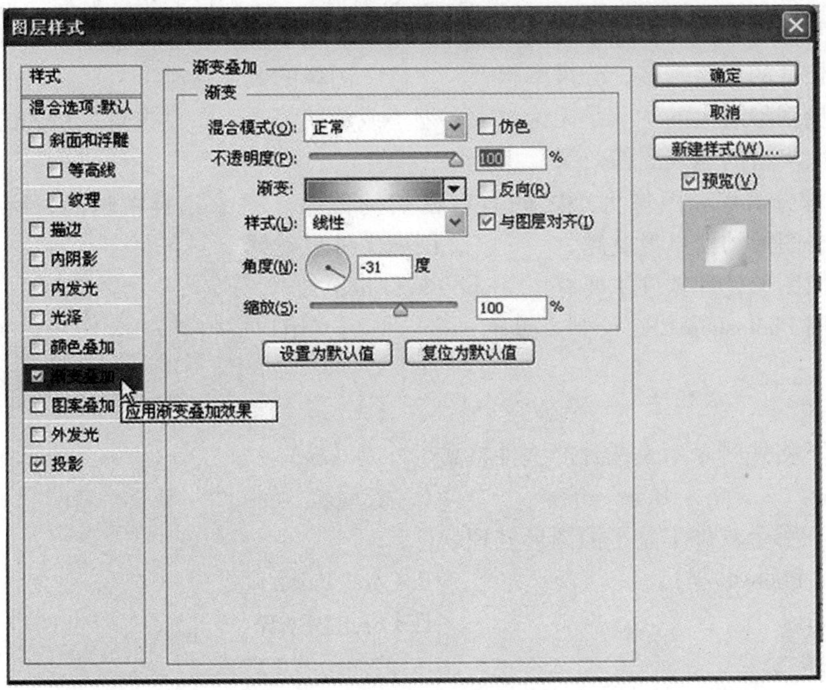

图 2-3-155　调整文字的图层样式

选择工具箱中的【文字输入工具】**T**，分别输入文字“网络课程”和“暨南大学教育技术‘创新工程’项目”，同样添加“图层样式”，选择“斜面和浮雕”效果和“投影”选项。最后效果如图 2-3-156 所示。

图 2-3-156 效果图

练习题

1. 填空题

（1）在 Photoshop 中，像素（pixel）是组成图像的________单元，它是一个小的矩形颜色块。一个图像通常由许多像素组成，这些像素被排成横行或纵列。每个像素都有不同的颜色值，单位长度的像素越多，分辨率越________，图像的效果就越________。

（2）矢量图形最大的优点是无论放大、缩小或旋转等________失真；最大的缺点是难以表现色彩层次丰富的逼真图像效果。

（3）图像分辨率和图像大小之间有着密切的关系。图像分辨率越高，所包含的像素越________，图像的信息量就越________，因而文件也就越________。

（4）平面图形处理软件主要有：Adobe Photoshop、____________、____________。

（5）使用 Photoshop CS6 绘制或编辑________后，用户应将其及时________，这样可以避免文件________。

2. 选择题

（1）以下格式哪个不是图片的文件格式________。

A. *.jpg　　B. *.gif　　C. *.mpg　　D. *.bmp

（2）以下哪个软件不是平面图形处理软件________。

A. Adobe Photoshop　　B. Corel Painter

C. Fireworks　　D. Corel DRAW

3. 判断题

（1）分辨率是指屏幕图像的精密度，是指显示器所能显示像素的多少。（　　）

（2）在 Photoshop CS6 中共有 13 个主菜单，每个主菜单内都包含一系列对应的操作命令。（　　）

（3）在 Photoshop CS6 中，用户不可以创建一个新的图像空白文件。（　　）

4. 问答题

（1）什么是矢量图？什么是位图？

（2）Photoshop 的工具箱有什么作用？

（3）图层有何优点？如何应用图层样式？如何熟练使用各种图层效果？

（4）写出 5 种 Photoshop CS6 中常用的选区工具。

（5）利用 Photoshop 进行 PPT 模板图片设计，要求如下：

① 图片大小：1024×768 像素；

② 要求版面简洁明了，色彩淡雅和谐；

③ 要有单位的 Logo 或标志性的图片做装饰，进行艺术化处理，突出本单位特色；

④ 设计完成后转存为 *.jpg文件，并更换到自己的 PPT 中。

第3章

数字音视频技术基础

学习提要

当今社会，数字音视频已经越来越频繁地出现在人们的工作和生活中，对数字音视频的处理也渐渐成为人们的日常需求，Adobe Audition 和会声会影都是目前国内应用非常广泛的软件。本章图文并茂、循序渐进地介绍了数字音视频的基础知识，Adobe Audition CS6 声音录制和简单编辑、效果处理的方法，以及会声会影 X6 制作影片的基本方法，让学习者能快速掌握数字音视频的一些基本处理方法。

重点难点

重点掌握 Adobe Audition CS6 波形编辑器视图下常用面板的功能、声音的剪辑方法，以及会声会影 X6 中影片的剪辑与调整和转场、标题、声音的添加与调整，熟悉 Adobe Audition CS6 中常用的声音效果处理和会声会影 X6 覆叠效果的应用。

3.1 数字音频基础

3.1.1 音频信号的转换过程

音频信号是随时间变化的连续的模拟信号，它们由波形组成，如图 3-1-1 所示，波形的峰和谷代表不同的音调；而计算机只能处理数字信号。因此，在计算机处理音频信号之前，首要的一步是把音频信号变成用“0”和“1”表示的数字信号，这个过程称为数字化，或者叫做模（拟）/数（字）转换，即 A/D 变换（Analog/Digital）。完成这个转换的器件称为模数转换器，常用 ADC（Analog to Digital Converter）表示。

计算机对音频信号处理完成之后，得到的信号依然是数字信号。这时，如果把这种信号直接送给喇叭发声，我们根本就听不懂，因此，必须再把数字音频信号转变成模拟信号，即数/模转换（D/A 变换）。完成这个转换的器件称为数模转换器，常用 DAC（Digital to Analog Converter）表示。

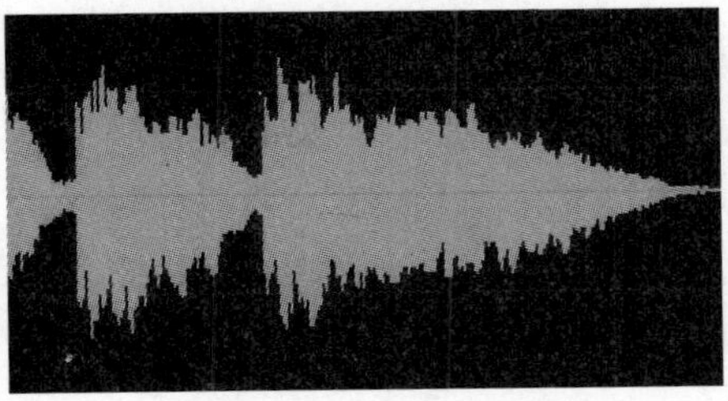

图 3-1-1 由波形组成的音频信号

由此我们知道，音频是先通过模数转换器数字化，再通过数模转换器播放出来的。这一过程是由声卡来完成的，如图 3-1-2 所示。

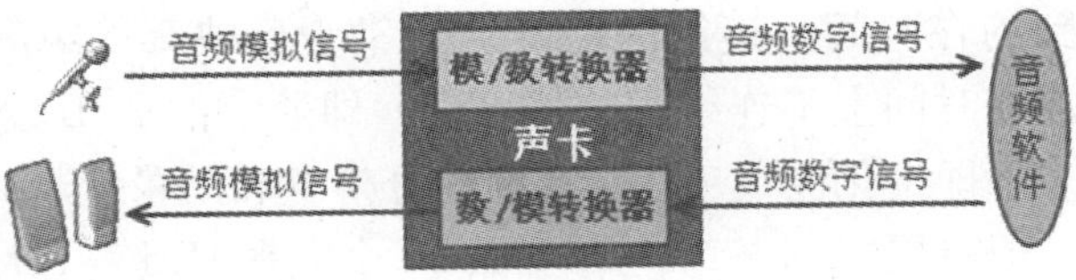

图 3-1-2 信号的转换过程

数字音频和模拟音频之间要进行转化要依靠声卡。声卡一般都会有三个接口，分别接不同的设备，如图 3-1-3 所示。

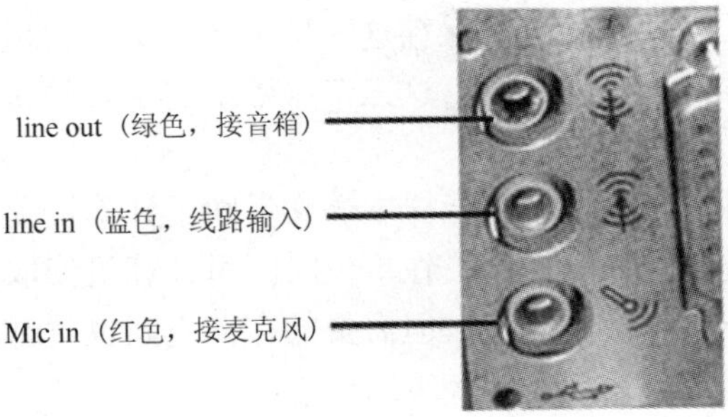

图 3-1-3 声卡及其接口

3.1.2 音频的数字化过程

各种声源（如麦克风、磁带录音、无线电和电视广播、CD 等）所产生的音频都可以进行数字化。音频的数字化就是将随时间连续变化的声音波形信号通过模/数转换电路转换成计算机可以处理的数字信号。

音频的数字化过程包括采样和量化这两个步骤。

采样：每隔一段相同的时间间隔读一次波形的振幅，将读取的时间和波形的振幅记录下来。我们把 x 轴定为时间轴，用 y 轴来表示采样得到的声音波形信号的振幅值，每隔一定的时间读一次波形的振幅，假设在 0 微秒时读一次波形的振幅，在 0.1 微秒时读一次波形的振幅，如此类推，每隔 0.1 微秒我们就读一次波形的振幅，最后用曲线把这些点连接起来，那么就形成了一段波形，如图 3-1-4 所示。

图 3-1-4 采样

我们把采样的频率简称为采样率，由此可见，采样率越高获得的波形也就越精确。

量化：将采样得到的在时间上连续的信号（通常为反映某一瞬间波形幅度的电压值）加以数字化，使其变成在时间上不连续的信号序列，即通常的 A/D 变换。显然，用来表示一个电压值的数位越多，即量化位数越高，音频的分辨率和质量就越高。如在 0 ~ 10V 之间的电压有无穷多个数，但只用 0，1，2，…，9 共 10 个数来近似表示时，像 0.15V，0.001V 这一类的数就都要用 0 表示，但如果是用 0，1，2，…，99 共 100 个数来表示时，像 0.001V 还是用 0 来表示，但 0.15V 就可以用 1 来表示了，这样数据就精确一些了。

3.1.3 音频质量与文件大小

总的来说，对音频质量要求越高，保存这一段声音的文件就越大，也就是要求的存储空间越大。采样频率、样本大小和声道数，这三个参数决定了音频质量和文件大小。

（1）采样频率

采样频率就是每秒钟采集多少个声音样本。它反映了计算机读取声音样本的快慢。采样频率越高，也就是采样的时间间隔越短，在单位时间里计算机读取的声音数据就越多，声音波形就表达得越精确，声音便会越真实，但需要的存储空间也就越大。

（2）样本大小

样本大小又称量化位数，反映计算机度量声音波形幅度的精度。其比特数越多，度量精度越高，声音的质量就越高，而需要的存储空间也相应增大；相反，比特数越少，需要的存储空间也越小，但声音质量越差。

（3）声道数

立体声文件比单声道的音质要好很多，其文件大小也为单声道的两倍。

（4）文件大小

音频数字化后需要占用的磁盘空间大小可用以下公式计算：

声音文件大小（字节 B）＝采样频率（Hz）×量化位数×声道数×时间（s）/8

采样频率和样本大小（量化位数）越高，音频的分辨率和质量就越高，存储空间越大。我们常用 44100Hz 的采样率、双声道、16 位的量化位数来录制声音。

3.1.4 常用的数字音频格式

音频有数字音频、合成 MIDI 音频和 CD 音频三种格式。下面介绍几种常用的数字音频格式。

1. MP3 格式

MP3 具有体积小、音频质量高的特点。它能在音质损失很小的情况下对音频文件进行压缩，是目前应用最广泛的音频格式。

2. MIDI 格式

MIDI 并不是数字化的声音，它仅仅是以数字形式存储音乐的一种速记表示。MIDI 文件是用来记录音乐“动作”的一套与时间有关的指令，即命令约定，所占的空间小。它所产生的声音是与用来回放的特定的 MIDI 设备紧密联系的。

3. WAV 格式

WAV 格式是微软公司开发的一种声音文件格式，也叫波形声音文件，是最早的数字音频格式，受 Windows 平台及其应用程序广泛支持。它的音质与 CD 相差无几，但存储空间大。

4. WMA 格式

WMA 比 MP3 具有更高的压缩率但保持音质，适合在网络上在线播放。

5. Real Audio 格式

Real Audio 是由 Real Networks 公司推出的一种文件格式，主要用于网络上的在线播放，其最大的特点是可以实时传输音频信息。文件格式主要有 RA、RM、RMX 三种。

3.2　数字视频基础

3.2.1　模拟视频和数字视频

模拟视频是基于模拟技术以及图像的广播与显示所确定的国际标准，模拟视频图像具有成本低和还原度好等优点。但它也具有很大的缺点，就是经过长时间的存放之后，视频质量将大为降低，而且经过多次复制之后，图像的失真就会很明显。而数字视频可以弥补这些缺陷。它不仅可以无失真地进行无限次复制，而且还可以对视频进行创造性的编辑，如特技效果等。数字视频是基于数字技术以及其他更为拓展的图像显示标准。现在的数字视频技术主要是指模拟视频的数字化处理、存储和输出技术。

3.2.2　常用的数字视频格式

数字视频格式种类繁多，下面介绍几种比较常用的数字视频格式。

1. AVI 格式

AVI 是由微软公司推出的一种音频视像交叉记录的数字视频文件格式。其优点是被各种平台广泛支持，图像质量好，缺点是体积比较大，而且压缩标准不统一。

2. MOV 格式

MOV 即 QuickTime 影片格式，是由苹果公司开发的一种音频、视频文件格式。它具有跨平台、存储空间小的优点。

3. MPEG 格式

MPEG 即运动图像专家组格式，它采用有损压缩的方法，从而减少了运动图像中的冗余信息。目前，MPEG 格式有三个压缩标准，分别是 MPEG－1、MPEG－2 和 MPEG－4。

4. ASF 格式

ASF 是高级“流”视频格式，使用了 MPEG－4 压缩算法，它是一种可以直接在线观看的文件格式，体积较小，压缩率和图像的质量都很不错。

5. WMV 格式

WMV 是微软公司制定的视频格式，采用的是 MPEG－4 的编码技术，并在其规格上进行了进一步的开发，使得它更适合于网络的传输。

3.3 网络流式媒体技术

3.3.1 流式媒体的概念

流式媒体（Streaming Media）是指以流的方式在网络中传输音频、视频或多媒体文件的形式。这种传播方式的特点是当服务器端接收到客户端要求提供服务的请求时，服务器端就将媒体内容传送，同时把它分解成许多小封包（Packets）一一传送到客户端，而客户端程序会将这些封包进行重组，实时呈现在客户端的显示屏上，产生一个持续不断的媒体流。因此，在利用流式媒体的传播方式时，在播放前并不需要下载整个文件，流式媒体的数据流一边传送一边播放，只是在开始时有一些延迟。对内容提供者而言，流式媒体的传播方式只传递和播放多媒体内容，而不会在客户端留下任何拷贝，确保了版权所有者的权利。对客户端来说，在欣赏多媒体内容时，不需要先将整个多媒体文件下载到本地机之后才能播放，而是边下载边播放，大大减少了用户的等待时间，节省上网费用。

3.3.2 流式媒体文件格式

目前利用流式媒体技术在网络上可以实现以流的方式播放标准媒体文件，如.mp3、.wav、.mpg、.mov、.avi等格式的文件，但其播放效率和播放质量不高，而且不能在这些标准媒体文件内部添加脚本命令、版权信息、作者等信息。因此，往往要把标准媒体文件格式通过特殊的编码转换为特定的流式文件格式，使其适合在网络上边下载边播放，而不是等到下载完整个文件才播放。目前常用的流式媒体文件格式主要有：.asf（Windows Media 建议的流格式）、.rm（Real Video/Audio 文件）、.ra（Real Audio 文件）、.rp（Real Pix 文件）、.swf（Shock Wave Flash 文件）、.viv（Vivo Movie 文件）。

3.4 Adobe Audition CS6 的使用

3.4.1 软件简介

Adobe Audition 是一款功能强大、效果出色的音频记录和制作软件，它可以提供高效、直观的音频编辑、混合、修复和效果处理功能。Adobe Systems 公司收购了 Syntrillium Software 公司开发的 Cool Edit 后，将 Cool Edit Pro 改名为 Adobe Audition，并对其不断完善，目前软件已经升级到 Adobe Audition CS6 版本。在本章中，我们将以 Adobe Audition CS6 版本为例介绍 Adobe Audition 的使用。

Adobe Audition CS6 有三种编辑器视图，分别如下：

1. 波形编辑器视图

波形编辑器用于编辑单轨波形文件，点击【查看波形编辑器】按钮，或选择菜单中的

“视图” > “波形编辑器” 命令可以进入如图 3-4-1 所示的波形编辑器视图。在本章中我们将主要介绍这种视图下的操作。

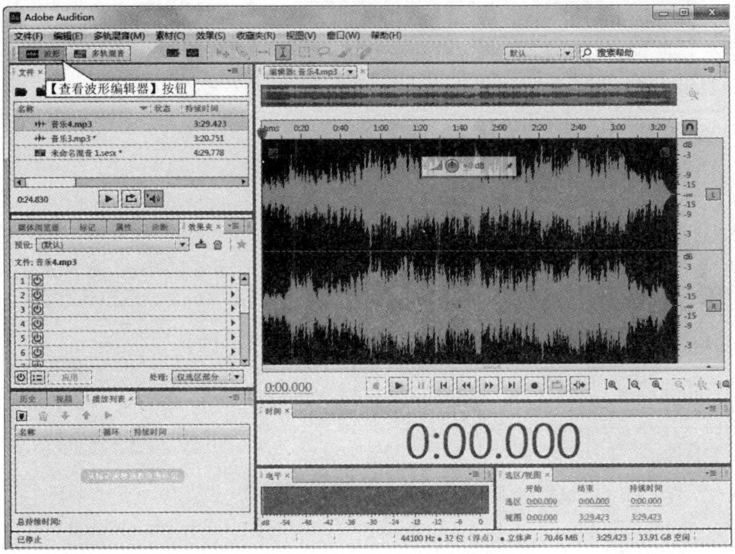

图 3-4-1　波形编辑器视图

2. 多轨编辑器视图

多轨编辑器用于对工程文件中每个音轨进行整体性编辑与宏观处理，点击【查看多轨编辑器】按钮，或选择菜单中的“视图” > “多轨编辑器”命令可以进入如图 3-4-2 所示的多轨编辑器视图。

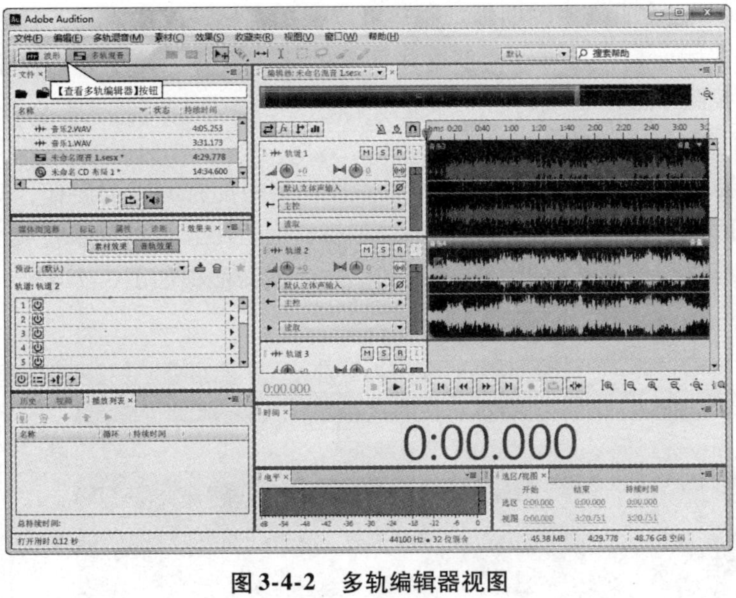

图 3-4-2　多轨编辑器视图

3. CD 编辑器视图

CD 编辑器主要功能是刻录 CD，选择菜单中的“视图” > “CD 编辑器”命令可以进入如图 3-4-3 所示的 CD 编辑器视图。

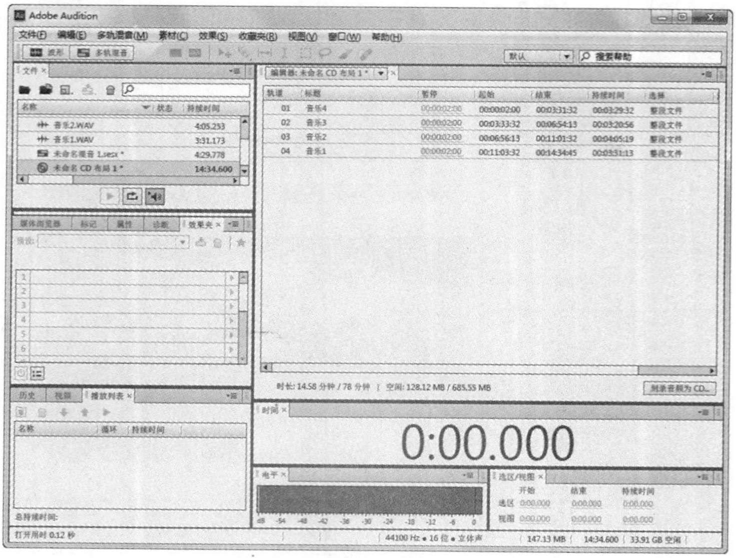

图 3-4-3　CD 编辑器视图

小提示

Adobe Audition 的外观颜色是可以改变的，选择菜单中的“编辑”>“首选项”>“外观”命令，在打开的对话框中可以设置软件的颜色等显示属性。

3.4.2　波形编辑器视图下常用面板的功能

Adobe Audition 包含了许多的面板，用户可以根据实际情况的需要，通过菜单中的“窗口”命令开启和关闭面板，还可以调整这些面板的摆放位置、大小等，自由地布局工作区域。波形编辑器视图下常用面板的功能如下：

1. 编辑器面板

在波形编辑器、多轨编辑器和 CD 编辑器三种视图中都有编辑器面板，几乎所有的编辑操作都离不开该面板。在波形编辑器视图下的编辑器面板中，可以显示音频文件的波形，并对音频波形进行编辑与处理。波形编辑器视图下的编辑器面板如图 3-4-4 所示，它还包含一个播放指示器。

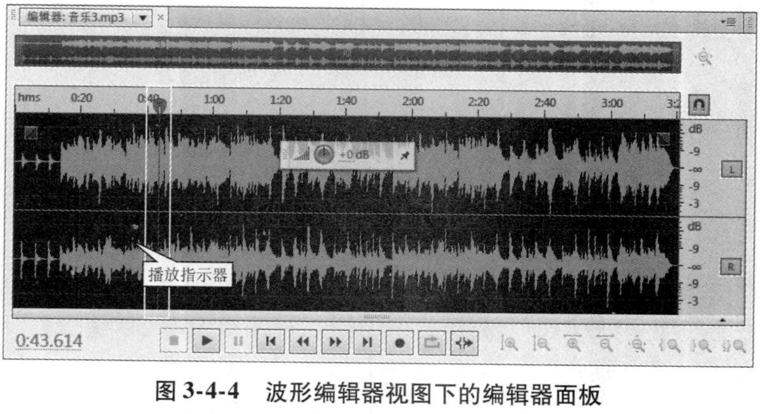

图 3-4-4　波形编辑器视图下的编辑器面板

小提示

编辑器面板还嵌入了时间面板、传输面板和缩放面板，这三个面板的功能会在后文中分别详细述说。

2. 文件面板

用户可以在文件面板中对文件进行管理与访问。Adobe Audition CS6 是可以进行多任务操作的，可以同时打开多个文件，被打开的文件名被显示在文件面板的文件列表中，如图 3-4-5 所示。

图 3-4-5　文件面板

1）文件的打开

在文件面板中单击【打开文件】按钮，如图 3-4-6 所示，打开“打开文件”对话框，在对话框中选择所需打开的文件，然后点击“打开”，所选文件的文件名即显示在文件列表中，并在编辑器面板中显示其波形。

2）文件的导入

在文件面板中单击【导入文件】按钮，如图 3-4-7 所示，打开“导入文件”对话框，在对话框中选择所需导入的文件，然后点击“打开”，所选的文件将导入到文件列表中。如果导入之前编辑器面板中并无文件，那么新导入的文件还将同时在编辑器面板中打开。

图 3-4-6　【打开文件】按钮

图 3-4-7　【导入文件】按钮

小提示

在文件列表空白区域双击鼠标左键，也可以打开“打开文件”对话框。

在“打开文件”对话框或“导入文件”对话框中同时选中多个文件可以分别一次打开或导入多个文件。

3）文件的新建

单击【新建文件】按钮，如图 3-4-8 所示，选择弹出菜单中的“新建音频文件”。

在弹出“新建文件”对话框中设置对话框的属性，如图 3-4-9 所示，然后点击【确定】

按钮，新的文件即被建立。

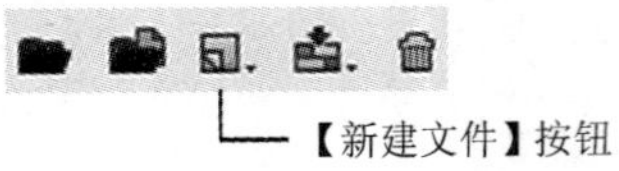

图 3-4-8 【新建文件】按钮

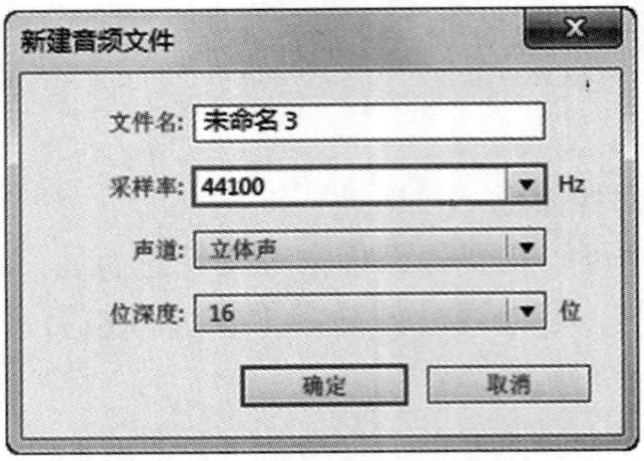

图 3-4-9 【新建文件】对话框

小提示

图 3-4-9 中的设置为 CD 音质的基本设置，如果需要更好的音质，可以选择更好的采样率或分辨率，但文件也会随之增大。

4）文件的关闭

选中一个或多个文件列表中所需关闭的文件，然后单击【关闭已选定的文件】按钮，如图 3-4-10 所示，即可将选中的文件关闭。

图 3-4-10 【关闭已选定的文件】按钮

小提示

在文件列表空白区域单击鼠标右键，选择“关闭所有文件”，能将文件列表中的文件全部关闭。

5）文件的波形查看

在文件列表中双击所需要查看的文件，即可将该文件的波形在编辑器面板中显示出来。

3. 传输面板

传输面板主要用来控制声音的录制与播放，如图 3-4-11 所示。

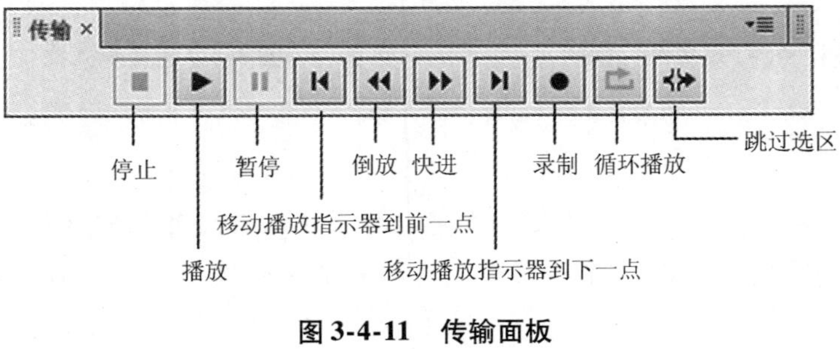

图 3-4-11 传输面板

4. 时间面板

时间面板显示的是播放指示器所处的当前时间，如图 3-4-12 所示。

图 3-4-12 时间面板

5. 缩放面板

缩放面板用于对音频波形或音轨进行水平（时间）或垂直（振幅）方向的缩放，以便于更好地观察与编辑音频，如图3-4-13所示。

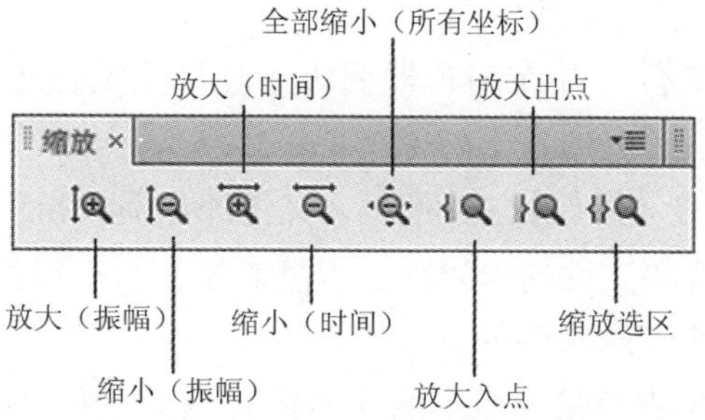

图3-4-13　缩放面板

如图3-4-14所示，当音频波形被以时间轴方向放大后，窗口中显示的只是波形的一部分。如需查看波形的其他部分，只要把鼠标移到水平标尺上或波形预览图的控制轴上，此时鼠标指针变为手形，然后水平拖动鼠标，即可查看波形水平方向的其他部分。水平放大越多，波形预览图上的控制轴越短，只有当控制轴占满波形预览图时，才表示波形在水平方向被显示窗口全部显示出来。

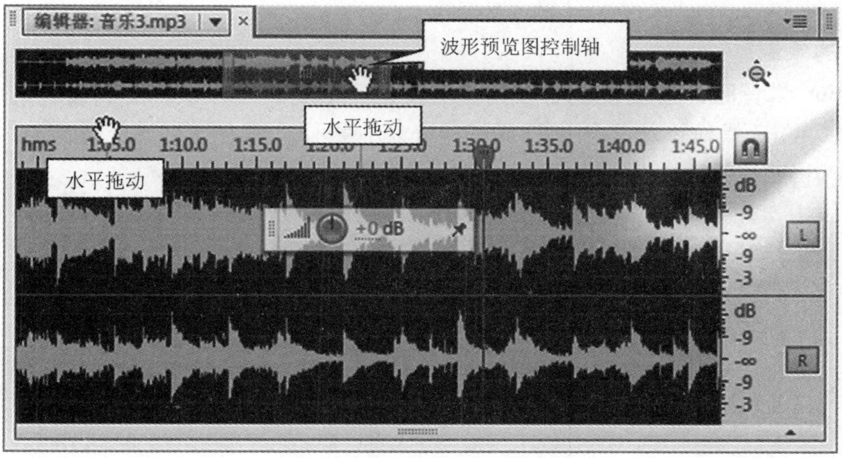

图3-4-14　拖动标尺查看波形其他部分

小提示

缩放面板改变的只是波形的显示比例，波形实际的质量和效果都不会改变。

在标尺上滚动鼠标滑轮，也可以放大或缩小音频波形。

6. 选区/视图面板

选区/视图面板可以对音频或音轨的开始点、结束点和持续时间进行设置，进行精确地选择或查看波形，如图3-4-15所示。

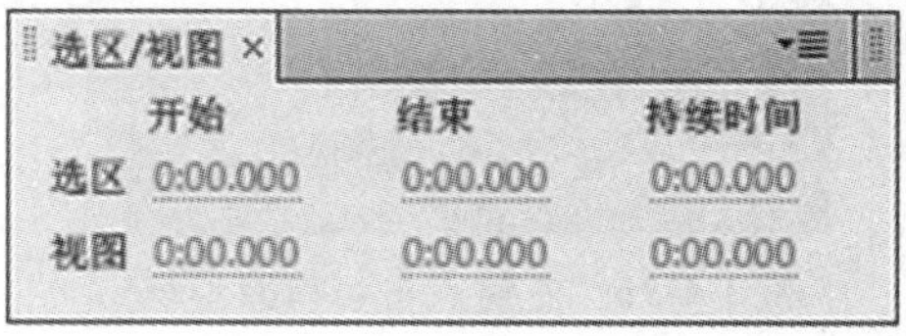

图3-4-15　选区/视图面板

3.4.3 波形编辑器视图里的基本操作

1. 音频文件的播放、停止与暂停

步骤如下：

（1）打开或导入所需文件，并在编辑器面板中显示出其波形。如果该文件的波形并未显示在编辑器面板，可双击文件列表中的该条记录打开。

（2）点击传输面板中的【播放】按钮▶，文件即从播放指示器处开始播放。波形打开后，播放指示器默认处于音频文件的起始点，根据需要，也可以把鼠标指针移到波形上所需开始播放的地方单击左键插入播放指示器。

（3）在播放的过程中单击传输面板中的【暂停】按钮⏸，即可暂时停止播放。

（4）再次单击【暂停】按钮⏸，播放继续进行。

（5）单击传输面板中的【停止】按钮■，即可停止播放。如果没有单击停止按钮，文件将会一直播放到文件的结束位置。

小提示

我们也可以通过按键盘上的空格键来进行播放与停止之间的切换。

2. 声音的录制

用 Audition 录音时，需要设置输入和输出设备，不同的操作系统，其设置的方式略有不同，下面将以 Win7 操作系统为例进行详细的介绍，操作步骤如下：

1）麦克风相关设置

（1）将麦克风接入声卡的“mic in”插口。

（2）在 Win7 任务栏中，右键点击图 3-4-16 中的扬声器图标，选择弹出菜单中的“录音设备”，打开“声音”对话框，如图 3-4-17 所示。

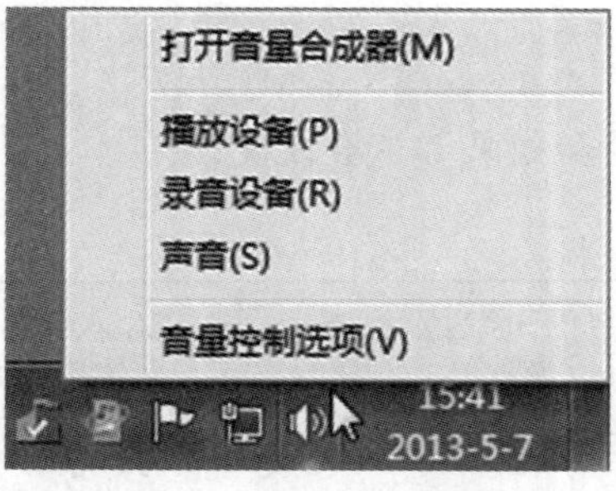

图 3-4-16　右键点击扬声器图标

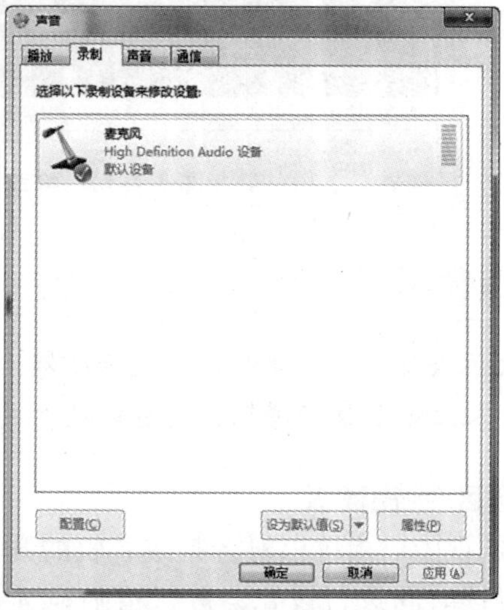

图 3-4-17　“声音”对话框中的“录制”选项卡

（3）双击“麦克风”，弹出“麦克风属性”对话框，切换至“高级”选项卡，在“默认格式”下拉菜单中选择所需的参数，如图 3-4-18 所示，然后单击【确定】按钮。

（4）右键点击扬声器图标，选择弹出菜单中的“录音设备”，打开“声音”对话框，在“播放”选项卡中双击“扬声器”进入“扬声器属性”对话框，将“高级”选项卡中的“默认格式”设置为跟刚才麦克风的参数一致，如图 3-4-19 所示，然后单击【确定】按钮。

图 3-4-18　“麦克风属性”对话框中的“高级”选项卡

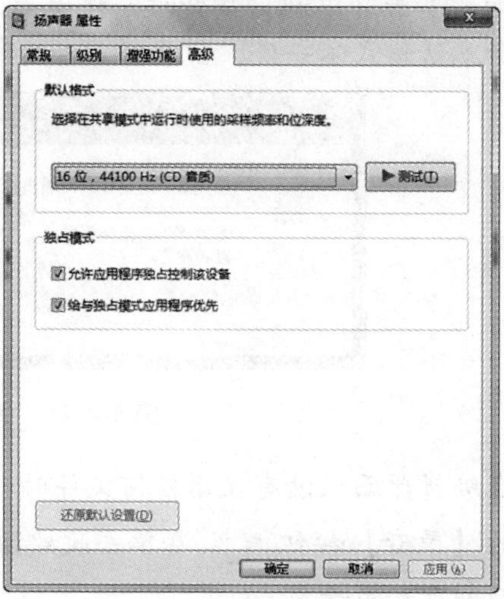

图 3-4-19　“扬声器属性”对话框中的“高级”选项卡

2）新建文件和设置音频硬件

（5）启动 Adobe Audition CS6，新建一个音频文件。

（6）选择菜单中的“编辑” > “首选项” > “音频硬件”命令，打开“首选项”对话框，在“音频硬件”选项卡中进行设置，如图 3-4-20 所示，然后单击【确定】按钮。

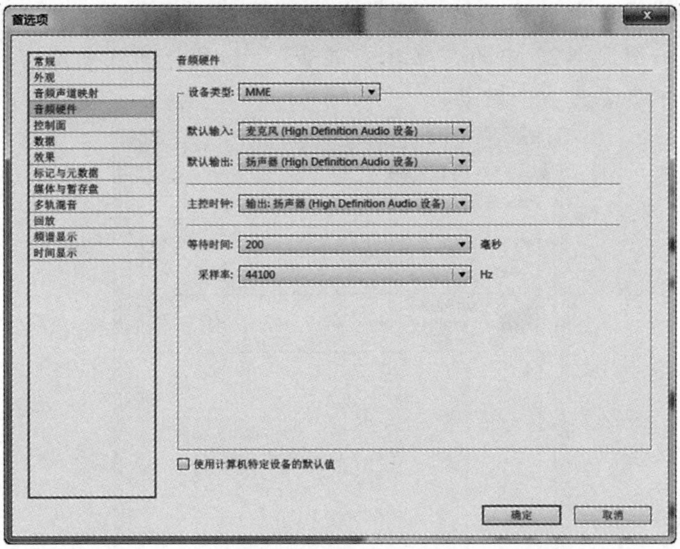

图 3-4-20　“首选项”对话框中的“音频硬件”选项卡设置

3）录制音频

（7）单击传输面板中的【录制】按钮 ●，开始录音。

(8) 录音完毕后单击传输面板中的【停止】按钮■，停止录音。

小提示

如果单击【录制】按钮后，弹出如图3-4-21所示的对话框，则说明计算机麦克风和扬声器的默认格式不一致，需要将二者的参数设置为一致，然后重启Audition。

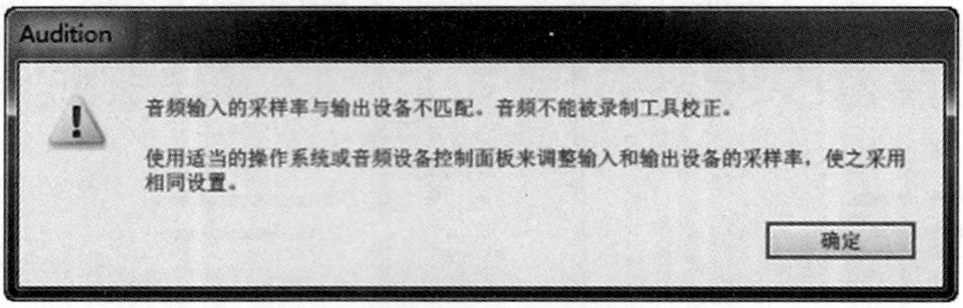

图 3-4-21 设备参数不匹配提示对话框

在编辑器面板没有显示任何文件时，如果需要在新文件中录音，也可以直接单击传输面板中的【录音】按钮●，在单击此按钮后会自动打开“新建波形”对话框，单击【确定】按钮后即开始录音。

4）保存文件

(9) 选择菜单栏中的“文件” > “存储”命令，在打开的“存储”对话框中设置所保存文件的文件名、位置和格式，然后单击【确定】按钮，文件即被保存下来了。

小提示

如果是录制本计算机中播放器播放的声音，则不需要对“麦克风”进行设置，而改为用同样的方法设置如图3-4-22中的“立体声混音”。如果计算机中没有“立体声混音”选项，那么需要重新下载安装声卡驱动。

图 3-4-22 “声音”对话框中的“立体声混音”

3. 音频事件的选取

1）一段波形的选取

在编辑器面板中，在所需选取波形部分的一端点击鼠标左键并拖放到另一端，这段波形便被选取上了，这时被选上的波形以高亮度呈现，如需调整波形的选取区域，可把鼠标指针移至选区的左右边线并拖动，如图 3-4-23 所示。

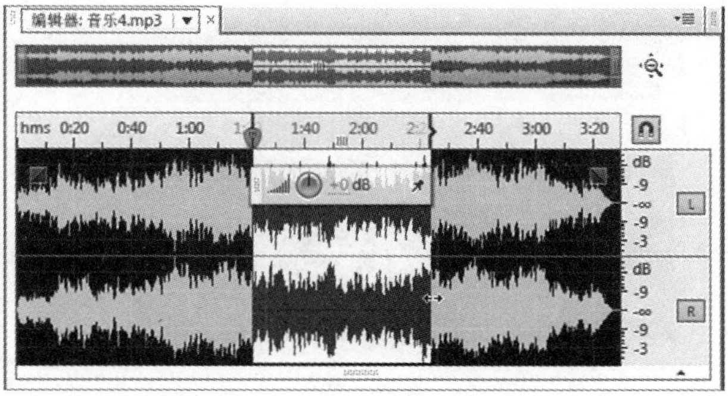

图 3-4-23　被选取波形

2）左声道/右声道中波形的选取

当只需单独选取左声道或者右声道的一段波形时，关闭无需操作声道的“声道激活状态开关”，然后在所需选取声道波形部分的一端点击鼠标左键并拖放到另一端进行选取，如图 3-4-24 和图 3-4-25 所示。

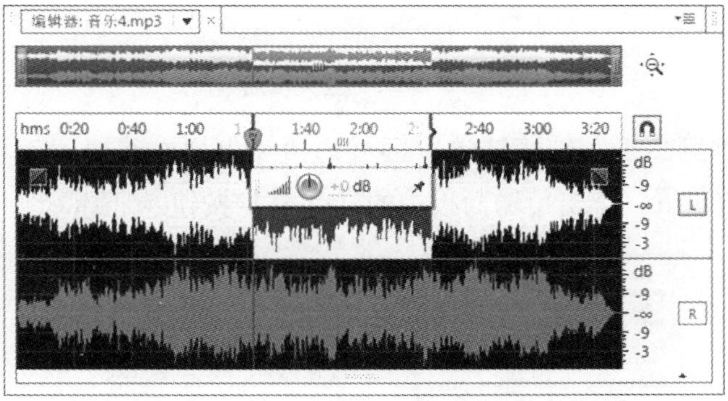

图 3-4-24　左声道的选取

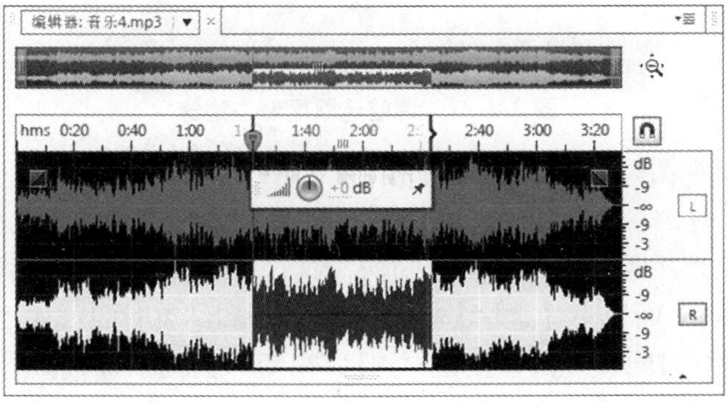

图 3-4-25　右声道的选取

3）与缩放面板的结合使用

在进行波形选取时，如果结合缩放面板中的【时间放大】按钮来选取，可使选取更精确。步骤如下：

（1）通过拖放鼠标选中一段波形后，单击一次或数次缩放面板中的【时间放大】按钮使波形水平放大至能易于找准希望选取区域的出入点，如图 3-4-26 所示。

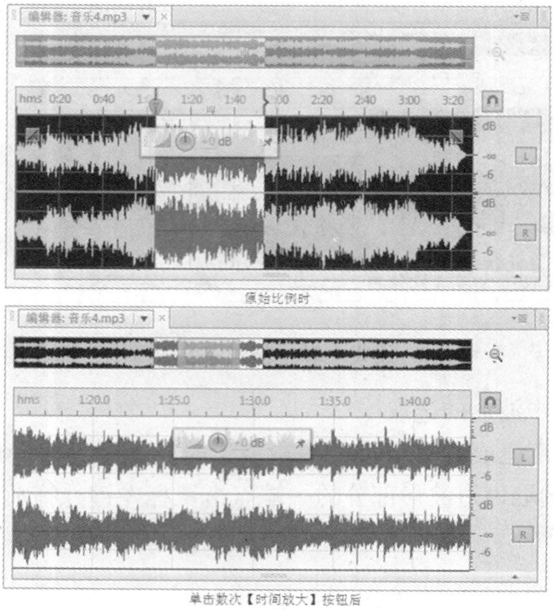

图 3-4-26　放大前后

（2）拖动波形预览图控制轴使被选取区域的边缘出现在编辑器面板中，如图 3-4-27，调整选区边线至合适位置，单击传输面板中的【播放】按钮预览。

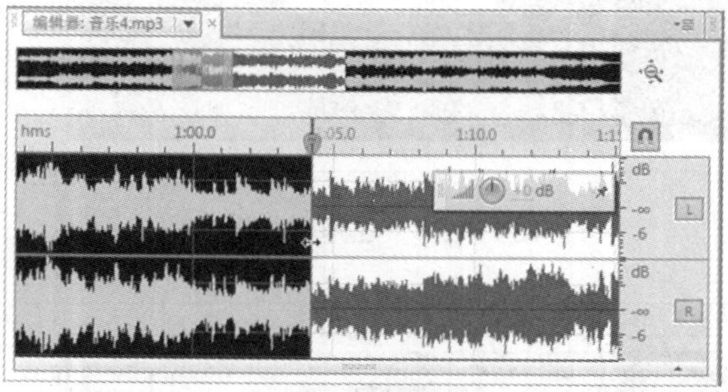

图 3-4-27　调整选取区域左边缘

4）利用“选区/视图”面板进行选取

当进行波形选取时，在已知所需选区精确时间的情况下，可以直接在“选区/视图”面板中【选区】一行填入所需时间，如果已知所需选区开始位置和结束位置的精确时间，可以直接在“选区/视图”面板中【选区】一行填入开始和结束时间；如果已知所需选区开始位置的精确时间和持续时间，可以直接在“选区/视图”面板中【选区】一行填入开始时间和持续时间，然后将鼠标在时间输入框以外的地方单击或按下键盘中的 Enter 键，此时【编辑器】面板中所设时间区域里的音频波形成为选区。

小提示

如果要选择编辑器面板中整个显示窗口内的波形，可以在显示窗口内双击鼠标左键，此时，显示窗口外的波形是没有被选择的。如果要选择整个音频波形，可以在音频波形上连续单击鼠标左键3次。

4. 声音的剪辑

1）复制与粘贴

（1）情况一

步骤如下：

① 选取所需要进行复制的波形素材，然后按下键盘中的Ctrl+C进行复制，或把鼠标指针移到所选区域里边并单击鼠标右键，在弹出的菜单中选择“复制”。

② 在所需要粘贴的地方单击鼠标左键插入指针，然后按下键盘中的Ctrl+V进行粘贴，或在插入指针处单击鼠标右键，在弹出的菜单中选择“粘贴”。

这时，复制的素材被插到指针后面，原来指针后面的波形自动往后移，接到所插入的素材后面。文件长度变为原波形长度加上复制的波形素材的长度。

（2）情况二

步骤如下：

① 选取所需要进行复制的波形素材，然后按下键盘中的Ctrl+C进行复制，或把鼠标指针移到所选区域里边并单击鼠标右键，在弹出的菜单中选择“复制”。

② 选取另一段波形文件中的波形，然后按下键盘中的Ctrl+V进行粘贴，或把鼠标指针移到所选区域里边并单击鼠标右键，在弹出的菜单中选择“粘贴”。

这时，步骤②中选取的波形被先前步骤①中复制的素材替换掉，被替换波形后面的波形接到所替换的素材后面。文件长度变为原波形长度加上复制的波形素材的长度再减去步骤②被替换掉波形的长度。

2）剪切与粘贴

（1）情况一

步骤如下：

① 选取所需要进行剪切的波形素材，然后按下键盘中的Ctrl+X进行剪切，或把鼠标指针移到所选区域里边并单击鼠标右键，在弹出的菜单中选择“剪切”。

② 在所需要粘贴的地方单击鼠标左键插入指针，然后按下键盘中的Ctrl+V进行粘贴，或在插入指针处单击鼠标右键，在弹出的菜单中选择“粘贴”。

这时，剪切的素材被插到指针后面，原来指针后面的波形自动往后移，接到所插入的素材后面。步骤①和步骤②如果是在同一文件中进行的操作，文件长度不变。

（2）情况二

步骤如下：

① 选取所需要进行剪切的波形素材，然后按下键盘中的Ctrl+X进行剪切，或把鼠标指针移到所选区域里边并单击鼠标右键，在弹出的菜单中选择“剪切”。

② 选取另一段波形文件中的波形，然后按下键盘中的Ctrl+V进行粘贴，或把鼠标指针移到所选区域里边并单击鼠标右键，在弹出的菜单中选择“粘贴”。

这时，步骤①中选取的波形在原先的位置被删除，然后将步骤②选取的波形替换成被剪切的波形，步骤②所选取波形后面的波形接到所替换的素材后面。文件长度变为原波形长度减去步骤②被替换掉波形的长度。

小提示

Adobe Audition 支持多文件操作，复制、剪切与粘贴也可以在文件列表中的多个文件中相互进行。

3）删除

选取要删除的波形，然后选择菜单栏中的“编辑” > “删除”命令或按下键盘中的Delete，被选取的波形便被删除掉了。

4）复制为新文件

选取一段波形，把鼠标指针移到所选区域里边并单击鼠标右键，在弹出的菜单中选择“复制为新文件”，或选择菜单栏中的“编辑” > “复制为新文件”命令，这时被选取的波形被复制并粘贴到自动新建的文件中，原波形文件不变。

5）裁剪

选取一段波形，把鼠标指针移到所选区域里边并单击鼠标右键，在弹出的菜单中选择“裁剪”，或选择菜单栏中的“编辑” > “裁剪”命令，这时原波形文件中被选取波形以外的部分全部被删除，只留下所选取的这段波形。

5. 声音的效果处理

1）静默

使用“静默”命令可以将选区中的波形信号转换为零信号，成为静音区。选取需要静默的波形，把鼠标指针移到所选区域里边并单击鼠标右键，在弹出的菜单中选择“静默”，或选择菜单栏中的“效果” > “静默”命令，被选取部分含有的声音即被消掉，但是原来占有的时间不变，如图3-4-28所示。

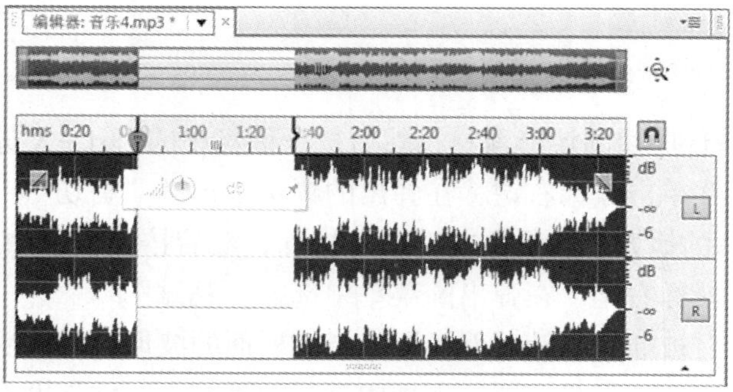

图 3-4-28 静默后的效果

2）插入静默区

在需要插入静默区的位置单击鼠标左键插入播放指示器，选择菜单栏中的“插入” > “静默”命令，打开“插入静默”对话框，如图3-4-29，在对话框中输入需要插入静默的持续时间，然后点击“确定”按钮，即在播放指示器后插入所输入时间的静默，原来播放指示器后面的波形接在插入的静默后面，文件长度增加了所插入静默的时间，如图3-4-30所示。

图 3-4-29　“插入静默”对话框

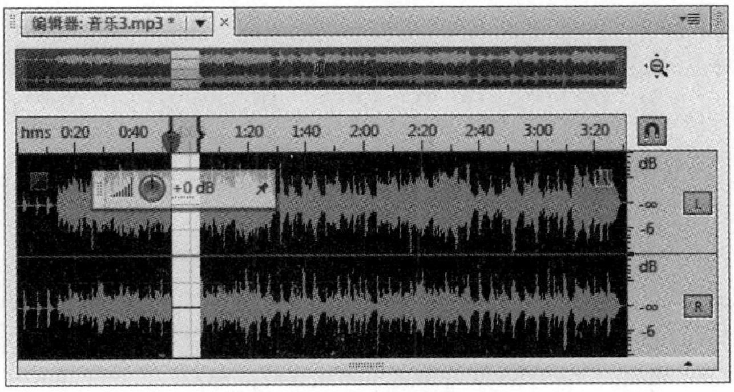

图 3-4-30　插入静默后的效果

小提示

在前文中提到的静默功能是将含有声音信息的部分变成静默，而此处提到的插入静默区的功能是在不删减原有声音的基础上增加静默时间。

3）增幅

振幅是描述音频波形大小的参量，振幅的增益和衰减直接影响着音量的大小。【增幅】效果器能够通过改变波形的振幅调整左、右声道音量的大小。

打开需要进行增幅处理的音频素材，选择菜单栏中的“效果” > “振幅与压限” > “增幅”命令，打开“效果 – 增幅”对话框，如图 3-4-31 所示。分别设置左声道和右声道的值，或选中“链接滑块”，同时调整左声道和右声道的值，然后点击“应用”按钮。

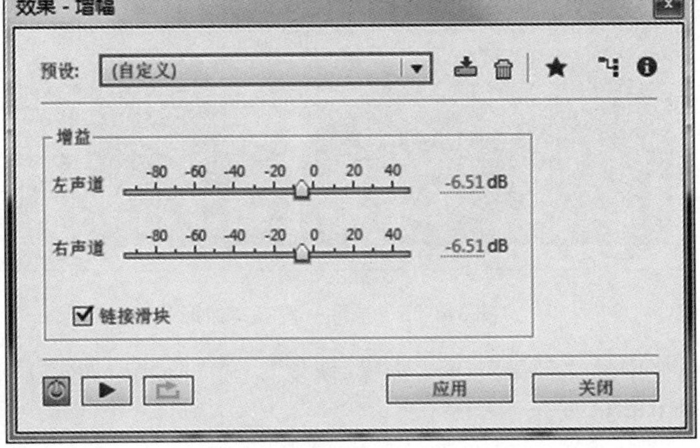

图 3-4-31　“效果 – 增幅”对话框

小提示

如果只想调整波形的某一部分，就需要在打开“振幅/淡化”对话框前先选取要进行调整的声道或波形区域。

4）声道混合

【声道混合】效果器可以改变立体声或环绕渠道的平衡，改变声音位置或解决立体声平衡问题。

选择菜单栏中的“效果” > “声道混合”命令，打开“效果 - 声道混合”对话框，如图 3-4-32 所示，分别设置左、右声道的混合效果，然后点击“应用”按钮。

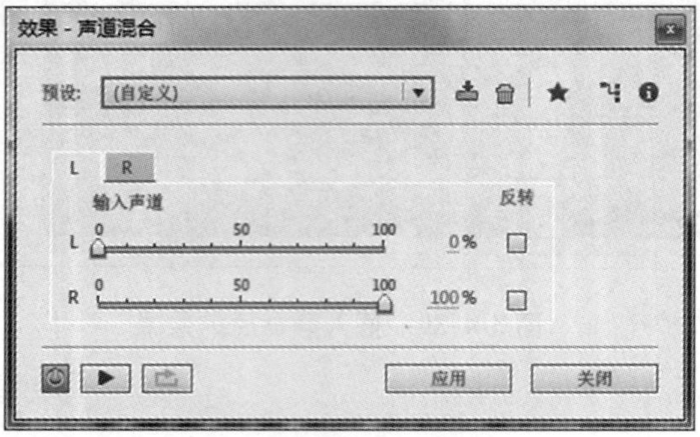

图 3-4-32 “效果 - 声道混合”对话框

5）降噪处理

观察录制的音频波形，可以发现在没有进行朗诵的部分也出现了较小的波形，这是由于受设备和周围环境的影响而产生的噪声，为了降低或减少这部分噪声，我们可以对音频进行降噪处理。

（1）打开需要进行降噪处理的音频素材。

（2）选择一段仅存在噪声的波形，如图 3-4-33 所示。

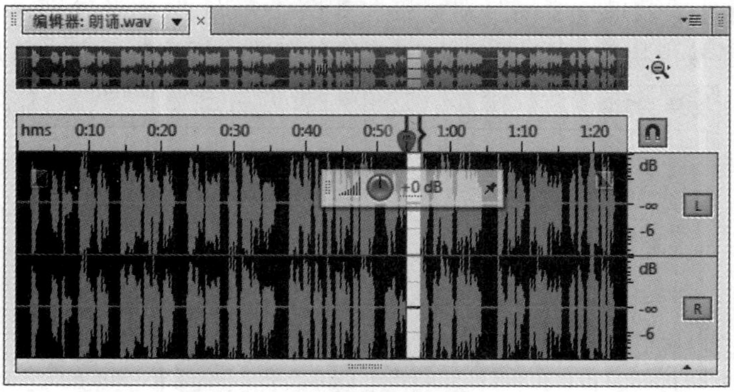

图 3-4-33 选取一段噪声波形

（3）选择菜单栏中的“效果” > “降噪/恢复” > “降噪（处理）”，打开“效果 - 降噪”对话框，如图 3-4-34 所示。

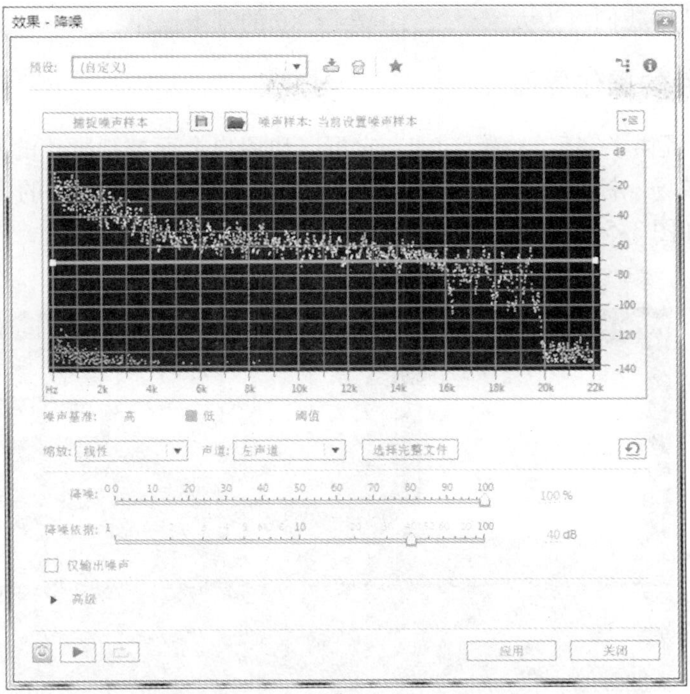

图 3-4-34　“效果 - 降噪” 对话框

（4）点击【捕捉噪声样本】，进行噪音样本捕捉。

（5）点击【选择完整文件】，然后点击“应用” 按钮。图 3-4-35 展示了降噪处理后的音频波形效果。

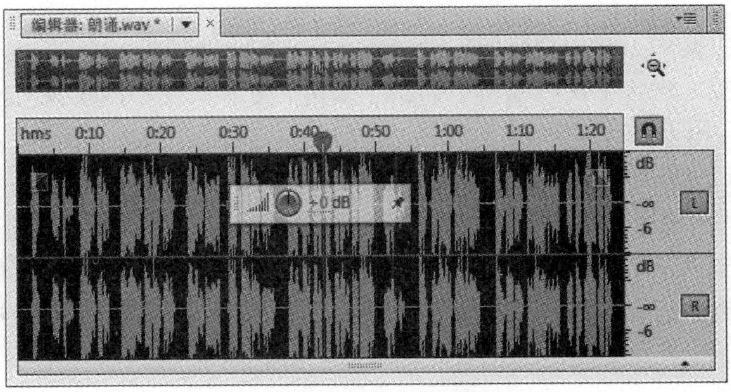

图 3-4-35　降噪后的波形效果

3.5　会声会影 X6 的使用

3.5.1　软件简介

会声会影 X6 是 Corel 公司推出的一款面向非专业用户的视频编辑软件，可为用户提供轻松快速地制作视频所需的工具，对于希望更多地享受视频编辑乐趣而又不愿意花费太多时间的人们来说，具有高级技术支持和易于操作的工作流程特点的会声会影 X6 可以说是个很好的选择。在本节中我们将为大家介绍会声会影 X6 的基本操作。

3.5.2 软件的操作界面

会声会影 X6 提供了完整的编辑功能，它可以让用户全面控制影片的制作过程，轻松为视频添加素材、转场、标题、覆叠、滤镜和音乐等，并按用户所需要的方式刻录或输出影片，其操作界面如图 3-5-1 所示。

图 3-5-1 操作界面

（1）菜单栏：提供了常用功能的执行命令。

（2）步骤面板：包含了视频编辑中捕获、编辑、分享三个不同步骤对应的按钮。

（3）素材库：用于显示和管理各种媒体、即时项目、转场、标题、图形、滤镜和路径素材。

（4）预览窗口：用于预览项目或者素材的效果。

（5）导览面板：使用导览面板中的按钮，可以浏览所选的素材和对素材进行编辑或修整。

（6）时间轴面板：用于显示项目中包含的所有视频、图像、转场、标题、声音等素材。

（7）选项面板：包含控件、按钮和其他信息，可用于自定义所选素材的设置，它的内容将根据用户所在的步骤不同而变化。

3.5.3 视图模式

会声会影 X6 提供了故事板和时间轴两种视图，分别单击时间轴上方相应的视图切换按钮，可以在故事板视图和时间轴视图之间切换。视图切换按钮如图 3-5-2 所示。

图 3-5-2 视图切换按钮

将素材添加到影片中最快和最简单的方法是使用故事板视图。故事板中的一个略图代表影片中的一个事件，事件可以是视频素材、图像素材，也可以是转场。略图按项目中事件发生的时间顺序依次排列，并在各个略图的下方显示当前事件所占用的时间。故事板视图下的时间轴面板如图 3-5-3 所示。

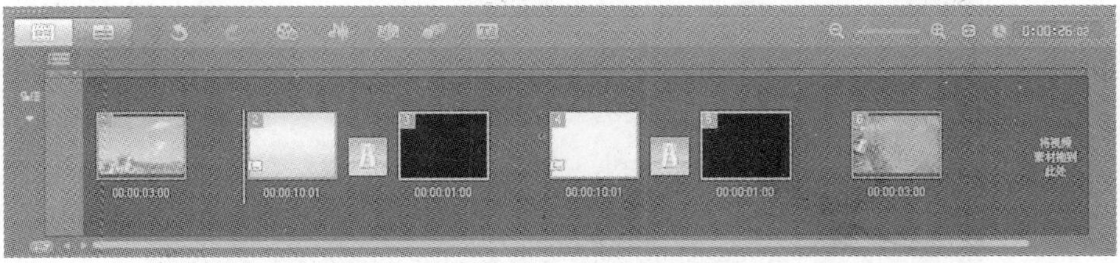

图 3-5-3　故事板视图

时间轴视图包含有视频轨、覆叠轨、标题轨、声音轨以及音乐轨 5 种不同的轨道，依据类型和用途的不同，项目中的素材将分别显示在不同的轨道上。时间轴视图可以准确地显示出素材在项目中发生的时间和位置，用户可以对素材进行精确的编辑。将图 3-5-3 的故事板视图切换成时间轴视图后，时间轴面板如图 3-5-4 所示。

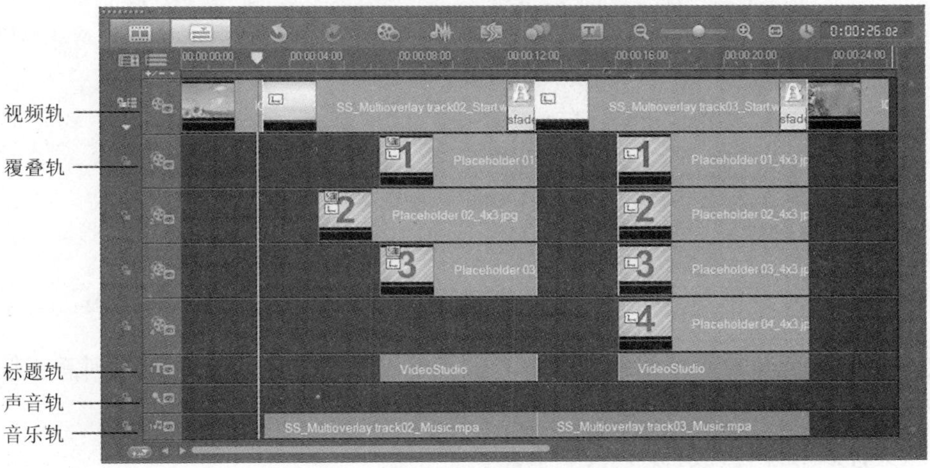

图 3-5-4　时间轴视图

小提示

在时间轴视图中，素材可以以三种显示模式来呈现：仅略图、仅文件名、略图和文件名。点击菜单中的“设置” > “参数选择”命令，在“参数选择”对话框中更改“素材显示模式”，可以改变素材的显示模式。为了便于素材的查看，常选用“略图和文件名”的素材显示模式。

3.5.4　影片的剪辑与调整

单击步骤面板上的【编辑】按钮可以进入【编辑】步骤，在【编辑】步骤中，用户可以对影片方便地进行剪辑与调整。

1. 视频素材的添加

1）从素材库添加素材到时间轴

在素材库面板的“媒体”选项卡中找到需要添加的视频素材，并将其拖拽到时间轴上，释放鼠标，素材便被添加到时间轴上了，如图 3-5-5 所示。

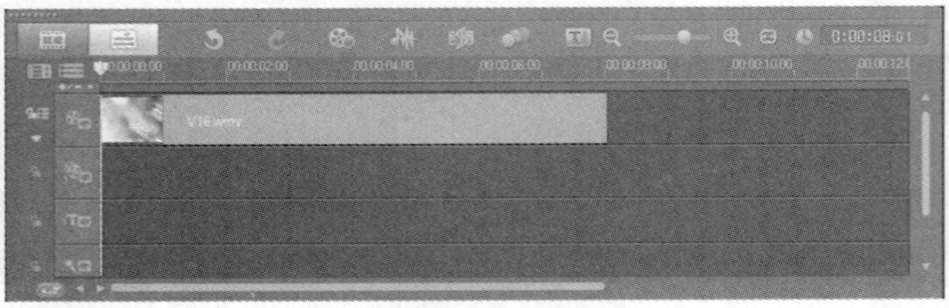

图 3-5-5 添加了视频素材的时间轴面板

如果在素材库中找不到该种类型的素材，则有可能是因为该类型的素材被隐藏了，如图 3-5-6 所示点击【显示视频】按钮，视频类型的素材将被显示在素材库中。

图 3-5-6 【显示视频】按钮

新添加的素材并不是一定要放置到影片的最后位置，如果将素材拖拽到需要插入的位置，释放鼠标后，素材将被插入到设置的位置。

2）从文件添加素材到素材库

点击菜单中的“文件” > “将媒体文件插入到素材库” > “插入视频”命令，打开“浏览视频”对话框，或者点击素材库左上角的【导入媒体文件】按钮打开“浏览媒体文件”对话框，在对话框中选择所需添加的视频素材，然后单击【打开】按钮，选中的视频素材即添加到素材库中，如图 3-5-7 所示。

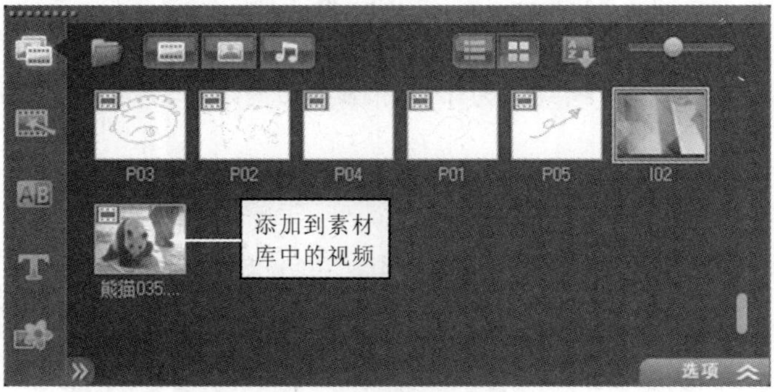

图 3-5-7 添加到素材库中的视频

3）从文件添加视频素材到时间轴

点击菜单中的“文件” > “将媒体文件插入到时间轴” > “插入视频” 命令，打开“浏览视频”对话框，在对话框中选择所需添加的视频素材，然后单击【打开】按钮，选中的视频素材即添加到时间轴中，而素材库中并不增加文件。

2. 图像素材的添加

在会声会影中，用户还可以在影片中插入静态的图像素材，图像素材可以从素材库中添加也可以从文件添加，其方法跟添加视频素材的大致相同。

3. 素材播放顺序的调整

将素材添加到故事板或时间轴中以后，要更改各个素材的排列顺序，只需在需要调整的素材上按住鼠标左键并拖动鼠标，将它拖拽到希望放置的文件，释放鼠标就行了。

4. 视频素材的剪辑

1）使用略图剪辑视频素材

最为常见的视频剪辑就是去除头部与尾部多余的内容，使用略图剪辑素材是最为快捷和直观的剪辑方式。

在时间轴视图下，选择需要剪辑的素材，选中的视频素材会以黄色标记表示。在左侧的黄色标记上按住鼠标左键并拖动到需要保留内容的开始，然后释放鼠标，这样鼠标释放位置之前的内容便被去除了，如图 3-5-8 所示，然后单击预览窗口的【播放】按钮观看效果。用同样的方法把尾部多余的内容也去除。

图 3-5-8　去除头部多余部分

小提示

通过调节时间轴上方的时间缩放控件调整视图的时间比例尺，可以让剪辑点更精确。时间缩放控件如图 3-5-9 所示。

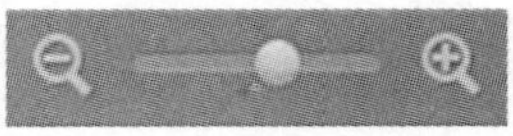

图 3-5-9　时间缩放控件

2）使用修整标记剪辑视频素材

在预览窗口中，两个修整标记之间的部分代表素材被选取的部分，调整修整标记的位置，可对素材进行修整。

步骤如下：

（1）选中需要剪辑的视频素材，这时预览窗口显示出该素材。

（2）如图 3-5-10 所示拖动修整标记至合适位置后释放鼠标，时间轴上的素材随即被同步修整，单击【播放】按钮预览剪辑后的效果。

拖动图 3-5-10 所示的飞梭至合适位置后，分别点击【开始标记】和【结束标记】也可以调整修整标记的位置。

图 3-5-10　拖动修整标记

3）使用区间剪辑视频素材

素材的区间是指该素材所占用的时间长度。使用区间剪辑视频素材可以精确地控制素材的播放时间，但只能从视频的尾部进行剪辑。

步骤如下：

（1）双击需要剪辑的视频素材，打开选项面板。

（2）在选项面板的“视频”选项卡中调整“视频区间”文本框里的时间，如图 3-5-11 所示。

图 3-5-11　视频区间的调整

（3）单击预览窗口中的【播放】按钮预览剪辑后的效果。

4）使用分割按钮剪辑视频素材

在剪辑视频素材时，经常还需要去除中间的某个片断，这时就需要把素材分割多个部分，然后再删除不需要的内容。

步骤如下：

（1）将视频素材添加到时间轴上，如图 3-5-12 所示。

图 3-5-12　在时间轴上添加素材

（2）将时间线或者飞梭拖动到需要分割的位置，如图 3-5-13 所示。

图 3-5-13　拖动时间线或者飞梭

（3）单击【分割视频】按钮，视频素材便从时间线所处的位置分割成两段素材，如图 3-5-14 所示。

图 3-5-14　分割后的效果

（4）重复步骤（2）和步骤（3）的操作，素材被分割成三段，如图 3-5-15 所示。

图 3-5-15　再次分割后的效果

（5）选中需要删除的素材，按下键盘中的 Delete 键，选中的素材便被删除了，后面的素材自动移到前一段素材末尾，如图 3-5-16 所示。

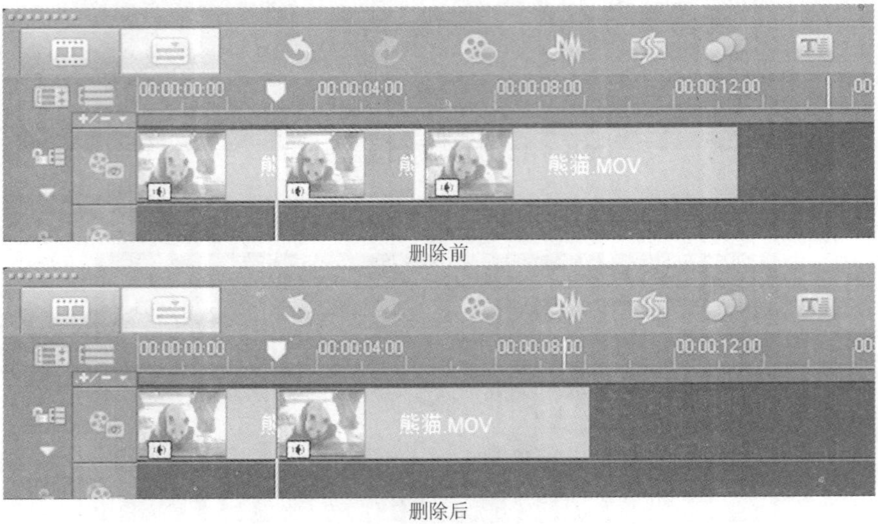

图 3-5-16　素材删除前后效果

5）多重修整视频素材

使用视频素材的多重修整，能精确地在一个视频素材中选取一个或多个片段。步骤如下：

（1）双击时间轴中视频轨上的视频素材，打开选项面板，单击【多重修整视频】按钮，如图 3-5-17 所示。

（2）在弹出的“多重修整视频”对话框中，拖动飞梭至合适的位置，然后单击【设置开始标记】按钮，确定视频片段的起始点，如图 3-5-18 所示。

图 3-5-17　【多重修整视频】按钮

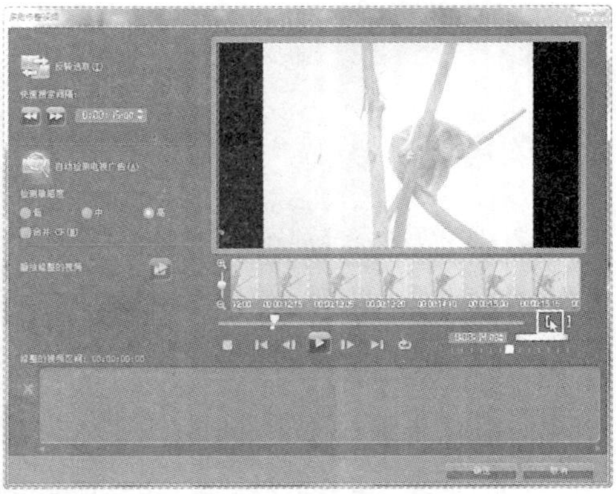

图 3-5-18　确定视频片段的起始点

（3）将飞梭拖动至所需片段结束的位置，单击【设置结束标记】按钮，确定视频片段的结束点，选取的区间将显示在“修整的视频区间”列表中，如图 3-5-19 所示。

（4）重复步骤（2）和（3）选取视频素材里其他所需的区间，如图 3-5-20 所示。

图 3-5-19　确定视频片段的结束点

图 3-5-20　选取多个区间

（5）预览修整后的视频效果。

5. 图像素材的区间调整

调整图像素材的区间，即调整图像素材所占用的时间长度。图像素材的区间可以通过三种方法来调整。

第一种方法是使用略图进行调整，第二种方法是通过选项面板中的区间进行调整，这两种方法都和视频素材的区间调整方法一样。第三种方法是在项目中所需调整的图像素材上单击鼠标右键，如图 3-5-21 所示在弹出的菜单中选择“更改相片持续时间”，然后在弹出的“区间”对话框中设置区间的长度。

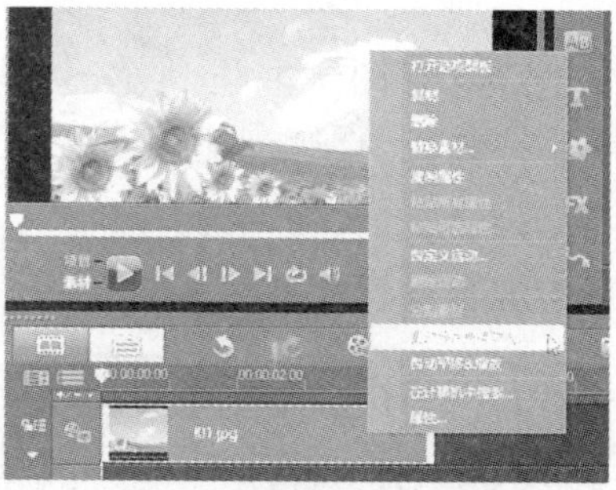

图 3-5-21　更改相片持续时间

6. 素材方向的调整

双击项目中的图像或视频素材进入其选项面板，使用【旋转】按钮可以调整素材的显示方向，效果如图 3-5-22 所示。

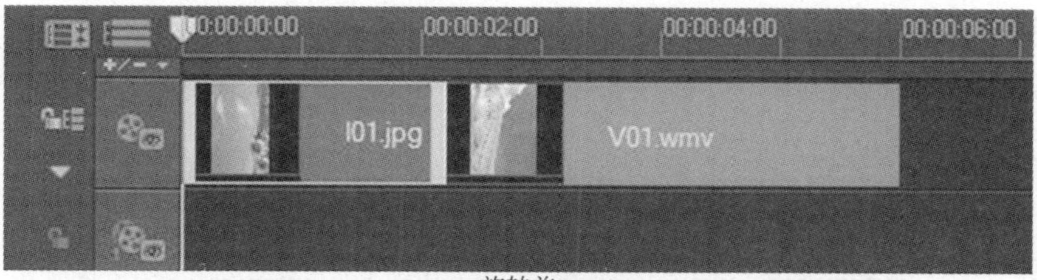

旋转前

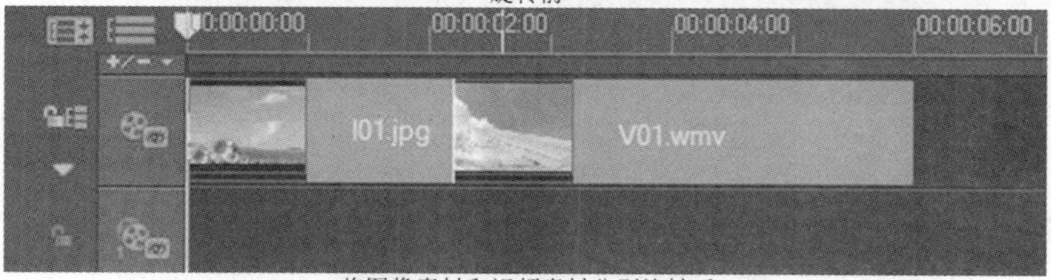

将图像素材和视频素材分别旋转后

图 3-5-22　旋转素材

7. 视频素材与音频的分割

在进行影片的编辑时，有时需要将一个视频素材的视频部分与音频部分进行分离，步骤如下：

（1）将视频素材插入到项目时间轴的视频轨中，在包含音频的素材略图左下角显示图标 ，如图 3-5-23 所示。

（2）双击该视频素材打开选项面板，如图 3-5-24 所示在选项面板的“视频”选项卡中单击【分割音频】按钮；或在素材上单击鼠标右键，然后在弹出的菜单中选择“分割音频”。

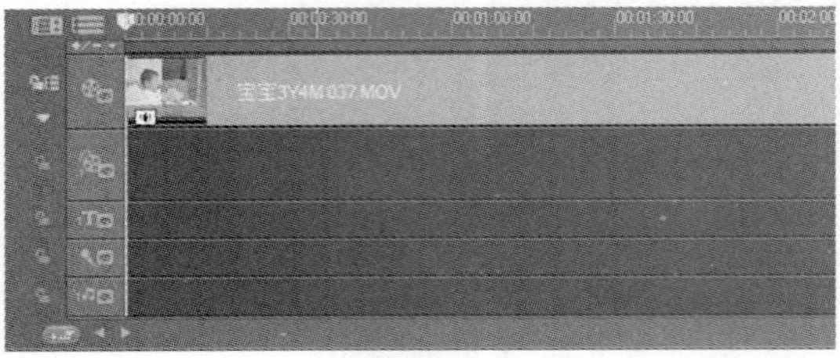

图 3-5-23　插入包含音频的视频素材

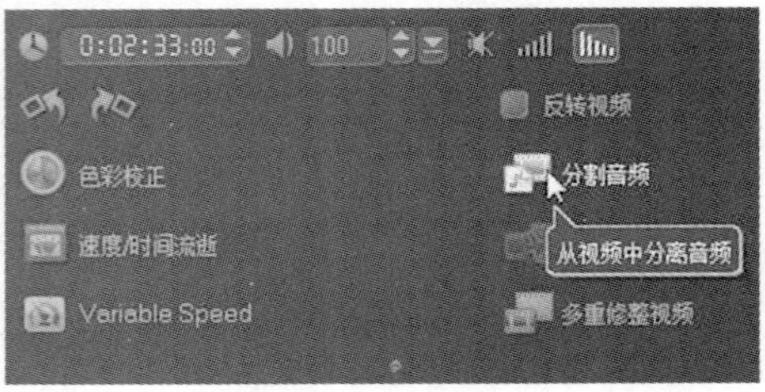

图 3-5-24　分割音频

（3）如图 3-5-25 所示，视频素材中的音频部分与视频部分分离，并自动添加到声音轨中，分割后的视频素材略图左下角显示图标 ，表示视频素材已经不包含声音了。

（4）此时，声音轨中的声音可以单独删除，如图 3-5-26 所示，删除声音后，在预览窗口中观看视频效果。

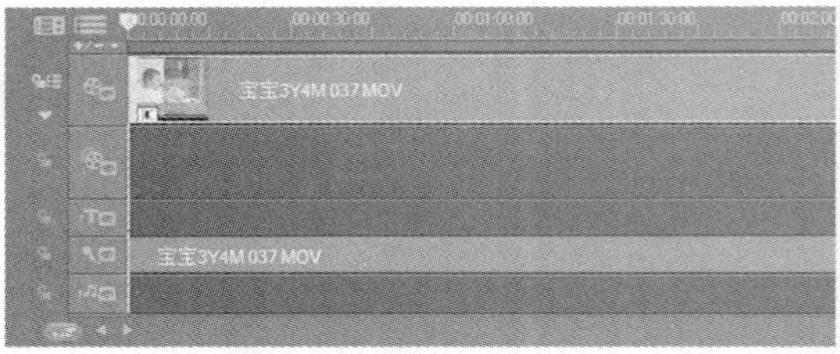

图 3-5-25　音频部分与视频部分分离

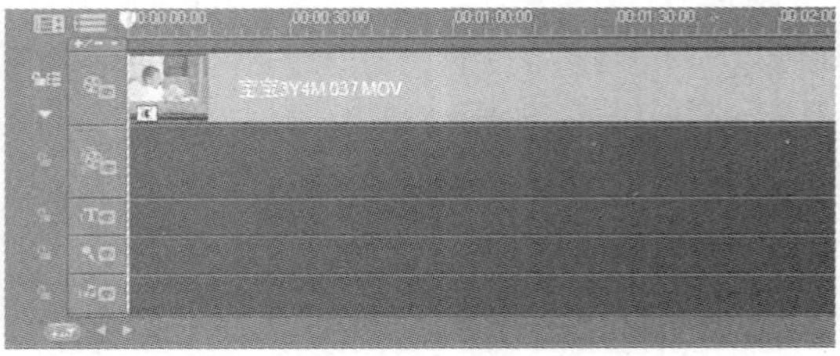

图 3-5-26　删除音频部分

8. 视频播放速度的调整

通过改变影片的播放速度，可以让影片实现慢动作、快动作等特殊的视觉效果。步骤如下：

（1）双击时间轴中需要调整播放速度的视频素材，打开选项面板，如图 3-5-27 所示在选项面板的“视频”选项卡中单击【速度/时间流逝】按钮。

图 3-5-27　【速度/时间流逝】按钮

（2）在如图 3-5-28 所示的“速度/时间流逝”对话框中调整【速度】的快慢，然后单击【确定】按钮，完成设置。当速度为 100 时，表示播放速度是原始素材速度的 100%，播放速度不改变；当速度低于 100 时，表示播放速度低于原始素材速度，会形成慢动作，调整后新素材区间将小于原始素材的区间；当速度高于 100 时，表示播放速度高于原始素材速度，会形成快动作，调整后新素材区间会大于原始素材的区间。

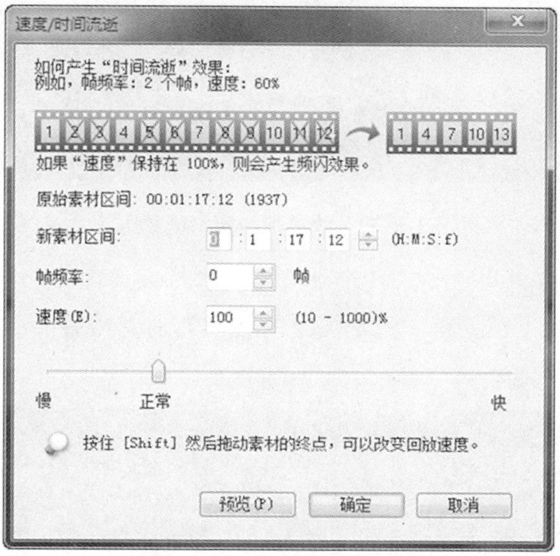

图 3-5-28　“速度/时间流逝”对话框

（3）预览视频的播放效果。

3.5.5　影片的转场效果

转场为场景的切换提供了创意的方式，会声会影 X6 为用户提供了多种转场效果，轻松实现素材之间的自然切换。

转场必须添加到两段素材之间，如图 3-5-29 所示在故事板视图和时间轴视图都可以添加转场，但使用故事板视图可以让转场的添加更加轻松。

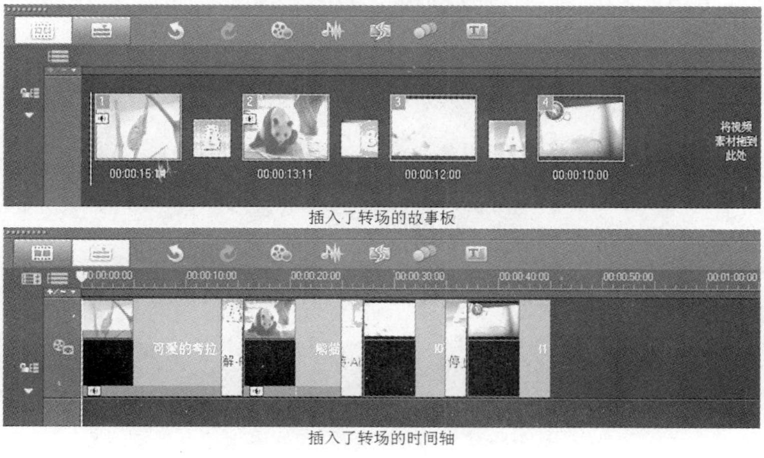

图 3-5-29　两种视图下的转场

转场的添加与调整步骤如下：

（1）插入两段素材到故事板上，如图 3-5-30 所示。

图 3-5-30　故事板中素材的插入

（2）单击素材库面板的“转场”选项卡，进入转场素材库，如图 3-5-31 所示。单击素材库上方的三角按钮，在下拉菜单中选择需要的转场类别，然后再选中素材库中显示的当前类别中包含的其中一种转场。

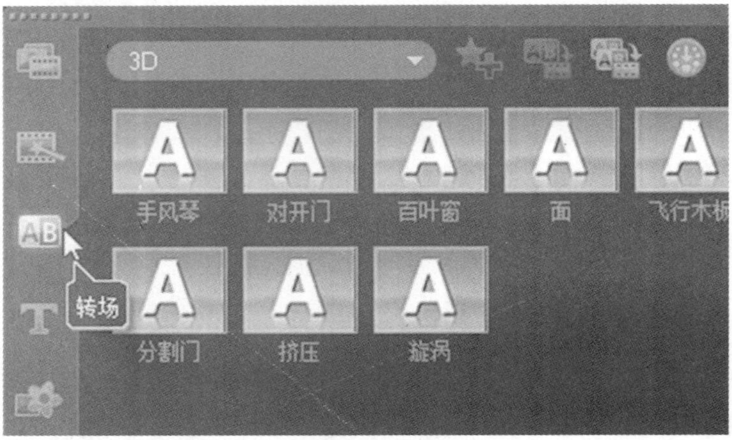

图 3-5-31　转场素材库

（3）将选中的转场缩略图拖拽到故事板上的两个素材之间，转场便添加好了，如图 3-5-32所示。

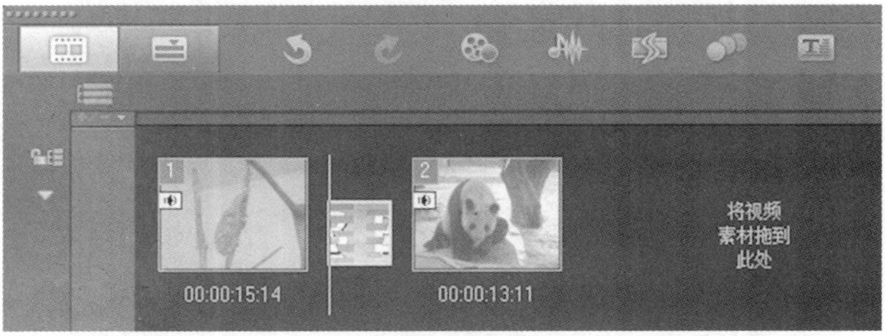

图 3-5-32　添加转场后的故事板

小提示

如果需要更改转场，只需要把新的转场拖拽到故事板中原来添加的转场上，释放鼠标就可以了。

如果需要删除转场，只要选中需要删除的转场，然后按下键盘中的 Delete 键就可以了。

（4）双击转场，打开选项面板，根据需要调整选项面板中转场播放的时间、边框、色彩、柔化边缘、方向等设置，如图 3-5-33 所示。不同的转场其选项面板略有不同。

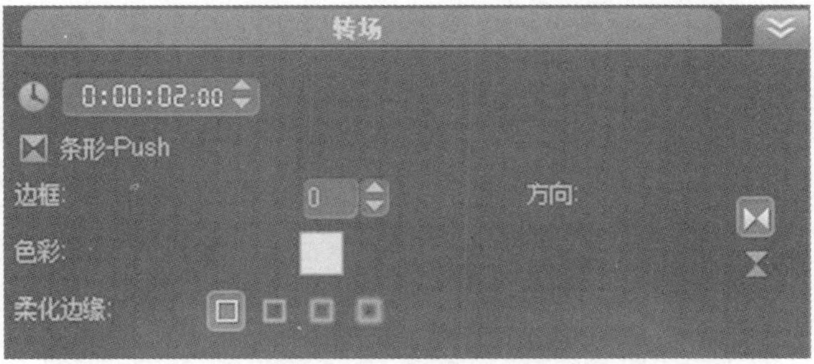

图 3-5-33　转场选项面板

（5）在预览窗口中查看添加转场后素材之间切换的影片效果。

3.5.6　影片的覆叠效果

在时间轴面板的覆叠轨上，既可以插入图像素材，也可以插入视频素材，这些素材与视频轨上的素材相互交织，就能组合成画中画等各种各样的视觉效果。

步骤如下：

（1）在视频轨中插入一段素材，并设置好属性，如图 3-5-34 所示。

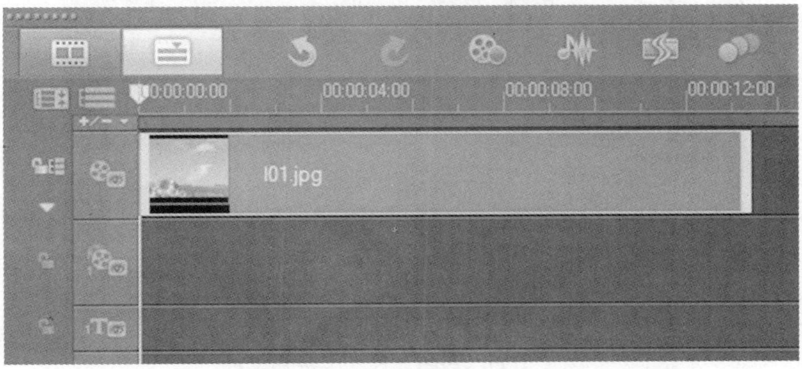

图 3-5-34　视频轨中素材的插入

（2）在覆叠轨中添加素材。

① 在覆叠轨中点击鼠标右键，在弹出的菜单中选择“插入视频”或“插入照片”插入所需的视频或图像，或直接在素材库中将素材拖拽到覆叠轨，调整素材的位置和区间至合适，如图 3-5-35 所示。

图 3-5-35 覆叠轨中素材的插入

② 点击时间轴面板左上方的“轨道管理器”，在打开的“轨道管理器”对话框中将“覆叠轨”设置为2，然后点击“确定”，此时原有覆叠轨下面又增加了一条覆叠轨，如图3-5-36 所示。

图 3-5-36 覆叠轨的增加

③ 用步骤①的方法在覆叠轨 2 上添加一段素材，如图 3-5-37 所示。

图 3-5-37 在覆叠轨 2 上添加素材

（3）调整覆叠素材的位置、大小和形状。

① 选中覆叠轨 2 上的素材，将鼠标指针移至预览面板中覆叠轨 2 素材的略图中，此时鼠标指针变为✥，按下鼠标左键并拖动略图至合适位置，然后释放鼠标左键。

② 将鼠标指针移至预览面板中素材略图边框上的黄色小方块上，拖动鼠标指针调整素材显示区域的大小。

③ 用同样的方法调整覆叠轨 1 上素材的位置和大小，完成后如图 3-5-38 所示。

图 3-5-38　覆叠素材的位置和大小调整

④ 将鼠标指针移至预览面板中覆叠素材略图四角的绿色小方块上，此时鼠标指针变为，拖动绿色小方块，可以改变素材显示区域的形状，调整两个素材的形状，完成后如图 3-5-39所示。

图 3-5-39　覆叠素材的形状调整

（4）设置覆叠素材的属性。

① 双击覆叠轨上的素材，打开选项面板，在“属性”选项卡中点击【遮罩和色度键】按钮，在打开的选项中设置边框的大小和颜色，如图 3-5-40 所示，然后点击选项面板右上方的回到选项面板初始页面，根据需要进行其他属性的设置。

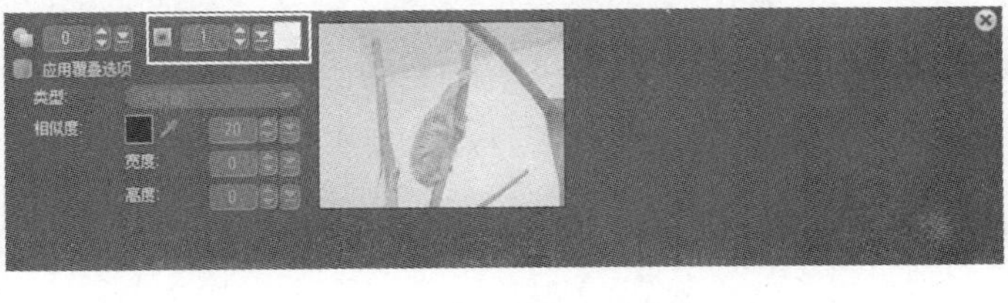

图 3-5-40　覆叠素材的属性设置

② 完成后如图 3-5-41 所示。在预览面板中预览项目的效果。

图 3-5-41 覆叠效果

3.5.7 影片的标题

会声会影的素材库中提供了丰富的预设标题，可以直接将它们添加到标题轨上，然后修改标题的内容，使它们与影片融为一体。

步骤如下：

（1）点击素材库中的“标题”选项卡进入标题素材库，如图 3-5-42 所示。

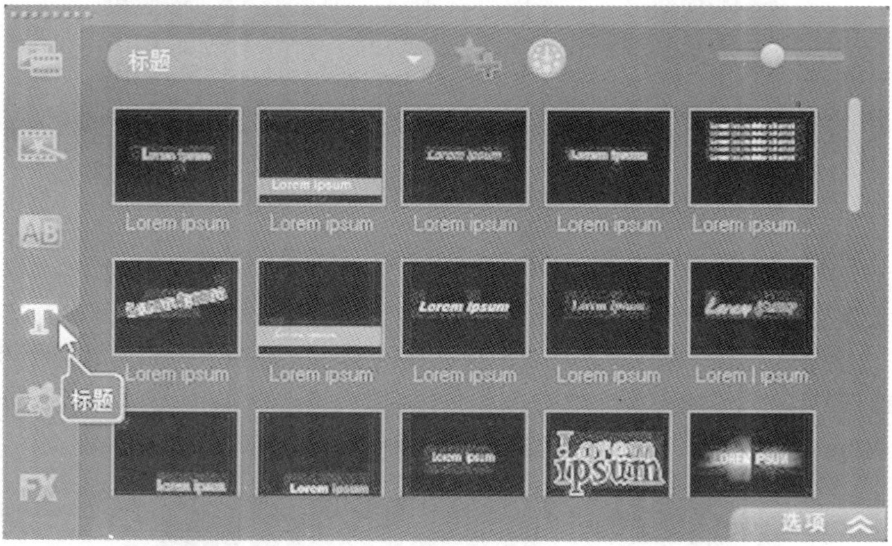

图 3-5-42 标题素材库

（2）在素材库中选中合适的标题模板，把它拖拽到需要添加标题的项目的标题轨上，如图 3-5-43 所示。

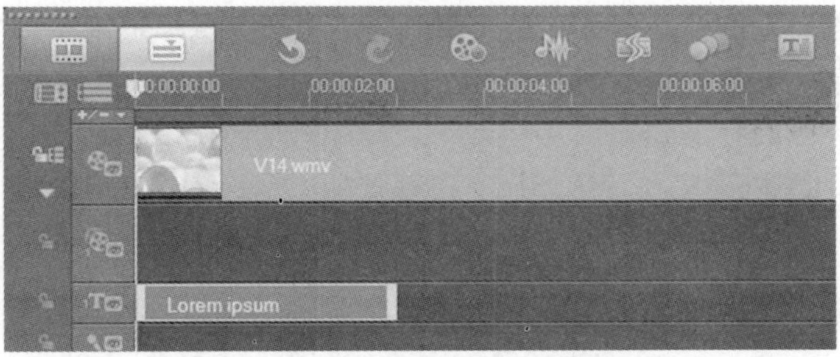

图 3-5-43　添加标题模板

（3）双击标题素材，然后把鼠标指针移至预览窗口中的标题区域，此时指针变为 ，双击鼠标左键使当前标题处于编辑状态，如图 3-5-44 所示，输入新的标题内容后在标题区域外单击鼠标左键离开编辑状态。

图 3-5-44　编辑标题文字

（4）选中预览窗口中的标题，然后在选项面板中设置标题的属性，如图 3-5-45 所示。

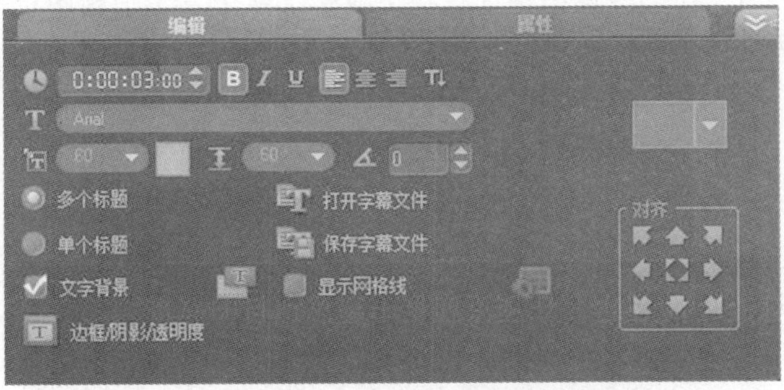

图 3-5-45　在选项面板中设置标题的属性

（5）将鼠标移到文字上，把文字拖曳到画面中合适的位置。

（6）选中标题轨上的标题素材，并拖动标题两侧的黄色标记调整它的长度，使它与视频素材的内容对应，如图 3-5-46 所示。

图 3-5-46　调整标题的长度

（7）在预览窗口中查看效果。

3.5.8　声音的添加与编辑

会声会影 X6 可以为项目添加声音和音乐，虽然从添加的音频文件的性质上来说，声音和音乐是相同的，但是为了明确区分它们的功能，也为了便于在两个音轨之间制作混合效果，一般来说，我们会将声音添加到声音轨，将音乐添加到音乐轨。

声音的添加与编辑的方法与视频的添加与编辑方法大致一样，这里就不再展开叙述了。

3.5.9　项目的保存与影片的渲染输出

编辑制作完成后，需要对项目进行保存，并将影片渲染输出。

步骤如下：

（1）选择“文件” > “保存”，在打开的对话框中将 *.VSP格式的项目文件保存下来，以便下次的编辑制作。

（2）单击步骤面板上的【分享】按钮，进入影片【分享】步骤。

（3）单击选项面板上的【创建视频文件】按钮，根据输出的需求在下拉列表中选择需要创建的视频文件的格式。在打开的“创建视频文件”对话框中指定视频文件保存的名称和路径，然后单击“保存”按钮，程序开始以指定的格式渲染输出。

（4）渲染完成后，生成的视频文件将在素材库中显示一个缩略图，如图 3-5-47 所示，单击预览窗口下方的【播放】按钮，即可查看保存后的影片效果。

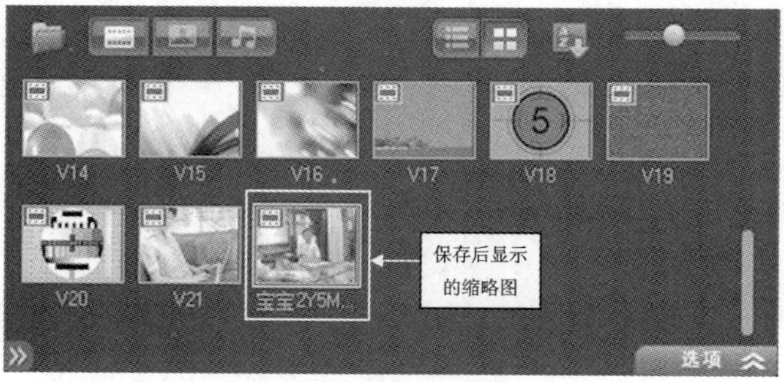

图 3-5-47　渲染后生成的缩略图

练习题

1. 填空题

（1）音频的数字化过程包括______和______这两个步骤。

（2）______、______和______，这三个参数决定了音频质量和文件大小。

（3）Adobe Audition CS6 有三种编辑器视图：______视图、______视图以及______视图。

（4）在 Adobe Audition CS6 中，使用“静默”命令后，声音文件的长度______。

（5）会声会影项目文件的文件格式为______。

2. 选择题

（1）以下哪种不是音频文件格式______。

A. .cda　　B. .mid　　C. .rm　　D. .wav

（2）以下不属于 Adobe Audition CS6 的面板是______。

A. 缩放面板　　B. 素材库面板　　C. 时间面板　　D. 编辑器面板

（3）在会声会影 X6 中，标题是添加在时间轴面板中的______轨。

A. 视频　　B. 覆叠　　C. 标题　　D. 声音

3. 思考题

（1）对于一段 5 分钟双声道、16 位采样位数、44.1kHz 采样频率声音，它的不压缩的数据量是多少 B？多少 MB（保留小数点后两位）呢？

（2）如果需要给自己录制一首诗歌朗诵，该怎么做呢？

（3）如果需要给一个影片增加画中画的效果，该怎么做呢？

（4）如果需要制作一个介绍自己生活、学习或工作的影片，并为这个影片加上片头、配音、音乐以及片尾，该怎么做呢？

第4章

数字动画技术基础

学习提要

动画作为生动形象的信息表现方式受到了人们的欢迎，Flash 所制作的矢量动画以其图像质量好、下载速度快并且具有交互功能的优点，迅速在互联网、多媒体课件以及游戏软件制作等领域中得到了广泛应用。本章详细介绍了 Flash 的工作界面、面板、绘图工具箱、外部媒体文件的导入、Flash 动画的制作和 ActionScript 语言的初步使用。通过本章的学习能熟练使用 Flash 的基本功能制作动画。

重点难点

重点掌握绘图工具箱中各个工具的使用，这是制作动画的基础，熟悉制作各种类型的 Flash 动画的方法。

4.1 Adobe Flash Professional CS6 概述

4.1.1 动画

动画是由内容略有不同的静态图片连续播放形成的。每张静态图片就是一帧，每秒播放的帧数就叫做“帧频”。

根据人眼的视觉暂留特性，当每秒播放的帧超过一定数量时，眼睛就无法感觉到播放中的停顿，于是就形成了动画。在电影、电视领域，一般要求的帧频是 25 帧/秒，而制作要求不高的动画，12 帧/秒就足够了。一般情况下，帧频不能低于 8 帧/秒，否则会感到明显的停顿。

一般常用的动画格式有 GIF、AVI 和 SWF。GIF 格式既是图像格式也是动画格式，适合保存颜色简单、幅面较小的动画，可以设置透明色，但是不支持声音，也不支持交互控制。AVI 动画格式必须安装相应的解码器才能播放，支持声音，但不支持交互控制。

SWF 格式是 Flash 软件制作的动画格式。Flash 是 Macromedia 公司开发的矢量图形编辑和交互式动画制作的专业软件，能够将位图、音频、视频和动画集于一体，凭借自身的众多优点，迅速在互联网、多媒体课件、电影、电视以及游戏软件制作等领域中得到广泛应用。Adobe 公司将 Macromedia 公司收购后，陆续推出了新版本，本章以 Flash Professional CS6 为例介绍 Flash 的使用。

4.1.2　Flash 动画的特点

（1）Flash 排版精确、版面保真，具有丰富的绘图工具，是基于矢量的图形系统。利用 Flash 绘图工具所绘制出来的矢量图形只占用极少的空间，而且无论放大缩小多少倍都不会影响图形的质量。

（2）Flash 动画文件体积小，下载速度快，并且使用流媒体技术，使得 Flash 动画可以一边下载一边播放，大大减少了下载等待的时间，特别适合在网络上发布。

（3）支持多种媒体文件格式，可以导入图像、音频和视频等文件。

（4）Flash 动画具有强大的交互功能，通过 ActionScript 动作脚本和组件可以实现交互，而且还可以使用户在台式计算机、平板电脑、智能手机和电视等多种设备中都能呈现出效果一致的互动体验。

（5）Flash 动画文件可以被网页制作工具 Dreamweaver 和其他多媒体制作软件如 Powerpoint、Authorware 等所使用。

4.1.3　Flash 的工作界面

1. 开始页

启动 Flash CS6 后，程序将打开其默认的开始页“欢迎屏幕”，通过该页，用户可以方便地打开最近创建的 Flash 文档，或是创建一个新文档或项目文件，或是选择从模板创建一个 Flash 文档。

在开始页最下方的“不再显示”选项前打钩，下次启动就可以取消开始页的显示，直接进入工作界面了。要恢复开始页的显示，可以选择菜单命令的“编辑” ＞ “首选参数”，在打开的面板中选择“常规” ＞ “启动时” ＞ “欢迎屏幕”。

2. 界面布局

Flash CS6 的界面布局由菜单栏、舞台、时间轴和动画编辑器、属性面板和工具箱组成，如图 4-1-1。时间轴用来安排并控制动画和交互元素，舞台是放置动画内容的矩形区域，属性面板可以调整舞台上元素的属性。

舞台是用户创建和编辑动画的场所，在舞台的右上方有个下拉箭头，可以设置舞台的显示比例。对于舞台的显示操作还可使用工具箱中的【手形工具】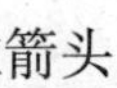和【缩放工具】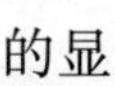，选择【手形工具】按住鼠标左键进行拖动可平移舞台，点击【缩放工具】可放大或缩小舞台的显示比例。

可以通过界面右上角的下拉菜单改变面板的格局，例如对于熟悉 Flash 老版本的用户，可以选择“传统”。工作区布局的调整除了使用预设的 6 种方式外，还可以进行手动调整。单击面板顶端的“折叠为图标”按钮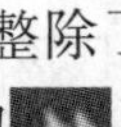，可以将整个面板以图标方式显示，再次单击该按钮可恢复面板的显示。各面板的显示和隐藏可以在菜单“窗口”中选择相应命令进行操作。

另外拖动面板顶端的灰色条，可以移动面板到任意位置。当界面被调整乱了的时候，可以选择“布局类型”下拉菜单中的“重置”，恢复相应布局的默认设置。

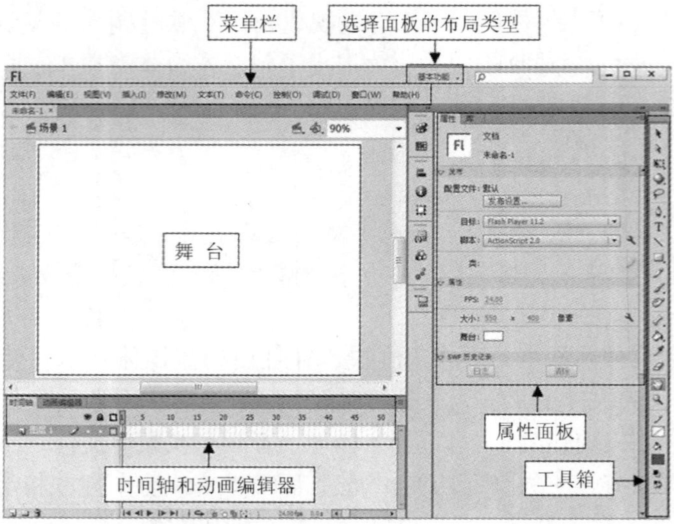

图 4-1-1 界面布局

3. 工具箱

Flash CS6 工具箱中包括了绘制矢量图形和处理图形的工具，使用这些工具绘制的图形构成动画的基础要素。工具箱分为四个部分：工具区、查看区、颜色区和选项区。详见图 4-1-2。

（1）工具区：可以单列显示或双列显示，也可以任意拖曳改变其显示宽度，部分工具的右下角有个小箭头，表明该工具还有折叠菜单，长时间按该工具按钮，可以弹出折叠菜单，其中包括功能类似的同系列工具。

（2）查看区：包括【手形工具】和【缩放工具】，可以对舞台进行缩放显示和移动舞台。

（3）颜色区：可以定义笔触颜色和填充颜色，点击按钮可以使笔触颜色变为黑色，填充颜色变为白色，点击按钮可以交换笔触颜色和填充颜色。

（4）选项区：当选择某个工具时，在这里会显示该工具的功能设置按钮。

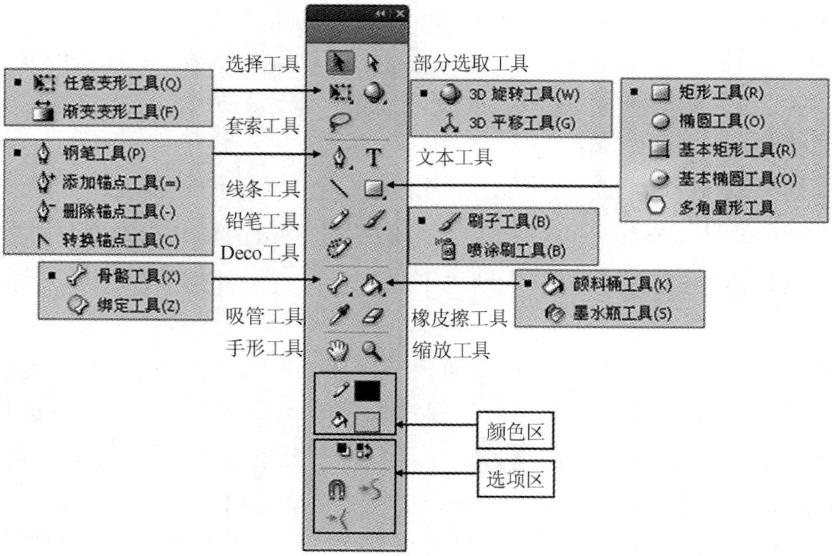

图 4-1-2 工具箱

4.1.4　Flash 文档的创建、打开和保存

1. 创建 Flash 文档

创建 Flash 文档可以在开始页面的“新建”一栏中选择相应的文件类型进行创建，或是选择菜单命令“文件” > “新建”，在“新建文档”对话框中选择相应的文件类型，如图 4-1-3。

Flash 中还可以通过模板新建动画文档，在“新建文档”对话框单击“模板”选项卡，切换到“模板”界面，通过此界面，用户可以基于不同的模板创建不同的文档。例如在动画模板中选择任意一种动画效果新建文件，文件中有相关的模板说明，按 Ctrl + Enter 键可以测试该动画。

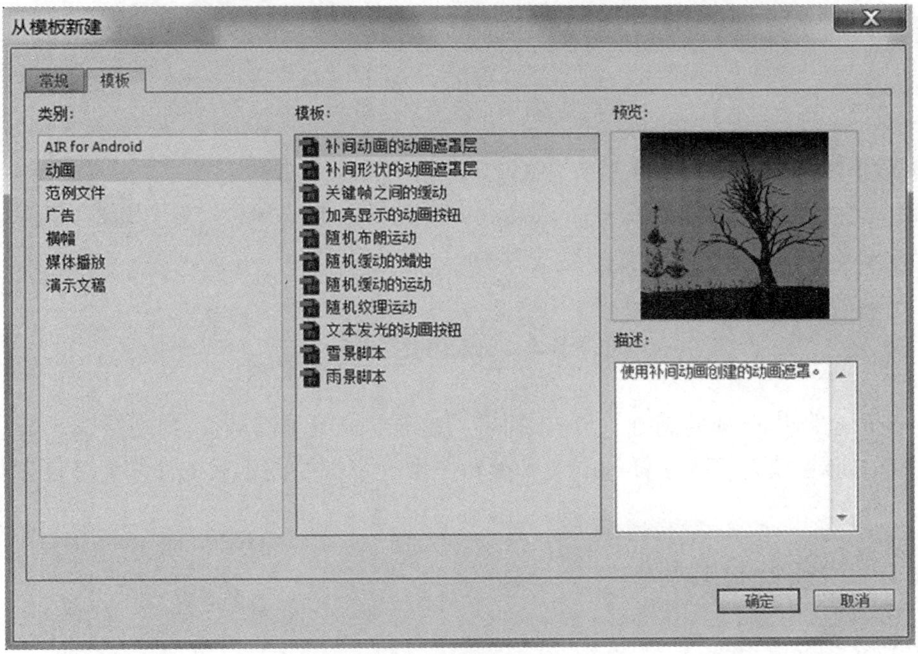

图 4-1-3　通过模板新建动画文档

还可以点击菜单命令“窗口” > “工具栏” > “主工具栏”，在打开的主工具栏中点击“新建”按钮创建新文件。

2. 打开 Flash 文档

可以在开始页面的“打开最近的项目”一栏中选择打开最近创建的文件，或是点击菜单命令“文件” > “打开”，在“打开文件”对话框中选择文件，还可以点击“窗口” > “工具栏” > “主工具栏”的“打开”按钮打开文件。

3. 文档属性

制作一个动画之前要确定一些基本的参数，如动画的尺寸（宽度和高度）、帧频和背景颜色。单击菜单命令“修改” > “文档”，可以弹出文档属性设置对话框，在“尺寸”一栏中输入动画的宽和高。单击“背景颜色”右边的色块，在弹出的调色板中选择颜色。“帧频”用于设置每秒所显示的帧数量，默认为 24，如图 4-1-4。

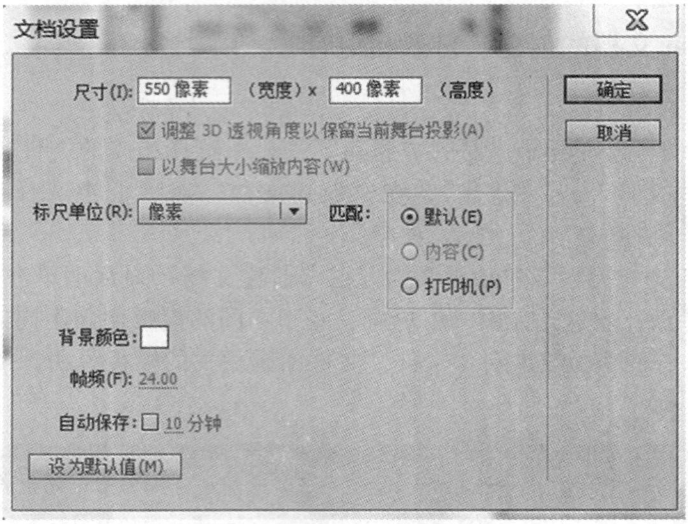

图 4-1-4　设置文档属性

4. 保存 Flash 文档

选择“文件” > “保存”命令，或是点击工具栏上的“保存”按钮，设置文件的保存路径、文件名，Flash 文档的文件类型为 Fla。

4.2　绘制图形

绘制图形是制作动画的基础，Flash 拥有功能强大的绘图工具，利用绘图工具可以绘制各种各样的图形、填充多种多样的颜色和编辑图形。掌握绘图工具的使用，才能制作出精彩的动画。

4.2.1　线条绘制工具

1. 直线工具

当选择了【直线工具】时，在工具箱的选项区里有两个按钮，分别是“对象绘制”按钮和“贴紧至对象”按钮。

当选择了“对象绘制”按钮时，在舞台中所绘制的直线自动转换为“组”，这样绘制出来的图形成为一个对象，不会互相影响。当选择了“贴紧至对象”按钮时，线段会开启“吸附”功能，例如画一个三角形，先画好一条线，在画第二条线的过程中，当接近第一条线时，第二条线的一端会出现一个“空心圆”，可以很自然地和第一条线段连接在一起，如图 4-2-1。

选择了【直线工具】后，属性面板会自动切换为【直线工具】的属性面板，如图 4-2-2。在属性面板上通过点击“笔触颜色”按钮选择线段的颜色；调整“笔触”滑动块或输入数值可以调整线段的笔触宽度，在“样式”下拉列表中可以选择各种线段的样式，点击“编辑笔触样式”按钮可以对笔触的样式进行自定义设置。

图 4-2-1　使用“吸附”功能绘制线条

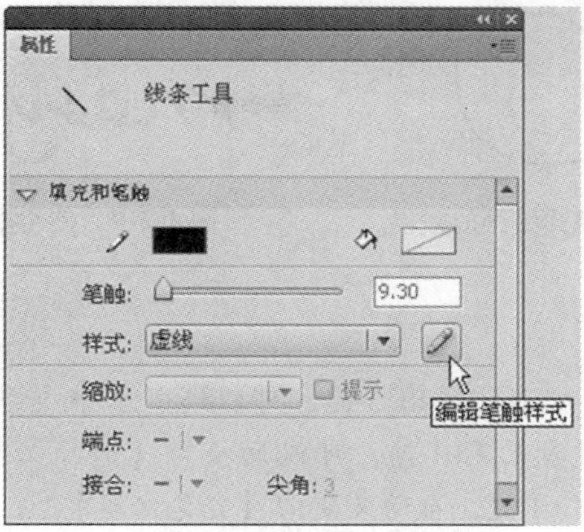

图 4-2-2　【直线工具】的属性面板

在“端点”下拉列表中可以选择端点为“圆角”或“方型”的笔触，如图 4-2-3。例如方型笔触可以应用到绘制铅笔的图像。

“接合”指的是两段路径段的接合方式，有三种类型：尖角、圆角和斜角，效果如图 4-2-4。

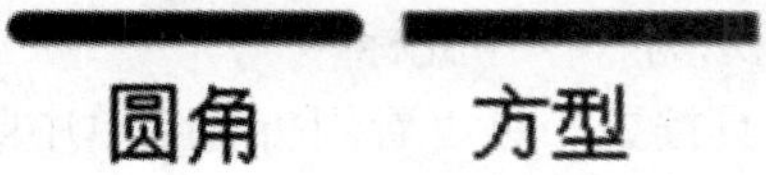

图 4-2-3　线条端点类型

图 4-2-4　接合类型

2. 铅笔工具

【铅笔工具】可以绘制任意线段，在工具箱的选项区中可以选择【铅笔工具】的三种类型，分别是“伸直、平滑、墨水”，如果配合手写板进行绘制，更能体现出【铅笔工具】快速准确的特点。

（1）伸直：绘制的线段会根据绘制的方式自动调整为平直或圆弧的线段。

（2）平滑：所绘制直线被自动平滑处理，平滑是动画绘制中的首选设置。

（3）墨水：所绘制直线接近手绘，即使很小的抖动，都可以体现在所绘制线条中。

图 4-2-5、图 4-2-6 和图 4-2-7 分别为【铅笔工具】三种模式在绘制过程中和绘制完成之后的线条效果。

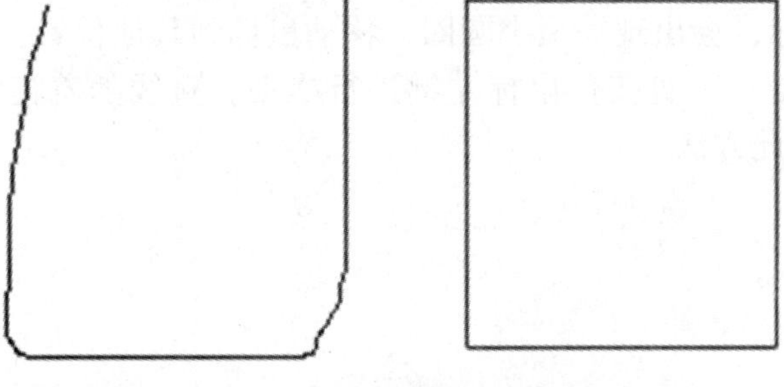

图 4-2-5　使用伸直模式绘画的效果

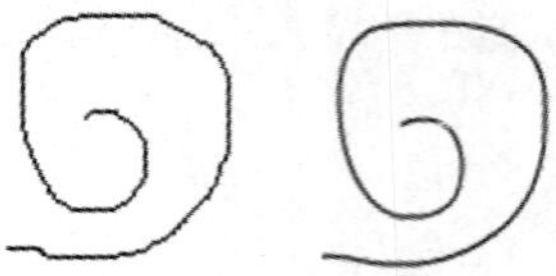

图 4-2-6　使用平滑模式绘画的效果

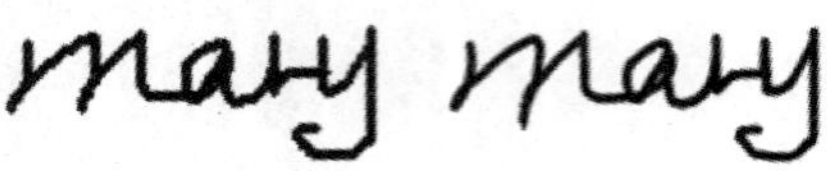

图 4-2-7　使用墨水模式绘画的效果

小提示

如果在绘制过程中按下键盘“Shift”键，可以绘制水平或垂直的线段。在使用【铅笔工具】绘制线段时，按住键盘的 Ctrl 键，可以切换为【选择工具】，这时可以对线段进行“弯曲”更改等操作，松开 Ctrl 键，自动又变回【铅笔工具】。

3. 钢笔工具

【钢笔工具】常用来绘制比较复杂、要求精确的线条。选择【钢笔工具】后，可在属性面板中设置线条的颜色、宽度和线条样式等，设置完毕，开始绘制线条。

【钢笔工具】的显示属性可以在“首选参数”中进行设置。选择菜单命令“编辑” > “首选参数”，在“类别”一栏中选择“绘画”，可以对钢笔工具的显示属性进行设置。选择“显示钢笔预览”选项，在使用【钢笔工具】时，就会提前预览到线段的位置，未选择该选项，则没有预览显示。选择“显示实心点”选项，【钢笔工具】绘制的路径点显示为实心点。选择“显示精确光标”选项，【钢笔工具】显示为“十字光标”。

【钢笔工具】的右下角有个箭头，长时间按该工具按钮，可以看到折叠菜单中除了【钢笔工具】，还包括了【添加锚点工具】、【删除锚点工具】和【转换锚点工具】，这三个工具可以对【钢笔工具】所绘制的线条做进一步修改。

【添加锚点工具】：要添加锚点，必须选择路径，并且【钢笔工具】不能位于现有锚点的上方。

【删除锚点工具】：要删除锚点，必须用【选取工具】选择路径，并且指针必须位于现有锚点的上方。

【转换锚点工具】：将不带方向线的锚点转换为带有独立方向线的锚点。

（1）使用【钢笔工具】绘制直线。

在舞台中单击鼠标，会出现一个小圆圈，移动鼠标到其他位置，再次单击鼠标，从刚才小圆圈的位置到第二次单击鼠标的位置就会自动连接一条直线，如图 4-2-8。

（2）使用【钢笔工具】绘制曲线。

在舞台中单击鼠标，会出现一个小圆圈，移动鼠标到其他位置，第二次单击舞台鼠标后，不要松开鼠标左键，一直按住鼠标左键进行拖动，直线随着拖动变成了曲线，如图 4-2-9，继续绘制也依此方法。

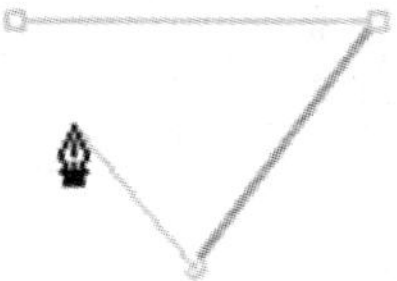

图 4-2-8　使用【钢笔工具】画直线

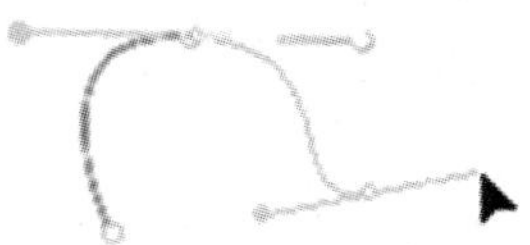

图 4-2-9　使用【钢笔工具】画曲线

4. 2. 2　图形绘制工具

1. 矩形工具

选择【矩形工具】，在属性面板设置其边框颜色、填充颜色、边框笔触样式和宽度等，然后在舞台上按下鼠标左键并拖动，当松开鼠标时就绘制了一个矩形。

在属性面板的“矩形选项”区，可以通过修改矩形边角半径的值绘出圆角矩形，如图 4-2-10 和图 4-2-11，数值为 0 表示为直角边，数值越大，其边角的弧度就越大，如果数值为负数，则边角为反半径。取消“链接锁”按钮，可以单独定义四个边角的半径值。

图 4-2-10　设置矩形选项区的边角半径

图 4-2-11　不同矩形边角半径的矩形

【基本矩形工具】与【矩形工具】的使用方法相同，但是在绘制后矩形的四个边角会出现四个圆形的控制点，使用【选择工具】拖动控制点可以调整矩形的圆角半径，如图 4-2-12。

图 4-2-12　调节基本矩形圆角半径

2. 椭圆工具

选择【椭圆工具】，可以在属性面板设置其边框颜色、填充颜色、边框笔触样式和宽度等，然后在舞台上按下鼠标左键并拖动，当松开鼠标时就绘制好了一个椭圆。

在属性面板中还有“开始角度”“结束角度”和“内径”等选项，通过修改这些参数，可以绘出其他特殊图形，如图 4-2-13。

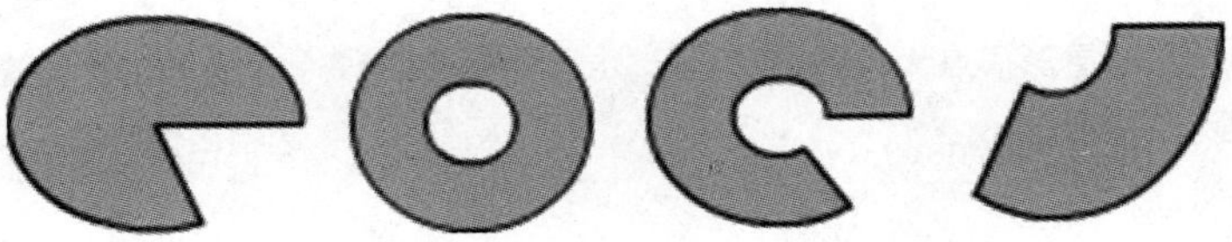

图 4-2-13　调节【椭圆工具】参数画出的图形

【基本椭圆工具】的使用与【椭圆工具】相同，但是绘制后，椭圆上会多出几个圆形的控制点，使用【选择工具】拖动控制点可以调整椭圆的起始角度、结束角度和内径。图 4-2-14为调整了起始角度和内径的椭圆。

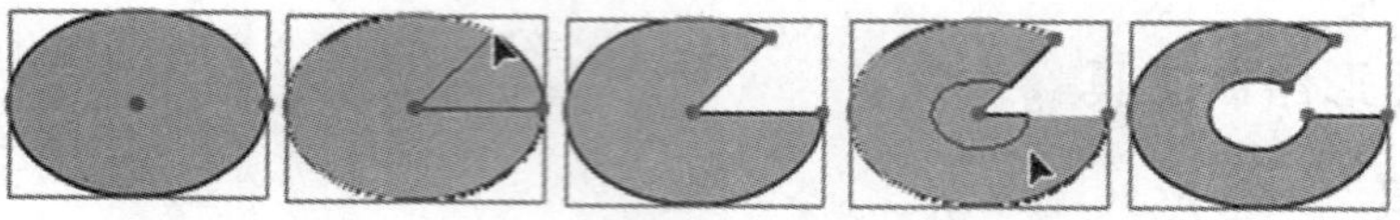

图 4-2-14 调节基本椭圆的起始角度和内径

小提示

使用【矩形工具】和【椭圆工具】，在绘制过程中，如果同时按住“Shift”键，可绘出正方形和正圆形。

3. 多角星形工具

【多角星形工具】用来绘制规则的多边形和星形。选择该工具后，在属性面板中的“工具设置”对话框中，点击“选项”按钮，在“样式”下拉列表框中选择“多边形”，在“边数”框中输入6，单击“确定”按钮，可在舞台上单击鼠标左键并拖动，可绘制出一个六边形，如图 4-2-15。

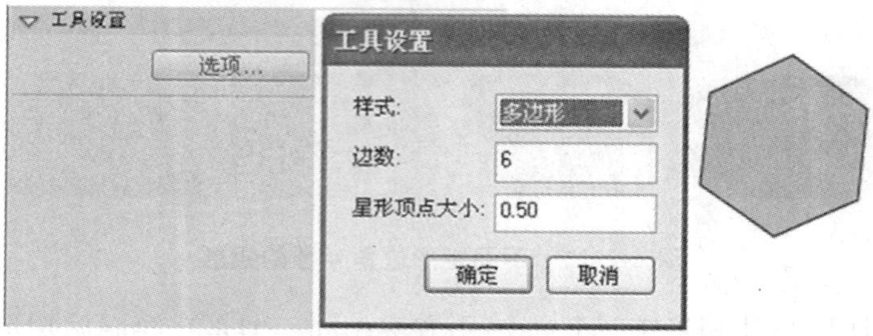

图 4-2-15 【多角星形工具】设置对话框

如要绘制出星形，可在“样式”下拉列表框中选择“星形”，在“边数”框中输入5，单击“确定”按钮，在舞台上绘制出一个五角星，如图 4-2-16。在“星形”的工具设置对话框中，“星形顶点大小”的取值范围为 0 ~ 1，值越大顶点的角度就越大。

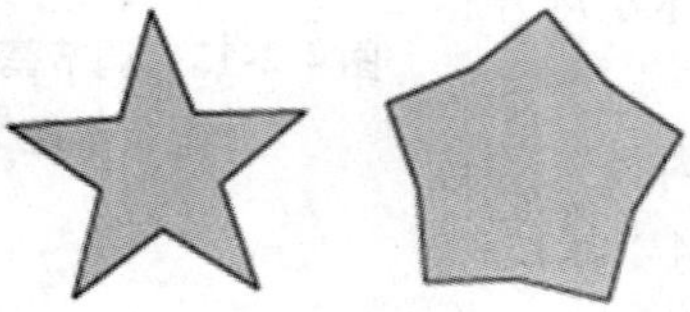

图 4-2-16 修改星形顶点大小画出的五角星

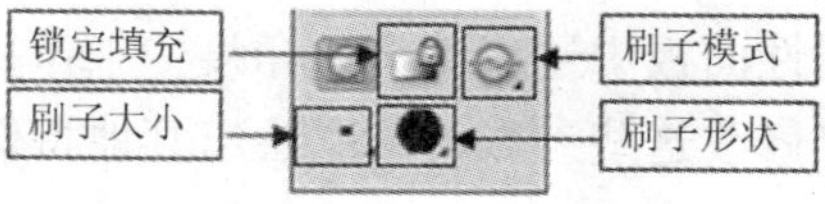

图 4-2-17 【刷子工具】在工具箱选项区的选项

4. 刷子工具

【刷子工具】（图 4-2-17）用于绘制出多种不同形态的色块，可以创建特殊效果，如书法效果。在其工具箱的选项区中可以设置刷子的大小、形状和模式。点击【刷子模式】按钮，在弹出菜单中选择各种不同的刷子模式。使用刷子时，要把选项区中的“对象绘制”按钮取消，才能应用各种刷子模式。

（1）标准绘画模式：笔刷绘制出的图形会完全覆盖原有图形的线条和填充色块（图 4-2-18）。

（2）颜料填充模式：笔刷绘制出的图形会覆盖原有图形的填充部分，但不会影响线条（图 4-2-19）。

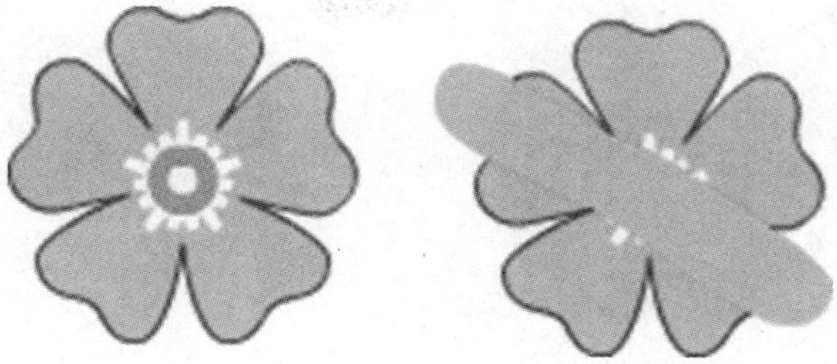

图 4-2-18　使用标准绘画模式画出的效果对比图

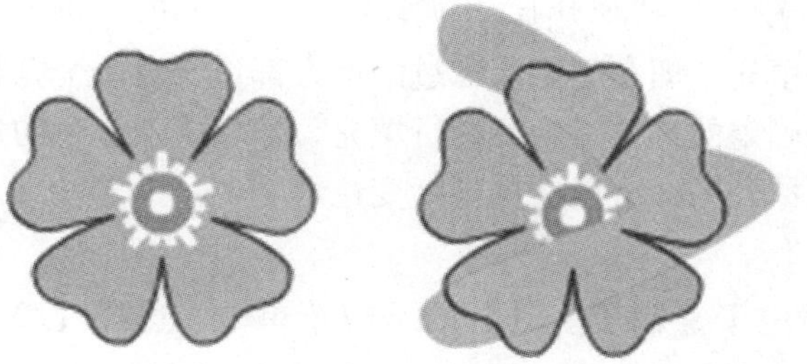

图 4-2-19　使用颜料填充模式画出的效果对比图

（3）后面绘画模式：笔刷绘制出的图形只能出现在原有图形的下面，不会覆盖原有图形（图 4-2-20）。

图 4-2-20　使用后面绘画模式画出的效果对比图

（4）颜料选择模式：使用【选择工具】或【套索工具】对色块进行选择后，所绘制的图形只能覆盖选择区域的色块（图 4-2-21）。

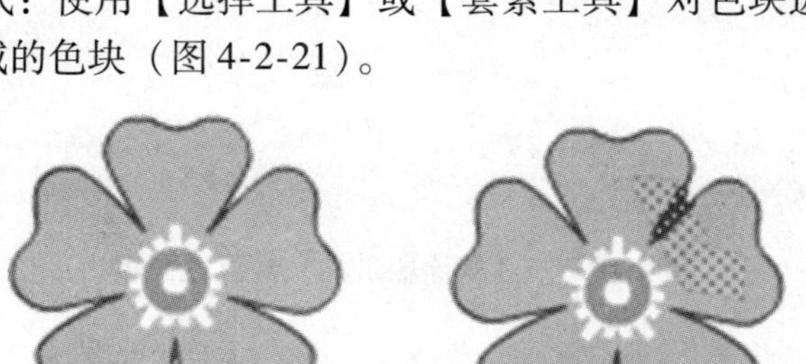

图 4-2-21　使用颜料选择模式画出的效果对比图

（5）内部绘画模式：笔刷只能在完全封闭的区域内进行绘画，笔刷的起点必须在区域的内部，如果起点在区域外，那么【刷子工具】绘制出的图形只能在原有图形的下面。用这种模式绘制的图形对线条没有影响（图 4-2-22）。

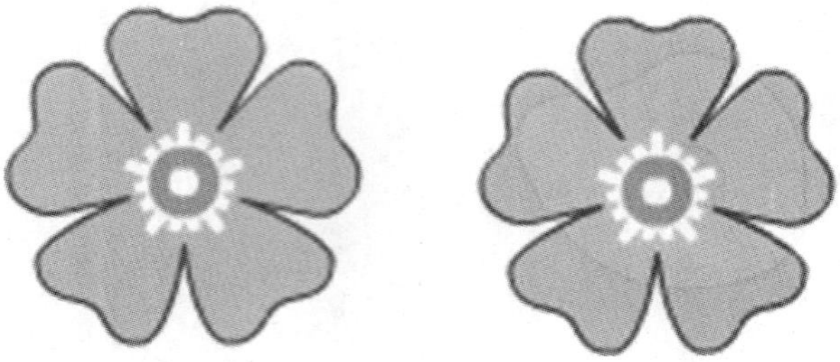

图 4-2-22 使用内部绘画模式画出的效果对比图

“填充锁定”按钮用来切换在使用渐变色进行填充时的参照点，未选中该按钮时，将以现有图形为准进行填充，即在笔刷涂抹过的地方都包含着一个完整的色彩渐变过程。当选择该按钮时将以系统确定的参照点为准进行填充，即完成渐变色的过渡是以整个画面为完整的渐变区域，笔刷涂抹到的区域就会出现渐变色彩。

5. 喷涂刷工具

【喷涂刷工具】位于【刷子工具】的下拉菜单中。选择【喷涂刷工具】，在舞台中单击，会发现【喷涂刷工具】使用当前选定的填充颜色喷射粒子点，每次喷出的图形都是随机的。喷涂的默认形状是粒子点，可以通过点击属性面板上的“编辑”按钮，选择自定义的图形元件或影片剪辑元件作为喷涂的图案。选择元件后，可以发现属性面板上多了“旋转元件”和“随机旋转”两个选项，如图 4-2-23。

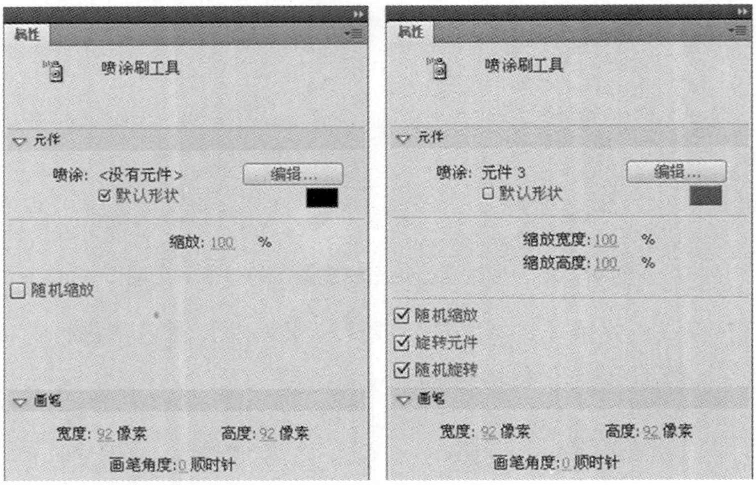

图 4-2-23 【喷涂刷工具】的属性面板

1）元件区

（1）“缩放宽度”和“缩放高度”的数值可以调整喷涂粒子元件的宽度和高度。

（2）当选择了“随机缩放”后，所喷涂的图形就为“随机”大小，这样更符合实际使用效果。

（3）选择“旋转元件”，则围绕中心点旋转基于元件的喷涂粒子。

（4）选择“随机旋转”，则按随机角度将每个基于元件的喷涂粒子旋转在舞台上。

2）画笔区

（1）宽度和高度是指【喷涂刷工具】的喷涂范围，如“宽度”设置为“0 像素”，“高度”设置为“50 像素”的画，那么喷涂出来的图形就是一个竖条图形。

（2）“画笔角度”可以对喷涂的基础图形进行角度的设置。

图 4-2-24 是使用自定义喷涂的效果。

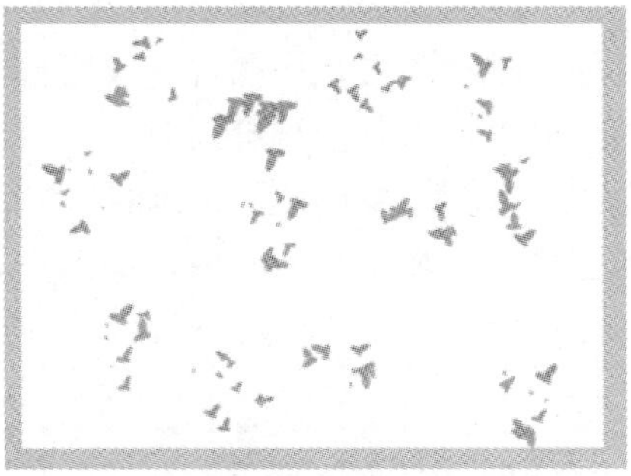

图 4-2-24　使用自定义元件喷涂的效果

6. Deco 工具

【Deco 工具】和【喷涂刷工具】一样都是用于创建复杂几何图案的装饰绘制工具，【Deco 工具】可以用库中的任何元件作为图案。点击【Deco 工具】属性面板的“绘制效果”下拉列表，可以看到【Deco 工具】一共提供了 13 种绘制效果：藤蔓式填充（图 4-2-25）、网格填充、对称刷子、3D 刷子、建筑物刷子、装饰性刷子、火焰动画、火焰刷子、花刷子、闪电刷子、粒子系统、烟动画和树刷子。

1）藤蔓式填充

（1）选择【Deco 工具】，然后从属性面板的弹出菜单中选择“藤蔓式填充”效果（图 4-2-26）。点击属性面板“叶”和“花”旁边的色块，为“叶”和“花”选择一种颜色，然后单击舞台任意位置，可以看到藤蔓图案填充单击的区域，直至延伸到边界。单击舞台中的某个形状只会填充一个藤蔓图案。点击属性面板中的“编辑”按钮，可以从库中选择一个元件，替换默认的“叶”和“花”元件。

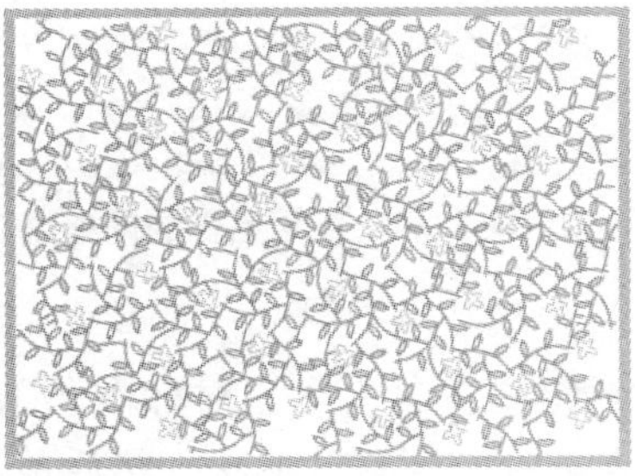

图 4-2-25　使用默认设置的藤蔓式填充舞台效果

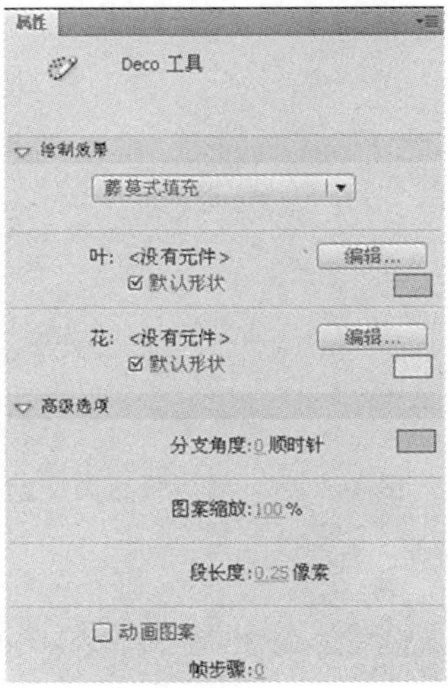

图 4-2-26　藤蔓式填充的属性面板

（2）高级选项区：

①“图案缩放”会使填充图案放大或缩小。

②“段长度”指定叶和花节点之间的段的长度。

③ 选择“动画图案”复选框可把整个填充效果变为逐帧动画。

④“帧步骤”指定绘制效果时每秒要横跨的帧数。

2）网格填充

使用网格填充效果，可以创建棋盘图案、平铺背景或用自定义元件填充封闭区域、形状或元件，默认的填充形状是黑色的矩形形状。选择【Deco 工具】，在属性面板“绘制效果”下拉列表中选择“网格填充”，点击“默认形状”右边的色块，为网格选择一种颜色，然后单击舞台任意位置，可以看到整个舞台都填充了网格，如图 4-2-27。

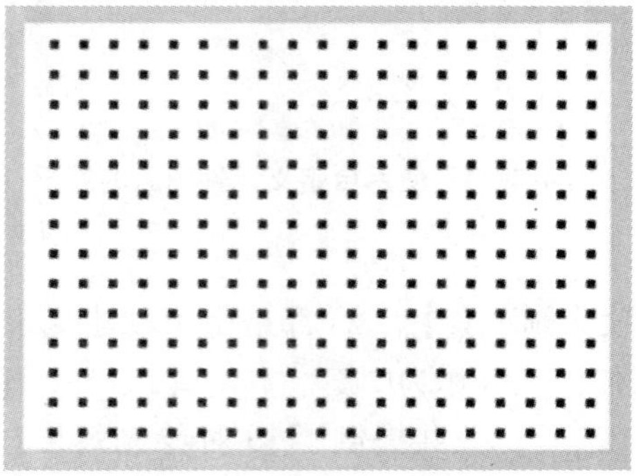

图 4-2-27　生成默认网格

选择“编辑”按钮，可以选择库中的图形元件或影片剪辑作为填充的图案。在“高级选项”列表中的“水平间距”和“垂直间距”可以设置形状之间的水平和垂直距离，如图 4-2-28。

设置好之后，单击舞台，或单击形状或元件，则可创建网格填充效果，如图 4-2-29。

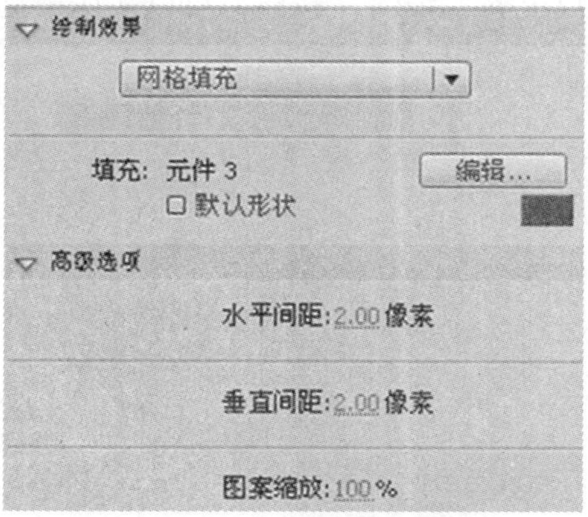

图 4-2-28　网格填充高级选项

图 4-2-29　应用元件的网格填充

3）对称刷子

选择【Deco 工具】，在属性面板“绘制效果”下拉列表中选择“对称刷子”，舞台中会显示一组手柄。单击舞台任意位置，可以围绕中心点对称排列默认形状，然后单击并拖动较短手柄的末端小圆圈，来回拖动可以增减对称中的形状数量（图 4-2-30），以相同方式拖动较长的那个手柄，整个对称会旋转。单击舞台可继续为对称增加新形状。

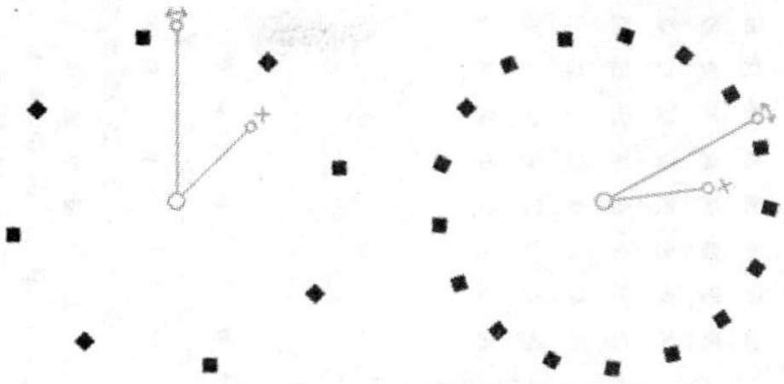

图4-2-30　拖动手柄增加对称中的形状数量

在属性面板中的“高级选项”下拉列表中，可以选择对称刷子的模式，如图 4-2-31。

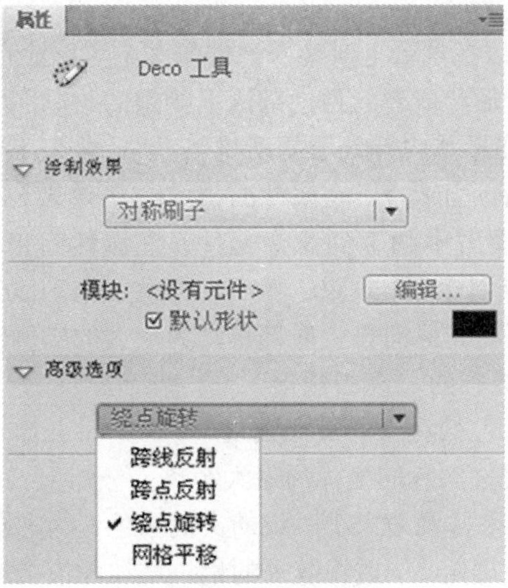

图 4-2-31　对称刷子的模式

（1）绕点旋转：围绕指定的固定点旋转对称中的形状（图 4-2-32）。

（2）跨线反射：跨指定的不可见线条等距离翻转形状（图 4-2-32）。

（3）跨点反射：围绕指定的固定点等距离旋转两个形状（图 4-2-32）。

（4）网格平移：使用按对称效果绘制的形状创建网格，使用由对称刷子手柄定义的 X 坐标和 Y 坐标，可以调整这些形状的高度和宽度，同样也可以旋转手柄调整倾斜角度（图 4-2-33）。

在“高级选项”区中，还有一个选项“测试冲突”，选择该项，可以防止绘制的形状互相冲突重叠。

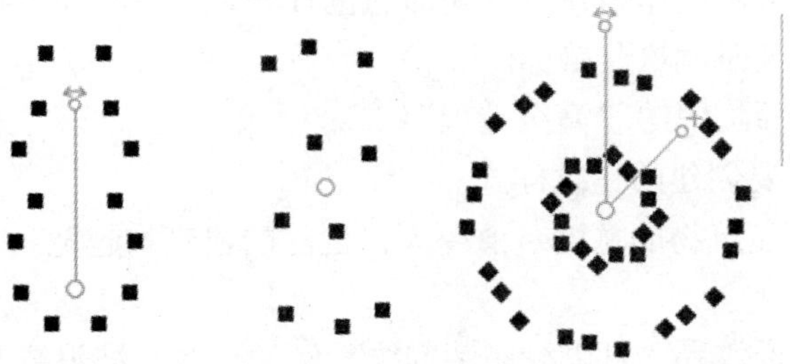

图4-2-32　跨线反射、跨点反射和绕点旋转的对称填充效果

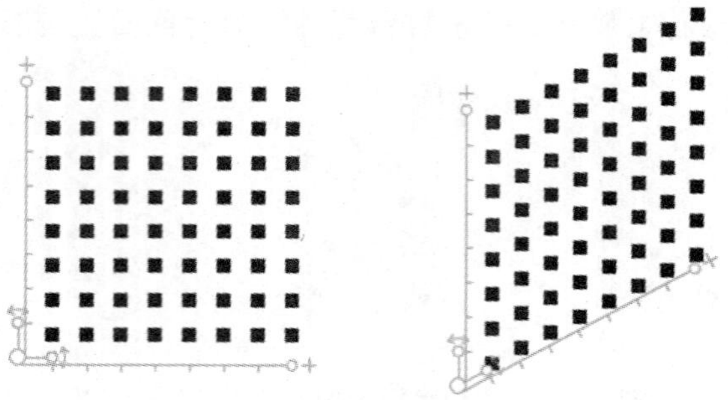

图 4-2-33 网格平移的对称填充效果

4）3D 刷子

通过 3D 刷子效果，可以在舞台上对某个元件的多个实例涂色，使其具有 3D 透视效果。指定元件，然后在舞台上、形状或者元件内部涂上指定的绘制图案，如果在形状内部首先单击 3D 刷子，则 3D 刷子仅在形状内部处于活动状态。

先绘制元件，选择【Deco 工具】，在属性面板“绘制效果”下拉列表中选择“3D 刷子效果”，选择要包含在绘制图案中的 1 到 4 个元件，在属性面板中设置此效果的其他属性。确保已选择“透视”属性以创建 3D 效果，然后在舞台上拖动以开始涂色。将光标向舞台顶部移动为较小的实例涂色，将光标向舞台底部移动为较大的实例涂色。

3D 刷子效果在属性面板中的“高级选项”：

（1）最大对象数：要涂色的对象的最大数目。

（2）喷涂区域：与对实例涂色的光标的最大距离。

（3）透视：切换 3D 效果，要为大小一致的实例涂色，请取消选中此选项。

（4）距离缩放：此属性确定 3D 透视效果的量。增加此值会增加由向上或向下移动光标而引起的缩放。

（5）随机缩放范围：此属性允许随机确定每个实例的缩放。增加此值会增加可应用于每个实例的缩放值的范围。

（6）随机旋转范围：此属性允许随机确定每个实例的旋转。增加此值会增加每个实例可能的最大旋转角度。

5）建筑物刷子

使用建筑物刷子效果，可以在舞台上绘制建筑物。建筑物的外观取决于为建筑物属性选择的值。

选择【Deco 工具】，在属性面板“绘制效果”下拉列表中选择“建筑物刷子”，设置建筑物刷子效果的属性，从希望作为建筑物底部的位置开始，垂直向上拖动光标，直到希望完成的建筑物所具有的高度时就松开鼠标。

建筑物刷子在属性面板中的“高级选项”：

（1）建筑物类型：要创建的建筑样式。

（2）建筑物大小：建筑物的宽度。值越大，创建的建筑物越宽。

6）装饰性刷子

通过应用装饰性刷子效果，可以绘制装饰线，例如点线、波浪线及其他线条。

选择【Deco 工具】，在属性面板“绘制效果”下拉列表中选择“装饰性刷子”，在属性面板中设置效果的属性，在舞台上拖动光标，装饰性刷子效果将沿光标的路径创建一条样式线条。

装饰性刷子在属性面板中的“高级选项”：

（1）线条样式：要绘制的线条样式，一共有20个样式效果。

（2）图案颜色：线条的颜色。

（3）图案大小：所选图案的大小。

（4）图案宽度：所选图案的宽度。

7）火焰动画

火焰动画效果可以创建程序化的逐帧火焰动画。

选择【Deco工具】，在属性面板“绘制效果”下拉列表中选择“火焰动画”，设置火焰动画效果的属性，在舞台上拖动以创建动画，当按住鼠标按钮时，Flash会将帧添加到时间轴。多数情况下，最好将火焰动画置于其自己的元件中，例如影片剪辑元件。

火焰动画在属性面板中的“高级选项”：

（1）火大小：火焰的宽度和高度。值越高，创建的火焰越大。

（2）火速：动画的速度。值越大，创建的火焰越快。

（3）火持续时间：动画过程中在时间轴中创建的帧数。

（4）结束动画：选择此选项可创建火焰燃尽而不是持续燃烧的动画。Flash会在指定的火焰持续时间后添加其他帧以造成烧尽效果。如果要循环播放完成的动画以创建持续燃烧的效果，请不要选择此选项。

（5）火焰颜色：火苗的颜色。

（6）火焰心颜色：火焰底部的颜色。

（7）火花：火源底部各个火焰的数量。

8）火焰刷子

借助火焰刷子效果，可以在时间轴的当前帧中的舞台上绘制火焰。

选择【Deco工具】，在属性面板“绘制效果”下拉列表中选择“火焰刷子”，设置火焰刷子效果的属性，在舞台上拖动以绘制火焰。

火焰刷子在属性面板中的“高级选项”：

（1）火焰大小：火焰的宽度和高度。值越高，创建的火焰越大。

（2）火焰颜色：火焰中心的颜色。在绘制时，火焰从选定颜色变为黑色。

9）花刷子

借助花刷子效果，用户可以在时间轴的当前帧中绘制程式化的花。

选择【Deco工具】，在属性面板“绘制效果”下拉列表中选择“花刷子”，从“花刷子”菜单中选择一种花，设置花刷子效果的属性，在舞台上拖动以绘制花。

花刷子在属性面板中的“高级选项”：

（1）花色：花的颜色。

（2）花大小：花的宽度和高度。值越高，创建的花越大。

（3）树叶颜色：叶子的颜色。

（4）树叶大小：叶子的宽度和高度。值越高，创建的叶子越大。

（5）果实颜色：果实的颜色。

（6）分支：选择此选项可绘制花和叶子之外的分支。

（7）分支颜色：分支的颜色。

10）闪电刷子

通过闪电刷子，用户可以创建闪电效果，而且还可以创建具有动画效果的闪电。

选择【Deco 工具】，在属性面板“绘制效果”下拉列表中选择“闪电刷子”，设置闪电刷子效果的属性。闪电刷子在属性面板中的“高级选项”：

（1）闪电颜色：闪电的颜色。

（2）闪电大小：闪电的长度。

（3）动画：借助此选项，可以创建闪电的逐帧动画。在绘制闪电时，Flash 将帧添加到时间轴中的当前图层。

（4）光束宽度：闪电根部的粗细。

（5）复杂性：每支闪电的分支数。值越高，创建的闪电越长，分支越多。

11）粒子系统

使用粒子系统效果，用户可以创建火、烟、水、气泡及其他效果的粒子动画。

选择【Deco 工具】，在属性面板“绘制效果”下拉列表中选择“粒子系统”，在要显示效果的位置单击“舞台”。Flash 将根据设置的属性创建逐帧动画的粒子效果。在舞台上生成的粒子包含在动画的每个帧的组中。

粒子系统在属性面板中的“高级选项”：

（1）粒子 1：可以分配两个元件用作粒子，这是其中的第一个。如果未指定元件，将使用一个黑色的小正方形。通过正确地选择图形，可以生成非常有趣且逼真的效果。

（2）粒子 2：这是第二个可以分配用作粒子的元件。

（3）总长度：从当前帧开始，动画的持续时间（以帧为单位）。

（4）粒子生成：在其中生成粒子的帧的数目。如果帧数小于“总长度”属性，则该工具会在剩余帧中停止生成新粒子，但是已生成的粒子将继续添加动画效果。

（5）每帧的速率：每个帧生成的粒子数。

（6）寿命：单个粒子在“舞台”上可见的帧数。

（7）初始速度：每个粒子在其寿命开始时移动的速度。速度单位是像素/帧。

（8）初始大小：每个粒子在其寿命开始时的缩放。

（9）最小初始方向：每个粒子在其寿命开始时可能移动方向的最小范围。测量单位是度。零表示向上；90 表示向右；180 表示向下，270 表示向左，而 360 还表示向上。允许使用负数。

（10）最大初始方向：每个粒子在其寿命开始时可能移动方向的最大范围。测量单位是度。零表示向上；90 表示向右；180 表示向下，270 表示向左，而 360 还表示向上。允许使用负数。

（11）重力：当此数字为正数时，粒子方向更改为向下并且其速度会增加（就像正在下落一样）。如果重力是负数，则粒子方向更改为向上。

（12）旋转速率：应用到每个粒子的每帧旋转角度。

12）烟动画

烟动画效果可以创建程序化的逐帧烟动画。

选择【Deco 工具】，在属性面板“绘制效果”下拉列表中选择“烟动画”，设置烟动画效果的属性。在舞台上拖动以创建动画。当按住鼠标按钮时，Flash 会将帧添加到时间轴。在多数情况下，最好将烟动画置于其自己的元件中，例如影片剪辑元件。

烟动画在属性面板中的“高级选项”：

（1）烟大小：烟的宽度和高度。值越高，创建的火焰越大。

（2）烟速：动画的速度。值越大，创建的烟越快。

（3）烟持续时间：动画过程中在时间轴中创建的帧数。

（4）结束动画：选择此选项可创建烟消散而不是持续冒烟的动画。Flash 会在指定的烟持续时间后添加其他帧以造成消散效果。如果要循环播放完成的动画以创建持续冒烟的效果，请不要选择此选项。

（5）烟色：烟的颜色。

（6）背景色：烟的背景色。烟在消散后更改为此颜色。

13）树刷子

通过树刷子效果，用户可以快速创建树状插图。

选择【Deco 工具】，在属性面板“绘制效果”下拉列表中选择“树刷子”，设置树刷效果的属性，在舞台上拖动以创建树。通过拖动操作创建大型分支，通过将光标停留在一个位置创建较小的分支。Flash 创建的分支将包含在舞台上的组中。

树刷子在属性面板中的“高级选项”：

（1）树样式：要创建的树的种类。每个树样式都以实际的树种为基础。

（2）树缩放：树的大小。值必须在 75 ~ 100 之间。值越高，创建的树越大。

（3）分支颜色：树干的颜色。

（4）树叶颜色：叶子的颜色。

（5）花/果实颜色：花和果实的颜色。

4.2.3　填充工具

1. 墨水瓶工具

【墨水瓶工具】可以改变线段的样式、粗细和颜色，也可以为矢量图形添加边线。在属性面板中设置好线条的颜色、粗细和样式，再单击线条，即可更改该线条的属性（图 4-2-34）。

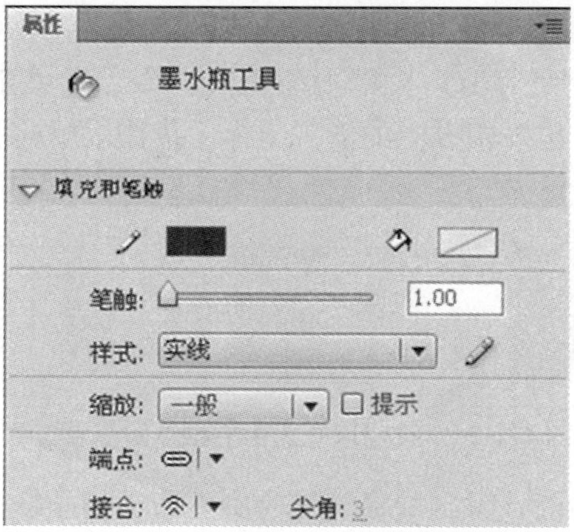

图 4-2-34　【墨水瓶工具】的属性面板

【墨水瓶工具】一次只能更改一段连续的线条。如果想要修改图形元件或是已经成组的图形，则必须双击该图形，进入其编辑窗口中才能修改边线属性。

2. 颜料桶工具

【颜料桶工具】可以改变图形的内部填充颜色，通过对颜料桶属性的设置可以为封闭的区域填充单色、渐变色和位图。

图 4-2-35 【颜料桶】填充空隙大小选项

当选择了【颜料桶工具】，在其属性面板中只有一项颜色的选择。其他选项在工具箱的选项区中，有“填充空隙大小”选项，如图 4-2-35。

（1）不封闭空隙：在填充过程中要求图形边线完全封闭。

（2）封闭小空隙：在填充过程中可以忽略一些线段之间的小空隙。

（3）封闭中等空隙：在填充过程中可以忽略一些线段之间较大的空隙。

（4）封闭大空隙：在填充过程中可以忽略一些线段之间的大空隙。

3. 滴管工具

【滴管工具】可以吸取图形的颜色，也可以吸取线段的属性。【滴管工具】可以吸取的颜色类型有：使用绘图工具绘制的图形、选择了“对象绘制”按钮后绘制的图形、导入到 Flash 中的位图和使用【线条工具】绘制的线段。【滴管工具】吸取不到元件或成组图形的属性。

使用方法一：先用【选择工具】选择要改变的图形，然后用【滴管工具】单击参考图形的填充颜色或线条，这样刚刚被选择的图形的填充颜色或线条的属性就自动改变了。

使用方法二：用【滴管工具】吸取线条属性后会自动转换为【墨水瓶工具】，再在要改变的图形上单击鼠标改变线条属性。当吸取的是填充颜色，【滴管工具】会自动转换为【颜料桶工具】。

4. 渐变变形工具

【渐变变形工具】用于调整渐变色的填充范围、角度和中心点。

1）线性渐变色的调整

选择填充色按钮，在调色板上选择一种线性渐变的颜色，使用【矩形工具】在舞台中绘制一个矩形。使用【渐变变形工具】单击该矩形，会出现填充变形的控制柄，当鼠标放在中间的空心圆点上时，会出现四方向的箭头图标，按住鼠标向右拖动，可以改变填充色的中心位置，如图 4-2-36。

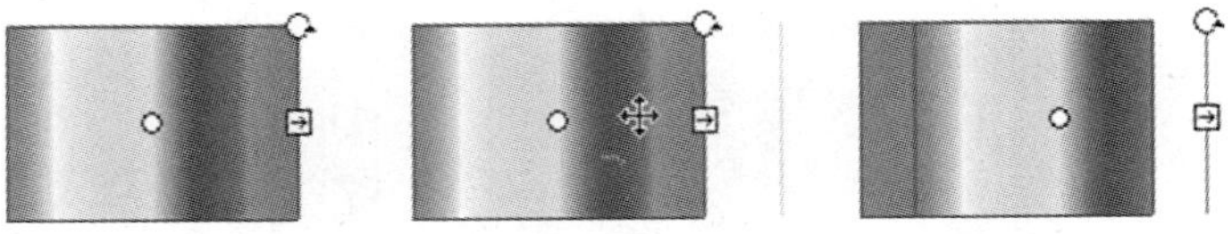

图 4-2-36 改变填充色中心位置的步骤过程

当鼠标移动到右上角的圆点时，鼠标会变为旋转箭头的图标，这时按住鼠标拖动，可以旋转填充色的方向，如图 4-2-37。

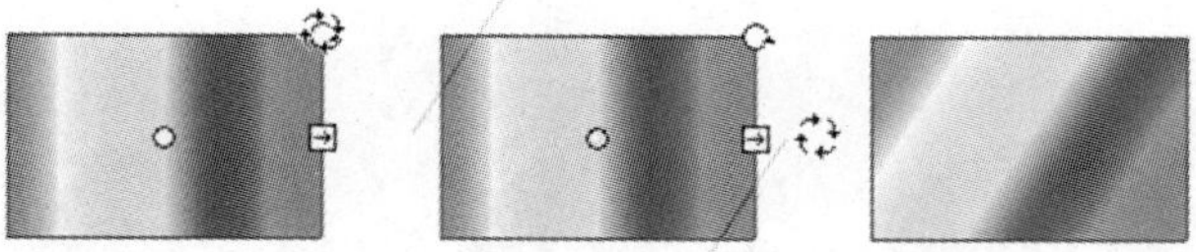

图 4-2-37 旋转填充色方向的步骤过程

当鼠标拖动右边中部有指向右方箭头的方框时，可以调整渐变色的范围，如图 4-2-38。

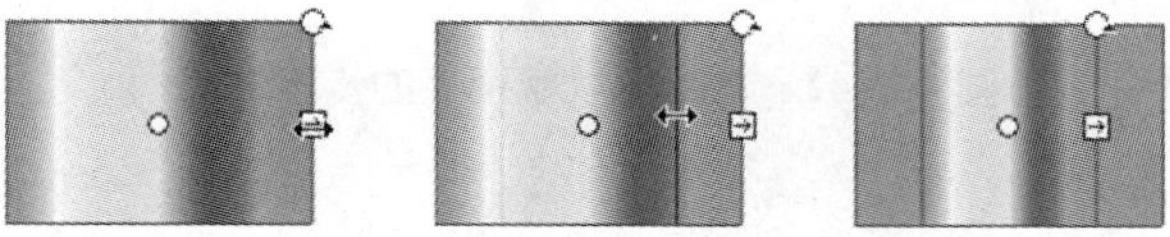

图 4-2-38 调整渐变色范围的步骤过程

2）放射状渐变色的调整

点击填充色按钮，在调色板上选择一种放射状渐变的颜色，使用【椭圆工具】在舞台中绘制一个椭圆。使用【渐变变形工具】单击该椭圆图形，会出现填充变形的控制柄，当鼠标放在中心的空心圆点上时，会出现四个方向的箭头图标，按住鼠标进行拖动，可以改变放射状渐变色的中心位置。在中心圆点上方，有个倒立的三角形，用鼠标移动这个三角形可以在水平方向改变中心填充区域，如图 4-2-39 所示。

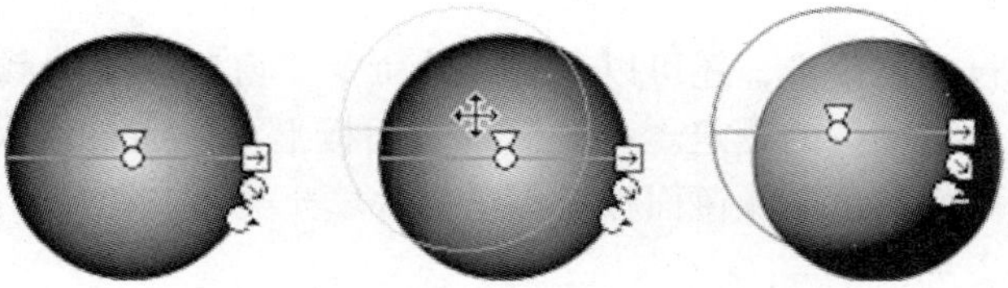

图 4-2-39 调整放射状渐变中心位置的步骤过程

鼠标拖动右边中部有个指向右方箭头的方框时，可以改变放射状渐变的水平宽度，如图 4-2-40 所示。

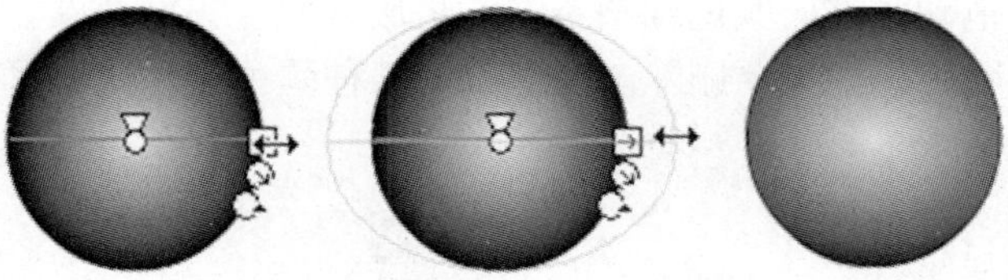

图 4-2-40 调整放射状渐变水平宽度的步骤过程

拖动空心方框下方的圆点，即有指向右下方的黑色箭头的圆点，可以整体缩放渐变的范围，如图 4-2-41 所示。

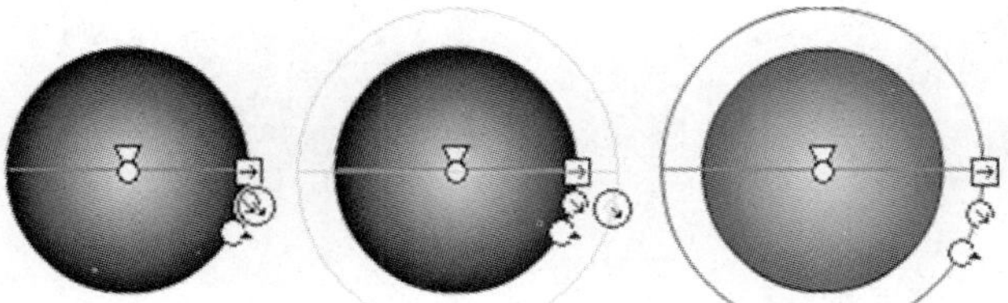

图 4-2-41 调整放射状渐变范围的步骤过程

拖动最下面的圆点，即有个黑色正三角形的圆点，可以旋转放射状渐变颜色的方向，如

图 4-2-42 所示。

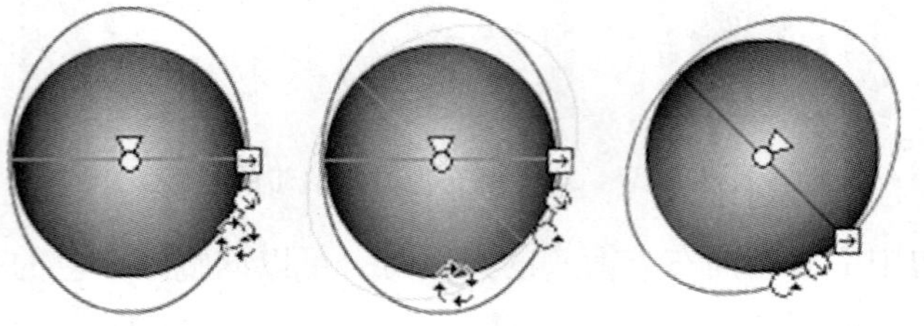

图 4-2-42　旋转放射状渐变的步骤过程

5. 颜色面板

1）工具箱颜色区按钮

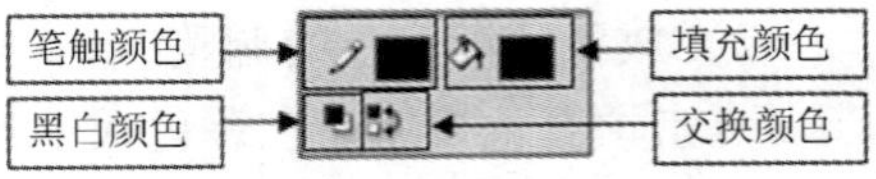

图 4-2-43　工具箱颜色区的按钮

在工具箱的颜色区有四个按钮，包括“笔触颜色”和“填充颜色”，点击这两个按钮可以打开颜色选择面板，重新选定笔触颜色和填充颜色。另外两个按钮是“黑白颜色”和“交换颜色”，单击“黑白颜色”按钮可将笔触颜色定为黑色，填充颜色定为白色，单击“交换颜色”按钮则将当前的笔触颜色和填充颜色进行交换（图 4-2-43）。

2）颜色调节面板

除了在工具箱进行颜色设定，还可以点击菜单命令“窗口” > “颜色”，打开功能更为强大的颜色调节面板进行颜色的设定。在颜色调节面板上可以通过输入“红”“绿”“蓝”的数值，精确设置想要的颜色。颜色面板提供了几种填充类型：纯色、线性渐变、径向渐变和位图填充，如图 4-2-44。

自定义新的渐变色，单击“填充颜色”按钮，选择一种渐变色，在颜色调节面板上的横向颜色条下方出现几个滑动块，每个块代表渐变色中的一个颜色，用鼠标在颜色条的任意位置单击，就会增加一个滑动块，如图 4-2-45，单击其中一个滑动块，在上方的颜色区中点击鼠标选择颜色，并拖动竖方向颜色调整条的三角形可调整颜色亮度，在 Alpha 文本框中输入数值改变颜色的透明度。如果要删除渐变色中的某种颜色时，只需将代表该颜色的滑块拖离横向颜色条即可。

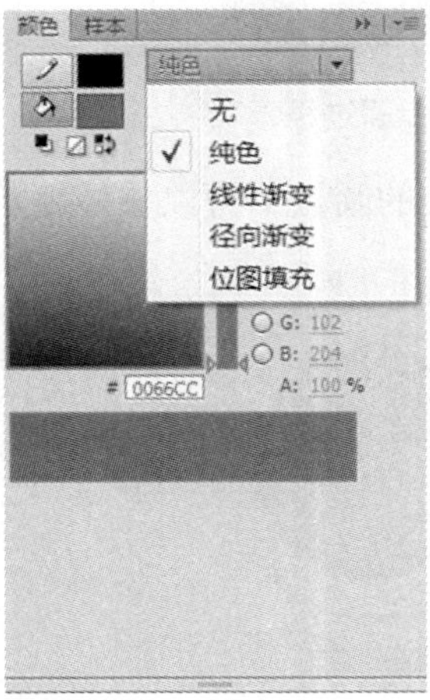

图 4-2-44　颜色面板

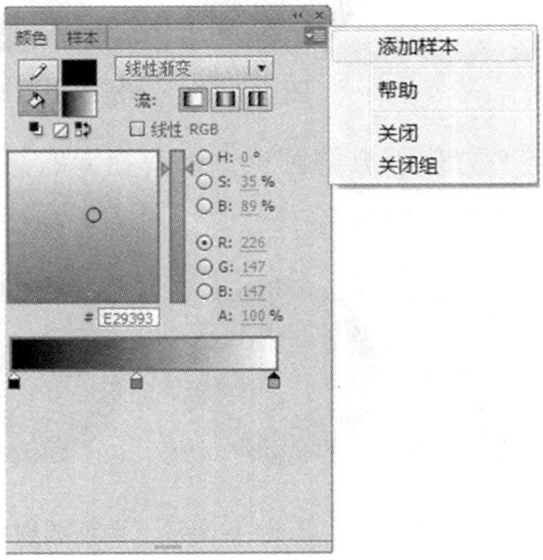

图 4-2-45　颜色面板

新的渐变色设置好以后，点击面板右上角的选项菜单按钮，在弹出菜单选择“添加样本”命令，如图 4-2-45，即可把自定义的渐变色添加到颜色面板中，下次使用时无须设置就可直接应用。

4.2.4　编辑对象

1. 选择工具

【选择工具】即黑色箭头，可用于选择、移动和改变形状。下面使用【椭圆工具】绘制一个带边线的椭圆和矩形，作为例子说明【选择工具】的使用。

1）选择图形

使用【选择工具】单击边线，可以看到边线被选中，而图形部分没有被选择；单击椭圆部分就选择了图形，边线没有被选中；双击图形，就选择了包括边线在内的椭圆图形，如图 4-2-46。

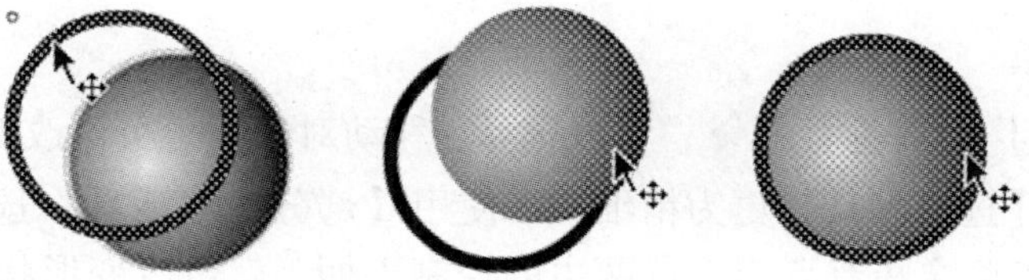

图 4-2-46　点击选择椭圆的边线、图形、全部

如果我们需要选择椭圆的一部分，选择【选择工具】，按住鼠标左键进行拖动，就选择了一个扇形。如果要选择多个图形，鼠标拖动的范围需包括这些图形，如图 4-2-47，这种选择方式可称为框选。

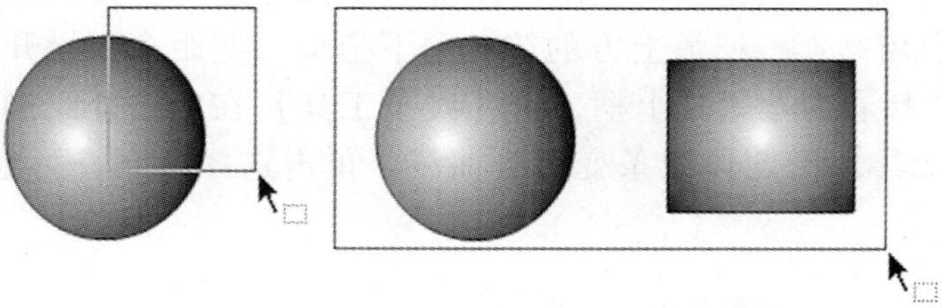

图 4-2-47　拖动选择图形的一部分或多个图形

2）改变形状

选择【选择工具】，当放在线条上面，鼠标指针会变为，拖动鼠标，即可改变线条的形状，如图 4-2-48。改变图形形状也是一样，把【选择工具】放在图形的边缘，鼠标指针会变为，如图 4-2-49。如果放在图形的边角处时，鼠标指针则变为时，按住鼠标左键进行拖动，可改变图形的形状，如图 4-2-50。

图 4-2-48　使用【选择工具】把直线改为弧线

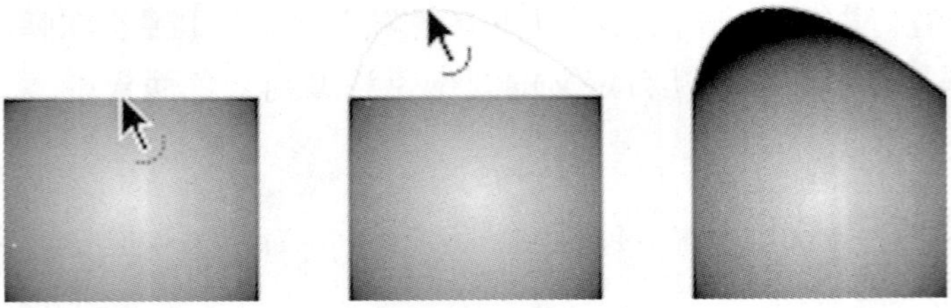

图 4-2-49 使用【选择工具】改变图形的形状

图 4-2-50 使用【选择工具】改变图形的形状

2. 部分选取工具

【部分选取工具】即白色箭头 ，可以选择、移动对象，也可以改变形状。【部分选取工具】改变形状比【选择工具】更为精细。当使用【部分选取工具】选择对象时，对象上会出现一些节点，拖动这些节点或节点两边的控制手柄，就可改变形状。该工具经常配合【钢笔工具】一起使用，使用【钢笔工具】绘制线段后，线段上会有节点和控制手柄，这时使用【部分选取工具】可以对线段进行调整，在调整的同时按下“Alt”键可以调整单个控制杆。

下面以绘制一个苹果为例，说明【部分选取工具】的使用。首先使用【椭圆工具】绘制一个带有边线和内部填充色的椭圆，接着用【部分选取工具】单击椭圆边线，在边线上会出现 8 个控制点，把最上方的节点向下拖动一些距离，松开鼠标，可以看到苹果已初具规模。接着为苹果加上柄，用【线条工具】在空白处绘制一条横线，一条竖线，用【选择工具】把两段线条变形为曲线，单击选择线条，再拖放到苹果上面，如图 4-2-51。

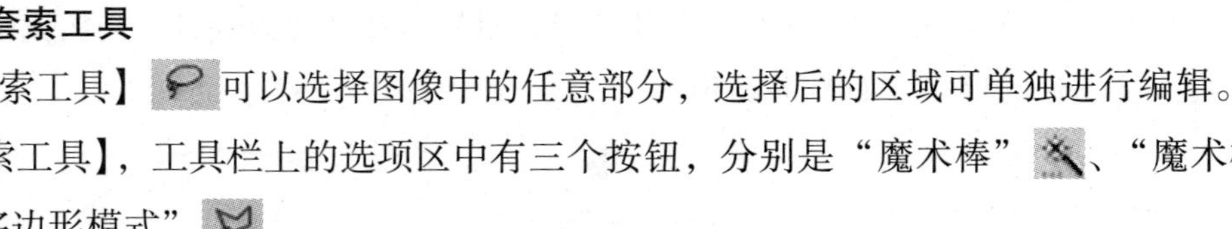

图 4-2-51 使用【部分选取工具】改变图形的形状

3. 套索工具

【套索工具】 可以选择图像中的任意部分，选择后的区域可单独进行编辑。当选择了【套索工具】，工具栏上的选项区中有三个按钮，分别是“魔术棒” 、“魔术棒设置” 、“多边形模式” 。

使用【套索工具】可以在图形中选择一个不规则区域，方法是在图形中拖动鼠标，当松开鼠标时可结束拖动，【套索工具】会建立一个完整的选择区域，如图 4-2-52。

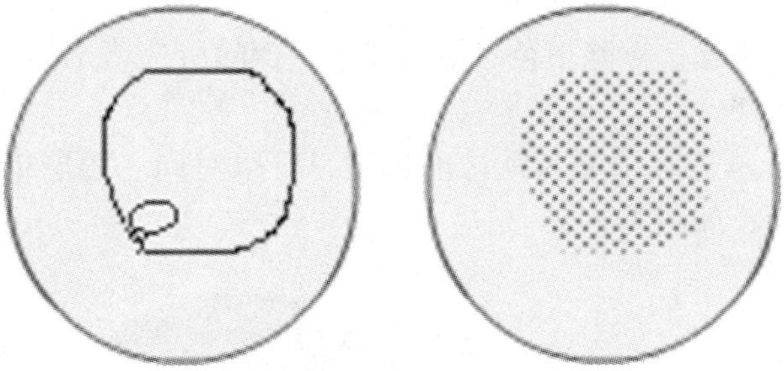

图 4-2-52　使用【套索工具】选择一个不规则区域

“多边形模式”是通过鼠标在图形上单击，移动到下一个点时再次单击，每条边都是直线，双击鼠标可结束选择，这时选择的是一个多边形区域。“魔术棒”可以选择图像中颜色相同的区域，“魔术棒”是针对图片的，不能选择【矩形工具】和【椭圆工具】绘制的图形。

下面以对一个外部图片的操作为例说明这两个按钮的使用。首先通过选择菜单命令“文件” > “导入” > “导入到舞台”，选择两张图片，导入到舞台中，使用【选择工具】单击选择图片，按键盘上的“Ctrl + B”键打散图片后，在空白处单击鼠标，取消对图片的选择。

选择“多边形模式”按钮，在斑马图片上沿着马匹的边缘单击鼠标，移到另外一个点再次单击鼠标，最后双击鼠标结束选择，然后用【选择工具】把选择区域移动到其他位置，这样就把马匹和背景分离出来，如图 4-2-53。

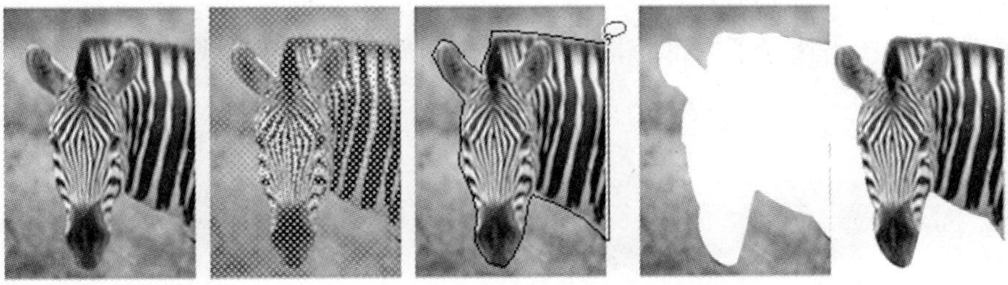

图 4-2-53　使用【多边形模式】选择图形

用“魔术棒”点击花朵图片的背景区，即选择了颜色相同的背景区域，再点击键盘的“delete”键删除图片的背景，如图 4-2-54。“魔术棒设置”中可以输入 0 ~ 200 之间的整数，数值越大，选择范围越大，在平滑下拉菜单中提供了像素、粗略、一般和平滑。

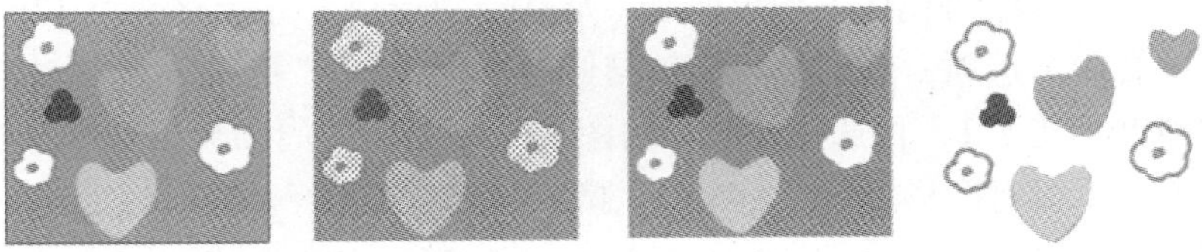

图 4-2-54　使用“魔术棒”删除图片的背景

4. 橡皮擦工具

【橡皮擦工具】可以用来擦除图形的填充色和笔触。选择【橡皮擦工具】，在工具箱的选项区中会出现相关的选项，如图 4-2-55 所示。

橡皮擦模式有标准擦除、擦除填色、擦除线条、擦除所选填充和内部擦除五种不同的擦除模式。

（1）标准擦除：标准擦除选项为默认的选项，可以对同一图层中的形状、边线和打散的位图及文字进行擦除，如图 4-2-56。

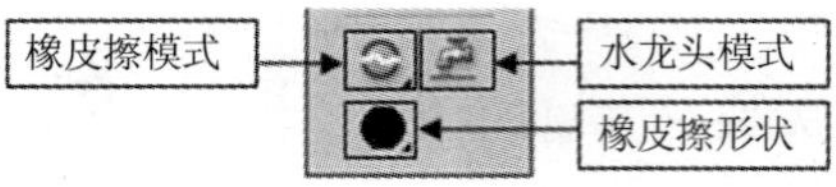

图 4-2-55　【橡皮擦工具】的选项

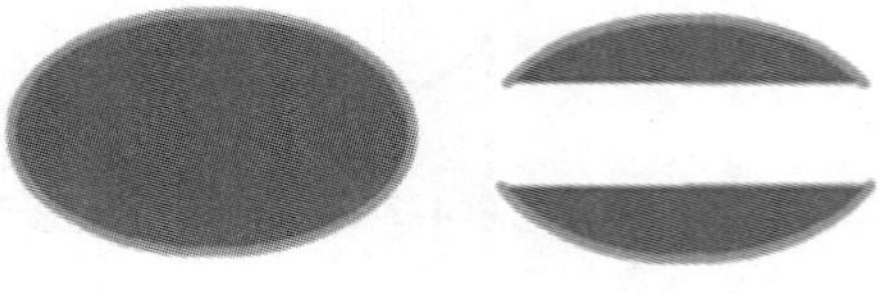

图 4-2-56　【橡皮擦工具】标准擦除效果

（2）擦除填色：当选择了“擦除填色”时，橡皮擦经过的地方，只擦除填充色块，线条不会被擦除，如图 4-2-57。

（3）擦除线条：只能擦除外部边线，不会擦除填充色块，如图 4-2-58。

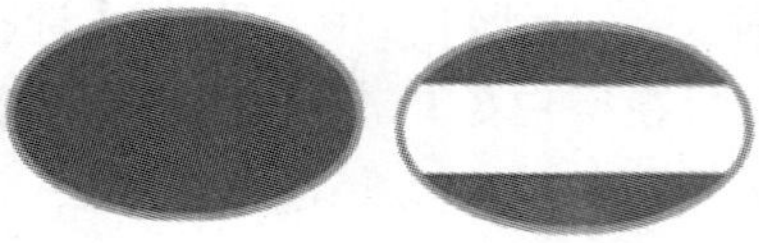

图 4-2-57　【橡皮擦工具】擦除填色效果

图 4-2-58　【橡皮擦工具】擦除线条效果

（4）擦除所选填充：当使用【选择工具】或【套索工具】选择了图形后，使用该模式可以擦除被选择的部分，如图 4-2-59。

（5）内部擦除：当选择了内部擦除后，只能擦除图形封闭区域内的连续的填充色，如图 4-2-60。

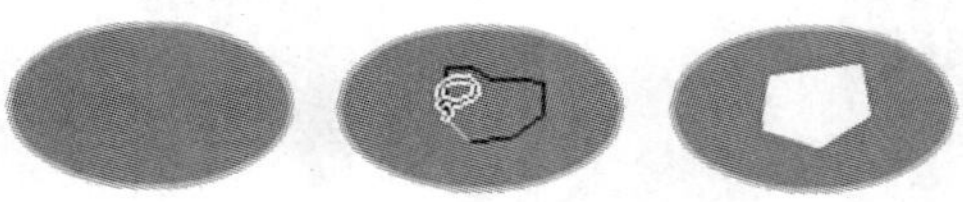

图 4-2-59　【橡皮擦工具】擦除所选填充效果

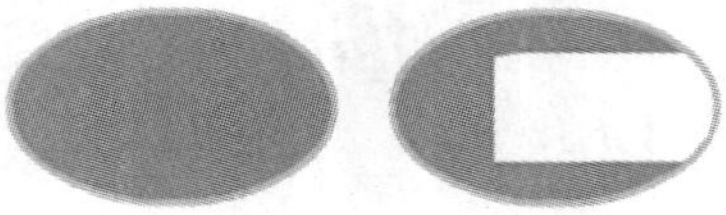

图 4-2-60　【橡皮擦工具】内部擦除效果

在“橡皮擦形状”选项下拉菜单中可以对橡皮擦的形状和大小进行调整。使用“水龙头”按钮单击线条或填充区域可以快速删除图形的填充色和边线。

5. 任意变形工具

【任意变形工具】可以改变图形的基本形状。当选择了【任意变形工具】，在工具箱的下端选项区中有四个选项，分别是“旋转与倾斜”“缩放”“扭曲”和“封套”。

选择【任意变形工具】，再选择要改变的图形，在图形的周围会出现 8 个控制点，使用鼠标拖动控制点，可以对图形进行“缩放”“挤压”和“拉伸”的操作。

选择图形，在选项区中选择“旋转与倾斜”按钮，当鼠标移动到 8 个控制点的四个角时，可以对图形进行“旋转”操作，如图 4-2-61；当鼠标移动到四条边线的中央控制柄时，可以对图形进行“倾斜”操作，如图 4-2-62。

图 4-2-61 使用【任意变形工具】旋转图形

图 4-2-62 使用【任意变形工具】倾斜图形

选择图形，在选项区中选择“缩放”按钮，当鼠标移动到 8 个控制点的四个角时，可以对图形进行“等比例缩放”操作。当鼠标移动到四条边线的中央控制点时，可以对图形进行挤压和拉伸操作，如图 4-2-63。

图 4-2-63 使用【任意变形工具】缩放图形

“扭曲”和“封套”功能对于分散状态的图片才有效。“扭曲”即对称调整，当调整图形的一个方向时，反方向也会自动调整。

用【任意变形工具】选择要变形的图片，在选项区中选择“扭曲”功能，拖动矩形框的四个顶点，可以单独调整图形的一个角；在拖动顶点的过程中，如果同时按住“Shift”键，可以锥化该图形；拖动矩形框边线中间的 4 个控制点，可以单独改变 4 条边的位置，如图 4-2-64。

图 4-2-64 使用【任意变形工具】扭曲、锥化图形

选择要变形的图片，在选项区中选择“封套”按钮，在图片四周会出现 8 个方形控制点，每个方形控制点的两边各有一个圆形的调整点。拖动方形控制点，可以改变图形的形状，拖动圆形调整点，可以对边缘进行曲线变形，如图 4-2-65。

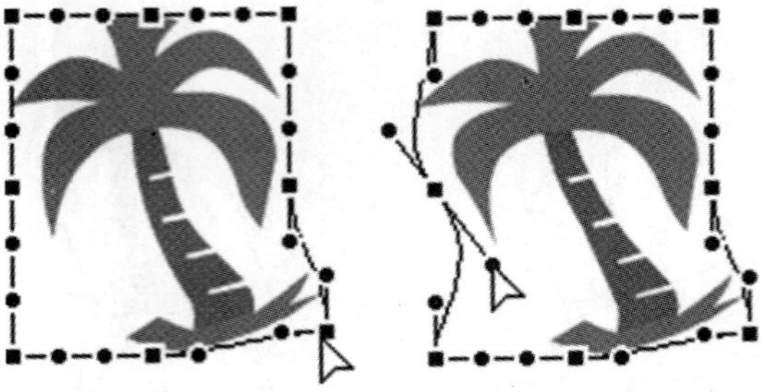

图 4-2-65 使用【任意变形工具】变形图形的边缘

6. 变形命令

对图形进行形状的编辑，除了使用【任意变形工具】，还可以使用变形命令。方法是先选择图形，再选择菜单命令“修改” > “变形”，就可以看到所有的变形命令，除了刚刚介绍过的变形命令，还有其他几个实用的命令，如“顺时针旋转 90 度”“逆时针旋转 90 度”“垂直旋转”和“水平翻转”，参见图 4-2-66、图 4-2-67。

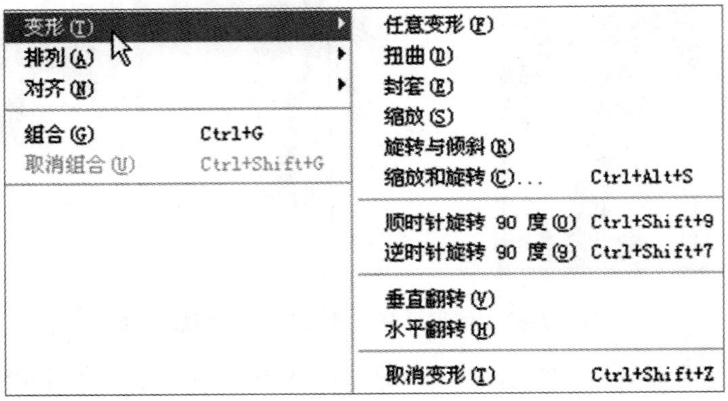

图 4-2-66 变形命令

图 4-2-67 使用“水平翻转”变形命令的前后图片对比

7. 信息面板和变形面板

通过在“信息面板”和“变形面板”中输入数值更精确地控制图形的变形，可以通过选择菜单命令“窗口” > “信息”“变形”调出这两个面板。

选择一个对象，在“信息面板”中会出现对象的高度和宽度、位置和颜色信息，在面板中输入数值，改变对象的高度、宽度和位置，如图 4-2-68。

“变形面板”可以改变当前选择对象的宽度和高度、旋转角度和倾斜程度，如图 4-2-69。

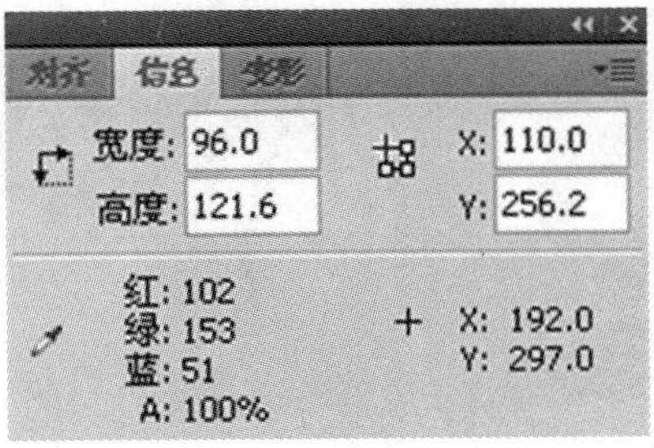

图 4-2-68　信息面板

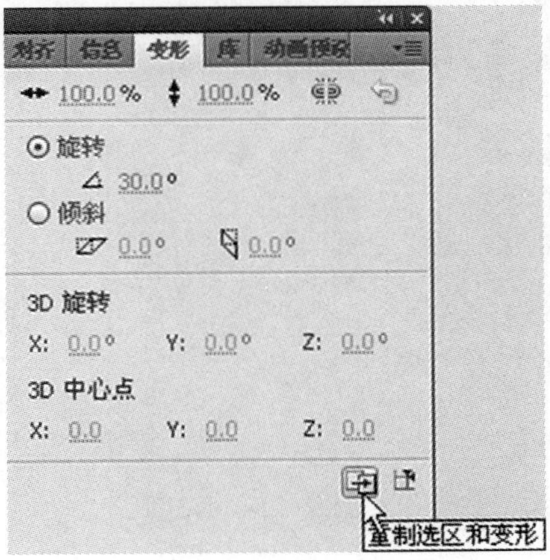

图 4-2-69　变形面板

例如绘制一根直线，通过【任意变形工具】把直线的中心点位置移到下方，然后点击“变形面板”上的“重制选区和变形”按钮，就复制了一根直线，在“旋转”角度输入 30，即可把刚复制的直线旋转了 30°，接着再连续点击该按钮两次，可得到图 4-2-70 所示图形。

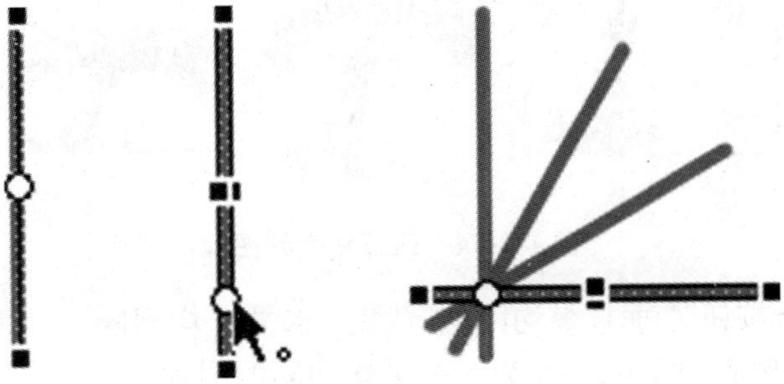

图 4-2-70　改变直线中心点后旋转复制得到的图形

图 4-2-71 是使用【任意变形工具】改变直线的中心点位置，通过变形面板进行旋转复制得到的几种图形效果。

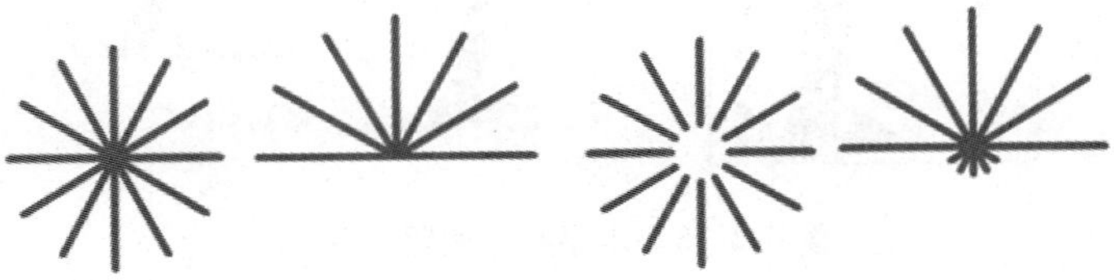

图 4-2-71　不同中心点的直线旋转复制得到的图形

8. 排列对齐

在“对齐”面板中，包含“对齐”“分布”“匹配大小”“间隔”和“相对于舞台”5 个选项。在“对齐”选项中，包括了左边对齐、水平中间对齐、右边对齐、顶部对齐、垂直中间对齐和底部对齐 6 个按钮，参见图 4-2-72、图 4-2-73。

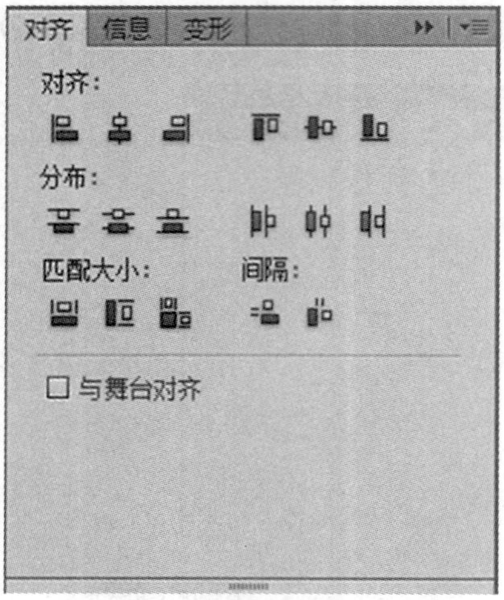

图 4-2-72 对齐面板

图 4-2-73 顶部对齐图片

“匹配大小”包括了“匹配宽度”“匹配高度”和“匹配宽和高”，用于将形状和尺寸不同的对象统一尺寸，图 4-2-74 为匹配了宽度的几个图片。

图 4-2-74 匹配宽度的图片

“间隔”包括两个按钮“垂直平均间隔”和“水平平均间隔”，用于设置上下、左右相邻的多个对象的间隔相等。图 4-2-75 为水平平均间隔的图片。

图 4-2-75 水平平均间隔的图片

4.2.5 文本工具

在工具箱中选择了【文本工具】后，属性面板自动切换为【文本工具】属性面板。在文本类型下拉列表中提供了三种文本类型：静态文本、动态文本和输入文本。

静态文本即在动画播放过程中不会动态改变字符的文本。动态文本在动画播放中可以动态更新。输入文本在动画播放过程中可以让用户在表单或调查表中输入文字。如制作一道计算填空题，前两个空格定义为输入文本类型，答案空格定义为动态文本类型，再定义相应的变量，那么动画在运行时就能根据用户输入的数字动态更新计算结果。

1. 静态文本

选择【文本工具】，在舞台上面单击鼠标，会出现右上角为空心圆形的文本框，输入文本，发现文本框会随文本自动改变宽度，如果要换行，则需按键盘上的回车键，如图 4-2-76。

如果要创建自动换行的文本，可用【文本工具】在舞台上面从左到右拖出一个区域，这个区域即为文本框，拖动右上角的空心方形可以改变文本框的宽度，输入文本，会发现文本会根据文本框的宽度自动换行，如图 4-2-77。

图 4-2-76　需手动换行的文本框

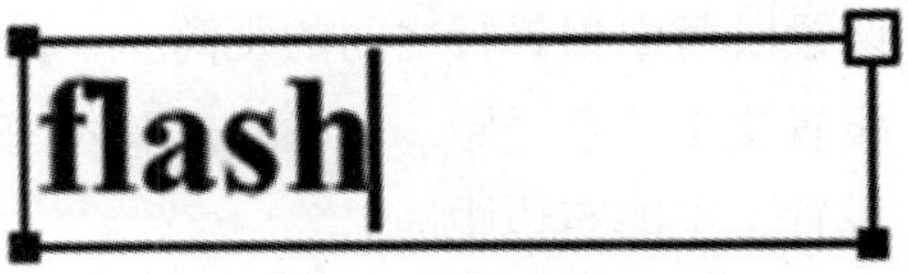

图 4-2-77　自动换行的文本框

如果要单独修改文本框中的某些字符，需要用【文本工具】选择需修改的字符，然后在属性面板中进行相应的调整。如果要改变整个文本框的文本属性，则用【选择工具】点击选择文本框，再在属性面板中进行调整，如图 4-2-78。

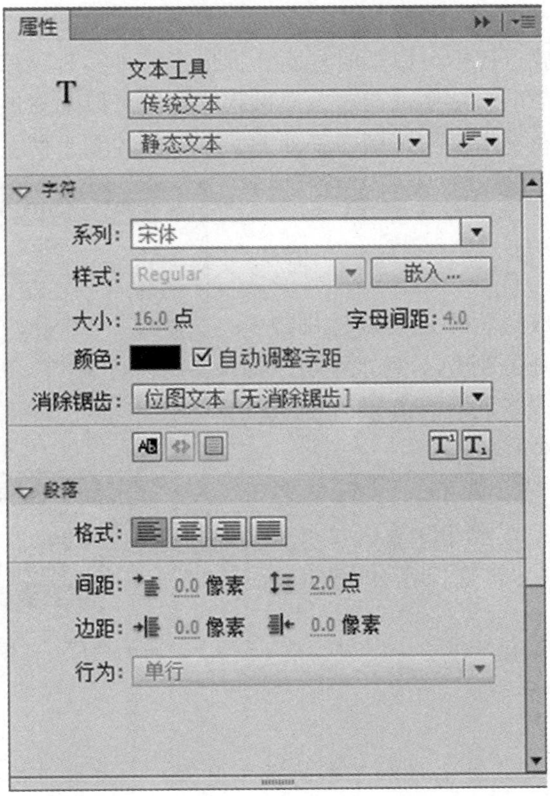

图 4-2-78　【文本工具】属性面板

1）属性面板字符区

“系列”可以选择文本的字体，“大小”一栏中可以通过输入数字或拖动滑块对字体大小进行设置。“字母间距”可以对文本进行水平或垂直方向的间距调整。如果输入数学公式还可以通过“上标”T¹和“下标”T₁按钮进行相应字符的设置。

若要应用粗体或斜体样式，请从“样式”下拉列表中选择样式。如果所选字体不包括粗体或斜体样式，则在菜单中将不显示该样式，可以从“文本”菜单中选择仿粗体或仿斜体样式。若要改变文本颜色，单击“颜色”按钮，从调色板中选择其他颜色。

2）属性面板段落区

分别表示四种字体对齐方式“左对齐”“居中对齐”“右对齐”和“两端对齐”。

：设置段落边界与首行开头之间的距离。

：设置段落中相邻行之间的距离。

：设置文本的左边距。

：设置文本的右边距。

：选中该按钮，那么在动画播放过程中可用鼠标拖动这些文字，并可进行复制粘贴。

3）属性面板选项区

（1）“链接”：可以输入网址或链接地址，为文本添加超链接。添加了超链接的文本下边会有一条虚线。

（2）“目标”：设置链接地址的弹开窗口。

2. 动态文本

动态文本在动画播放过程中可以随时更新，提供了一种实时跟踪和显示文本的方法。在属性面板的变量文本框中可为该文本命名，通过程序控制可以动态地改变文本框中所显示的内容。动态文本框与静态文本框的区别在于动态文本框的控制手柄在右下角。

选择按钮，可以在动态文本的周围显示黑色边框。

3. 输入文本

输入文本在动画播放过程中，可以让用户输入文本，实现用户与动画的交互，例如可用于回答问题、填充表格或输入密码等。在属性面板的变量文本框中可为该文本命名。

“行为”有四个选项：单行、多行、多行不换行、密码。密码表示当用户输入文本时，输入的文本以＊号代替，起到保密作用，如图4-2-79。

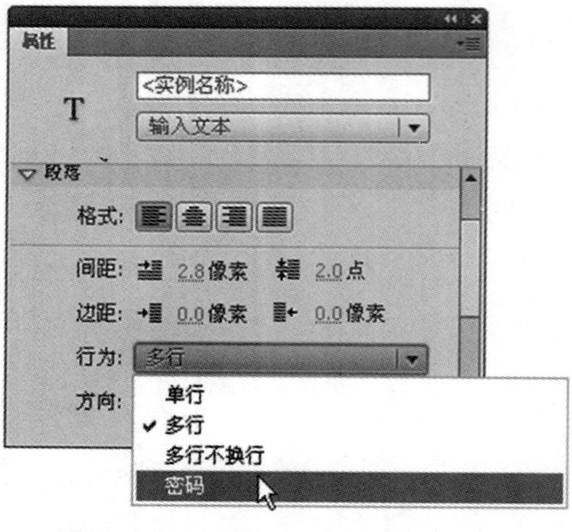

图 4-2-79 “输入文本”属性面板

小提示

从 Flash Professional CS6 开始增加了新的文本引擎——文本布局框架（TLF）向 FLA 文件添加文本。TLF 支持更多丰富的文本布局功能和对文本属性的精细控制。与以前的文本引擎（现在称为传统文本）相比，TLF 文本可加强对文本的控制。

与传统文本相比，TLF 文本提供了下列增强功能：

① 更多字符样式，包括行距、连字、加亮颜色、下划线、删除线、大小写、数字格式

及其他。

② 更多段落样式，包括通过栏间距支持多列、末行对齐选项、边距、缩进、段落间距和容器填充值。

③ 控制更多亚洲字体属性，包括直排内横排、标点挤压、避头尾法则类型和行距模型。

④ 可以为 TLF 文本应用 3D 旋转、色彩效果以及混合模式等属性，而无需将 TLF 文本放置在影片剪辑元件中。

⑤ 文本可按顺序排列在多个文本容器。这些容器称为串接文本容器或链接文本容器。

⑥ 能够针对阿拉伯语和希伯来语文字创建从右到左的文本。

⑦ 支持双向文本，其中从右到左的文本可包含从左到右文本的元素。当遇到在阿拉伯语或希伯来语文本中嵌入英语单词或阿拉伯数字等情况时，此功能必不可少。

4.2.6　3D 转换工具

若要使用两个 3D 转换工具——【3D 平移工具】和【3D 旋转工具】，Flash 文件的发布设置必须设置为 Flash Player 10 和 ActionScript 3.0。

用户可以通过这两个工具实现在舞台的 3D 空间中移动和旋转影片剪辑来创建 3D 效果。这两个工具都可以切换全局坐标模式和个体坐标模式，全局坐标模式即为舞台空间，个体坐标模式即为影片剪辑。

1. 3D 平移工具

使用【3D 平移工具】可以在 3D 空间中移动影片剪辑实例，使用该工具选择影片剪辑后，X、Y 和 Z 轴将显示在影片剪辑上，如图 4-2-80。将鼠标放在 X 轴或 Y 轴的箭头上，按下鼠标左键拖动，可以沿水平方向或垂直方向直线移动该影片剪辑，图像大小不变，沿 Z 轴移动影片剪辑时，对象大小发生变化，从而使对象看起来更近或更远。

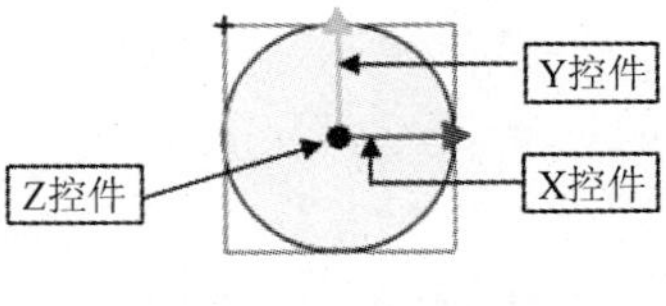

图 4-2-80　3D 平移工具

属性面板中右侧的文本框可以设置透视角度，如图 4-2-81，其属性值的范围为 1°～180°，增大透视角度会使对象看起来更近，减小角度会使对象看起来更远。改变该值会影响所有应用了 3D 平移或旋转的影片剪辑。

右侧的文本框可以设置消失点，用于控制舞台上 3D 影片剪辑的 Z 轴方向，所有 3D 影片剪辑的 Z 轴都朝着消失点后退。

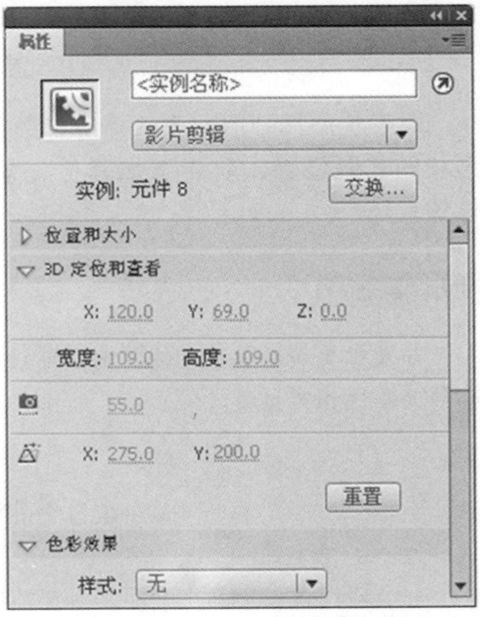

图 4-2-81　3D 平移工具的属性面板

2. 3D 旋转工具

使用【3D 旋转工具】可以在 3D 空间中旋转影片剪辑实例。使用【3D 旋转工具】选择影片剪辑后，3D 旋转控件出现在该影片剪辑上，X 控件显示为红色，Y 控件显示为绿色，Z 控件显示为蓝色，自由旋转控件显示为橙色，如图 4-2-82。

拖动一个轴控件以绕该轴旋转，或拖动自由控件旋转（外侧橙色圈）同时绕 X 轴和 Y 轴旋转，左右拖动 X 轴控件可绕 X 轴旋转，上下拖动 Y 轴控件可绕 Y 轴旋转，拖动 Z 轴控件进行圆周运动可绕 Z 轴旋转，拖动中心点可以相对于影片剪辑重新定位旋转控件中心点。

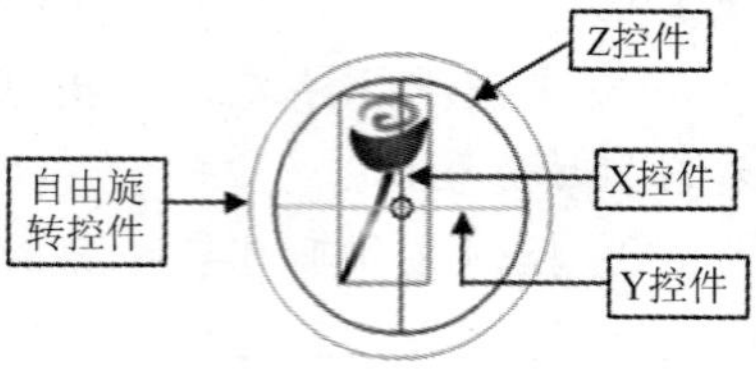

图 4-2-82 3D 旋转工具

4.2.7 反向运动工具

反向运动是使用骨骼的关节结构对一个对象或彼此相关的一组对象进行动画处理的方法。反向运动工具大大提高了动画制作工作效率，通过反向运动可以轻松创建人物行走动画、动物运动动画等。

反向运动工具包括【骨骼工具】和【绑定工具】，【骨骼工具】可以向元件实例或形状添加骨骼，【绑定工具】可以调整形状对象的各个骨骼和控制点之间的关系。可以向元件实例或单个形状的内部添加骨骼，每个元件实例只能有一个骨骼。

向元件添加骨骼的方法，首先创建元件实例，并把实例排列好，选择【骨骼工具】，单击要成为骨架的头部或根部的元件实例，然后拖动到其他单独的元件实例，使其两者相链接，松开鼠标，会看到两个元件实例之间将出现一条实线表示骨骼，每个骨骼具有头部、圆端和尾部，第一个骨骼是根骨骼，如图 4-2-83。创建骨架后所有的关联元件实例会移动到骨架图层中。

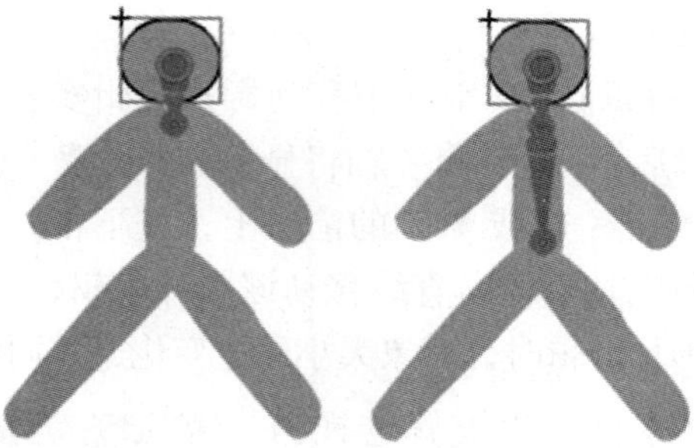

图 4-2-83 添加骨骼

向形状添加骨骼，先选择所有形状，再选择【骨骼工具】，在形状内单击并拖动到形状的其他位置，若要添加其他骨骼，则从第一个骨骼的尾部拖动到形状内的其他位置。

小提示

如果想要移动单个元件实例，可以按住键盘上的 Alt 或 Ctrl 键，拖动该元件实例，而不会移动其他相链接的实例。

4.3 时间轴、帧和图层

一个帧代表一个静止画面，多个帧连续播放就形成了动画。图层是时间轴的一部分，图层如同透明的纸张，一张张叠加在一起，可以把不同的元素放在不同的图层上，这样在编辑修改时就可以独立操作，不会干扰到不需修改的对象。各个图层的对象如果位置有重叠，那么上面图层的对象会挡住下面图层的对象。

时间轴用来组织和控制影像不同时间、不同图层和帧的内容。而场景相当于电影的一幕，一般比较大型的动画和复杂的动画经常采用多场景，不同的场景之间的组合和互换就构成了一个精彩的多镜头动画。

它们之间的关系是场景 > 时间轴 > 图层 > 帧，关系逐级细化，一个 Flash 文件中可包含多个场景，一个场景只包含一个时间轴，一个时间轴可以包含多个图层，一个图层上可以有无限个帧。

4. 3. 1　场景

当新建一个 Flash 文件时，默认的场景为“场景 1”，对于场景的操作可以单击菜单命令“窗口” > “其他面板” > “场景”，打开场景面板，如图 4-3-1。点击“添加场景”按钮添加一个新的场景；单击“重制场景”按钮，复制当前场景，“删除场景”按钮，删除当前场景。

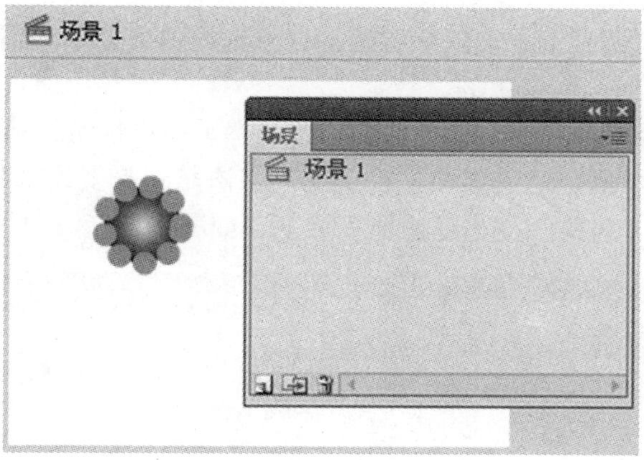

图 4-3-1　场景面板

当发布包含多个场景的动画时，将按照“场景”面板中的顺序播放场景。如要更改场景的顺序，只需在场景面板中将选择的场景拖动到其他位置即可。

4. 3. 2　帧

1. 帧的类型

帧分为关键帧、空白关键帧、普通帧和空白帧，如图 4-3-2。

关键帧含有组件或图形，以一个黑色实点表示。在默认情况下，每个图层的第一帧是关键帧，关键帧可以是空的即空白关键帧，空白关键帧以一个空心的圆圈表示，在舞台上添加了内容后，空白关键帧就会变为一个关键帧。

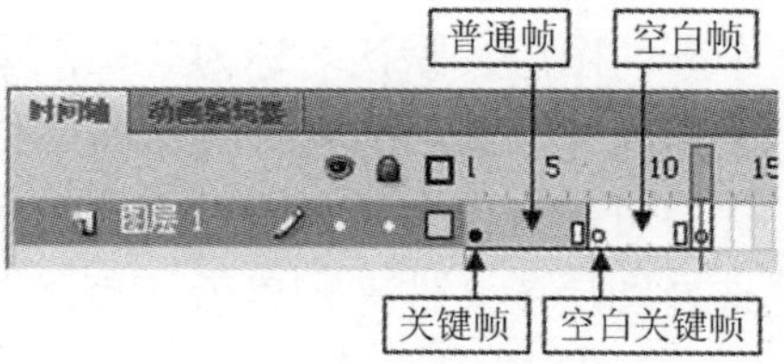

图 4-3-2　帧的类型

普通帧是依赖于关键帧的，显示为单元格。在没有设置动画的前提下，普通帧与上一个关键帧中的内容相同，在一个动画中增加一些普通帧可以延长动画的播放时间。

跟在普通帧之后的是空白帧，以空白矩形显示。

2. 帧的操作

添加普通帧，点击在时间轴上需插入帧的地方，按快捷键 F5 可以延长普通帧到该处，按 F6 键可以快速插入关键帧，按 F7 键可以插入空白关键帧。也可以在该帧处右击鼠标，选择弹出菜单命令“插入帧”，还可以选择菜单命令“插入” > “时间轴” > “帧”。

删除帧，选择要删除的帧，按 Shift + F5 键删除普通帧，按 Shift + F6 键删除关键帧。

选择多个帧，可以直接在时间轴上拖动鼠标进行选择，也可以按住 Shift 键同时选择多帧。连续的多个帧也称为帧系列。

移动帧，在选择的帧上按住鼠标左键并拖动鼠标，到目标位置后松开鼠标即可。如果移动普通帧，则移动后的普通帧将转换为关键帧。

复制帧，选择要复制的帧或帧系列，右击选择弹出菜单命令“复制帧”，在时间轴上需要粘贴帧的位置，右击鼠标，选择弹出菜单“粘贴帧”。

翻转帧，可以使一段动画的播放顺序进行颠倒。选择要翻转的帧系列，右击选择弹出菜单“翻转帧”。

清除关键帧，在关键帧上单击鼠标右键，右击选择弹出菜单“清除关键帧”，可将关键帧转换为普通帧。

创建帧标签，给帧设置一个标志性的名字，当移动关键帧时，帧标签不会发生改变，可以使用 ActionScript 脚本语言对关键帧进行调用。方法是选择要添加标签的关键帧，在帧属性面板的“标签” > “名称”文本框中输入名字，如图 4-3-3。

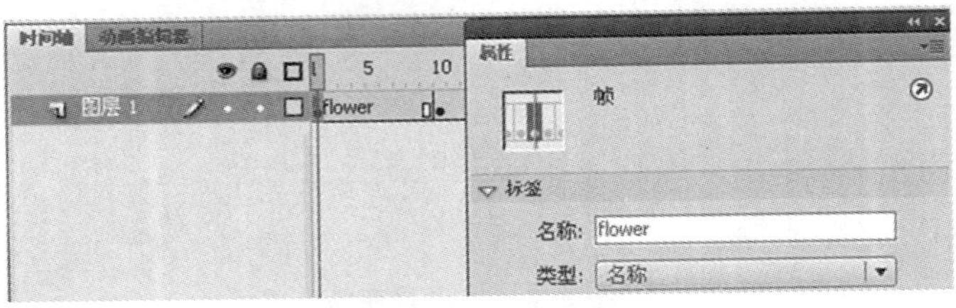

图 4-3-3 创建帧标签

4.3.3 图层面板

图层的作用主要是通过各个图层分离动画对象，组织动画的各个部分，使其相互之间不致发生擦涂、连接或者分割。

1. 图层区域的按钮

单击“新建图层”按钮，或选择菜单命令“插入” > “时间轴” > “图层”可插入一个新的图层，默认名称为“图层 2”。单击“新建文件夹”按钮，可以在当前选择的图层之上插入一个图层文件夹，把图层移到文件夹中的方法是拖动图层到文件夹的图标上，松开鼠标即可。点击文件夹图标前面的向下箭头，可折叠该图层文件夹，再次单击该按钮可展开。选择图层或文件夹，单击“删除”按钮，可删除该图层或文件夹，如图 4-3-4 所示。

2. 图层的操作

在图层面板上还有三个按钮“显示/隐藏图层”“锁定/解锁”和“显示轮廓”三个按钮，如图 4-3-5。

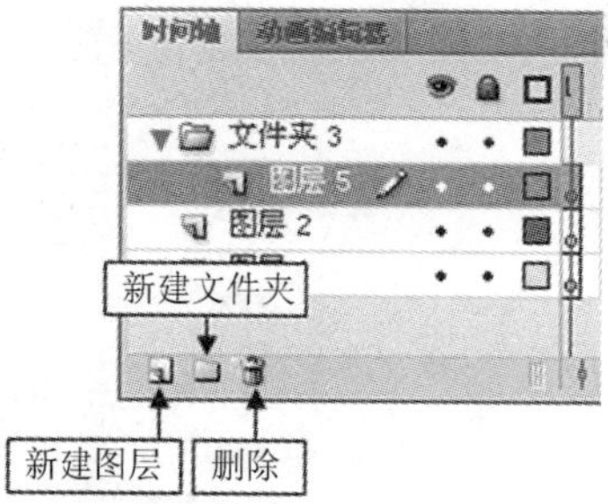

图 4-3-4　图层区域的按钮

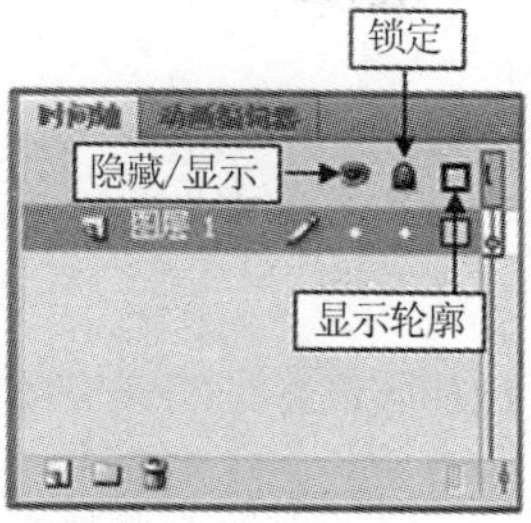

图4-3-5　图层的操作按钮

当点击这三个按钮时，就会对所有图层都进行这些操作，当点击各个图层的相应按钮下面的小点，就可以对各个图层单独进行这些操作。

（1）“显示/隐藏图层”：点击该按钮，可以把所有图层都隐藏起来，再次单击，恢复显示所有图层。

（2）“锁定图层”，如果某一图层上的对象已经编辑好了，不想在以后的操作中影响该对象，就可以点击该按钮锁定图层，这样该图层上的对象只能被看到，但无法进行编辑。取消锁定，只需再次单击该按钮。

（3）“显示图层轮廓”：当单击该按钮时，图层的对象将以轮廓线显示，再次单击，取消轮廓显示。

如要改变图层排列顺序，只需用鼠标拖动图层向上或向下，松开鼠标即可改变图层的排列顺序。

4.3.4　时间轴

动画的内容是通过时间轴来组织的，时间轴面板在横向上划分为帧，在纵向上划分为图层，通过拖动时间轴中的播放头，可以对动画内容进行预览。

1. 改变时间轴面板的大小

双击“时间轴”字样，可以把时间轴折叠起来，再次单击，可以把时间轴展开来。把鼠标置于时间轴面板与场景的交界处，鼠标会变为上下双向箭头，按住鼠标左键上下拖动，可以放大或缩小时间轴面板。将鼠标置于图层区域与帧的交界处，鼠标会变为左右双向箭头，按住鼠标左键左右拖动，可以改变图层区和帧区域的宽度，如图 4-3-6。

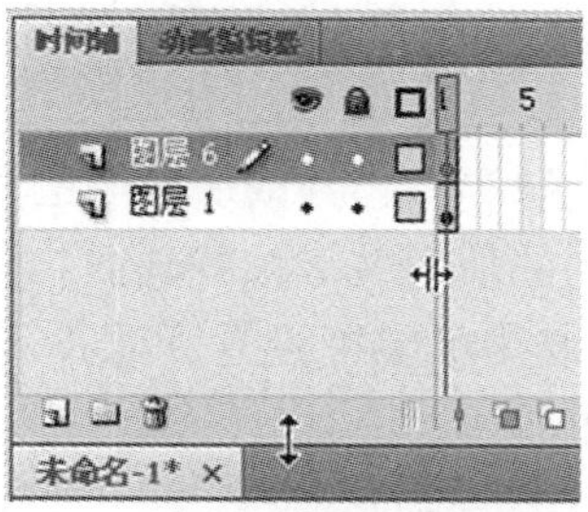

图 4-3-6　改变时间轴面板的大小

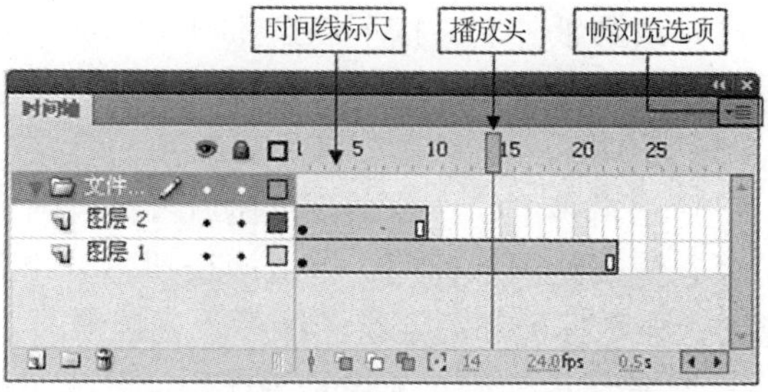

图 4-3-7　时间轴窗口中的状态栏

2. 时间轴面板介绍

时间轴上方的编号为帧编号，红色的标记为播放头，播放头可以在时间轴中随便移动，指示显示在舞台上的当前帧。如图 4-3-7。

在时间轴窗口的底部，还有一个状态栏，提供了 3 条信息，依次是当前帧、帧速率和播放时间，如图 4-3-8。

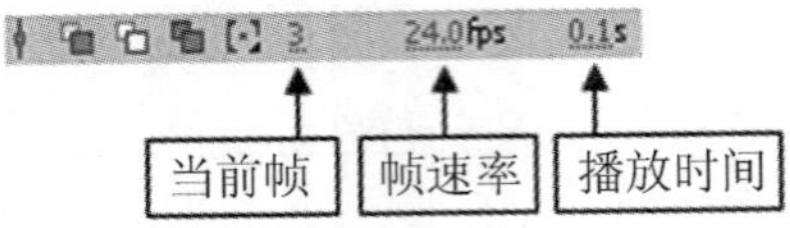

图 4-3-8　时间轴窗口中的状态栏

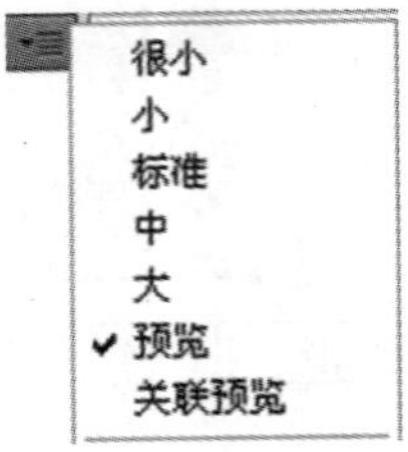

图 4-3-9　帧视图菜单

3. 改变帧显示方式

在默认状态下帧是以很窄的单元格形式出现的，单击时间轴窗口最右上方的按钮，将弹出帧视图菜单，如图 4-3-9，可以修改时间轴中帧的显示方式。其中，“预览”方式可以将动画内容缩微显示在时间轴中，“关联预览”将缩微显示电影的每一帧，这种显示方式有利于查看元素的移动变化。

4. 洋葱皮工具的使用

在时间轴控制区域下方的就是洋葱皮工具，如图 4-3-10。该工具在动画的制作和编辑过程中非常有用，利用它可同时看到多个帧的动画状态。

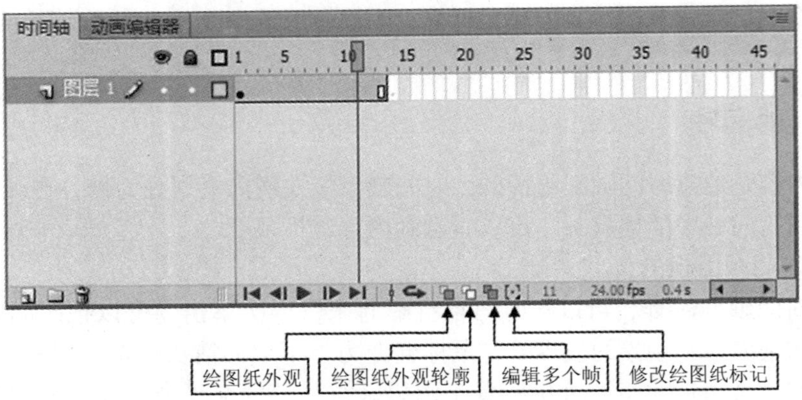

图 4-3-10　时间轴窗口的洋葱皮工具

（1）绘图纸外观：按下该按钮可显示游标内各帧的原始图形，通过拖动时间轴上的游标，可以增加或减少同时显示的帧数量。

（2）绘图纸外观轮廓：按下该按钮后可同时显示游标内除当前帧外的所有帧的轮廓图。

（3）编辑多个帧：按下该按钮后可同时编辑游标范围内的所有关键帧的画面。

（4）修改绘图纸标记：单击该按钮打开下拉菜单，在该菜单中可设置洋葱皮工具的显示范围、显示标记和固定绘图纸等。各选项的功能及含义如下：

① 总是显示标记：无论是否使用洋葱皮工具，时间轴中都将显示游标。

② 锚定绘图纸：时间轴上的游标将固定在当前位置，不再随播放指针的位置移动。

③ 绘图纸 2：在主场景中只显示当前帧左右两边相邻 2 帧的内容。

④ 绘图纸 5：在主场景中只显示当前帧左右两边相邻 5 帧的内容。

⑤ 绘制全部：在主场景中显示整个动画中的所有内容。

4.4　元件、实例和库

在 Flash 动画中，经常会有一个对象多次出现的情况，例如绘制满天的星星，满天雪花，或是一大片野花，那么就可以把该对象变为元件，通过对元件的反复调用来达到该效果。当我们创建了一个元件以后，调用的元件就叫实例，实例是元件的复制品，一个元件可以产生多个实例，这些实例可以是相同的，也可以分别编辑各自属性使其有所区别。

对元件的编辑将影响到所有由此元件生成的实例，但是对实例的编辑只影响该实例本身，而不会影响到元件以及该元件生成的其他实例。

使用元件的优点是：

① 提高工作效率，可以无限制地复制出实例，并且所有实例都具有元件的统一属性。实例也可以单独编辑，在元件本身的基础上产生独特的效果。

② 减少文件的大小，加快动画的下载速度。

③ 管理方便，只要修改元件，所有实例会自动完成修改。

4.4.1　元件的类型

元件类型包括三种：影片剪辑、按钮和图形元件。

1. 图形元件

图形元件主要用于创建可反复使用的图形，是制作动画的基本元素之一，它可以是静止的图片，也可以是动画，但图形元件中的动画不能添加交互行为和声音控制。把包含动画的图形元件放到场景中，必须把场景的帧数延长到跟图形元件的帧数一样，发布动画后图形元件才能动起来。

2. 按钮元件

按钮元件用于响应鼠标事件，创建动画的交互控制按钮。不同于图形元件和影片剪辑元件，可为按钮添加事件的交互动作，使其具有交互功能。按钮元件主要包括“弹起”“指针经过”“按下”和“点击”4 种状态，在按钮元件的不同状态上创建的内容也不同。按钮元件中可以插入影片剪辑和声音，前三帧中可以加入 ActionScript 语句。

3. 影片剪辑

用于创建动画片段，它等同于一个独立的 Flash 文件，它的时间轴不受舞台中主时间轴的限制。把影片剪辑调到场景中，它只需占用一帧。在影片剪辑中可以加入 ActionScript 脚本代码，可以呈现更为丰富的动画效果，具有交互性。

4.4.2　创建图形元件

创建元件有两种方法，一种是新建元件，在元件的编辑窗口中编辑元件，另一种方法是选择舞台上的对象，然后将其转换为元件。

1. 转换对象为图形元件

用【选择工具】选择舞台上要转换为元件的对象，然后在对象上面单击鼠标右键，在弹出菜单中选择“转换为元件”。

在“转换为元件”对话框中输入元件的名称，选择类型为“图形”，如图4-4-1。“注册”选项中通过点击黑点的位置确定元件的中心点位置。在“库根目录”中可以选择现有目录或创建一个新的目录为元件的保存位置。单击“确定”按钮，完成元件的转换。

选择菜单命令“窗口” > “库”，调出库面板，可以看到刚转换的元件。如果需要增加元件的实例，可从库面板中拖动该元件到舞台上。

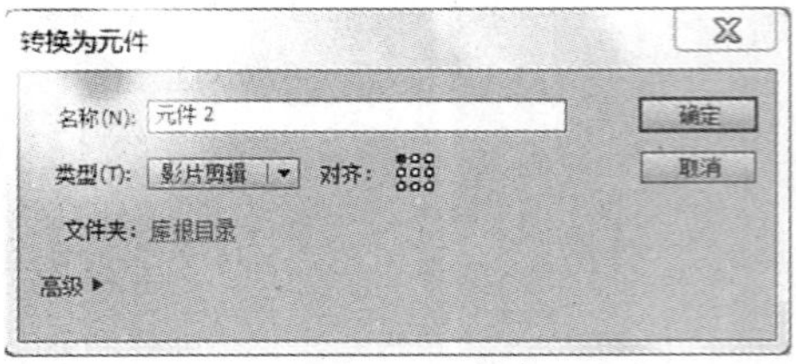

图4-4-1 “转换为元件”对话框

图4-4-2 新建元件编辑窗口

2. 创建新的图形元件

选择菜单命令“插入” > “新建元件”，在弹出的“创建新元件”对话框中，输入新元件的名称“正方形”，选择类型为“图形”，单击“确定”按钮，可以发现在舞台左上角的场景名称后面多了“正方形”的字样，表示当前正处于“正方形”元件的编辑窗口，用户可以在该编辑窗口中绘制图形、输入文本或导入外部图像，如图4-4-2。元件创建完毕后，点击舞台左上角的场景名称，返回到场景中，从库面板中把“正方形”元件拖放到舞台上。

4.4.3 创建按钮元件

选择菜单命令“插入” > “新建元件”，在弹出的“创建新元件”对话框中，输入名称“前一页”，选择类型为“按钮”，单击“确定”按钮，进入按钮元件的编辑窗口。按钮元件的时间轴有四帧，分别表示按钮的4种状态：“弹起”“指针经过”“按下”和“点击”。

（1）“弹起”：表示鼠标没有放在按钮上时按钮的状态。

（2）“指针经过”：表示鼠标放在按钮上时按钮的状态。

（3）“按下”：表示鼠标点击按钮时按钮的状态。

（4）“点击”：表示按钮的有效区域。这一帧的状态在动画中是不显示的。如果按钮中存在空白区域，就必须设置“点击”区。例如制作文本按钮，在没有笔画的空白地方按钮是无效的，如图4-4-3的左半部分所示，这样在动画运行时操作就不太方便，图4-4-3右半部分的按钮就添加了一个矩形的点击区域，覆盖了整个文本的范围，这样即使在空白区按钮也是有效的。

图4-4-3 添加“点击”区域的按钮作用区与原有按钮对比

创建一个简单的按钮，可在“弹起”帧中绘制一个浅蓝色长方形，在“指针经过”一帧上单击鼠标右键，选择弹出菜单“插入关键帧”，在调色面板上选择黄色，用【颜料桶工具】把“指针经过”帧中的长方形改为黄色，接着在“按下”一帧中插入关键帧，把长方形的颜色改为绿色。创建完成后，返回到场景中，从库面板中把按钮元件拖放到舞台上，按“Ctrl + Enter”键预览动画效果。

4.4.4 影片剪辑元件

影片剪辑元件就是一个小的 Flash 动画，它有自己独立的时间轴，并且可以包含图形、按钮、声音或其他影片剪辑。影片剪辑可以独立于主时间轴，如果主时间轴停止，影片剪辑的时间轴仍可以继续运行。

创建影片剪辑的方法与在场景中创建动画的方法相同，只不过这个过程在影片剪辑编辑窗口中进行。方法是选择菜单命令“插入” > “新建元件”，在弹出的“创建新元件”对话框中，选择类型为“影片剪辑”，单击“确定”按钮，进入影片剪辑的编辑窗口，然后在该编辑窗口中创建动画，创建完成后点击“场景 1”回到场景中，再从库面板中把影片剪辑拖放到舞台上。

也可以把场景中所创建的现成动画转化到影片剪辑元件中，把需要反复使用的动画变为影片剪辑，再进行调用，提高工作效率。

转换主时间轴中的动画为影片剪辑元件步骤如下：

（1）在主时间轴上，用鼠标单击顶层的第一帧并拖动鼠标直至底层的最后一帧，选定要转化的帧。

（2）在所选定的帧中右击鼠标，选择弹出菜单中的“复制帧”。

（3）选择菜单命令“插入” > “新建元件”，在弹出的“创建新元件”对话框中，选择类型为“影片剪辑”，单击“确定”按钮，进入影片剪辑的编辑窗口。

（4）在时间轴上右击鼠标，从弹出菜单中选择“粘贴帧”，就可以把从主时间轴上复制的帧粘贴到该影片剪辑的时间轴中。

4.4.5 对元件实例的编辑

对元件实例可以使用【变形工具】或通过“变形面板”进行缩放、旋转、翻转、编辑等各种操作，还可以修改实例的属性。每一个元件实例都拥有其独立的属性，如色调、透明度、亮度等，对实例属性的修改，不会影响到该元件以及由该元件所创建的其他实例。

从库面板中把元件拖放到舞台上，用【选择工具】选择该元件实例，在属性面板上的“样式”下拉列表框中可以选择相关参数选项，如图 4-4-4。

图 4-4-4　实例的属性面板

（1）无：用于取消实例的颜色设置。

（2）亮度：调节实例的相对亮度或暗度，其值从黑（-100%）到白（100%）。

（3）色调：以相同的色相为实例着色，从透明（0%）到完全饱和（100%）。

（4）Alpha：调节实例的透明度，从透明（0%）到完全饱和（100%）。

（5）高级：同时调节实例的红、绿、蓝和透明度值。

要断开实例与元件之间的联系，在选中实例后，选择菜单命令“修改”>“分离”，可以把元件分离为图形元素，再根据需要使用编辑工具进行修改。

4.4.5 库面板的使用

库面板中存放了 Flash 文档中所创建的元件以及导入的矢量图形、位图、声音文件和视频剪辑等，如图 4-4-5。

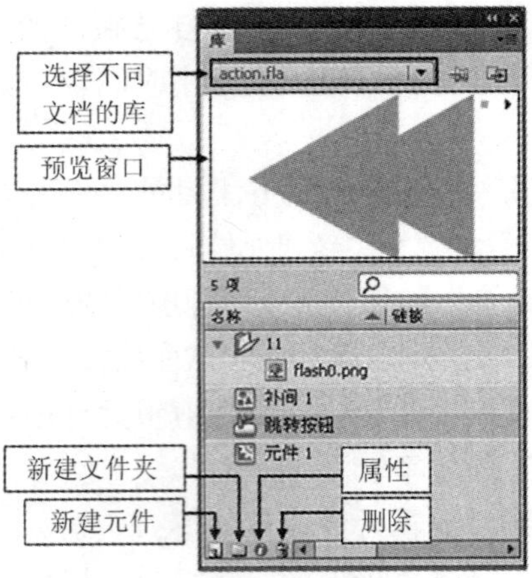

图 4-4-5 库面板

库面板中的列表主要用于显示库中所有项目的名称，项目名称旁边的图标表示该项目的文件类型，用户可以通过最上方的下拉箭头选择任意文档的库，把其他文档的库项目用于当前文档。

创建元件可以选择菜单命令进行创建，也可以单击库面板底部的“新建元件”按钮。

在制作动画的过程中，往往会有一些没有用到的元件，因此当作品完成时，应将这些没有用到的元件删除，以避免 Flash 文件过大。单击库面板右上角的选项菜单按钮，在弹出的快捷菜单里选择“选择未用项目”选项，此时所有没用到的元件被自动选定，然后进行删除即可。

如果项目太多，可以通过文件夹进行管理，点击“新建文件夹”按钮，将相关的项目拖放到该文件夹中。点击文件夹图标前面的三角形，可以展开或折叠文件夹。

小提示

使用 Flash 自带的公用库，可以向 Flash 文档中添加按钮或声音。选择菜单命令“窗口”>“公用库”，可以选择打开“声音库”“按钮库”或“类库”，使用方法跟库面板相同，只需将项目从公用库中拖放到当前文档的舞台上，就可以发现刚拖放的项目会自动存放到当前文档的库面板中。

4.5 导入使用外部媒体文件

在 Flash 动画中可以导入图像、声音和视频文件，下面分别介绍具体的导入和使用方法。

4.5.1　导入使用图形图像

在 Flash 中可以导入外部图片，并进行一些简单的编辑以适合动画制作的需要。所有导入的图片会自动保存到当前文件的库中。

（1）选择菜单命令“文件” > “导入” > “导入到舞台”，在“导入”对话框中选择一个图片文件，然后点击“打开”按钮，可以看到图片就已经在舞台上了，同时在库面板中也可以看到该图片文件。

（2）对图片进行编辑前，要先用【选择工具】选择图片，按键盘上的“Ctrl + B”键打散图片后，用鼠标在空白处单击，取消对图片的选择。

使用【选择工具】进行框选可以在图片中选择一个矩形形状的区域；【套索工具】用来选择图片中任意形状的区域；【多边形套索工具】可以选择一个多边形区域；【魔术棒工具】可以在图片中选择一片颜色相近的区域。选择之后可以进行各种编辑，如移动、删除、变形等。

4.5.2　导入使用声音文件

Flash 提供多种使用声音的方式，可以使声音独立于时间轴连续播放，或使用时间轴将动画与音轨保持同步，向按钮添加声音可以使按钮具有更强的互动性。

Flash 支持的声音文件格式 WAV（仅限 Windows）、AIFF（仅限 Macintosh）和 MP3（Windows 或 Macintosh）

1. 导入声音文件

Flash 包含一个声音库，其中包含可用作效果的多种有用的声音。若要将声音库中的某种声音导入 Flash 文档中，选择“窗口” > “公用库” > “声音”打开声音库，从声音库中拖动声音文件到 Flash 文档的库面板。

导入外部声音文件，选择菜单命令“文件” > “导入” > “导入到舞台”，弹出“导入”对话框，选择需要导入的声音文件，然后单击“打开”按钮，导入的声音文件就会出现在当前动画文件的库面板中。

选定新建的声音层后，将声音从库面板中拖到舞台中，声音就会添加到当前层中。可以把多个声音放在一个图层上，或放在包含其他对象的图层上。建议将每个声音放在一个独立的图层上，每个图层都作为一个独立的声道，当动画播放时，会混合所有图层上的声音。

在时间轴上，用鼠标选择包含声音文件的帧，然后在帧属性面板上点击“声音”选项，可以看到声音属性选项。在“名称”一栏中可以看到所使用的声音文件的名称，点击向下箭头可以更换声音文件，如图 4-5-1。

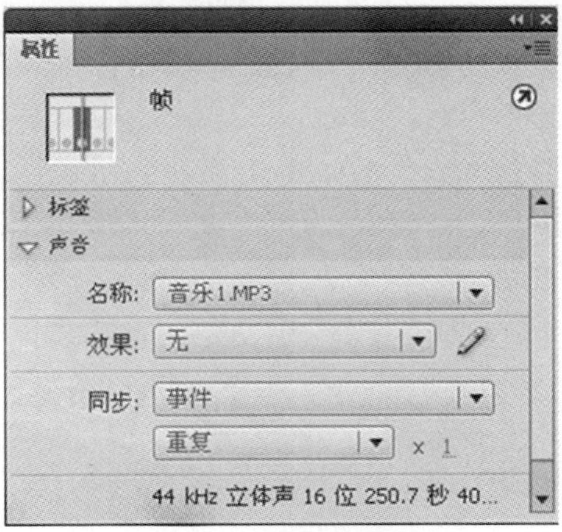

图 4-5-1　声音属性面板

1）效果选项：

（1）无：不对声音文件应用效果，选中此选项将删除以前应用的效果。

（2）左声道/右声道：只在左声道或右声道中播放声音。

（3）向右淡出/向左淡出：会将声音从一个声道

切换到另一个声道。

（4）淡入：随着声音的播放逐渐增加音量。

（5）淡出：随着声音的播放逐渐减小音量。

（6）自定义：使用“编辑封套”创建声音的淡入和淡出点，以及声音的播放开始点和结束点。

2）同步选项：

（1）事件：声音在它的起始关键帧开始显示时播放，并独立于时间轴播放完整的声音，即使 Swf 动画文件停止播放也会继续。

（2）开始：与“事件”选项的功能相近，但如果声音正在播放，使用“开始”选项则不会播放新的声音实例。

（3）停止：将使指定的声音静音。

（4）数据流：将强制动画和音频流同步。与事件声音不同，音频流随着 Swf 文件的停止而停止。

2. 向按钮添加声音

例如要在单击按钮时播放声音，可以在库面板双击要修改的按钮，进入按钮编辑窗口，在按钮的时间轴上，添加一个图层，在“按下”一帧中点击键盘上的 F6 键创建关键帧，用鼠标选择该帧，在帧属性面板中的“声音”选项的下拉列表中选择一个声音文件。

4.5.3 导入使用视频文件

导入 Flash 中的视频格式，必须是 FLV 或 F4V，Flash CS6 可将数字视频素材编入基于 Web 的演示中。如果视频格式不是 FLV 或 F4V，那么可以使用 Adobe Media Encoder 将其转换为需要的格式。

（1）新建文档，并保存在硬盘上的新建文件夹“动画”中，命名为“video. fla”

（2）导入视频，选择菜单命令“文件” > “导入” > “导入视频”，在“导入视频”对话框，如图 4-5-2，在“文件路径”下方的选项中，可以设置部署视频文件的方式，有下面三种：

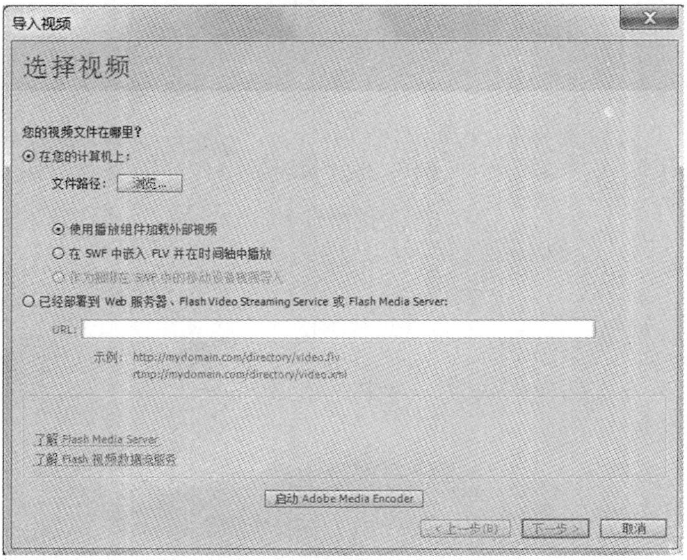

图 4-5-2 “导入视频”对话框

① 使用回放组件加载外部视频：导入视频并创建 FLV playback 组件的实例以控制视频回放。

② 在 SWF 中嵌入 FLV 并在时间轴上播放：选择这种方式，视频文件将直接嵌入到影片中，这种方式会增加发布文件的大小，因此适合嵌入较小的视频文件。

③ 作为捆绑在 SWF 中的移动设备视频导入：与在 Flash 文档中嵌入视频类似，将视频绑定到 Flash Lite 文档中以部署到移动设备。

（3）点击“浏览”按钮，选择视频文件，视频文件与 flash 源文件放在同一个文件夹里，选择“使用回放组件加载外部视频”，点击“下一步”按钮，进入“外观”对话框，在“外观”下拉列表中可以选择一种视频的外观以及播放条的颜色。再点击“下一步”按钮，最后点击“完成”按钮，如图 4-5-3。

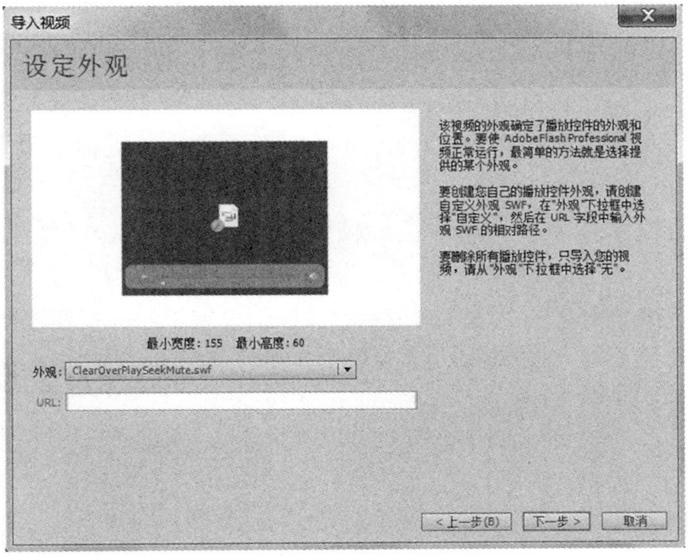

图 4-5-3　“导入视频－外观”对话框

（4）按下键盘上的“Ctrl + Enter”键测试动画。

4.6　制作动画

Flash 中的动画主要有三种类型：逐帧动画、补间动画和脚本动画。逐帧动画是传统的动画制作方式，在传统动画制作中，每一帧都是手绘的，逐帧动画也是相同的道理，通过内容不同的多个关键帧连续播放从而形成动画。脚本动画是通过 Flash 内置的脚本语言 ActionScript 来控制舞台上的影片剪辑。

补间动画是指绘制出开始的关键帧和结束的关键帧，中间的过渡帧由 Flash 补充计算出来。补间动画分两种：动作补间动画和形状补间动画。动作补间动画是同一个对象的属性渐变（如位置、大小、旋转和颜色）而产生动画效果。动作补间动画又可以演变出引导线动画和遮罩层动画。形状补间动画是两个图形对象之间的变形，如果使用了图形元件、按钮、文字或位图，则必先“打散”后才能制作变形动画。

4.6.1 不同动画类型的时间轴表示

不同动画类型在时间轴上的表示方法也是不同的，颜色、线条以及标志符号各有不同。以下列举了各种动画及其他情况的时间轴表示。

：关键帧之间为浅紫色背景并有从左至右的黑色箭头标识，表示创建的是传统动作补间动画。

：关键帧之间为浅紫色背景且关键帧之间以虚线连接，表示创建的是传统动作补间动画，但该动画没有创建成功，或在创建时出现操作错误。

：关键帧之间为浅绿色背景并有从左至右的黑色箭头标识，表示创建的是补间形状动画。

：关键帧之间为浅绿色背景且关键帧之间以虚线连接，表示创建的动画为形状补间动画，但该动画没有创建成功，或在创建时出现操作错误，如果碰到这种情况，就分别把这两个关键帧的对象打散就可以了。

：浅蓝色背景，第一帧为关键帧，后面再插入关键帧显示为菱形点，表示创建的是补间动画。

：灰色背景表示对单个关键帧的内容进行延续，以延长该关键帧的播放时间。

：关键帧上有一个小红旗表示在该帧上设定了帧标签或注释。

：关键帧上有小写的“a”符号，表示为该帧添加了 ActionsScript 动作脚本，可实现相应的交互动作。

4.6.2 关键帧动画

关键帧动画是把动画中的分解动作一帧帧画出来，每一帧都是关键帧，每个关键帧中创建不同的内容，当连续播放时就形成动画。关键帧动画适合制作变化较大的复杂动画。

制作文字跳动关键帧动画步骤如下：

（1）新建一个 Flash 文档，在属性面板上定义文档大小为：400×150，单击工具箱中的【文本工具】，在属性面板上进行如图 4-6-1 所示的设置，接着在舞台上输入文字“FLASH”，如图 4-6-2。

图 4-6-1 文本属性设置

图 4-6-2 输入的文字

（2）使用【选择工具】选择文字，按“Ctrl + B”键打散文字，这时文字块分解为分散的字母，如图 4-6-3。在文字还处于被选择状态下，再次按“Ctrl + B”键，这时文字上都是白色小点，表示文字已被分离为图形，并且当前这些文字处于被选择状态，如图 4-6-4。

图 4-6-3　第一次按 Ctrl + B 打散文字

图 4-6-4　第二次按 Ctrl + B 打散文字

（3）选择【颜料桶工具】，在颜色面板上选择彩虹渐变色，可以看到文字自动填充了渐变色，并且每个文字都是独立的一个渐变色。把工具箱选项区的“锁定填充”按钮取消，再次用【颜料桶工具】点击处于被选择状态的所有文字，可以看到所有文字以一个对象被填充渐变色，如图 4-6-5。

（4）点击时间轴的第 2 帧，按 F6 键，增加一个关键帧，可以看到第 2 帧上的内容跟第 1 帧一样。用【选择工具】选择字母 F，按住 Shift 键再选择 L，按“Ctrl + G”键把这两个字母成组，同样地把 S 和 H 也成组。用【任意变形工具】把这两个组分别向左和向右倾斜一个角度，用【任意变形工具】分别压缩变窄。用【选择工具】把 A 向上移动一点位置，再用【任意变形工具】把 A 拉长一点，把填充色改为橙色，如图 4-6-6。

图 4-6-5　为文字填充渐变色

图 4-6-6　对文字进行变形

（5）选择菜单命令“控制”>“测试影片”命令，或是按快捷键“Ctrl + Enter”，在 Flash 播放器中预览动画效果。由于动画每秒播放 24 帧，速度太快，所以选择菜单命令“修改”>“文档”，在“文档属性”对话框中，更改帧频为“1”，如图 4-6-7。

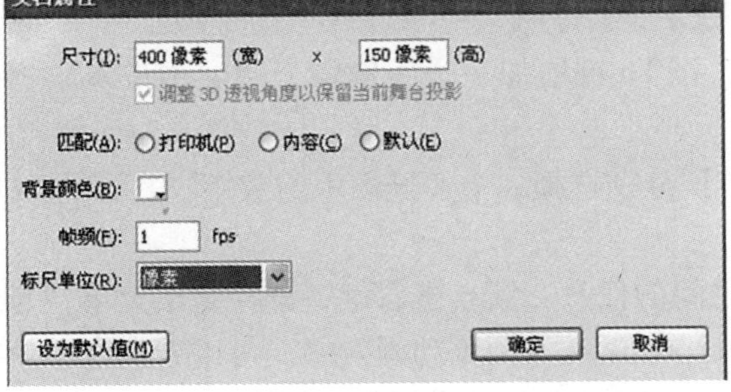

图 4-6-7　修改动画的播放帧频

（6）按快捷键“Ctrl + Enter”预览动画效果。

4.6.3 形状补间动画

形状补间动画是两个图形对象之间的变形。如果使用图形元件、按钮、文字或位图，则必先“打散”再变形，方法就是选择对象，按“Ctrl + B”键打散该对象。

1. 例子：制作变形动画

（1）新建一个 flash 文档，在属性面板上定义文档大小为：400 × 150。

（2）用【矩形工具】在舞台上面画出一个矩形。

（3）用鼠标单击时间轴上的第 20 帧，按 F7 键增加一个空关键帧，用【圆形工具】画一个圆形。

（4）在 1-20 帧之间的任意一帧上点击鼠标右键，选择弹出菜单“创建补间形状”，如图 4-6-8，时间轴面板的背景色变为淡绿色，在起始帧和结束帧之间有一个长长的箭头。按 Enter 键，可以看到舞台中的“矩形”，在移动的过程中变成了“圆形”。

（5）如果想取消矩形在变形过程中的移动，可以通过洋葱皮工具进行调整。选择“编辑多个帧”按钮，单击“修改绘图纸标记”按钮，选择“始终显示标记”“锚记绘图纸”和“所有绘图纸”，如图 4-6-9。分别调整两个图形的位置使其位置重合，那么在变形过程中就不会移动了。

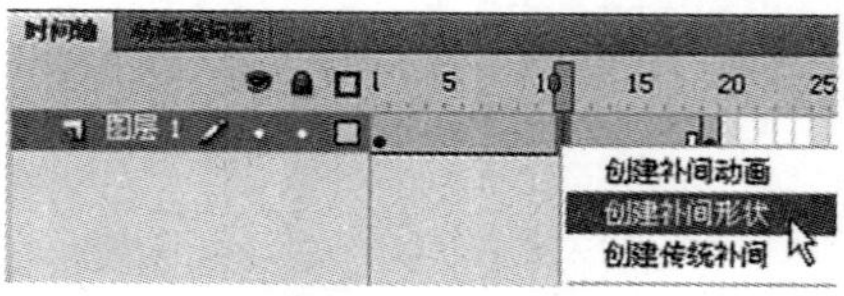

图 4-6-8 选择右击菜单命令“创建补间形状”

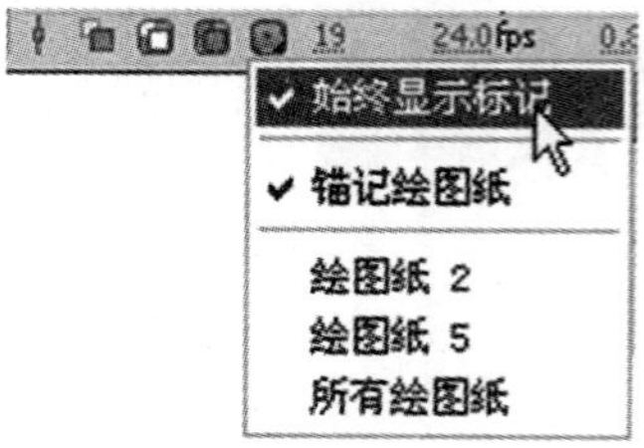

图 4-6-9 洋葱皮工具

2. 例子：添加外形提示点

前后图形差异较大时，变形结果会显得乱七八糟，“形状提示”功能可以大大改善这一情况，在“起始形状”和“结束形状”中添加相对应的“参考点”，使 Flash 在计算变形过渡时按一定的规则进行，从而较有效地控制变形过程。

（1）执行“文件” > “新建”命令新建一个文档，设置舞台尺寸为 200 * 150 像素。

（2）选择【文本工具】，在属性面板上选择字体为“Arial Black”，字号为 120，颜色为红色，在第一帧中输入数字“1”。

（3）单击第 20 帧，按 F6 键增加一个关键帧，用文本工具选择第二个关键帧中的数字“1”改为数字“2”。

（4）用【选择工具】分别选择 2 个关键帧中的数字“1”和“2”，按“Ctrl + B”键打散。

（5）在 1 到 20 帧之间的任意一帧点击右键，选择弹出菜单“创建补间形状”。

（6）按快捷键“Ctrl + Enter”预览动画效果，可以看到变形效果比较乱。

（7）选择第 1 帧，选择菜单命令“修改” > “形状” > “添加形状提示”，图形上会出现一个小 a，同样操作，出现小 b，两个字母会重叠在一起。确认工具栏上的“贴紧至对象”按钮已被选中，用鼠标左键单击并按住 b 拖放到数字“1”的右下角，再把 a 拖放到左上角。选择第 20 帧，调整提示 a 和 b 到数字“2”的左上角和右下角，如图 4-6-10。

安放调整成功后开始帧上的“提示圆圈”变为黄色，结束帧上的“提示圆圈”变为绿色，安放调整不成功或不在一条曲线上时，“提示圆圈”颜色不变。

（8）按快捷键“Ctrl + Enter”预览动画效果，可以看到较之先前，变形效果变得很有规则了，如图 4-6-11。

图 4-6-10　添加形状提示

图 4-6-11　原来的动画与添加了变形提示的动画效果对比

3. 形状补间动画的“属性面板”的两个参数

（1）“缓动”选项：“0”表示默认情况下，补间帧之间的变化速率是不变的。把鼠标放在“0”上面，鼠标指针会变为，按住鼠标左键左右拖动，或是输入具体的数值，形状补间动画会随之发生相应的变化。

① 数值在 1 到 –100 之间，动画运动的速度从慢到快，朝运动结束的方向加速度补间。

② 数值在 1 到 100 之间，动画运动的速度从快到慢，朝运动结束的方向减慢补间。

（2）“混合”选项：

① 角形：创建的动画中间形状会保留有明显的角和直线，适合于具有锐化转角和直线的混合形状。

② 分布式：创建的动画中间形状比较平滑和不规则。

小提示

添加外形提示的技巧：将变形提示从形状的左上角开始按逆时针顺序摆放，形状提示要在形状的边缘才能起作用。在调整形状提示位置前，要选择工具栏上的“贴紧至对象”按钮，这样，会自动把“形状提示”吸附到边缘上。另外要删除所有的形状提示，可执行菜单命令“修改”>“形状”>“删除所有提示”。删除单个形状提示，选择动画的起始关键帧，用鼠标右键单击它，在弹出菜单中选择“删除提示”。

4.6.4　传统补间动画

传统补间动画适用于成组的图形和元件。

1）制作位置运动动画

（1）笔触颜色为黑色，填充色颜色为蓝色，使用【矩形工具】在舞台中绘制一个矩形，使用【选择工具】选择矩形，右击鼠标选择弹出菜单“转换为元件”，移动矩形到舞台的左边。

（2）在第 20 帧处按 F6 键，添加关键帧，用【选择工具】把矩形移动到舞台的右边。

（3）在 1 到 20 帧之间的任意一帧点击右键，选择弹出菜单“创建传统补间”命令。

（4）按快捷键“Ctrl + Enter”预览动画效果，可以看到舞台中的矩形从左边移动到右边。

2）制作旋转动画

（5）在第 30 帧处按 F6 键，添加关键帧，在 20－30 帧之间的任意一帧点击右键，选择弹出菜单“创建传统补间”命令。

（6）单击 20－30 帧之间的任意一帧，打开属性面板，在“补间”区中的“旋转”下拉列表中选择“顺时针”，右边还有个数字输入框，可以定义旋转的次数，默认为 1，如图 4-6-12。

（7）按快捷键“Ctrl + Enter”预览动画效果，可以看到矩形从左边移动到右边后，原地顺时针旋转一周。例如车轮、表针的旋转也可以使用这种方法来制作。

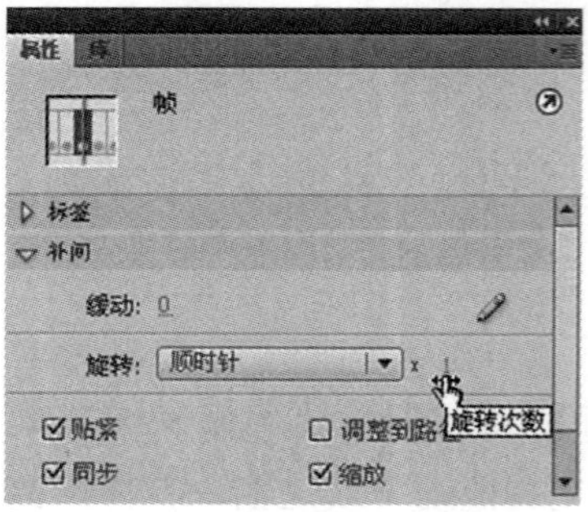

图 4-6-12　在帧属性面板上设置旋转

图 4-6-13　在实例属性面板调整色彩效果

3）制作变色动画

（8）在第 40 帧处按 F6 键，添加关键帧，把第 40 帧的矩形用【选择工具】移动到舞台的上方，在 30－40 帧之间的任意一帧点击右键，选择弹出菜单“创建传统补间”命令。

（9）选择第 40 帧，再用【选择工具】选择舞台中的矩形，在矩形元件实例属性面板的色彩效果区中的“样式”下拉列表，选择 Alpha，定义值为 0%，如图 4-6-13。

（10）按快捷键“Ctrl + Enter”预览动画效果，可以看到矩形从左边移动到右边后，原地顺时针旋转一周，然后逐渐变为透明。

4.6.5　运动引导层动画

在 Flash 动画中，物体可以按照设计好的路线进行移动，实现这种移动的方法就是 Flash 的运动引导层，下面制作一个椭圆沿路径运动的动画。

（1）使用【椭圆工具】在舞台中绘制一个椭圆，使用【选择工具】选择椭圆，右击鼠标选择弹出菜单“转换为元件”。

（2）在第 20 帧处按 F6 键，添加关键帧，用【选择工具】移动椭圆的位置。

（3）在 1 到 20 帧之间的任意一帧点击右键，选择弹出菜单“创建传统补间”命令。

（4）在时间轴上“图层 1”上面单击鼠标右键，在弹出菜单中选择“添加传统运动引导层”命令，如图 4-6-14。

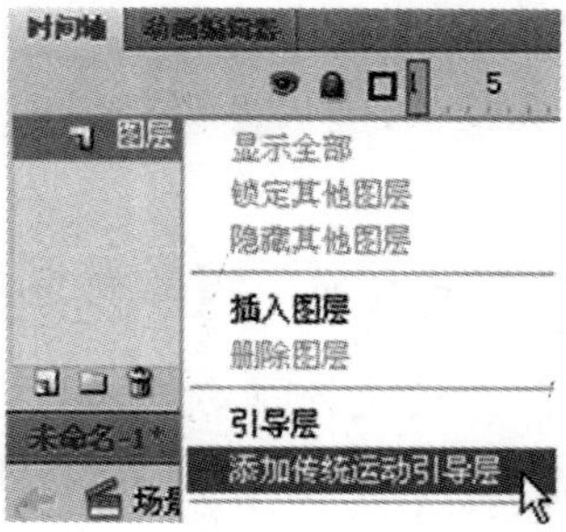

图 4-6-14　选择右击菜单“添加传统运动引导层”

（5）这时“图层 1”上就增加了一个图层，名称为“引导层：图层 1”，如图 4-6-15，点击引导层第一帧，使用【铅笔工具】在引导层中绘制一条线段。

（6）使用【选择工具】调整椭圆的位置，点击“图层 1”第一帧，拖动椭圆，使其中心点对准线段的起始端点，如图 4-6-16，接着点击第 20 帧，拖动椭圆，使其中心点对准线段的尾端。

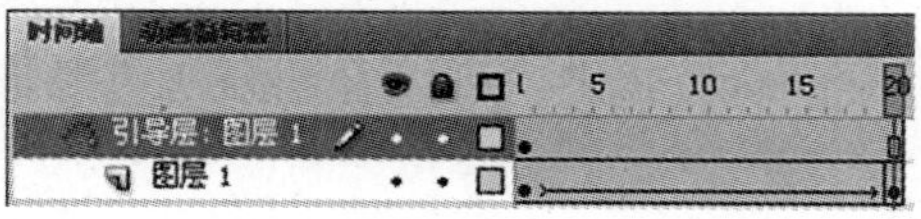

图 4-6-15　添加引导层

图 4-6-16　调整椭圆对准线段的起始和尾部端点

（7）引导层动画制作完成后，按快捷键“Ctrl + Enter”预览动画效果，可以看到椭圆随着引导层中复杂的路线在进行移动。

4.6.6　制作遮罩效果动画

在遮罩效果动画中，位于其下方的“被遮罩层”中的内容只能通过“遮罩层”的形状显示出来。在一个遮罩动画中，“遮罩层”只有一个，“被遮罩层”可以有多个。

可以在“遮罩层”“被遮罩层”中分别或同时使用形状补间动画、动作补间动画或引导线动画等，从而使遮罩动画变成一个可以施展无限想象力的创作空间。不能对遮罩层上的对象使用 3D 工具，包含 3D 对象的图层也不能作为遮罩层。

1. 制作变色文字遮罩动画

（1）选择菜单命令“文件” > “新建”新建文档，设置舞台尺寸为 200 * 150 像素。

（2）选择菜单命令“插入” > “新建元件”，选择图形元件类型，笔触颜色为黑色，填充色颜色为彩虹渐变色，使用【矩形工具】在舞台中绘制一个矩形，如图 4-6-17。

（3）点击“场景 1”回到场景中，选择菜单命令“窗口” > “库”调出库面板，从库中把元件 1 拖放到舞台左边，在第 20 帧按 F6 键，增加一个关键帧，把元件 1 拖放到舞台的右边。

（4）在 1 到 20 帧之间的任意一帧点击右键，选择弹出菜单“创建传统补间”命令。

（5）选择图层面板上面的“新建图层”按钮，创建新图层“图层 2”，选择【文本工具】，在属性面板上选择字体为“Arial Black”，字号为 120，在图层 2 输入“FLASH”。调整文本的位置，使其与矩形水平重合，如图 4-6-18。

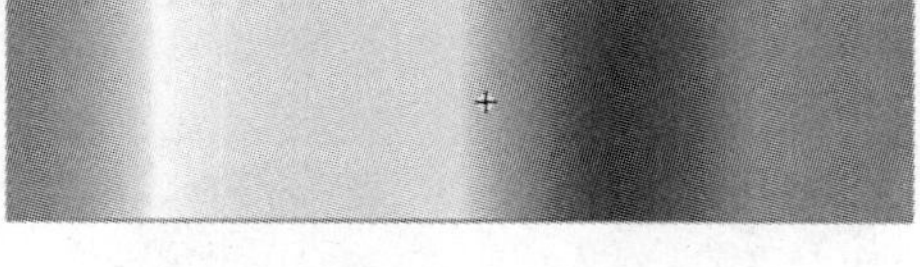

图 4-6-17　绘制一个渐变色矩形

图 4-6-18　输入文字

（6）在时间轴上“图层 1”上面单击鼠标右键，在快捷菜单中选择“遮罩层”命令，层图标就会从普通层图标变为遮罩层图标，系统会自动把遮罩层下面的一层关联为“被遮罩层”，在缩进的同时图标变为，如图 4-6-19。如果想关联更多层被遮罩，只要把这些层拖到“被遮罩层”下面就行了。

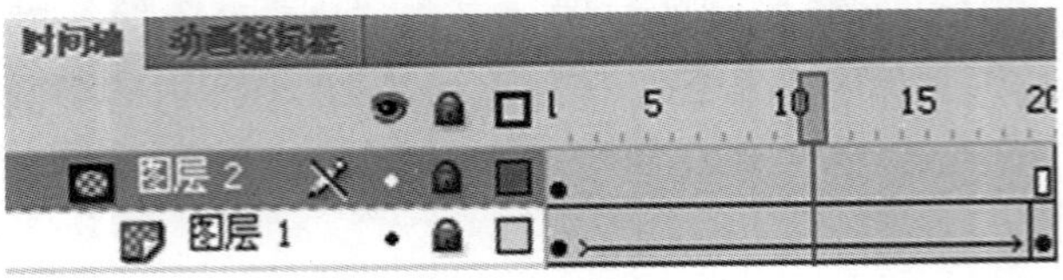

图 4-6-19　添加遮罩层

（7）动画制作完成，按快捷键“Ctrl + Enter”预览动画效果，可以看到渐变色矩形的运动透过文字的轮廓显示出来，如图 4-6-20。

图 4-6-20　动画效果

2. 制作望远镜效果遮罩动画

（1）选择菜单命令“文件” > “新建”，新建一个文档，设置舞台尺寸为 200 * 150 像素。

（2）选择菜单命令“插入” > “新建元件”，选择图形元件类型，使用【圆形工具】在舞台中绘制一个圆形，用【选择工具】框选这个圆形，按键盘上的“Ctrl + C”键复制，再按“Ctrl + V”键粘贴，用【选择工具】框选两个圆形，选择菜单命令“窗口” > “对齐”面板，选择顶端对齐，形成望远镜两个镜片，如图 4-6-21。

（3）点击“场景 1”回到场景中，选择菜单命令“文件” > “导入” > “导入到舞台”，选择一幅外部图片，按击“确定”按钮，可以看到舞台上增加了一幅图片。在第 60 帧的地方单击鼠标，按 F5 键添加普通帧。

（4）选择图层面板上面的“新建图层”按钮，创建新图层“图层 2”，再选择菜单命令“窗口” > “库”调出库面板，从库中把元件 1 拖放到舞台左边，在 20 帧按 F6 键，增加一个关键帧，把元件 1 拖放到舞台的右边。在第 40 帧处按 F6 键，增加一个关键帧，把元件 1 拖放到舞台的下方，在第 60 帧处按 F6 键，增加一个关键帧，把元件 1 拖放到舞台的左边。

（5）在 1 – 20、20 – 40、40 – 60 帧之间的任意一帧点击右键，选择弹出菜单“创建传统补间”命令。

（6）在时间轴上“图层 1”上面单击鼠标右键，在快捷菜单中选择“遮罩层”命令。

（7）按快捷键“Ctrl + Enter”预览动画效果，如图 4-6-22。

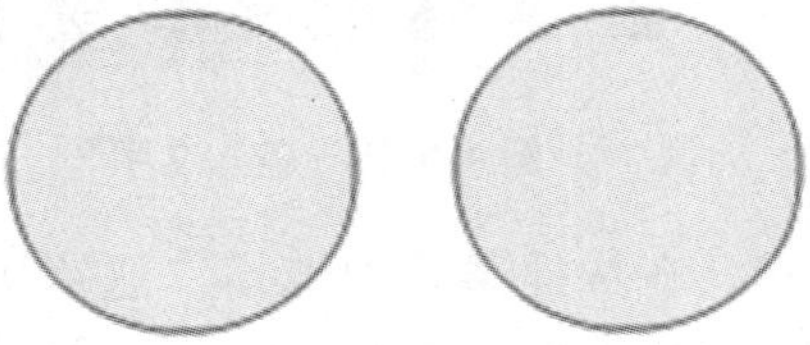

图 4-6-21　绘制望远镜镜片

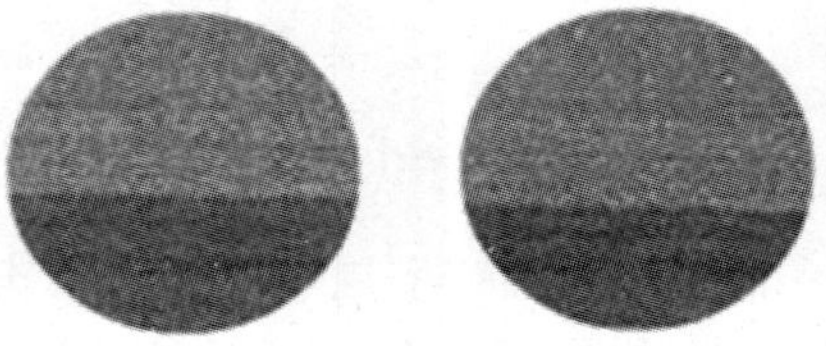

图 4-6-22　预览动画效果

小提示

制作遮罩动画的技巧：遮罩层只能是一个图层，而被遮罩层可以是好多个层。做动画可以在遮罩层也可以在被遮罩层，当我们需要遮罩层的动画比较复杂的时候，可以把动画做到一个影片剪辑里面去。线不能做遮罩，所以如果是线画出来的形状，可以选择菜单命令“修改” > “形状” > “把线条转换为填充”，把线转换为填充。文字要做遮罩得先打散为形状，连续按两次快捷键键“Ctrl + B”。有的时候遮罩层有好多个形状，做出来的效果只有一部分有效，尝试把所有形状剪切再重新粘贴一下。

4.6.7　补间动画

在前面创建动画时，我们会发现快捷菜单中除了“传统补间”和“补间形状”外，还有个“补间动画”。“传统补间”是指旧版本中基于关键帧的运动渐变动画，而“补间动画”比“传统补间”方法更加简单，可变性更强。创建传统补间动画功能可以应用“组”，而补间动画转向应用于“元件”，图形元件、按钮元件、影片剪辑元件都可以选择创建补间动画。

创建补间动画步骤如下：

（1）选择菜单命令“文件” > “新建”，新建一个文档。笔触颜色为黑色，填充色颜色为蓝色，使用【圆形工具】在舞台中绘制一个圆形。

（2）使用选择工具选择圆形，点击鼠标右键，选择快捷菜单命令“转换为元件”，选择类型为“图形元件”。

（3）按下键盘 F5 键，延长帧到 30 处。

（4）选择第 1 帧至第 30 帧任意一帧处右键选择“创建补间动画”。

（5）用鼠标点击 20 帧处，移动圆形到右边，这时我们会发现时间轴上出现了一个黑色菱形，而舞台中出现了一条带有很多小点的线段，用鼠标点击 30 帧处，移动圆形到下边，时间轴上 30 帧处又多了一个菱形，同时舞台上也多了一条线段。这两条线段就是补间动画的运动路径，线段上有一些端点，每个端点代表了时间轴上的 1 个帧，如图 4-6-23。

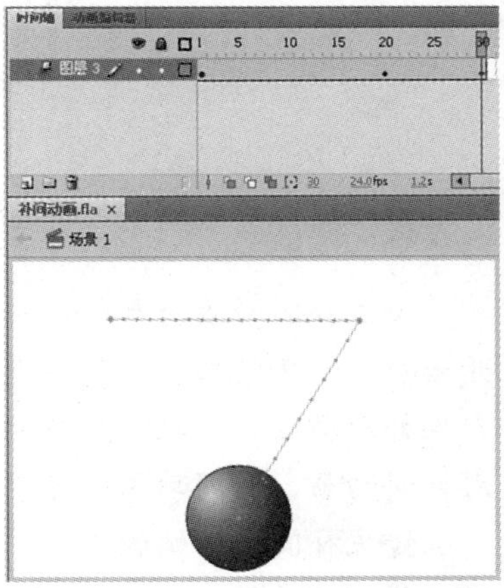

图 4-6-23　创建补间动画

（6）使用【选择工具】可以对运动路径进行调整，如弯曲的调整。使用【部分选取工具】可以对线段进行弧线角度的调整，如调整弯曲角度，只需单击两端的顶点，就会出现控制柄，通过调整控制柄就可以改变运动路径弯曲的设置。

（7）使用动画编辑器来编辑补间动画的属性。选择时间轴中的补间范围，动画编辑器就会显示该补间动画的属性曲线。动画编辑器可以对关键帧属性进行细致的控制，添加、删除、移动属性关键帧。

在动画编辑器中点击第 15 帧，在左侧的“基本动画”区中，把“旋转 Y”的值改为 180°，点击第 30 帧，把“旋转 Y”的值改为 360 度，如图 4-6-24。

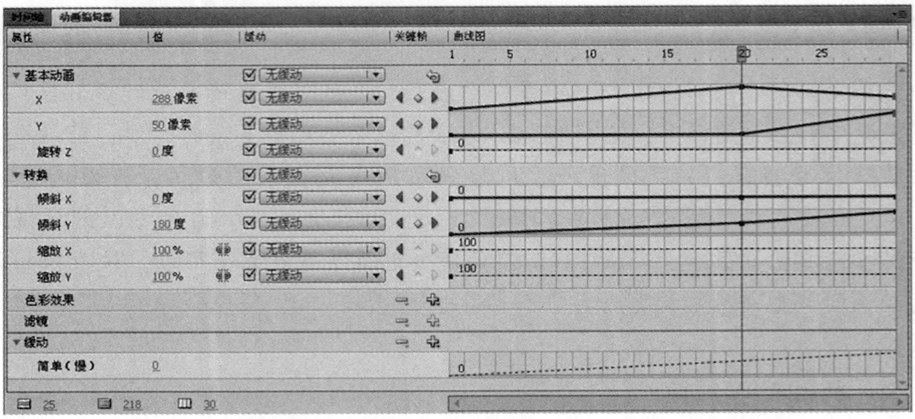

图 4-6-24　动画编辑器

（8）按快捷键“Ctrl + Enter”预览动画效果，如图 4-6-25。

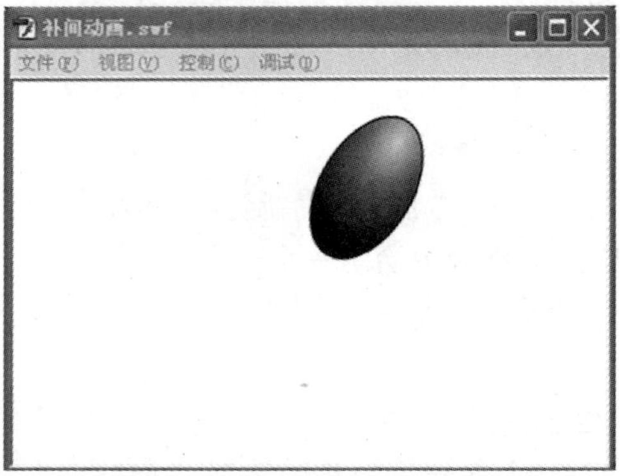

图 4-6-25　补间动画的预览效果

小提示

传统补间动画的制作过程是做好开始帧和结束帧，然后创建动画。而补间动画则是做好开始帧，创建动画，然后再选中对应帧改变对象属性，补间动画只需要创建一次关键帧即可产生补间动画，可以随时把动画转化为逐帧技术表现形式，为 3D 对象创建动画效果只能使用补间动画，补间动画还可以使用动画编辑器调制出精确的补间效果。

传统补间允许帧脚本，补间动画不允许帧脚本。若要在补间动画范围中选择单个帧，必须按住 Ctrl（Windows）或 Command（Macintosh）单击帧。

4.6.8　创建 3D 旋转动画

（1）新建文档，选择新建文档类型为“Flash 文件（ActionScript 3.0）”。

（2）使用【矩形工具】在舞台上绘制一个矩形，再用【选择工具】选择该矩形，右击鼠标，选择弹出菜单“转换为元件”，选择元件类型为“影片剪辑”。

（3）用鼠标点击时间轴上的第 30 帧，按键盘 F5 键，延长 30 帧。

（4）选择第 1 帧至第 30 帧任意一帧处点击鼠标右键，选择快捷菜单命令“创建补间动画”。

（5）选择第 1 帧至第 30 帧任意一帧处点击鼠标右键，选择快捷菜单命令“3D 补间”。

（6）用鼠标点击第 30 帧，用【3D 旋转工具】点击矩形，把鼠标放在矩形上面绿色的 Y 控件，向上拖动 Y 控件到顶点并继续向左拖动，拖动 180°，如图 4-6-26。

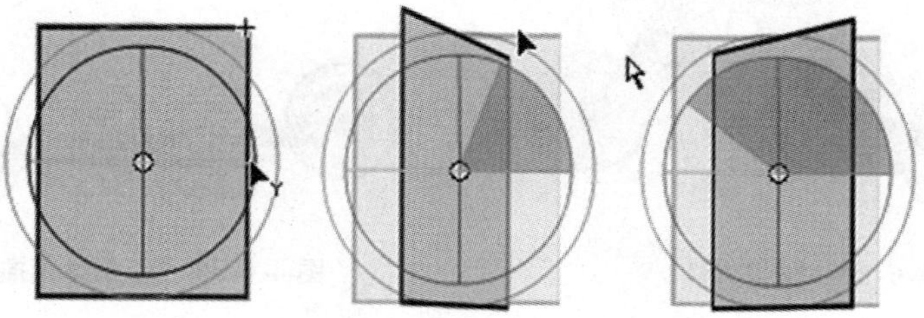

图 4-6-26　用【3D 旋转工具】旋转矩形

（7）按快捷键“Ctrl + Enter”预览动画效果，可以看到矩形绕 Y 轴旋转 180°。

4.6.9　骨骼动画

（1）新建文档，选择新建文档类型为“Flash 文件（ActionScript 3.0）”。

（2）使用【圆形工具】在舞台上绘制一个圆形，再用【选择工具】选择该圆形，右击鼠标，选择弹出菜单“转换为元件”，选择类型为“图形元件”。

（3）按住键盘上的 Alt 键，用鼠标拖动该圆形元件到右边，每拖动一次就可以复制一个圆形，复制了 5 个圆形，然后选择“对齐”面板中的和按钮，使得这 6 个圆形元件实例顶端对齐并且间隔平均，如图 4-6-27。

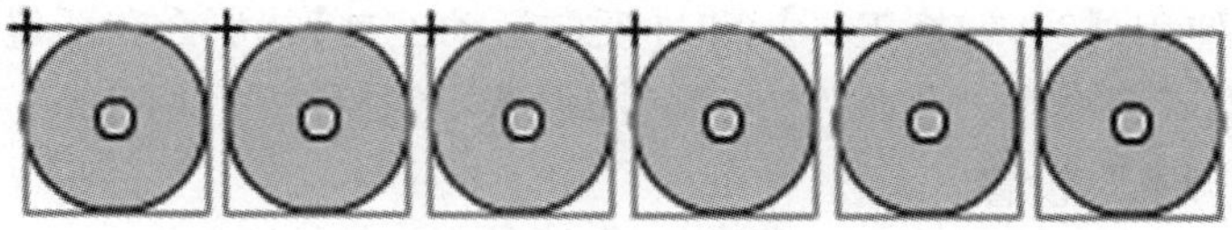

图 4-6-27　复制圆形元件

（4）把这些对象连接起来创建骨架。选择【骨骼工具】，从第一个圆形元件开始，按住鼠标左键不放，拖向下一个元件实例把它们连接起来，松开鼠标的时候，在两个元件实例中间将会出现一条实线来表示骨骼段，重复这个过程把第二个元件实例和第三个实例连接起来，直到所有的实例都用骨骼连接起来，如图 4-6-28。

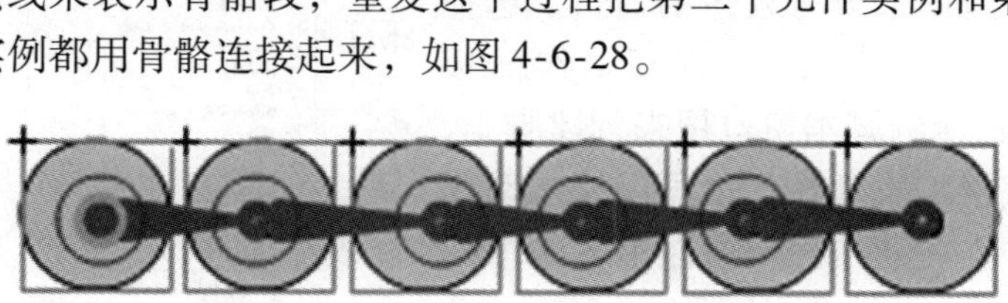

图 4-6-28　创建骨架

（5）创建骨骼后，被骨骼关联的元件都移动到“骨架”图层中。选择【选取工具】，并拖动链条中的骨骼，可以控制整个骨架。创建骨骼后，如果需要对某个元件中骨骼绑定的形状点的位置进行调整，可以使用任意变形工具，调整元件的形状点位置，如图 4-6-29。

（6）用鼠标点击时间轴上的第 20 帧，按键盘 F5 键，延长到 20 帧。

（7）拖动链条中的骨骼，改变骨架，如图 4-6-30，Flash 会在当前帧数上插入一个关键帧，并插入新的姿势。

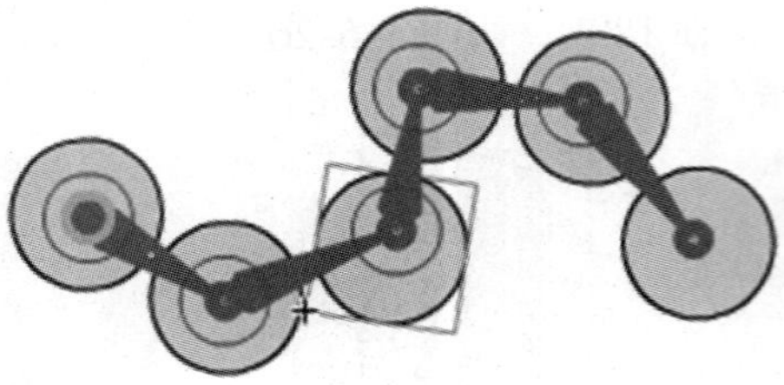

图 4-6-29 调整骨骼

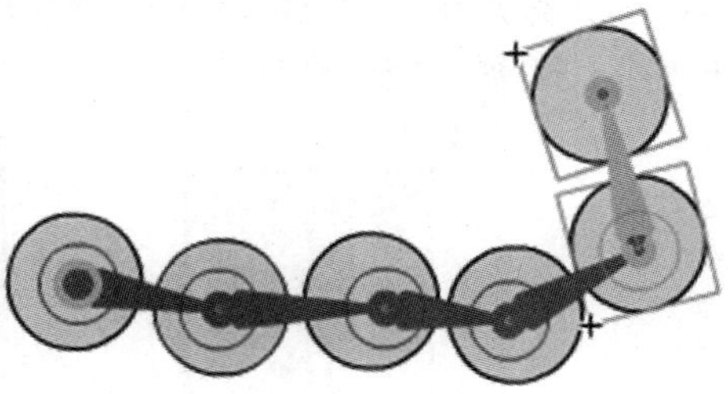

图 4-6-30 改变骨架插入新姿势

（8）按快捷键“Ctrl + Enter”预览动画效果。

4.7 制作交互动画

ActionScript 是 Flash 的脚本语言，它是一种面向对象的编程语言。通过 ActionScript 语言可以给动画添加交互性。普通动画是按顺序从头到尾播放，而在交互动画中用户可以通过使用键盘或鼠标与动画进行交互。ActionScript 3. 0 提供了强大的、面向对象的编程语言。在新建 Flash 文档时，究竟是选择 ActionScript 3. 0 还是 ActionScript 2. 0，主要是根据项目的大小和要求来决定，如果只是简单的交互动画制作或影片的控制、游戏的开发，使用 ActionScript 2. 0 就可以了，如果是开发大型的基于互联网的应用程序，则应该选择 ActionScript 3. 0。

如果在动画中使用【3D 转换工具】和【反向运动工具】，那么在新建文档时就选择 ActionScript 3. 0，或在菜单命令“文件” > “发布设置”对话框的“Flash”选项中将 ActionScript 3. 0 指定为“脚本”设置。

本节介绍动作面板的组成与使用方法，使用动作面板给动画添加 ActionScript 语言，并通过例子介绍如何创建简单的交互动画。

4. 7. 1 动作面板的使用

动作面板是专门用来编写程序的窗口。选择菜单命令“窗口” > “动作”，打开动作面板（图 4-7-1）。面板右侧的脚本窗口用来创建脚本，用户可以在其中直接编辑动作，也可以输入动作的参数或删除动作。在动作面板的左上方的下拉列表中，可以选择 ActionScript 的版本。创建的动画类型不同，所选择的 ActionScript 版本也不相同，例如不能把 ActionScript 3. 0 脚本添加到基于 ActionScript 2. 0 所创建的动画文件中。

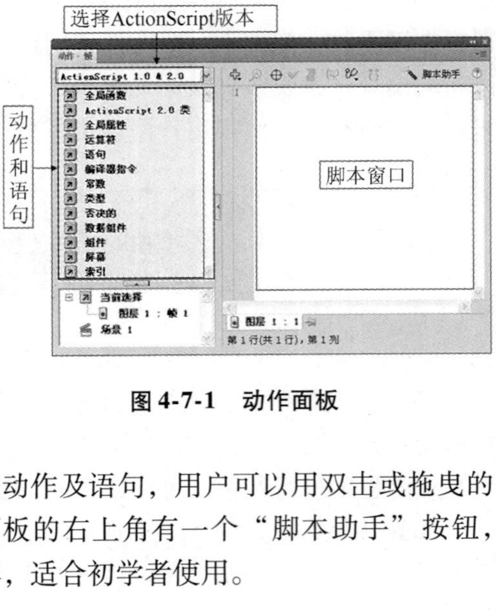

图 4-7-1 动作面板

面板左侧中部以分类的方式列出了 Flash 的所有动作及语句，用户可以用双击或拖曳的方式将需要的动作放置到右侧的脚本窗口中。在面板的右上角有一个“脚本助手”按钮，使用“脚本助手”，可以快速、简单地编辑动作脚本，适合初学者使用。

4.7.2　添加动作的位置

ActionScript 语言可以添加到动画中的关键帧、按钮元件和影片剪辑元件中。给关键帧添加动作，动画播放到该帧时就会自动执行该动作，添加动作后，在关键帧上会显示一个“α”标记，如图 4-7-2。

图 4-7-2　添加动作的帧

给按钮元件添加动作，可以通过按钮来控制影片的播放或控制其他元件。这些动作或程序是在特定的按钮事件发生时才会执行，如点击按钮时执行。每个按钮实例都可以有自己的动作，不会互相影响。给按钮元件添加动作的方法是先选择舞台上按钮元件的实例，然后在“动作”面板的标题栏就可以看到“动作 - 按钮”，在面板左侧下部中还显示了当前所选择的对象，表明当前所添加的脚本语言是赋予按钮元件，如图 4-7-3。

图 4-7-3　给按钮元件添加脚本

给影片剪辑添加动作，当装载影片剪辑或播放影片剪辑到达某一帧时，分配给该影片剪辑的动作将被执行。

4.7.3　ActionScriopt 基本语句的应用

下面介绍 Flash 中最常用的一些基本函数，并通过一个实例来熟悉它们的使用。例子中所使用到的有控制影片播放的语句 play 和停止语句 stop，跳转到影片中指定的帧或场景的 goto 语句，Flash 播放器控制语句 fscommand。

实例：制作幻灯片课件

（1）新建文件，选择菜单命令“文件” > “新建”，在“新建文档”窗口中选择“Flash 文件（ActionScript 2.0）”文件类型。

（2）点击菜单命令“插入 > 新建元件”新建一个按钮元件，命名为“跳转按钮”，在按钮编辑窗口的“弹起”状态画出一个绿色的向左三角形，复制粘贴该三角形，把两个三角形叠放在一起，如图 4-7-4 所示。用鼠标点击第二帧“指针经过”状态帧，按键盘上的 F6 键加入关键帧，用【颜料桶工具】把三角形变为蓝色。

（3）点击面板上的“场景 1”回到场景中，双击第一层名称重命名为“内容”。在“内容”层的第一帧用【文本工具】打字，如“第一节”（在“属性”面板中修改文字属性，如大小及字体和颜色），用鼠标点击第二帧，按键盘上的 F6 键加入关键帧，用【文本工具】

把文字修改为“第二节”的内容，用鼠标点击第三帧，按键盘上的F6键加入关键帧，用【文本工具】把文字修改为“第三节”的内容。在每一帧中可以放置文字、图片、影片剪辑等多媒体素材。

（4）在层面板上点击“+”增加新层，新增的层默认与第一层的帧数一样为三帧，双击该层名称重命名为“按钮”。

点击菜单命令“窗口>库”调出库面板，把按钮元件“跳转按钮”拖到舞台的右下方，重复三次，这样舞台上就有三个向左三角形按钮，选择第二个按钮，再选择菜单命令“修改”>“变形”>“水平翻转”，使三角形朝向右，选择第三个按钮，再选择菜单命令“修改”>“变形”>“顺时针旋转90°”，使三角形朝向上，这样三个按钮就可以加上分别加上ActionScript语句作为“向前翻页”“向后翻页”和“退出”功能按钮。

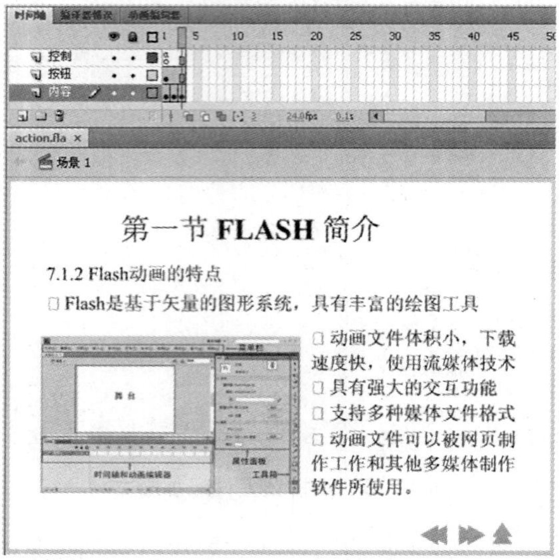

图 4-7-4 幻灯片课件的界面

（5）选择菜单命令“窗口”>“动作”，打开动作面板，点击“脚本助手”按钮，选择“向前翻页”按钮，在“动作”面板中的“全局函数>时间轴控制>”双击“Go to”，使“go to and play（1）”出现在右边的空白框中。用鼠标点击这一语句，在面板下方的“类型”一栏中选择为“前一帧”。这样点击按钮就可以跳转到上一页，接着双击“Stop”，如图4-7-5。

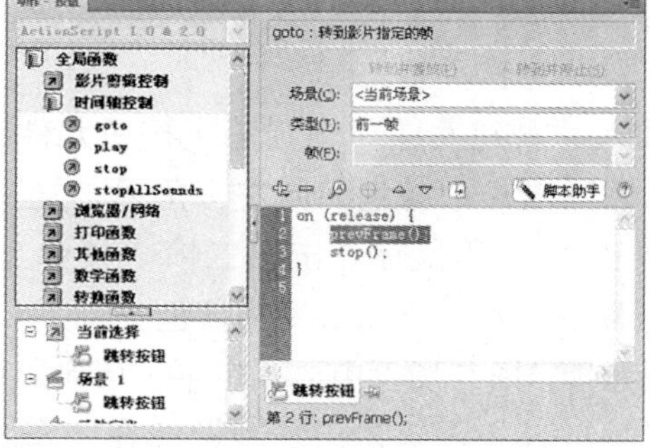

图 4-7-5 “向前翻页”按钮所添加的脚本

（6）选择“向后翻页”按钮，在动作面板中的“全局函数 > 时间轴控制 > ”双击“Go to”，使“go to and play（1）”出现在右边的空白框中。用鼠标点击这一语句，在面板下方的“类型”一栏中选择为“下一帧”。这样点击按钮就可以跳转到下一页，接着双击“Stop”，如图 4-7-6。

（7）在时间轴的第一帧上右击鼠标，选择命令“动作”，弹出动作面板，点击“脚本助手”按钮，在“全局函数” > “时间轴控制”一栏中双击“Stop”，使“Stop”出现在右边的空白框中。这样动画开始播放后就会停在第一帧，而不是从头到尾循环播放。

在左边“浏览器/网络”一栏中双击“fscommand”，“fscommand”会出现在脚本编辑窗口的第二行，在其上方的“命令”一栏中输入“fullscreen”，“参数”为“true”，这样生成的动画就可以实现全屏观看的效果，如图 4-7-7。

图 4-7-6　“向后翻页”按钮所添加的脚本

图 4-7-7　给按钮元件添加脚本

（8）选择“退出”按钮，在“动作”面板的“浏览器/网络”一栏中双击“fscommand”，在其上方的“命令”一栏中输入“quit”，这样生成的动画就可以实现退出。

（9）选择菜单命令“文件” > “导出” > “导出影片”，输入文件名，导出动画。

4.8　发布动画

发布动画可以选择菜单命令“文件” > “导出”导出图形或动画，也可以使用菜单命令“文件” > “发布”。使用导出命令一次只能导出一种指定格式的文件，发布命令一次可以导出多个不同格式的文件。

1. 导出图像

（1）选取某一帧或选择场景中要导出的图形。

（2）执行“文件” > “导出” > “导出图像”命令，打开“导出图像”对话框。

（3）在对话框的“保存在”下拉列表框中指定文件要导出的路径，在“文件名”文本框中输入文件名称，在“保存类型”下拉列表框中选择图像保存的类型。

2. 导出影片

选取某帧或场景中要导出的影片及其片断。执行“文件” > “导出” > “导出影片”命令，打开“导出影片”对话框。在该对话框的“保存在”下拉列表框中指定文件要导出的路径，在“文件名”文本框中输入文件名称，在“保存类型”下拉列表框中选择影片保存的类型，在此选择“Flash 影片（*.swf）”。

3. 发布动画

使用发布命令，可以生成 swf 格式的影片文件，还可以将 Flash 影片发布成其他格式，如 GIF、JPEG、PNG 和 QuinkTime，还可以生成相应的 HTML 网页文件，可以单独导出一种格式，也可以同时导出多种格式的文件。

选择菜单命令“文件”>“发布设置”，可弹出“发布设置”对话框，如图 4-8-1。在“输出文件”一栏中可以选择发布文件存放在硬盘中的位置。

在对话框中选择“Flash”选项，可以对要生成的 Flash 动画文件进行设置。

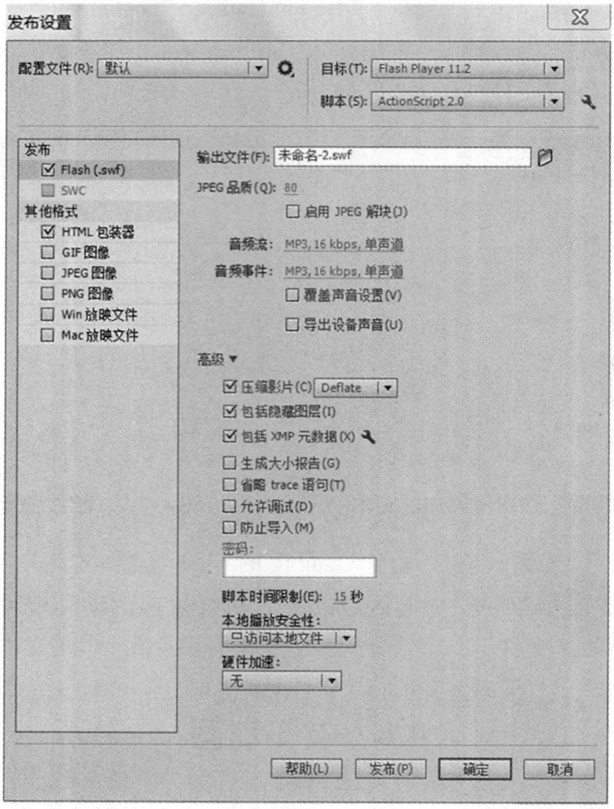

图 4-8-1 “发布设置”对话框 Flash（.swf）选项

如果需要在 Web 浏览器中显示 Flash 动画，就必须创建一个用来包含动画的 HTML 网页文件，“发布设置”对话框中选择“HTML 包装器”，如图 4-8-2，可以自动生成相应的 HT-ML 网页。

“HTML 包装器”选项中，“匹配影片”表示将发布的尺寸设置为动画的实际尺寸大小；“像素”表示影片的实际宽度和高度；“开始时暂停”用于使动画一开始处于暂停状态，直到用户单击按钮或从快捷菜单中选择“播放”后才开始播放。

“JPEG 图像”选项中可以设置输入图像的品质，输入的值越低，图像品质越低，生成的文件就越小，值越高，图像品质就越高，生成的文件就越大。

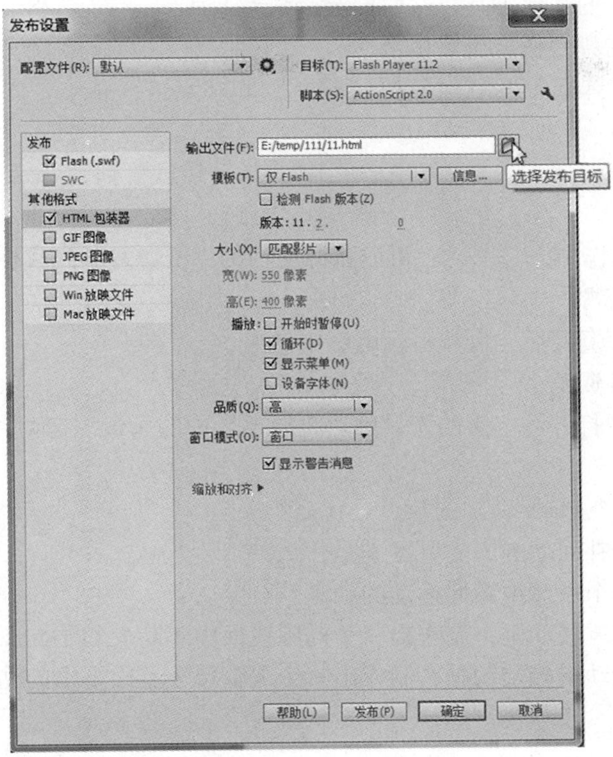

图 4-8-2　“发布设置”对话框“HTML 包装器”选项

练习题

1. 填空题

（1）Flash 影片的源文件格式为________。

（2）使用矩形工具绘制一个正方形，应该在绘制过程中同时按住键盘上的________键。

（3）要使舞台上的对象以 100% 的大小显示出来，可以双击工具箱中的________工具。

（4）在 Flash 中，文本类型有________、________和________。

（5）在 Flash 中，帧分为________、________、________和________几种类型。

2. 选择题

（1）使用擦除工具时，如果在擦除模式中选择内部擦除，这意味着________。

A. 只擦除填充区域，不影响线段和文字。

B. 只擦除当前选定的区域，线条和文字无论选中与否，均不受影响。

C. 只擦除被擦除工具最先选中的填充区域，线条和文字均不受影响。

D. 只擦除线条，填充区域和文字不受影响。

（2）选择工具箱中的滴管工具，当单击填充区域时，该工具将自动变成________工具。

A. 墨水瓶工具　　B. 颜料桶工具　　C. 刷子工具　　D. 钢笔工具

（3）在使用钢笔工具时，要结束开放的路径，可以执行的操作是________。

A. 双击最后一个定位点

B. 单击工具箱中的钢笔工具

C. 单击工具箱中的其他工具，然后再选择钢笔工具

D. 按住 Ctrl 键在舞台任意位置单击

（4）按钮元件“弹起”“指针经过”“按下”和“点击”帧中，________帧在舞台上是可见的。

A. “弹起”帧　　　　B. “指针经过”帧

C. “按下”帧　　　　D. “点击”帧

（5）以下几种操作中，________可以将源文档的库资源复制到目标文档中。

A. 复制和粘贴资源

B. 导出源电影库资源后，再从目标电影中导入

C. 直接拖放所需资源

D. 在目标电影中打开源电影的库，然后将源电影中的库资源拖动到目标电影中

3. 思考题

（1）什么是动画？Flash 动画的特点是什么？

（2）传统补间和补间动画的主要区别是什么？

（3）如何制作一个小球绕圆周运动的动画？

（4）如何使用遮罩层动画，制作出一个椭圆镜面中不断变幻不同图像的动画？

（5）如何使用运动引导层动画，制作出一个人骑单车上山下山的动画？

第5章

网页制作技术基础

学习提要

现代社会，互联网已经成为人们生活中不可或缺的部分。网页是组成互联网的基本元素，本章以 Dreamweaver CS6 为例，详细介绍了网站的建立、网页中各种常用元素的插入以及表单、模板、超链接和 CSS 的设置方法等。希望通过本章的学习掌握网页制作的基本方法，能够制作简单的网站。

重点难点

本章的学习重点要求掌握站点的建立，网页中文本、表格、图像、flash 元素、视音频、AP Div 层的插入和超链接设置，本章难点在于 CSS 的设置和模板的应用。

5.1 网站设计与制作流程

21 世纪是信息化的时代，互联网已经成为人们生活中的一部分。人们通过一个个网页浏览新闻、交流信息、休闲娱乐。一个好的网站不仅要做到能快速传播和发布信息，而且要层次清楚，导航明晰、使用方便、页面精美。网站的设计和制作就好比是盖一栋大楼一样，是一个系统的工程，也有固定的流程可以遵循。在网站制作前先了解清楚网站设计和制作流程，才能为后来的网站制作铺平道路。一般来说，网站的设计和制作流程有以下几个步骤：

1. 确立网站主题

在制作网站前首先要确定网站主题，即建立网站的目的是什么？主要是给什么人看？网站要建设哪些主要内容？等等。比如要建立一个学习网站就要考虑学习者的学习基础、学习心理和年龄特点等，根据这些来规划学习网站的主要功能和模块。而建立一个个人网站，就不能像建设一个大型综合网站一样包罗万象，只需将你最感兴趣的几个栏目确定好，才能突出你个人网站的特色。

网站的主题确定没有定则，只要是自己喜欢的，任何内容都可以，但主题一定要突出，在主题框定的范围内，做到内容足够丰富、特色足够鲜明。

2. 规划网站和设计草图

确定了主题后，就要对整个网站进行比较具体的规划。主要是规划网站的结构、栏目和模块的设置、网站的风格、颜色搭配、版面布局、导航跳转等等。对于网站的规划要考虑细致些，尤其是网站的结构和栏目模块的设置，应能充分满足网站建设的需要，只有这样才能保证日后开发制作阶段的顺利进行，不会因为初期规划不足，而增减栏目，带来工作量增加甚至全面返工的局面。

在规划好网站结构和栏目后，就要考虑网站的风格和页面布局，最好能画出设计草图。

3. 准备素材

素材是组成网站的基本元素。在确定主题和网站规划后，就要根据这些搜集和准备素材，素材准备的越充分，以后制作网站就越容易。素材可以是文本、图片、动画、视频等等，搜集的渠道可以是自创的素材，也可以从图书、报纸、光盘、多媒体和互联网上搜集，但是这些素材要经过自己的加工整理，不能侵犯原作者的版权。当然，还有些素材是在网站制作过程中不断创造出来的。

4. 开发制作网页

网站规划好了，素材也准备好了，接下来就进入了具体的网站开发制作阶段。首先要确定技术方案，选择一款好的开发工具。目前开发网站的技术有很多种，有利用 HTML 文本编辑工具的，有利用代码编程的，还有利用所见即所得工具软件的，如 Dreamweaver、Frontpage 等。其中最常用的就是所见即所得工具软件。选定开发工具后，就要根据前期的规划和设计一步步地把想法变成现实。

5. 上传测试

网页制作完成后，要将其上传到服务器上发布，才能被其他人浏览。目前上传的网站工具很多，某些网页制作工具本身就带有 FTP 功能，但建议最好使用专门的 FTP 工具，如 CuteFTP、ALFTP、FlashFXP 等。网站上传以后，要在浏览器中打开网站，逐页逐个进行测试，发现问题，及时修改，然后再上传测试。

6. 宣传推广、维护更新

网站发布后，要不断地进行宣传推广，这样才能让更多人了解它和认识它，提高网站的访问率和知名度。另一方面，必须注重网站的维护和更新，只有不断推出新内容的网站，才能吸引和留住更多的浏览者，网站才有生命力。

5.2 利用 Dreamweaver CS6 开发制作网站

Dreamweaver 原本是由 Macromedia 公司推出的一款网页制作工具，与 Fireworks、Flash 一起被称为“网页制作三剑客”。2005 年 Macromedia 公司被著名图形图像软件公司 Adobe 收购，此款套件成为 Adobe 公司的产品成员。2008 年 Adobe 公司对整个 Adobe 软件产品家族进行了几次升级，目前 Dreamweaver 的最高版本是 Dreamweaver CS6。

5.2.1 认识 Dreamweaver CS6 的界面

1. 运行 Dreamweaver CS6

运行 Dreamweaver CS6，首先看到的是如图 5-2-1 的界面。

下面简要说明各功能区的作用：

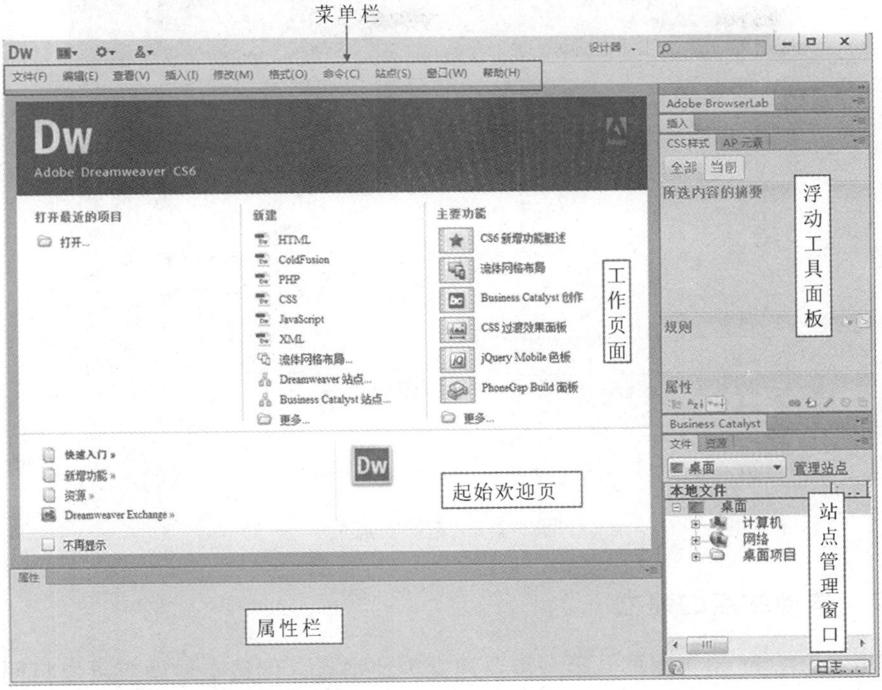

图 5-2-1　Dreamweaver CS6 界面

（1）菜单栏：汇聚了所有的命令，Dreamweaver CS6 所要做的工作都可以通过在菜单栏执行命令实现。

（2）起始欢迎页：提供了该软件的一些快捷操作及快速入门、新增功能、帮助等信息。

（3）工作页面：用来创建网页时的编辑页面。

（4）属性栏：当在工作页面选择某一元素时，属性栏显示与此元素相关的属性，可以直接通过调节该元素的属性，达到编辑网页的目的。

（5）浮动工具面板：此面板汇聚了 Dreamweaver 的众多工具面板。因工具的不同，此面板的显示会不同。

（6）站点管理窗口：管理站点中的所有文件、资源及上传站点等。

2. 起始欢迎页

（1）起始欢迎页的常用快捷命令分为三列：左边是“打开最近的项目”列出了用户最近操作的文件，用户可以通过它打开最近使用过的文件；中间是“新建”，用户可以方便地新建各类新文档；右边是主要功能的介绍，点击它们可以连接到 Adobe 公司 Dreamweaver 的视频教学教程，如图 5-2-2。

（2）在快速入门等信息处，可以点击各按钮名称连接到 Dreamweaver 相关说明网站。

（3）Dreamweaver Exchange：点击该按钮可以连接到 Dreamweaver 插件下载网页。

（4）不再显示：用户如果不希望 Dreamweaver 运行时显示该起始欢迎页，则可以选中“不再显示”复选框。这样，在下次运行时将不再显示该页。

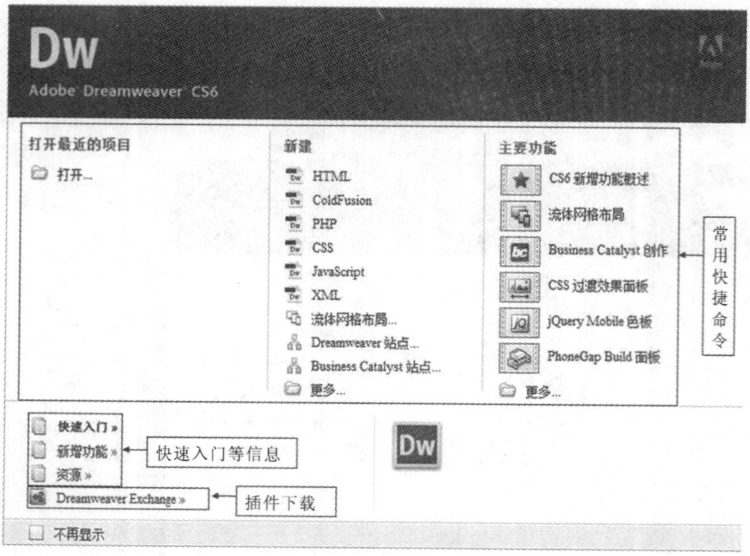

图 5-2-2　起始欢迎页

5.2.2　本地站点的建立

利用 Dreamweaver 制作网页，第一步要建立本地站点，创建本地站点可以将网站中所有的素材、资源和文档放置在一个根目录下，并且可以用 Dreamweaver 方便地管理文件。这样当把制作好的本地站点上传到服务器时，就能够完全保留文件的结构，使在网络上看到的效果与本机制作的效果完全相同。创建本地站点的步骤如下：

（1）在起始欢迎页的“新建”栏点击“Dreamweaver 站点”，如图 5-2-3。或者在菜单栏选择“站点” > “新建站点”命令，如图 5-2-4 所示。

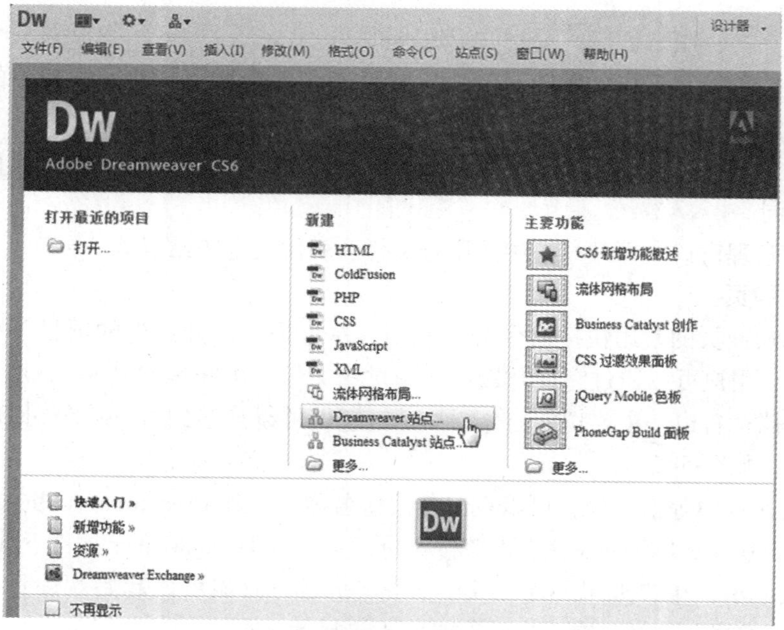

图 5-2-3　在欢迎页新建 Dreamweaver 站点

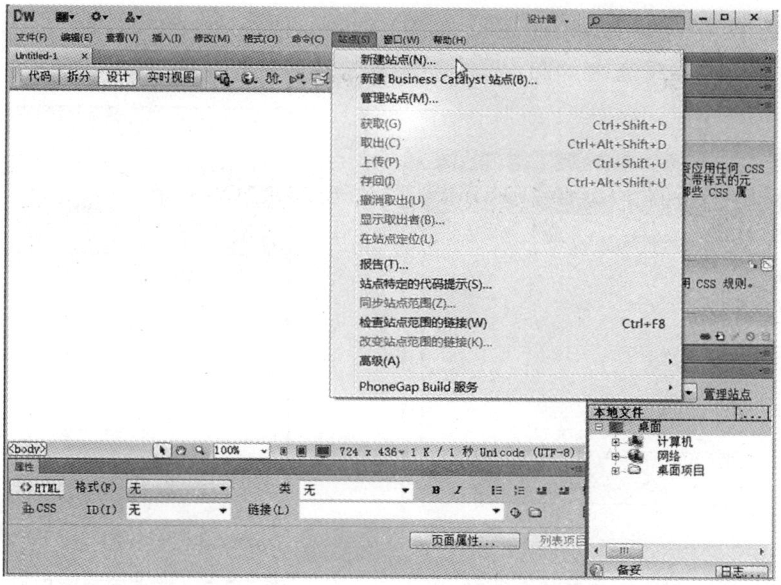

图 5-2-4　利用菜单中的“新建站点”命令建立 Dreamweaver 站点

（2）在“站点设置对象”窗口中的“站点名称”处输入站点名字，然后在“本地站点文件夹”一栏中输入站点文件存储在计算机硬盘中的路径，也可以通过浏览按钮选择文件夹，如图 5-2-5，最后点击“保存”按钮。

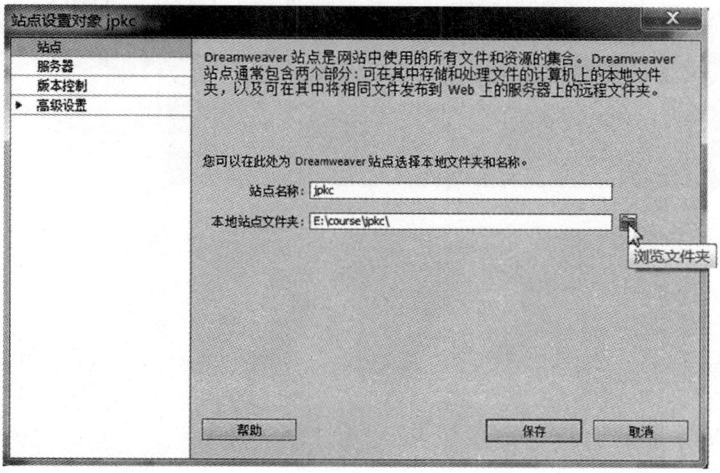

图 5-2-5　“站点”定义窗口

小提示

对新建站点而言，站点文件夹最好是一个新建立的空文件夹。它可以是“新建站点”之前在本机硬盘上建立的空文件夹，也可以在图 5-2-5 中点击“浏览文件夹”按钮时所弹出的对话框中，点击“新建文件夹”图标，新建立一个空的文件夹，并用字母或数字为该文件夹命名，如图 5-2-6。

（3）至此已经建立一个新的本地站点，Dreamweaver 会在站点管理窗口显示新建立站点的名称、大小、类型等信息，如图 5-2-7 所示。

图 5-2-6　建立一个新的文件夹

图 5-2-7　站点管理窗口显示新站点

5.2.3　新建和保存 HTML 文档

建立好站点后，就可以开始网页的建设工作，首先来建立和保存一个新的网页。

方法一：

（1）运行 Dreamweaver，在起始欢迎页点击“新建”HTML，如图 5-2-8。

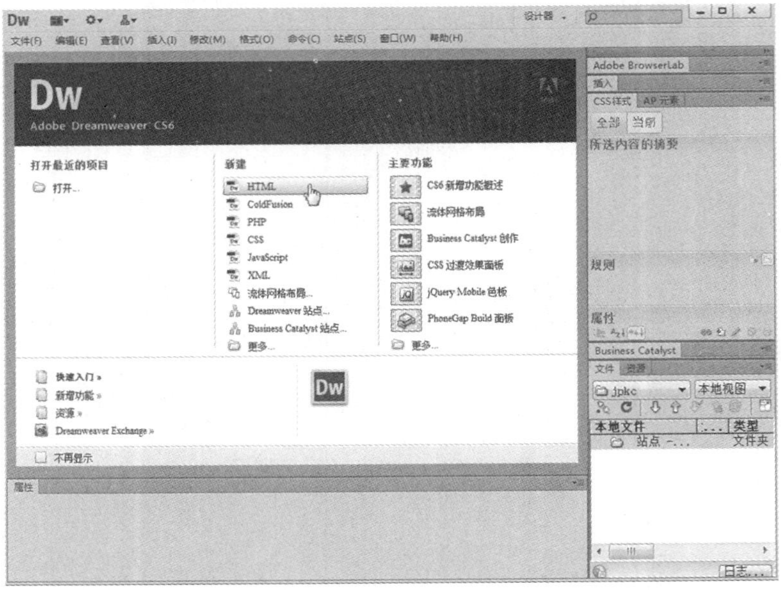

图 5-2-8　在欢迎页新建网页

（2）进入 Dreamweaver 的工作页面，如图 5-2-9，同时建立了一个未命名的 HTML 文档。在文档的上面会出现文档工具栏，如图 5-2-9 所示，下面我们对文档工具栏作一个简要介绍，请参阅图 5-2-10。

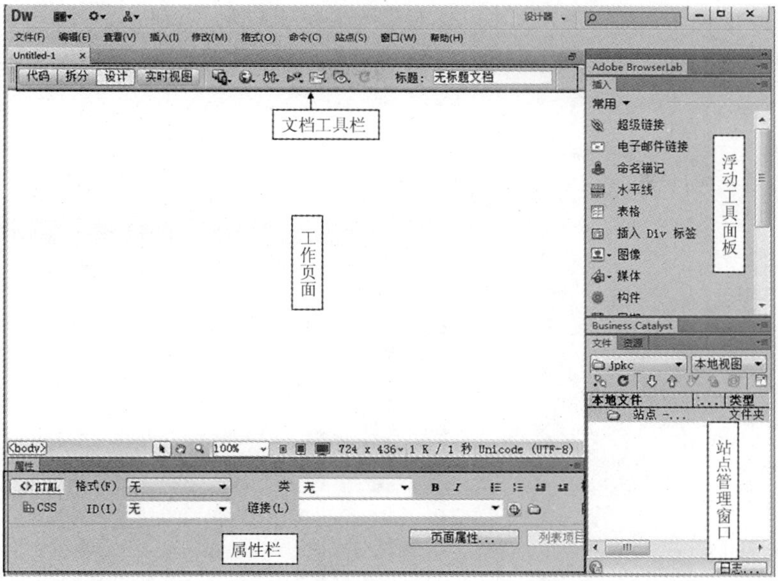

图 5-2-9　Dreamweaver 工作页面

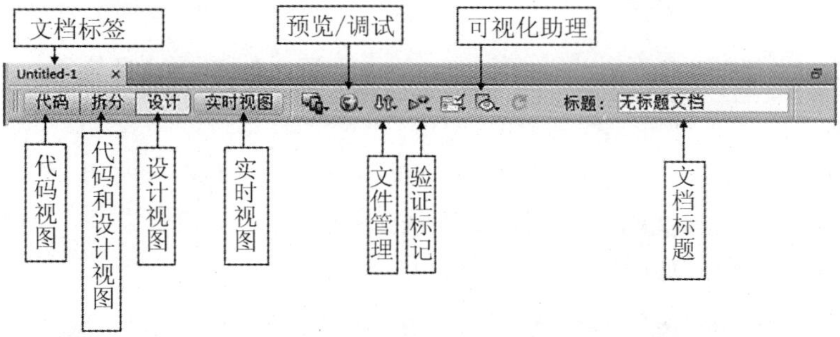

图 5-2-10　文档工具栏

① 文档标签：显示文件名，如果打开多个文档，可通过点击文档标签，进行切换。

② 代码视图：点击该按钮可以切换到代码视图，使用手写 HTML 代码的方式创建网页。

③ 代码和设计视图：点击该按钮页面分为两部分，一般左边为代码视图，右边为设计视图，可以兼顾代码编写和设计视图。

④ 设计视图：Dreamweaver 默认的视图方式，对初学者尤其适用，可以看到所见即所得的效果。

⑤ 实时视图：点击它可以同在浏览器中预览一样观看设计效果。

⑥ 预览/调试：可以在本机打开一个新窗口模仿在浏览器中看到的设计效果。

⑦ 文件管理：点击会弹出列表，方便网站的上传发布和管理。

⑧ 验证标记：通过点击该按钮，使用 W3C 验证程序验证 HTML 文档是否符合 HTML 或 XHTML 标准。既可验证打开的文档，也可验证张贴到活动服务器上的文件。

⑨ 可视化助理：在下拉列表中显示了一些在设计视图中帮助设计师的辅助选项，包括表格宽度、表格边框、图像地图、层轮廓线、CSS 的辅助选项等等。

⑩ 标题：可以输入网页在浏览器中显示的标题。

（3）点击菜单栏中的“文件” > “保存”命令，如图 5-2-11。

（4）在弹出的“另存为”对话框的“文件名”处输入文件名，点击“保存”按钮，如图 5-2-12。

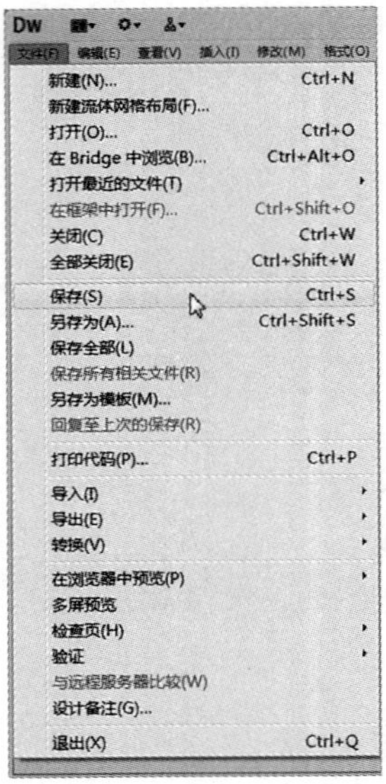

图 5-2-11　保存网页

图 5-2-12　输入文件名

方法二：

（1）在 Dreamweaver CS6 的工作页面的菜单栏点击“文件” > “新建”命令。

（2）弹出一个“新建文档”的窗口，确认选择的是“空白页” > “HTML” > “无”，然后点击“创建”按钮。如图 5-2-13 所示。

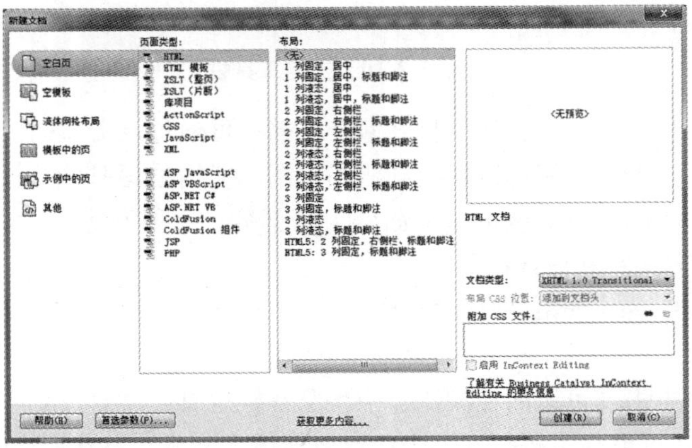

图 5-2-13　利用“文件” > “新建”命令创建网页

（3）点击“文件” > “保存”命令，保存该文件。如图 5-2-11，图 5-2-12 所示。

5.2.4　文本的属性设置

1. 文本的基本属性设置

文本是网页中的必有要素。下面就来看看文本的添加、编辑和属性设置。

（1）在工作页面可直接输入文本，也可以通过“复制/粘贴”命令将文本拷贝到 Dreamweaver 中。

（2）当选择文本或光标定位在文本插入点后，属性栏就显示文本的相关属性设置。如图 5-2-14 所示。

图 5-2-14　文本属性栏

文本属性栏的说明如下：

① 格式：列出了常用的字体大小、粗细等字体样式。选择这里的格式将会把字体样式应用于插入点所在的整个段落中。在格式的下拉列表中有如下几项：

a. 无：没有任何指定的格式。

b. 段落：将多行文字设置成一个段落。选择段落格式后，会在选择内容的前后都产生一个新的空行。

c. 标题 1—标题 6：在网页中的文字使用特定的标题格式。数字越大，文字越大。

d. 预先格式化的：在文档窗口中如实显示键盘输入的空格等。

② 类：显示当前所选文本采用的类样式。当前所选文本应用的样式会在下拉列表中显示，如果没有应用任何样式则显示“无”。

③ B：文字粗体设置按钮。

④ I：文字斜体设置按钮。

⑤ ：项目列表，为文本添加项目符号。

⑥ ：编号列表，为文本添加编号。

⑦ ：文本凸出和缩进按钮。

⑧ ID：为所选择的内容分配 ID，来表示其唯一性。默认情况下为“无”。

⑨ 标题、链接、目标：设置文字的超级链接。

2. 文本的大小、颜色和对齐设置

Dreamweaver CS6 中的属性栏较之以前的版本发生了很多的变化，分成了 HTML 和 CSS 两类。我们上面讲的文本基本属性是属于 HTML 代码样式的。而文本大小、颜色、字体等则需要在 CSS 样式中设置。

（1）点击 CSS 按钮，切换成 CSS 样式，如图 5-2-15。

图 5-2-15　文本属性栏上的 CSS 选项设置

（2）改变文字的大小：在“大小”处点击列表按钮，会弹出字号大小设置列表，选择文字大小如“18”（数字越大，字越大），此时，因没有 CSS 样式定义，会弹出“新建 CSS 规则”窗口，如图 5-2-16，在“选择器名称栏”输入以英文字母开头的 CSS 规则名称如“style1”，点击“确定”。此时，在工作窗口的文字大小改变。（有关 CSS 规则会在后面详细论述）。

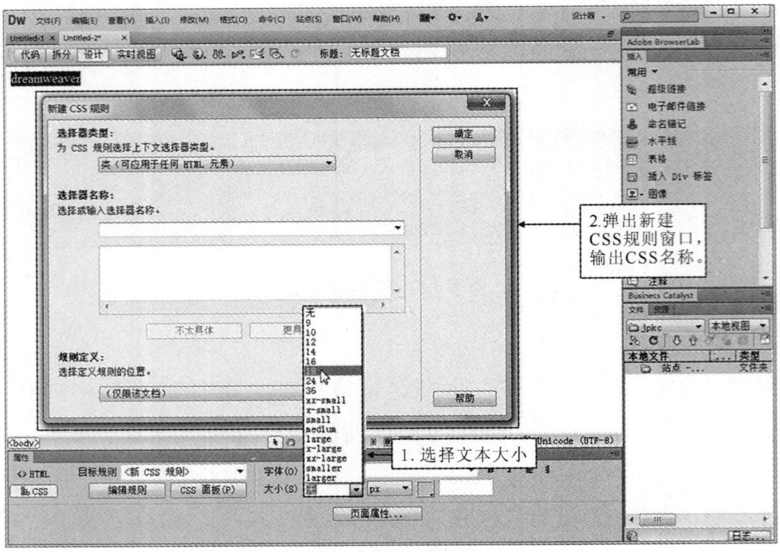

图 5-2-16　改变文字大小及相关 CSS 设置

（3）改变文字的颜色：在“大小”右侧的灰色颜色块单击，弹出颜色选择窗口，用鼠标点选一种颜色，则工作窗口的文字改变颜色，如图 5-2-17。

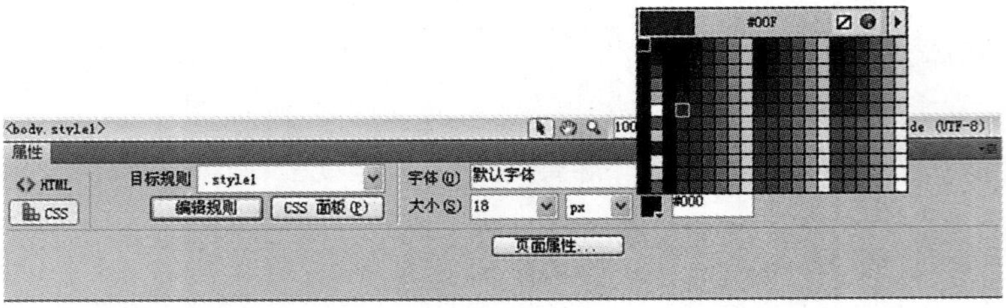

图 5-2-17　文字颜色设置

（4）改变文本的对齐方式：通过对齐按钮可以调整文字为左对齐、居中、右对齐或两端对齐。

3. 文本的字体设置

（1）点击“字体”的列表按钮，发现列表中没有列出中文字体。如果需要选择中文字体，则需要点击“编辑字体列表”，如图 5-2-18 所示。

图 5-2-18　编辑字体列表

（2）在弹出的“编辑字体列表”的“可用字体”中选择一种字体，如“隶书”，点击《按钮使之成为“选择的字体”。点击“确定”，如图 5-2-19。

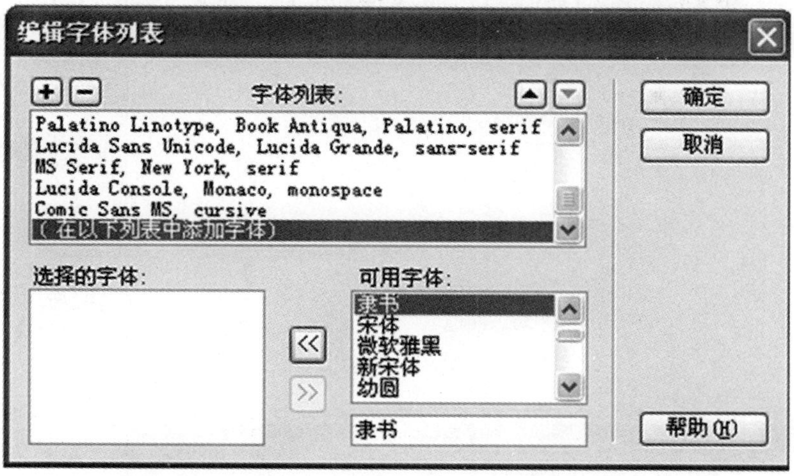

图 5-2-19　选择可用字体

（3）在属性栏“字体”点击列表按钮，此时的字体列表中会显示我们刚刚添加的“隶书”，选择它，此时工作界面中的文本的字体改变成隶书，如图 5-2-20。

图 5-2-20　为文本选择字体

5.2.5　插入多种图像元素及其相关属性的设置

图片是网页制作中重要的元素。它既可以展示内容、传递信息，又可以美化网页。一般来说网页支持的图片文件格式主要有 JPG、GIF、PNG 三种。下面我们就学习如何在网页中插入图片。

1. 插入一般图像

（1）在浮动工具面板的插入“常用”工具下点击“图像”按钮旁的下三角号，在下拉列表中点击“图像”，如图 5-2-21。

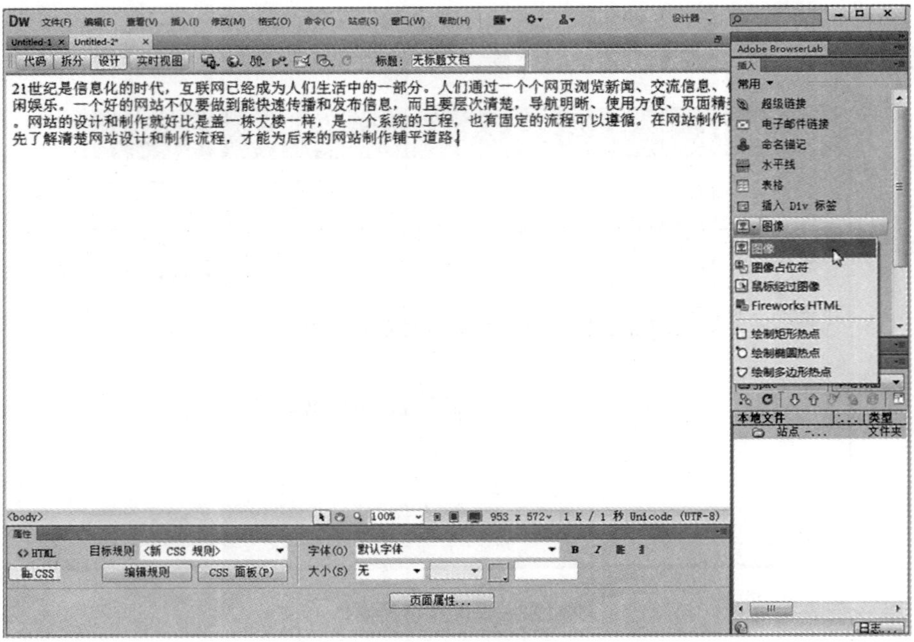

图 5-2-21　插入图像

（2）在弹出的文件选择对话框中找到要插入的图片文件，点击“确定”。系统会弹出“保存当前文档”提示，点击“确定”，如图 5-2-22。

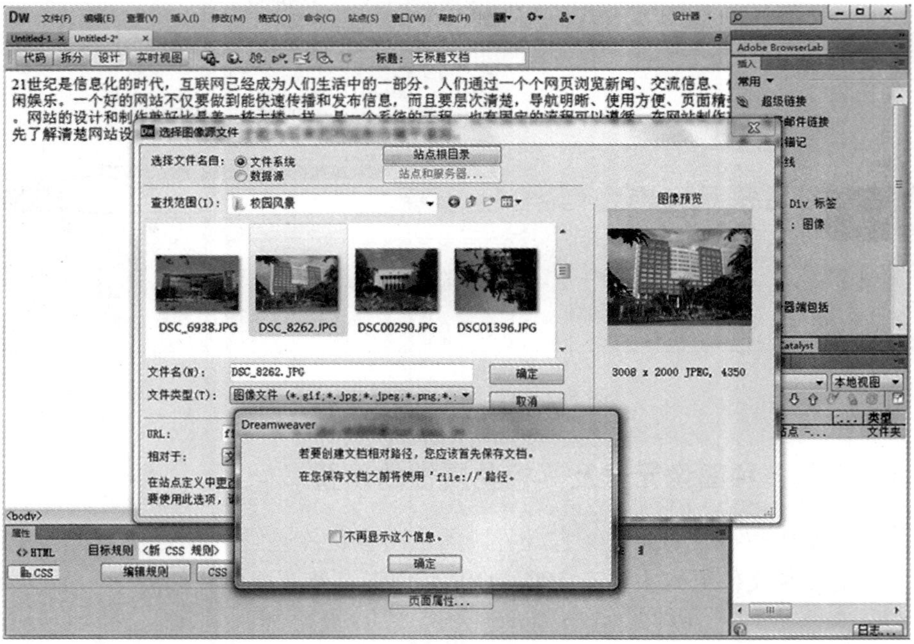

图 5-2-22　选择图像文件

（3）系统弹出如图 5-2-23 的对话框。为了保证图片的正确显示一定要选择“是”。此时，系统会自动跳转到站点根文件夹，为了方便网站的管理，建议在站点根文件夹中点击“创建新文件夹”按钮，建立一个专门用来存储图片的文件夹，比如起名为 image，如图 5-2-24 所示。此外，为了保证图片在网络上正常浏览效果，如果图片是中文名称，建议此时修改为英文名称。

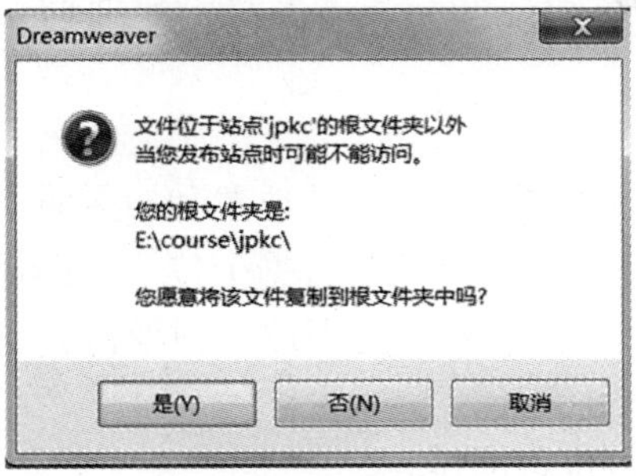

图 5-2-23　将图像保存在站点确认窗口

图 5-2-24　保存图像文件到站点

（4）在“图像标签辅助功能属性”窗口可以在“替换文本”处输入文本，也可以忽略此项，直接点击“确定”，如图 5-2-25。图片插入到工作页面。

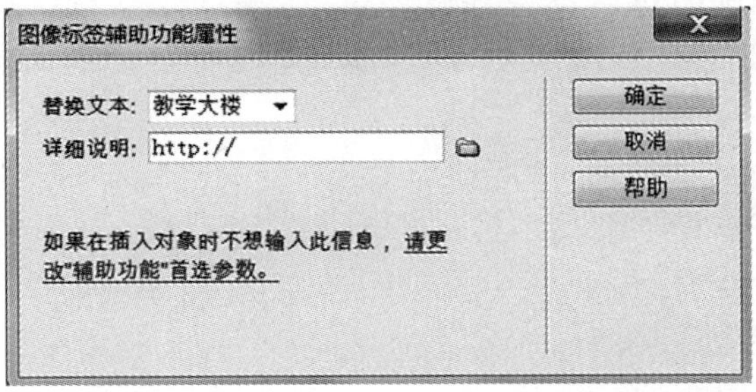

图 5-2-25　图像标签辅助功能属性

（5）在工作页面点选图片，属性栏就显示出如图 5-2-26 所示图片的属性。

图 5-2-26　图片的属性

① ID：即图片的名称，只插入图片可以忽略不输入。如果图片中应用了动态 HTML 效果或 Script 脚本的时候，应输入英文的名称。

② 源文件：显示图片文件的路径。可以点击按钮对图片进行更换和插入。

③ 链接：显示链接文件的路径，点击可以选择图片链接的文件。

④ 替换：当图片在浏览器因某种原因不能显示时，如果在替换中有文字输入，则可显示该文字。

⑤ 编辑：Dreamweaver 可以对图片进行裁剪、调整亮度、锐化和优化等编辑，也可以与外部图像编辑软件（Photoshop、Fireworks）等连接直接修改图片。

⑥ 宽和高：可以调整图片的宽和高。为重设大小，对于已经缩放图片点击可以恢复为图片原始大小。

⑦ 类：选择用户定义的 CSS 样式应用于图片中。

⑧ 地图：利用工具在图片上设置热点区域。

⑨ 目标：在图片有链接时，指示所链接文件的显示位置。

⑩ 原始：当图片较大时在浏览器中会有较长的读取时间。为了缩短等待时间，可以利用临时指定低分辨率图像。

2. 插入图像占位符

当所要添加的图片没有最后确定，而又需要先确定其在网页中的位置和布局时，图像占位符可以起到很大的作用。图像占位符就是在网页布局中为图片先占据个位置，图像占位符在 Dreamweaver 的工作页面表现为一个带有目标图片名称和大小的矩形。图像占位符的添加方法如下：

（1）在工作页面点击鼠标，定位所要添加图像占位符的位置。

（2）在浮动工具面板的“常用”工具下点击“图像”按钮旁的下三角号，在下拉列表中点击“图像占位符”，如图 5-2-27。

（3）在“名称”处输入占位符名称，宽度和高度输入占位符的高度和宽度，当插入占位符后在工作页面随时可以调整其宽、高。“颜色”处可以选定一种颜色。可以在“替换文本”处输入文字。点击“确定”，如图 5-2-28。图像占位符插入到工作页面中。

图 5-2-27 插入图像占位符

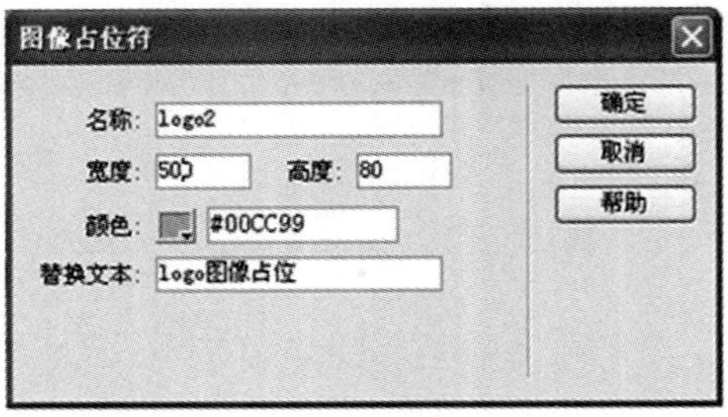

图 5-2-28 图像占位符设置

（4）当需要用图片替换图像占位符时，只需双击图像占位符，在弹出的菜单中选择所需图片即可。

3. 插入鼠标经过图像

鼠标经过图像是指当我们把鼠标移动到某一幅图片上时会出现另一幅图片的效果。鼠标经过图像既可以丰富网页的动态效果，又可以对内容起到强调作用。

（1）在工作页面点击鼠标，定位所要插入的鼠标经过图像的位置。

（2）在浮动工具面板的“常用”工具下点击“图像”按钮旁的下三角号，在下拉列表中点击“鼠标经过图像”，如图 5-2-29。

（3）在弹出的“鼠标经过图像”对话框中，“图像名称”输入该鼠标经过图像的名称，也可以使用默认名称；在“原始图像”处点击“浏览”按钮选择一张图片作为原始图片，然后，在“鼠标经过图像”点击“浏览”按钮选择另一张图作为鼠标经过时显示的图像（这两张图片最好先用图像编辑软件处理成大小相同的，这样不会引起图片变形，制作出的效果比较好）。根据需要在“替换文本”处输入文字。如果需要该鼠标经过图像在按下时链接到另一个文件，还可以在“按下时，前往的 URL”输入或者用“浏览”按钮选择链接的文件路径。最后点击“确定”，如图 5-2-30。

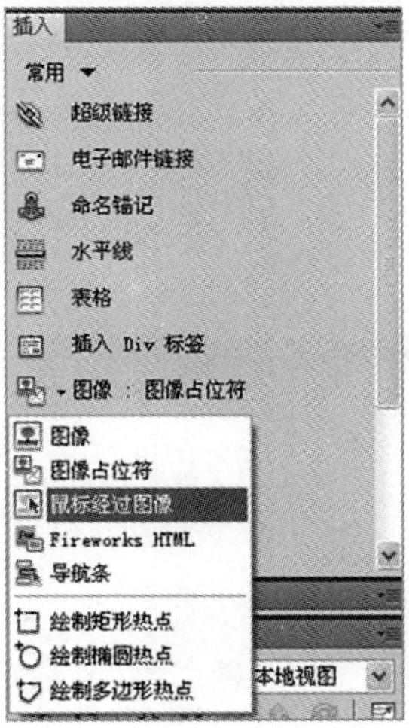

图 5-2-29　插入鼠标经过图像

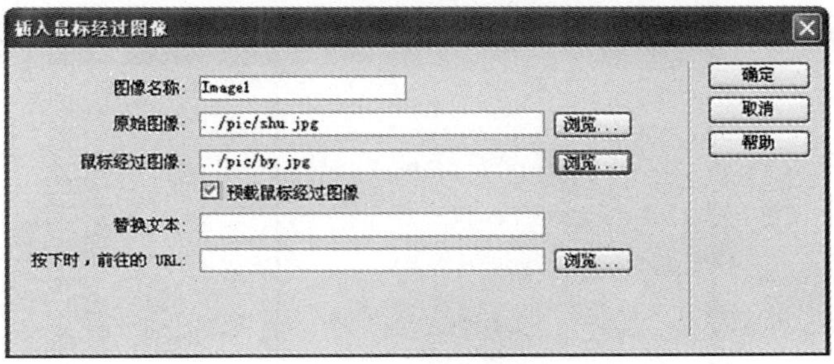

图 5-2-30　插入鼠标经过图像属性设置

（4）至此，鼠标经过图像被插入到工作页面，但将鼠标放置在图片上并没有出现我们预想的效果。那是因为该效果需要在“浏览器预览”状态下观看。在标题栏点击按钮，选择“预览在 IExplore”，系统会弹出提示保存文件的对话框，选择保存文件，如图 5-2-31。

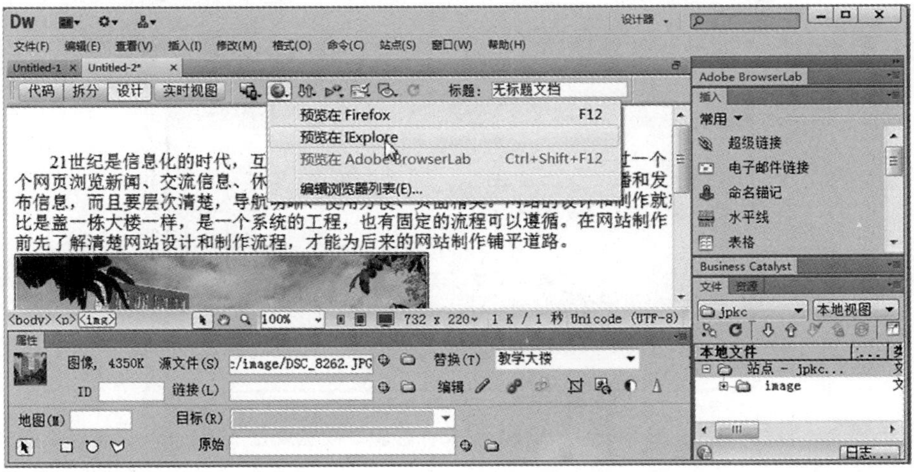

图 5-2-31　预览在 IExplore

5.2.6　插入媒体及其属性设置

网页中除了文字和图像外，还经常使用 FLASH 动画、视频、音频等媒体元素，这些媒体极大地丰富了网页，使网页变得更加生动有趣。

1. 插入 Flash 动画及属性设置

（1）在工作页面点击鼠标定位要插入 Flash 动画的位置。

（2）在“浮动工具面板”的常用栏点击“媒体”按钮旁的下三角号，在下拉列表中选择 SWF，如图 5-2-32。

（3）在“选择文件”窗口选择要插入的 SWF 文件，点击“确定”，如图 5-2-33。如果该文件不在站点文件夹中，系统会提示是否要将其复制到站点文件夹中，选择“是”，并可以根据站点管理的需要，将其存放到合适的子文件夹中。

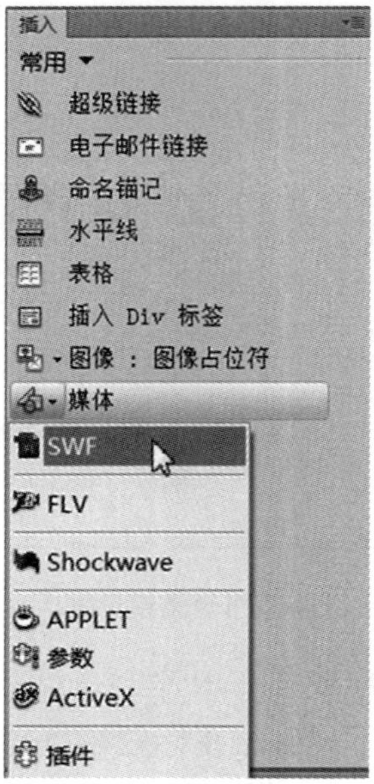

图 5-2-32　插入 Flash 动画

图 5-2-33　选择 Flash 文件

此时系统会弹出“对象标签辅助功能属性”窗口，如图 5-2-34，该窗口有三个选项：

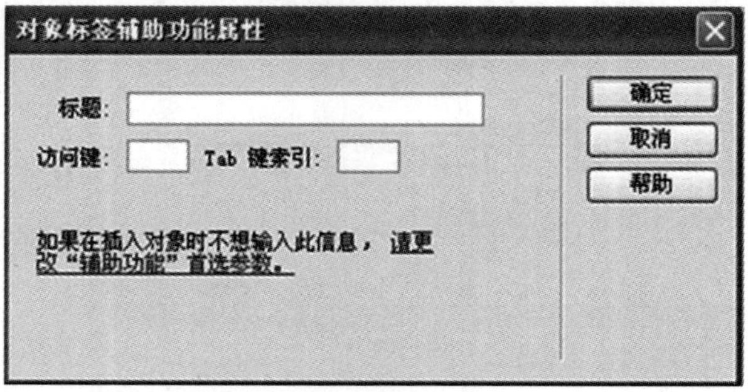

图 5-2-34　Flash 对象标签辅助功能属性

① 标题：可以通过它为插入的 SWF 文件添加标题。在浏览时将鼠标放置在 SWF 文件上会出现输入的标题。

② 访问键：可以为 Flash 动画输入一个字符的访问键，在浏览时可以通过“Alt + 访问键”来选择该 Flash 动画。

③ Tab 键索引：输入数字，在浏览中通过该数字来指定网页中的对象和链接的跳转顺序。用这个选项的同时也要对其他网页进行 Tab 键索引。

我们选择忽略这些选择，直接点击“确定”。

（4）在工作页面插入一个灰色的 Flash 区域，按下 F12，预览效果。

（5）在 Dreamweaver 中工作页面选择插入 SWF 文件时，属性栏就显示有关 Flash 动画文件的属性设置，如图 5-2-35。

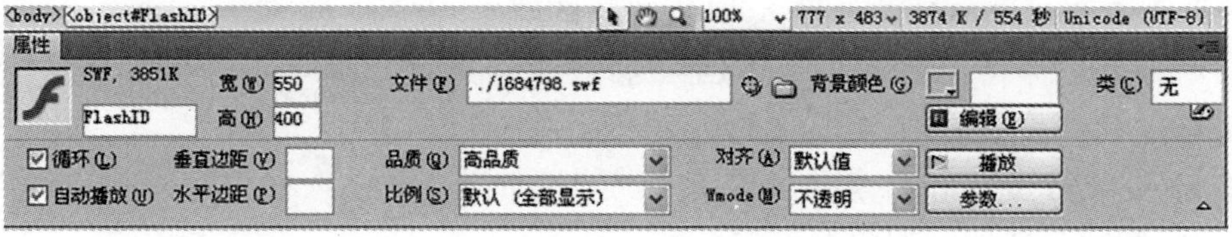

图 5-2-35　Flash 属性栏

① Flash ID：可以为 Flash 动画命名。也可以默认该选项。

② 宽、高：可以设置 Flash 动画的宽度和高度。

③ 文件：Flash 动画文件的路径。可以用按钮选择更换和插入 Flash 动画文件。

④ 背景颜色：制定 Flash 动画播放的背景颜色。

⑤ 编辑：运行 Flash 软件编辑 Flash 动画。

⑥ 循环：在浏览时反复播放 Flash 动画。

⑦ 自动播放：在浏览器读取文件同时立即播放 Flash 动画。

⑧ 垂直、水平边距：在文本框中输入数值可以决定 Flash 动画距离页面上边界和左边界的空白距离。

⑨ 品质：可以设置 Flash 动画运行的品质有四种选项。

a. 高品质：默认选项，更注重画面质量，传送速度较慢。

b. 低品质：更注重传送速度，而画面质量是次要的。

c. 自动低品质：以 Flash 动画的传送速度为重点，在带宽允许的情况下尽量提高画面质量。

d. 自动高品质：以 Flash 动画的画面质量为重点，但有时为了速度会考虑牺牲部分画面质量。

⑩ 比例：设置 Flash 动画的显示比例。一般选择默认。

⑪ 对齐：设置 Flash 动画的对齐方式。

⑫ Wmode：设置 Flash 动画的背景是否透明。

⑬ 播放：点击“播放”按钮，可以在 Dreamweaver 工作页面播放 Flash 动画。

⑭ 参数：利用代码形式为 Flash 动画添加相关属性和参数。

2. 插入 FLV 视频文件

FLV 是 Flash Video 的简称，FLV 流媒体格式是随着 Flash 的推出发展而来的视频格式。由于它形成的文件极小、加载速度极快，使得网络观看视频文件成为可能。目前许多主流的在线视频网站都使用 FLV 视频格式。

（1）在“浮动工具面板”的常用栏点击“媒体”按钮旁的下三角号，在下拉列表中选择 FLV，如图 5-2-36。

图 5-2-36　插入 FLV 视频文件

（2）在弹出的“插入 FLV”窗口中点击“浏览”按钮选择需要插入的 FLV 文件。同插入图片和 SWF 文件一样，如果该文件不在站点文件夹下，会弹出文件保存提示窗口，选择“是”将文件保存在站点文件夹下。在宽度、高度处输入 FLV 视频的宽度和高度。如果想保持原始大小点击 检测大小 按钮，会自动在宽度和高度处添加该视频的宽度和高度。根据需要选择自动播放和自动重新播放（循环播放），点击“确定”按钮，如图 5-2-37。

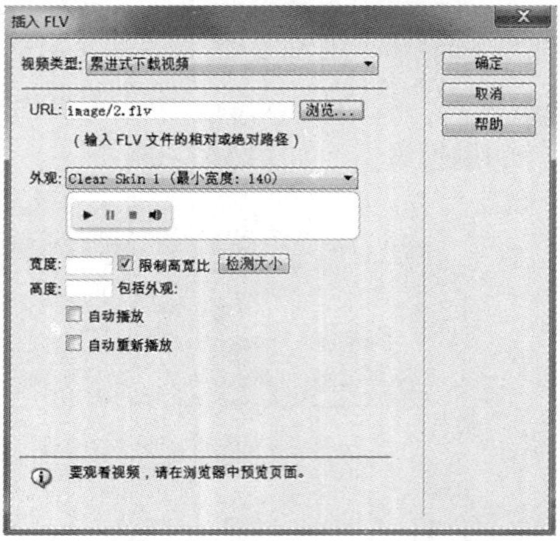

图 5-2-37　插入 FLV 视频文件属性设置

（3）按下 F12 预览 FLV 视频。

3. 插入其他视音频文件

除了 FLV 视频外，在 Dreamweaver 中还可以插入其他格式的视音频文件。比如视频可以插入 AVI、MPG、MOV 等，音频可以插入 WAV、MP3、MIDI、AIF 等。这些文件的插入方法类似。

（1）在“浮动工具面板”的常用栏点击“媒体”按钮旁的下三角号，在下拉列表中选择“插件”，如图 5-2-38。

（2）选择需要插入的视频或音频文件，如果文件是中文名建议改为英文名，点击“确定”。如图 5-2-39 所示。

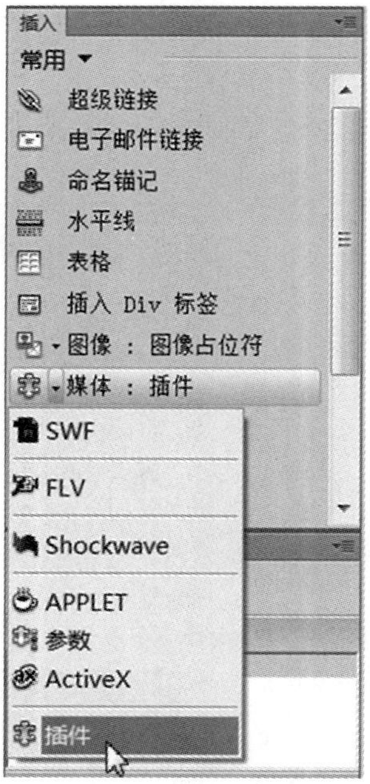

图 5-2-38　插入视音频文件

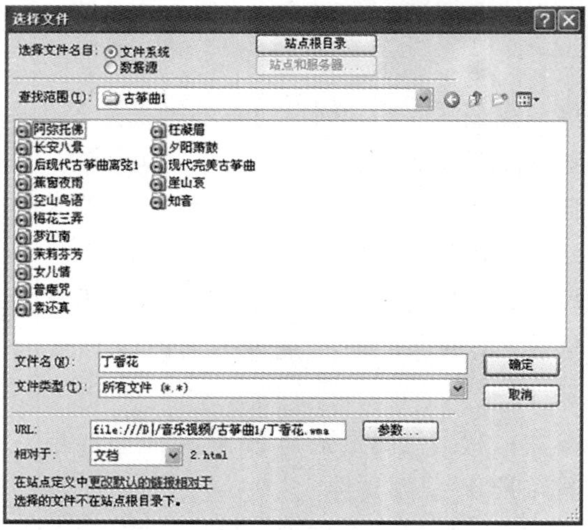

图 5-2-39　选择相关视音频文件

（3）在 Dreamweaver 工作页面会出现一个 32 * 32 的插件图标，这是音频和视频的播放显示区域。为了让插入的视频和音频能够全部显示，用鼠标选择该插件并将其拖大，也可以在属性栏的宽高直接输入数值。插件的属性栏与 FLASH 影片中的属性很相似，这里不再详细讲解。按下 F12，预览视音频文件。

小提示

某些视音频文件需要特定的插件才能浏览，比如 RM 格式的文件需要安装 Realplayer 播放软件才能观看。

5.2.7　插入表格及其属性设置

1. 插入表格

（1）在“浮动工具”面板的“常用”栏点击表格。弹出如图 5-2-40 所示的表格设置按钮。

① 行数、列数：用来设置表格的行数和列数。

② 表格宽度：有两种设置方法，可以以“像素”为单位精确地设置表格的宽度，也可以用“百分比”就是表格所占浏览窗口的比例来设置宽度。

③ 边框粗细：用来设置表格的边框粗细，默认是 1 个像素，如果设为“0”的话，则表格不显示边框。

④ 单元格边距：用来定义单元格与内容之间的距离。

⑤ 单元格间距：用来定义单元格与单元格之间的距离。

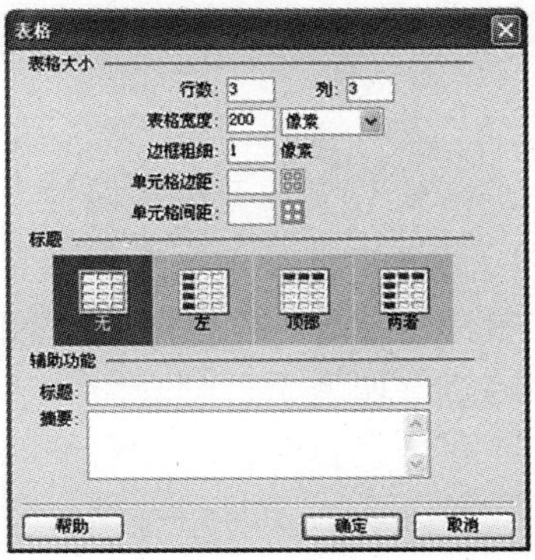

图 5-2-40　插入表格属性设置

⑥ 标题：有四种类型可选，分别是“无”“左”“顶部”和“两者”。如果选择“无”则表示没有标题的表格。其余的有标题的表格，其被设定为标题的行或列中的文字会自动加粗。

⑦ 辅助功能：可以设置表格的标题和摘要。但该摘要不会显示在浏览器中，使用屏幕阅读器可以读取该摘要。

（2）设置好相关属性后，点击“确定”，插入一个表格。

2. 改变表格的大小和属性

（1）要想改变表格的大小需要先选择表格，用鼠标在表格的四个顶点上点击在表格四周出现带有调节点的黑色边框，则表示该表格被选择。

（2）将鼠标放置在各调节点上就会出现黑色的箭头，如图 5-2-41，此时，按住鼠标左键按照箭头所示方向拖动就可以缩放表格，改变其大小。

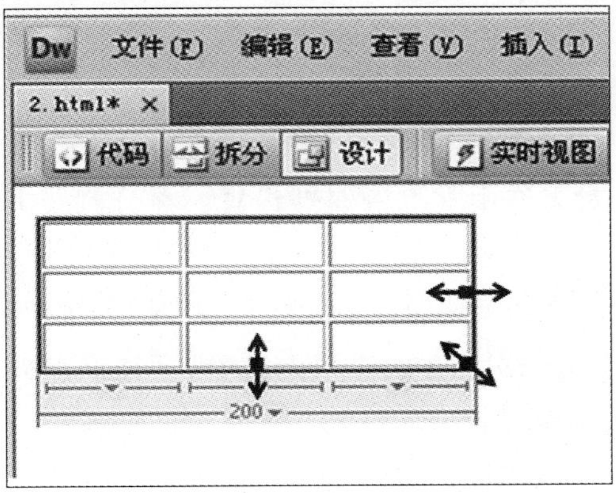

图 5-2-41　改变表格的大小

（3）将鼠标分别放置在各行与行、列与列之间的边界时，鼠标呈⟷形状，分别向左右或上下拖动，改变表格的行高和列宽。

（4）当选择整个表格时属性栏显示的属性，如图 5-2-42 所示。与插入表格时设置的属性基本相同。

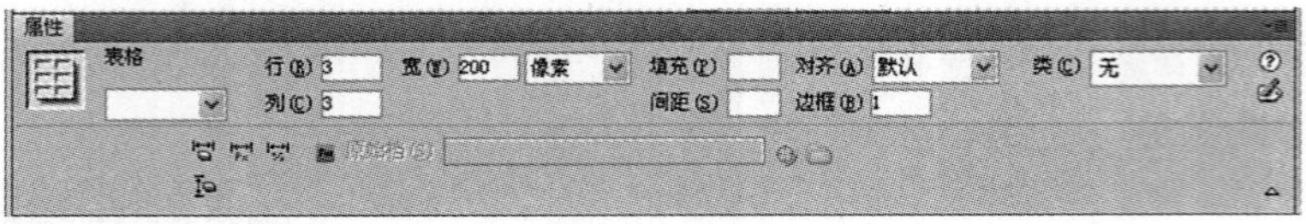

图 5-2-42　表格属性栏

3. 设置单元格的属性

（1）选择单元格：当光标定位在想被选择的单元格中，根据要选择单元格范围，按住鼠标左键分别向横向、纵向或斜向拖动，选择相应的单元格，被选择的单元格四周会被黑框环绕，如图 5-2-43 所示。

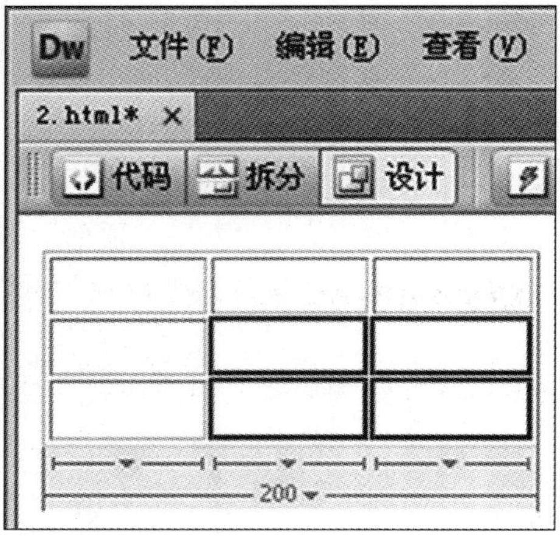

图 5-2-43　选择单元格

（2）属性栏会出现如图 5-2-44 所示的单元格属性设置。

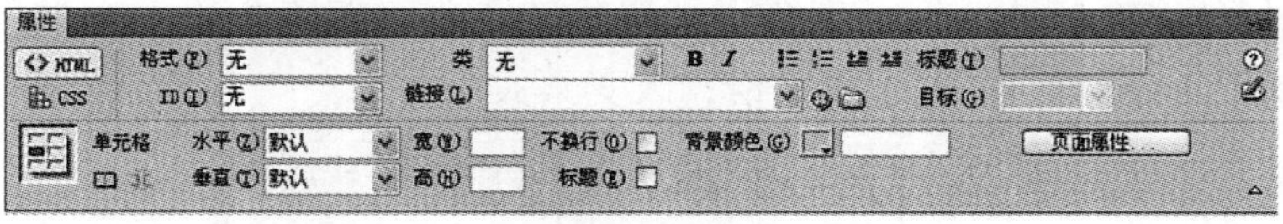

图 5-2-44　单元格属性

在分割线以上部分是对表格中文本的属性设置，在分割线下部分是对单元格的属性设置，它主要包括：

① 单元格▭ ⌶按钮：这两个按钮是单元格合并和拆分按钮。

② 水平、垂直：设置单元格中的文字、图片的水平和垂直对齐的位置。

③ 宽、高：以像素为单位设置单元格的宽和高。

④ 不换行：点选此选项表示输入文字超过单元格的宽度也不自动换行，而是自动加宽单元格的宽度。

⑤ 标题：对设为标题的单元格中文字作加粗居中对齐处理，把它与其他单元格内容区分开来。

⑥ 背景颜色：点击颜色框，设定单元格背景颜色。

4. 表格的布局排版功能

Dreamweaver 中的表格不仅仅是通常意义上的数据表格功能，它还有一项非常重要的应用就是对网页进行布局和排版，几乎每一个网页都是由大大小小若干个表格组成的，而文字、图片、动画、视音频等素材则是放置在被表格划分的一个个小框内，就好像是我们看报纸上的文章、图片分栏显示一样。这样做的好处是网页的内容可以清晰有序地显示，而且通过拆分和合并表格随意地布置各种元素。

图 5-2-45 画出了几种用表格排版的示意草图。

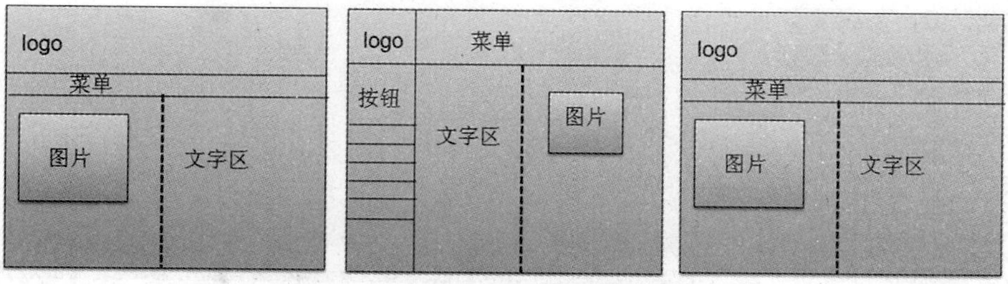

图 5-2-45　几种用表格排版的示意草图

网页的内容是多种多样的，使用表格布局也是非常灵活的，在开始插入表格布局时不可能所有的都考虑到，我们可以插入一个比较简单的表格，当需要时可通过在表格上点击鼠标右键弹出的快捷窗口中的合并、拆分、添加、删除表格等命令来灵活地排布表格，如图 5-2-46。

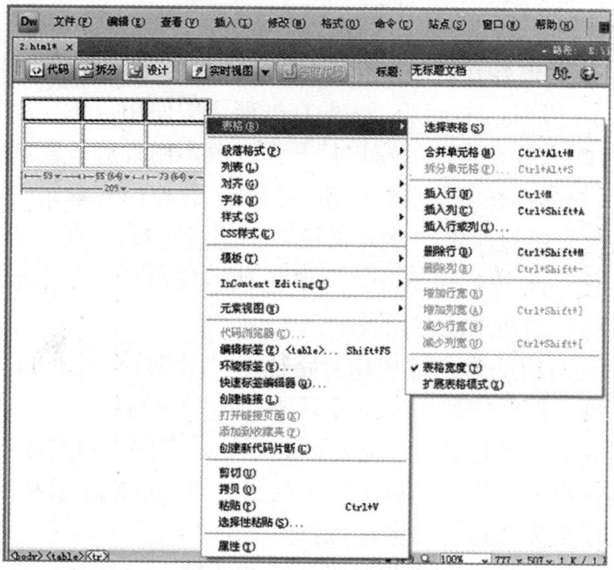

图 5-2-46　表格快捷菜单

当了解了表格的排版功能后，我们就可以通过插入无框的表格和在表格中插入上述所讲的文字、图像、媒体等各种网页元素制作出一个个独立的网页。然而网站之所以称为网站，是因为组成网站的网页之间不是独立存在的，而是彼此互相链接的，链接是网站的本质所在。下面就来学习如何建立超级链接。

5.2.8 建立超级链接

1. 添加文本超级链接

1）为文本添加绝对路径的超级链接

（1）在网页中选择要添加超级链接的文本，被选择的文本会反白显示。如在图 5-2-47 中选择“暨南大学”几个字。

（2）在属性栏的“链接”处，直接输入暨南大学的网址，如图 5-2-48 所示。输入网址后“目标”栏变为可用，点击右侧的，在下拉列表中选择“blank”，使链接的内容在新窗口打开，如图 5-2-48。

图 5-2-47 选择文本

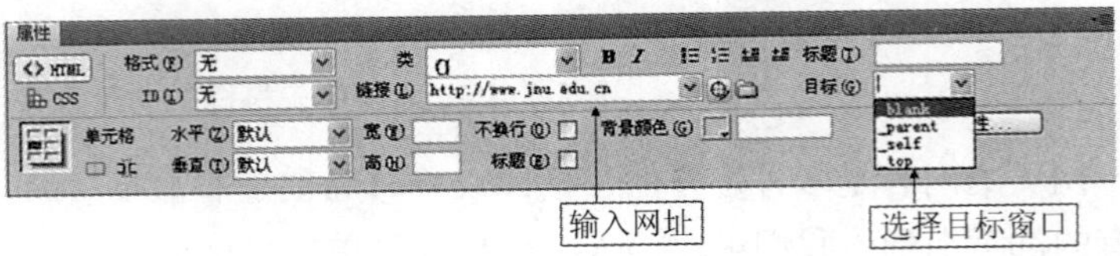

图 5-2-48 为文本添加绝对路径的超级链接

有关目标选项的解释：

① _Blank：所链接的内容开启一个新窗口。

② _Parent：在上一级窗口中打开。一般在框架页中使用。

③ _Self：所链接的内容在当前的窗口打开。一般不用设置，默认是此项。

④ _Top：所链接的内容在浏览器整个窗口打开，忽略所有框架。

以上我们创建的超级链接叫做“绝对路径”的超级链接，“绝对路径”是指为文件提供完整的路径，它不仅包括文件名和地址，还要包括运用协议，如 http、ftp 等。当我们要链接非本网站的文件时就必须使用绝对路径。

与“绝对路径”相对应的概念是“相对路径”，“相对路径”可以提供一个简写的文件地址，它非常适合在同一网站中使用。文件只要处于同一网站内，即使不在同一个目录下，也可以使用相对路径灵活地进行链接。这样做的好处是文件之间的链接不会受站点文件夹所处服务器位置的影响，也就是说当站点文件夹在服务器上更换位置和地址时，其文件夹中所有的内部链接都不会出现无法链接和错误现象。

下面我们就来为文字添加一个“相对路径”的链接。

2）为文本添加相对路径的超级链接

（1）在网页中选择要添加超级链接的文本，被选择的文本会反白显示。

（2）在属性栏的“链接”处，点击按钮，在弹出的窗口中选择本站点中要链接的文件，点击“确定”，如图 5-2-49。

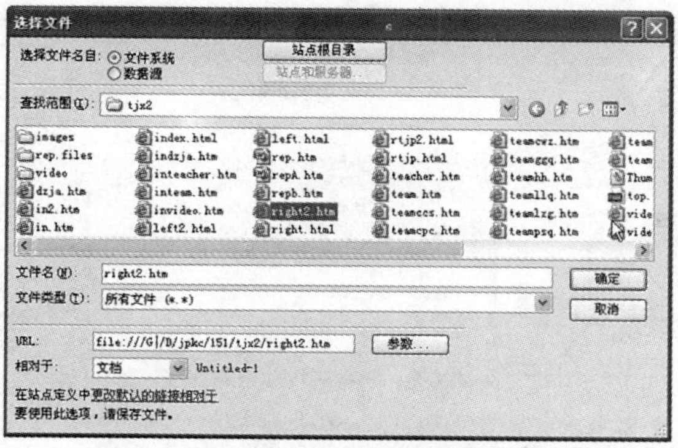

图 5-2-49　为文本添加相对路径的超级链接（方法一）

也可以点击按钮，按住鼠标左键向站点管理面板方向拖动鼠标，会自动出现一个带箭头的斜线，选择要链接的文件后，松开鼠标，如图 5-2-50 所示。这时，可以看在“链接”文本框中会自动加入相对路径。

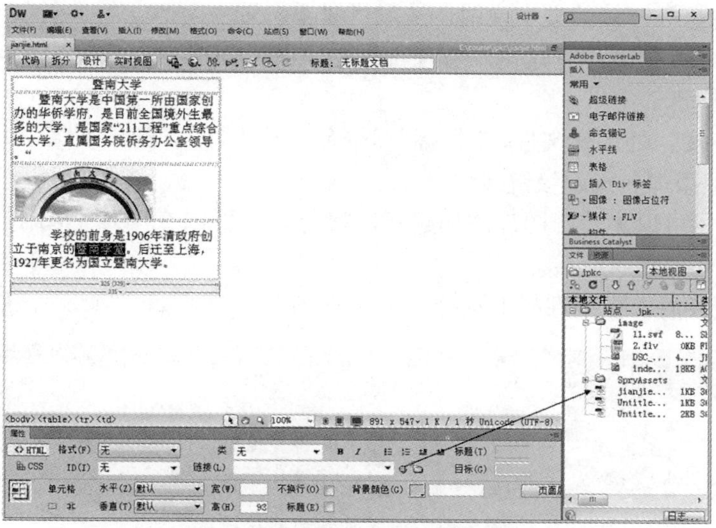

图 5-2-50　为文本添加相对路径的超级链接（方法二）

（3）在“目标”栏选择链接文件显示的方式。

2. 添加图片超级链接

1）添加整张图片的超级链接

图片的超级链接添加方法和文本相同，也可以在工作页面选择图片，然后在属性栏点击或者按钮，选择要链接的文件，并选择合适的“目标”。这是添加超级链接的一种方法。下面我们介绍另一种方法。

（1）在工作页面选择图片。

（2）在浮动工具面板的“常用”栏点击 超级链接。会弹出如图 5-2-51 所示的“超级链接”对话框。

① 文本：这种创建超级链接的方法可以在页面中没有输入文本的情况下进行，直接在此处输入文字就可以。

② 链接：链接文件的路径。

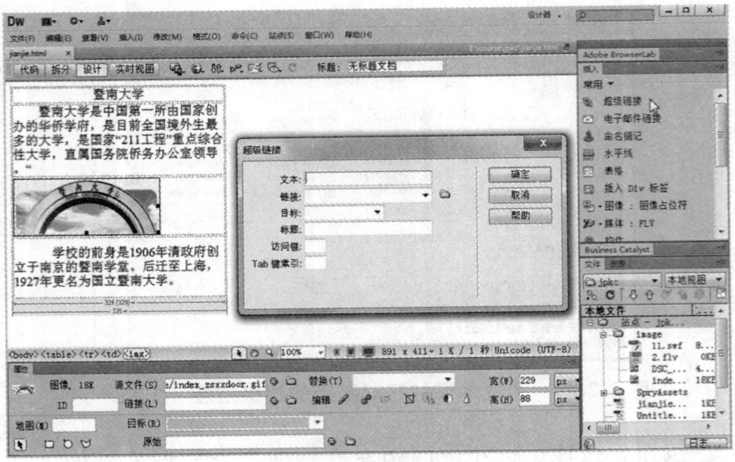

图 5-2-51　利用工具栏添加超级链接

③ 目标：链接文件的显示方式。

④ 标题：对超级链接的文字说明。一般可以不设置。

⑤ 访问键、Tab 键索引：这两个选项都是输入字母创建一个键盘访问的快捷键，但要分别辅以 Alt 和 Tab 键。

（3）在“链接”处选择文件，“目标”选择“blank”，点击“确定”。

2）在图片上添加热点超级链接

在图片中除了可以为整张图片添加超级链接外，还可以在图片上圈出一个或几个区域，单独为这些区域添加超级链接。

（1）选择图片后，在属性栏上选择一种“地图”工具比如“圆形”，如图 5-2-52 所示。

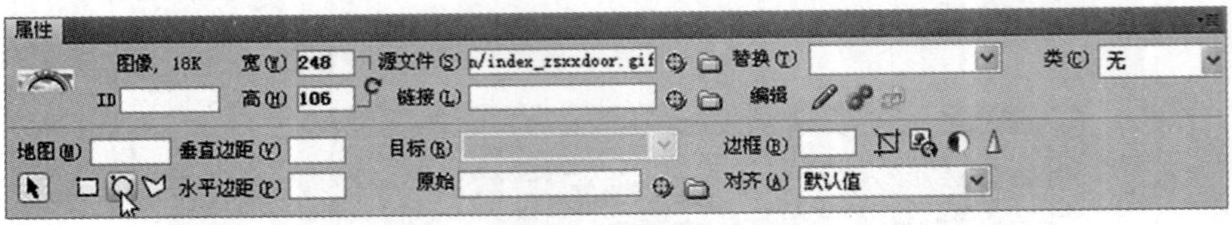

图 5-2-52　添加热点超级链接

（2）将鼠标放置在图片上，鼠标变成 + 形状，按住鼠标左键画出一个圆形，如图 5-2-53 所示。

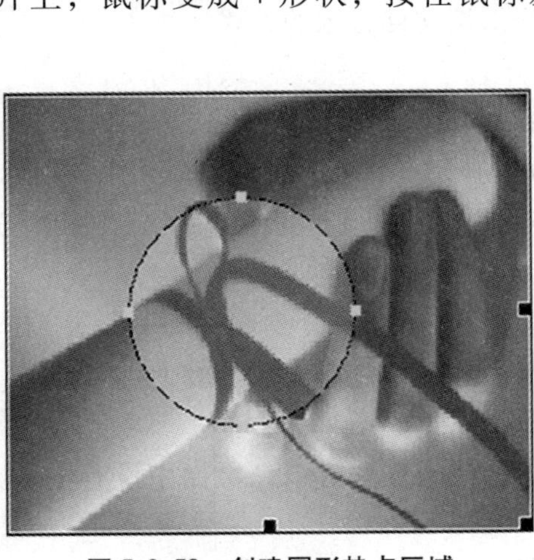

图 5-2-53　创建圆形热点区域

（3）在属性栏设置热点的超级链接文件和目标。如图 5-2-54 所示。

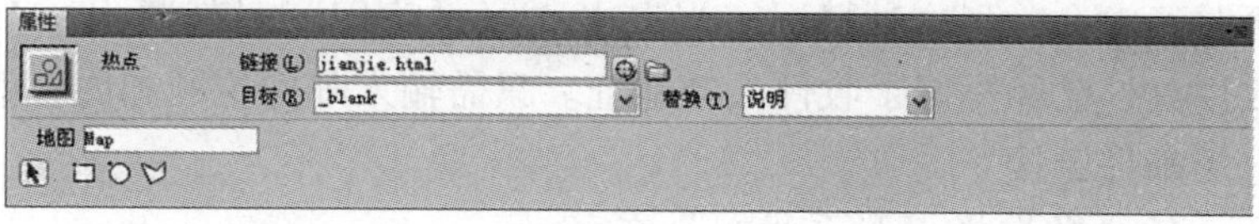

图 5-2-54　在属性栏设置热点超级链接

（4）按下 F12 键，预览图片热点效果。

3. 添加锚链接

在网页制作中有的时候因为内容很多会出现网页很长的情况，为了能看到网页下面的内容就只能不断的拖动滚动条。Dreamweaver 为了解决这种状况，提供了锚链接这种在同一网页中进行超级链接的方法。

（1）在较长的网页的中后部（为了更清楚地看到效果）选择部分文字，点击“常用”工具栏的 命名锚记，在弹出的对话框中输入锚记的名称，点击“确定”按钮，如图 5-2-55。这样就添加了一个锚记。

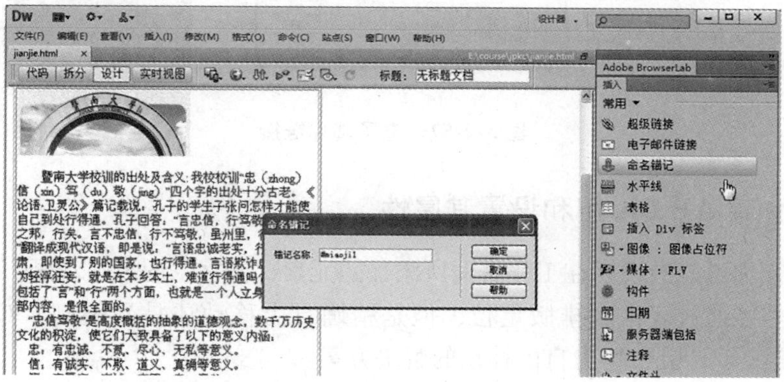

图 5-2-55　添加命名锚记

（2）在网页的前部选择要链接该锚记的文字，然后在属性栏的链接处输入“#锚记名称”比如输入“#miaoji1”，如图 5-2-56，那么在预览时点击该文字就直接跳转到锚记处。

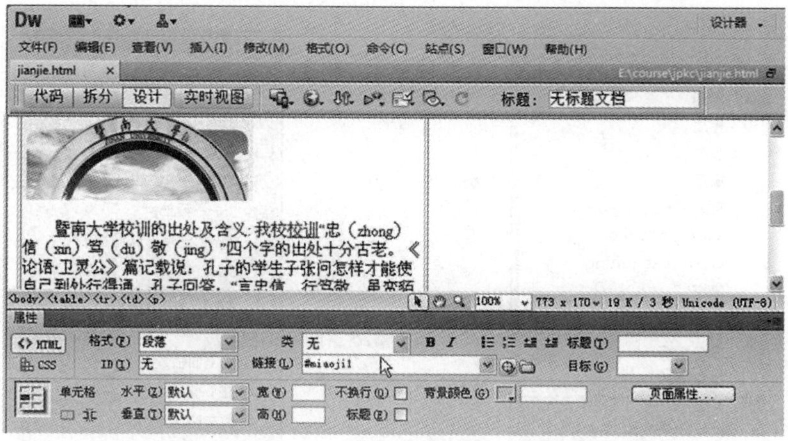

图 5-2-56　在属性栏设置锚记链接

4. 创建电子邮件链接

在浏览网页时经常会碰到这种情况，当点击“联系我们”时就弹出一个电子邮件编辑窗口，并且在收件人处已经写好了收件人的地址。只需输入邮件主题和内容就可以轻松发送邮件。这就是电子邮件链接。

（1）在页面上输入并选择“联系我们”文字。

（2）在“常用”工具栏中点击 电子邮件链接。在弹出的窗口中输入 E－Mail 地址，点击“确定”。如图 5-2-57 所示。

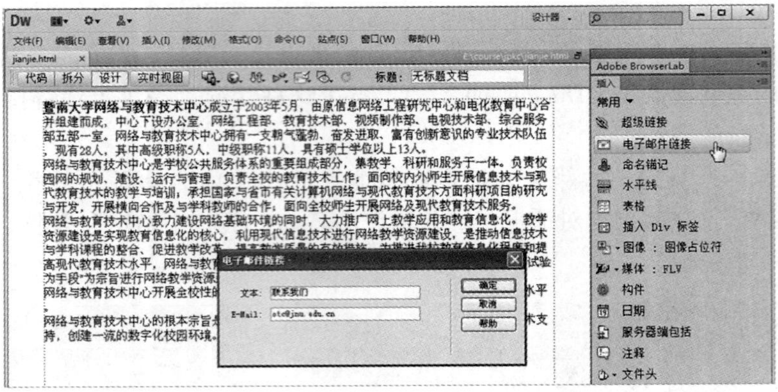

图 5-2-57 电子邮件链接

5.2.9 创建 AP Div 层和设置其属性

到目前为止你可能会发现在工作页面所添加的元素，文字、图片、动画、表格等都不能移动，我们虽然能通过表格来排版定位，但是精确自由移动还是受限制。对于这种情况，Dreamweaver 提供了“层”作为自由移动的解决方案。

1. 创建 AP Div 层

（1）在“浮动工具面板”点击 常用 ▼ 中下三角号，在弹出的下拉列表中选择“布局”，如图 5-2-58。

（2）在“布局”面板中点击“绘制 AP Div”，如图 5-2-59。

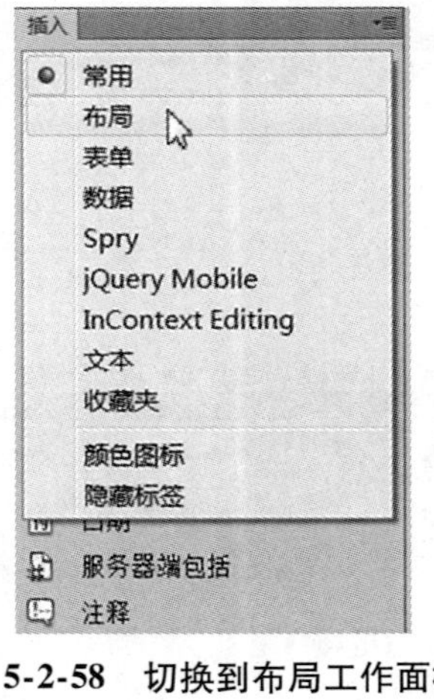

图 5-2-58 切换到布局工作面板

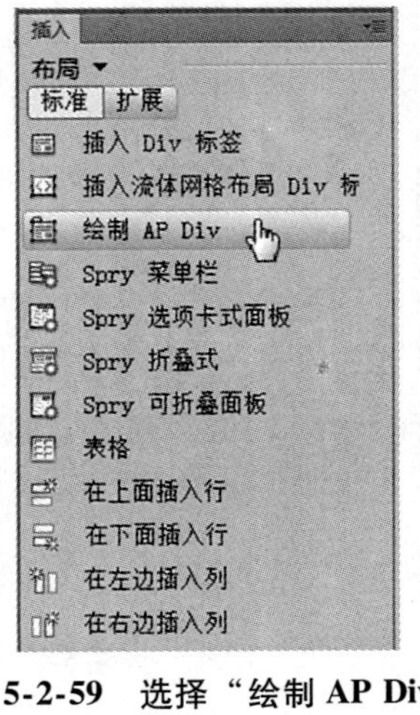

图 5-2-59 选择“绘制 AP Div”

（3）将鼠标移动到工作页面，光标变成✛，按住鼠标左键沿对角线方向拖动出一个区域后松开鼠标，就绘制出一个 AP Div 层。

2. 设置 AP Div 层的属性

（1）选择和修改层的大小：在层的四个顶点上点击鼠标，就选择了该层。同时在层的左上侧出现层手柄、层四周出现蓝色框线和调节点，将鼠标放在调节点上并按住鼠标左键，通过横向、纵向和斜向的拖动，调节层的大小，如图 5-2-60。

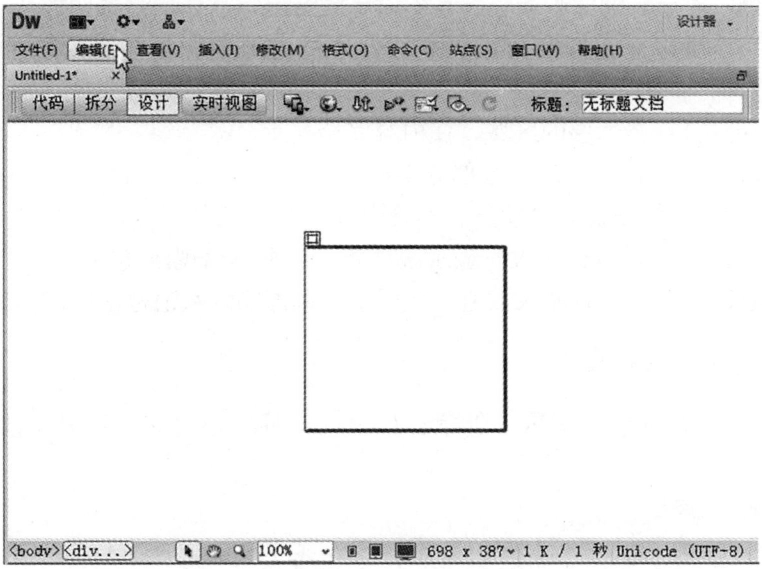

图 5-2-60　选择 AP Div 层

（2）移动层：将鼠标放置在层手柄回上，鼠标变成✛形状，此时按住鼠标左键拖动，就可以将层任意移动。

（3）嵌套层：将光标定义在层的区域内再创建一个层，就是嵌套层。那么在内部的层（后建立的）就称为子层，在外面的层（先建立的）就称为父层。子层会继承父层的各种属性。

（4）当层被选择时，属性栏呈现的就是层的属性设置栏，如图 5-2-61 所示。

图 5-2-61　AP Div 层的属性栏

① CSS－P 元素：定义 AP Div 层的名称，该名称必须是由英文和数字组成，不能有空格等特殊字符，该名称具有唯一性。定义名称后，可以更容易地选择层，并且可以为层指定多种效果。

② 左、上：以页面的最左顶点为坐标，输入距离该坐标的值，精确定义层的位置。

③ 宽、高：定义层的宽和高。

④ Z 轴：在文本框中输入数值决定层的叠加顺序。Z 轴数值大的层排列在 Z 轴数值小的层上方。

⑤ 可见性：显示层的可见和隐藏状态。它有如下四种选项：

a. Default（默认）：不指定层的显示状态。

b. Inherit（继承）：在嵌套层的状况下，继承父层的可见性。

c. Visible（可见）：显示层为可见。

d. Hidden（隐藏）：设置层为不可见。

⑥ 背景图像：通过🗀选择一幅图作为层的背景。

⑦ 背景颜色：设定层的背景颜色。在不设定的情况下默认层是透明的。

⑧ 溢出：当在层中插入的内容比层大时，通过该选项调整内容的显示。它包括几个选项：

a. Visible（可见）：扩大层的区域，使内容完全显示。

b. Hidden（隐藏）：比层大的内容部分不显示。

c. Scroll（滚动）：始终显示滚动条，不管内容是否比层大。

d. Auto（自动）：当内容比层大时显示滚动条，否则不出现滚动条。

⑨ 剪辑：通过在上下左右输入数值，在层中隐藏掉输入数值范围内的内容。

5.2.10 应用 Spry 层

在 Dreamweaver 中 Spry 其实是一个特定 JavaScript 库，通过它可以轻松地添加一些有特殊效果的菜单。

1. 添加 Spry 菜单栏

（1）在工作页面上单击鼠标，定位要添加 Spry 菜单栏的位置。

（2）在“浮动工具面板”的“布局”栏点击“Spry 菜单栏”，如图 5-2-62。

（3）在弹出的对话框中选择菜单是“水平”还是“垂直”排列，点击“确定”，如图 5-2-63。

图 5-2-62 添加 Spry 菜单栏

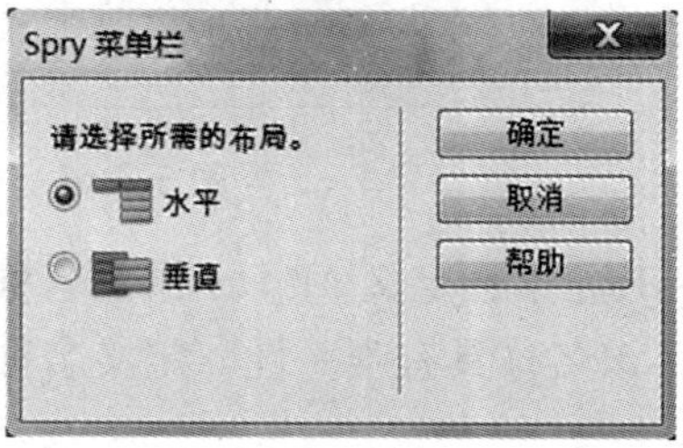

图 5-2-63 Spry 菜单栏水平垂直选择

（4）在工作页面出现 Spry 菜单栏，在属性栏同时显示 Spry 菜单栏的设置属性，如图 5-2-64 所示。

图 5-2-64　Spry 菜单栏属性设置

① 菜单条：设置菜单栏的名称。

② 菜单项文本输入栏：共可设计三级菜单。通过+ -和▲ ▼按钮增减和调整菜单。

③ 文本：设置各菜单项的文字。

④ 链接：设置各菜单项链接的文件。

⑤ 标题：设置各菜单项文字上的浮动提示文字。

⑥ 目标：设置链接显示的窗口位置。

（5）按下 F12 键，预览 Spry 菜单栏的效果。

2. 添加 Spry 选项卡式面板

（1）在工作页面上单击鼠标，定位要添加 Spry 选项卡式面板的位置。

（2）在“浮动工具面板”的“布局”栏点击“Spry 选项卡式面板”，如图 5-2-65。

（3）在工作页面出现 Spry 选项卡式面板，在属性栏同时显示 Spry 选项卡式面板的设置属性，如图 5-2-66 所示。

图 5-2-65　添加 Spry 选项卡式面板

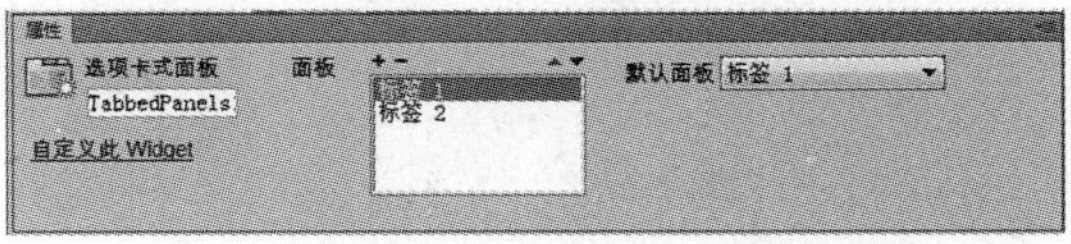

图 5-2-66　Spry 选项卡式面板属性栏

① 选项卡式面板：设置选项卡式面板的名称。

② 面板：通过+ -增减选项卡面板的数量，通过▲ ▼调整选项卡面板次序。

③ 默认面板：设置浏览时默认显示的选项式面板。

（4）在工作页面的选项卡中单击，如在标签 1 处单击可以为标签 1 输入名称，在内容 1 单击就可以输入标签 1 的内容文字，如图 5-2-67 所示。

图 5-2-67　输入 Spry 选项卡式面板名称和内容

（5）如果想为标签 2 添加内容，则将鼠标放置在标签 2 上，会出现图标，单击它可以切换到标签 2 的内容区，只需单击鼠标就可以设置标签 2 的内容，如图 5-2-68 所示。

图 5-2-68　切换 Spry 选项卡式面板输入相关内容

（6）按下 F12 键，预览 Spry 菜单栏的效果。

3. 创建 Spry 折叠式

（1）在工作页面上单击鼠标，定位要添加 Spry 可折叠的位置。

（2）在“浮动工具面板”的“布局”栏点击“Spry 折叠式”，如图 5-2-69 所示。

（3）在“标签 1”“内容 1”和“标签 2”输入相关内容，如需设置“标签 2”的内容，将鼠标放置在“标签 2”的右下角会出现图标，点击它就可以设置“标签 2”的内容，如图 5-2-70 所示。

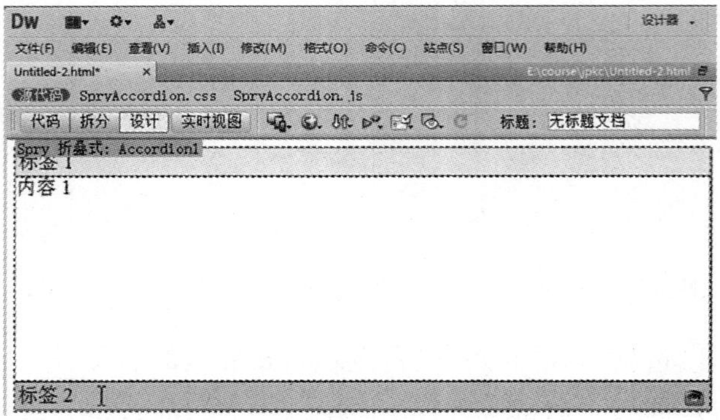

图 5-2-69　创建 Spry 折叠式　　　　图 5-2-70　输入 Spry 折叠式名称和内容

（4）在属性栏设置 Spry 折叠式的属性，如图 5-2-71 所示。

图 5-2-71　Spry 折叠式属性栏

① 折叠式：设置 Spry 折叠式的名称。

② 面板：通过 + − 和 ▲ ▼ 增减和调整折叠式面板。

（5）按下 F12 键，预览 Spry 折叠式的效果。

4. 创建 Spry 可折叠式面板

Dreamweaver 中除了提供 Spry 折叠式外还提供另一种 Spry 可折叠式面板。它与 Spry 折叠式的区别是 Spry 折叠式可以折叠多个面板，但不能折叠内容；Spry 可折叠式面板可以折叠内容，但只有一个面板。

（1）在工作页面上单击鼠标，定位要添加 Spry 可折叠式面板的位置。

（2）在“浮动工具面板”的“布局”栏点击“Spry 可折叠面板”，如图 5-2-72 所示。

图 5-2-72　创建 Spry 可折叠式面板

（3）在工作页面插入了 Spry 可折叠式面板，在 Tab 和内容处分别输入相关文字和内容。

（4）在属性栏设置 Spry 可折叠式面板的属性，如图 5-2-73 所示。

图 5-2-73　Spry 可折叠式面板属性栏

① 可折叠式面板：设置 Spry 可折叠式面板的名称。

② 显示：设置面板是“打开”还是“已关闭”。

③ 默认状态：设置浏览时面板的默认状态是“打开”还是“已关闭”。

④ 启用动画：设置是否应用动画效果。

（5）按下 F12 键，预览 Spry 可折叠式面板的效果。

5.2.11　创建表单和设置表单属性

表单也是网页中常用的元素，我们在登录某些网站时需要的密码，在申请 E－Mail 和加入论坛时所要填写的各种信息，都是表单的表现形式。表单的作用就是搜集所需数据和信息并可以向后台数据库提交这些信息。

表单的工作流程一般是这样的：在工作页面插入一个空的表单，然后在属性栏指定该表单数据传送到服务器的方法，在空的表单中插入各表单对象（域），在属性栏设置所插入的域属性后，点击确定，完成该表单。下面就来看看具体的操作方法。

1. 插入空白表单并设置其属性

（1）在“浮动工具面板”中点击“常用”旁的下三角，在弹出的列表中选择“表单”，如图 5-2-74 所示。

（2）在“表单”栏会列出常用的表单元素和对象，如图 5-2-75。点击“表单”。

图 5-2-74 切换表单工作面板

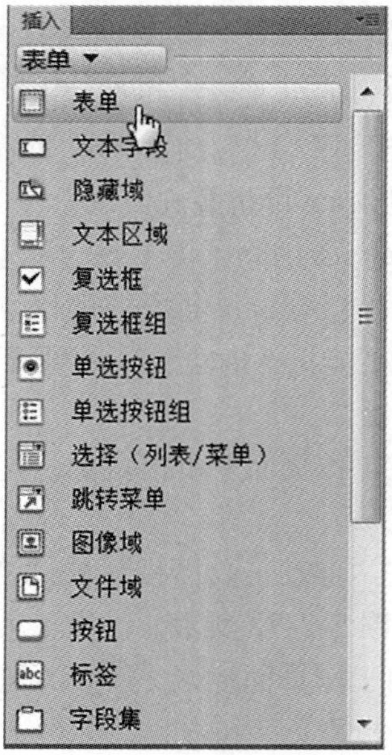

图 5-2-75 插入表单

（3）在工作页面就出现一个光标定位的红色虚线框，这样就插入了一个空白表单。

（4）属性栏显示如图 5-2-76 的表单属性。

图 5-2-76 表单属性栏

① 表单 ID：设置表单的名称。

② 动作：设置该表单的服务器脚本路径。

③ 方法：设置表单数据发送到服务器的方法。有以下几种选项：

a. 默认：用浏览器默认的设置将数据发送到服务器。

b. GET：利用 GET 方法发送数据，将数据附加到 URL 中，并向服务器发送 GET 请求。

c. POST：把表单数据直接嵌在 HTTP 中发送，并向服务器发送 POST 请求。

一般来说，GET 传输的数据量小，POST 可以传输数据量大的数据。在数据传输的过程中，POST 方法也比 GET 方法安全。

④ 目标：设置表单处理后反馈页面的显示窗口。

⑤ 编码类型：指定向服务器发送数据的编码类型。

2. 插入文本字段

（1）在工作页面的表单中定位光标，在“浮动工具面板”的“表单”栏中点击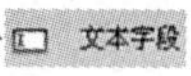
。

（2）此时，会弹出“输入标签辅助功能属性”窗口。这是为了方便设置表单的提示窗口，我们可以忽略它直接点击“确定”。

（3）在工作页面出现文本字段域，属性栏显示文本字段的属性，如图 5-2-77 所示。

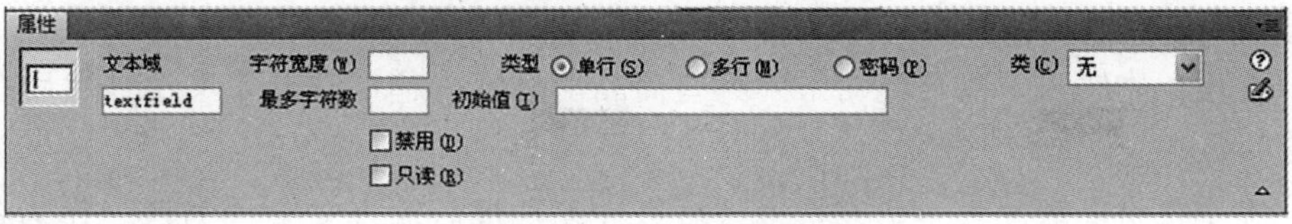

图 5-2-77　文本字段属性栏

① 文本域：设置该文本域的名称。

② 字符宽度：以一个英文字符为计算单位，设置文本字符域的宽度。

③ 最多字符数：设置该文本域能输入的最多字符数，比如可将身份证号码限制输入为 18 位。

④ 类型：规定该文本域是单行、多行还是密码。其中选择多行就是文本区域，选择密码时用户输入的文字被符号代替不显示文字内容。

⑤ 初始值：浏览时显示的初始文字。

⑥ 禁用：该文本域不能用。

⑦ 只读：将该文本域设定为只读。

（4）按下 F12，在浏览器中可以在文本字段输入文字。

小提示

每次插入表单对象时都会出现“输入标签辅助功能属性”窗口，可以通过点击“更改‘辅助功能’首选参数”跳转到“首选参数”窗口，取消“表单对象”前的选择状态，如图 5-2-78 所示，此辅助窗口则不再出现。

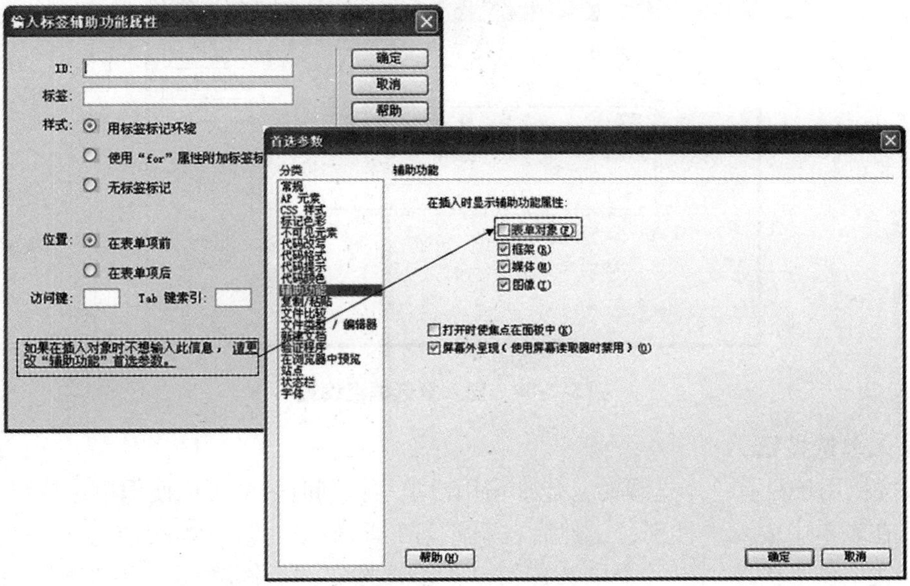

图 5-2-78　输入标签辅助功能属性设置

3. 插入复选框

复选框在为用户提供多个选择项时使用。比如在网页中让用户填写对哪些商品信息感兴趣时就可以用复选框。

（1）在表单中输入“您可能对下列哪些商品信息感兴趣”这几个文字，然后在“浮动工具面板”点击 复选框 按钮。

（2）在工作页面就加入一个复选框，可以在复选框后输入文字“书籍”作为备选答案之一。同样方法可以添加出多个复选框和答案。

（3）在工作页面的复选框上点击鼠标，该复选框被选择，属性栏显示如图 5-2-79。

图 5-2-79　复选框属性栏

① 复选框名称：设置复选框的名称，每个复选框必须有一个唯一的名称。

② 选定值：设置复选框被选中的值，该值会随表单提交到服务器。

③ 初始状态：选择在浏览时看到的显示状态。

（4）按下 F12，在浏览器中就可以预览复选框的效果。

除了一个一个添加复选框外，Dreamweaver 还可以一次添加多个复选框，单击“表单”中的 复选框组 按钮，在弹出的如图 5-2-80 所示的窗口中，“名称”显示该复选框组的名称，在“复选框”“标签”下的“复选框”文字上单击就可以输入选项文字，利用 + − 增减复选框的个数，利用 ▲ ▼ 调整复选框的排列顺序，点击“确定”就可以添加一组复选框。

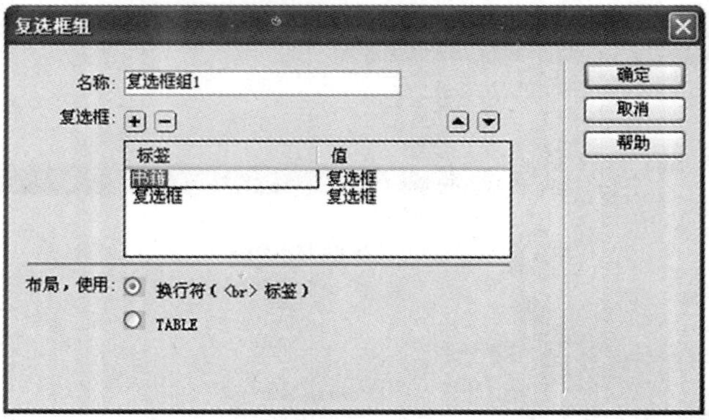

图 5-2-80　插入复选框组设置

4. 插入单选按钮

单选按钮用于只有一个选择时，比如请用户填写性别时，就可以使用单选按钮。

（1）在表单中输入“性别:”，然后在“浮动工具面板”点击 单选按钮。

（2）在工作页面就加出一个单选按钮，在单选按钮的后面输入文字“男”，再次点击 单选按钮，又添加出一个单选按钮，在这个单选按钮的后面输入文字“女”。有关用户填写性别信息的表单就制作完成。

（3）在工作页面选择单选按钮，属性栏就显示该按钮的属性，如图 5-2-81 所示。

图 5-2-81　单选按钮属性栏

（4）按下 F12，在浏览器中预览单选按钮的效果。

同复选框一样，只需点击 单选按钮组 就可以添加单选按钮组，其设置方法也与复选框相同。

5. 插入列表/菜单

列表/菜单也是在为用户提供选择时使用的，列表/菜单可以提供一个有滚动条的矩形显示区域。较单选按钮和复选框更节省网页空间。

（1）在表单区域内定位光标，然后在“浮动工具面板”的“表单”栏点击 选择（列表/菜单）。

（2）在工作页面插入一个列表/菜单，属性栏同时显示其属性，如图 5-2-82 所示。

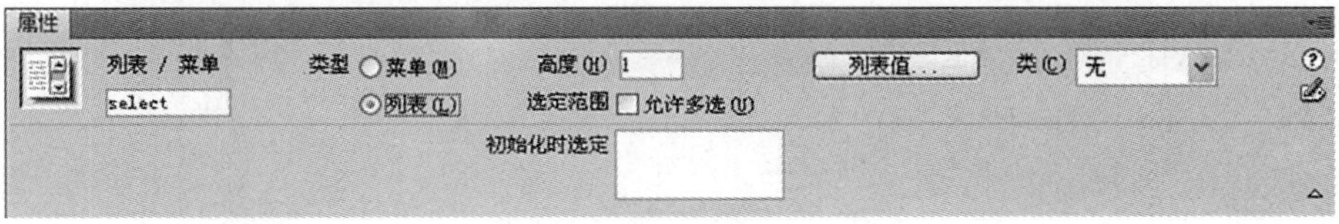

图 5-2-82　列表/菜单属性栏

① 列表/菜单：设置列表/菜单的名称。

② 类型：选择是菜单显示还是列表显示。

③ 高度：设置列表的显示行，如果选择菜单显示则“高度”不可用。

④ 选定范围：如果选择“允许多选”可以利用“Shift”或“Ctrl”键一次选择多个选项。

⑤ 列表值：点击 列表值... 按钮，弹出如图 5-2-83 的“列表值”设置窗口，在“项目标签”下的空白框中单击就可以输出备选项目，通过 + − 和 ▲ ▼ 增减和调整备选项目，设置完成后点击“确定”。

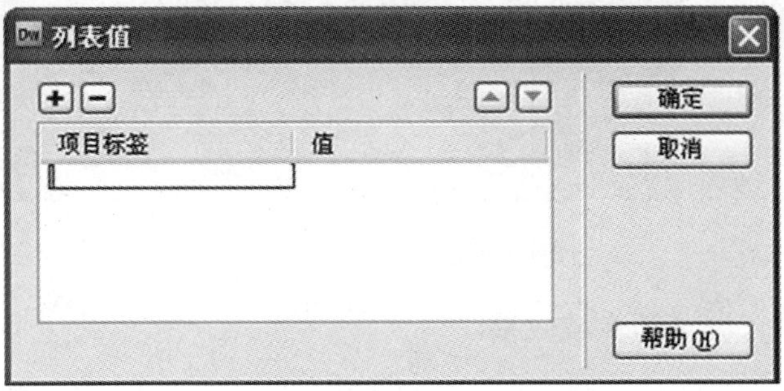

图 5-2-83　列表值设置

⑥ 初始时选定：设置在浏览器看到的初始显示。

（3）按下 F12，在浏览器中预览列表/菜单的效果。

6. 插入跳转菜单

跳转菜单用列表形式列出各个选项，但与列表不同的是，点击跳转菜单中的选项可以跳转到相应的网页。

（1）在工作页面定位光标后，在“浮动工作面板”点击“表单”栏中的跳转菜单。

（2）在弹出的如图 5-2-84 的窗口中，在文本处输入跳转的备选项名称，在“选择时，转到 URL”中输入要跳转到的网页路径；点击新添加一个菜单项，输入该菜单项的文本和 URL；还可以在“选项”处设置是否要添加一个前往按钮，设置完成后，点击“确定”。

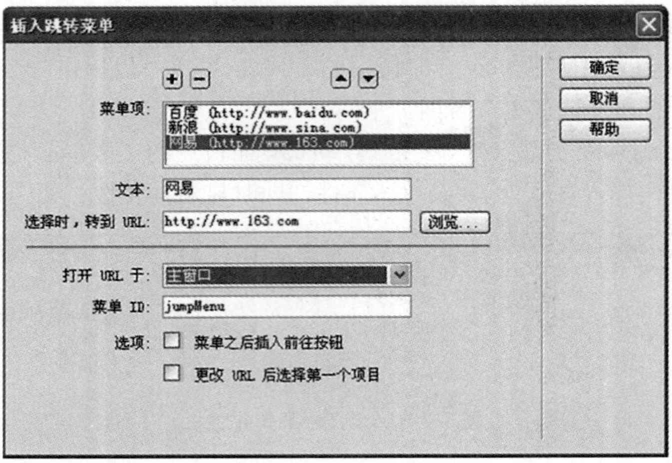

图 5-2-84 跳转菜单设置

（3）按下 F12，在浏览器中预览跳转菜单的效果。

7. 插入图像域

在表单中插入图像域会使表单页面更漂亮，图像域也可以用来制作提交按钮。

（1）在工作页面的表单区域定位光标，然后在“表单栏”点击图像域。

（2）在弹出的“选择图像源文件”窗口选择一幅图，点击“确定”。

（3）图像域的属性栏如图 5-2-85 所示。

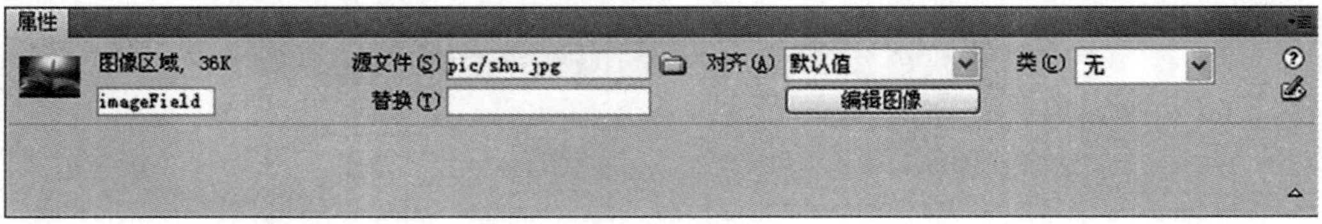

图 5-2-85 图像域属性栏

（4）按下 F12 键，浏览图像域效果。

8. 插入文件域

如果需要用户上传文件就使用文件域。

（1）在“表单”栏中点击文件域。

（2）在工作页面会出现带“浏览”按钮的文本框。属性栏也相应显示文件域的属性，如图 5-2-86 所示。可以根据需要输入文件域名称和字符宽度及最大字符数。

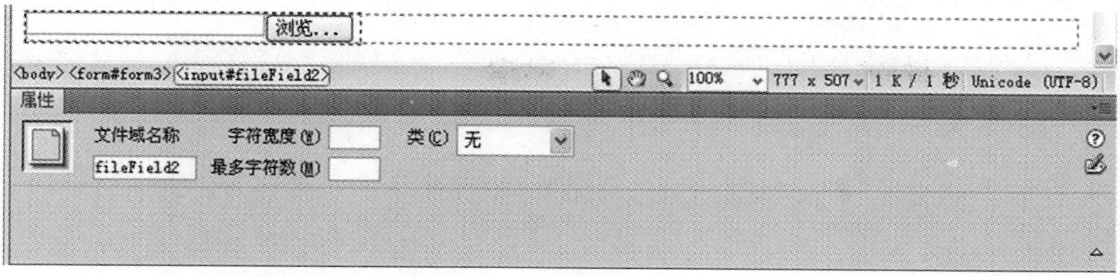

图 5-2-86　文件域属性栏

（3）按下 F12，在浏览器中预览效果。

9. 插入按钮

按钮是表单常用的一种对象，当需要提交数据时就会用到按钮。

（1）在工作页面的表单区域定位光标，然后在“表单栏”点击 按钮。

（2）在工作页面就插入一个按钮，属性栏也显示按钮的属性，如图 5-2-87 所示。

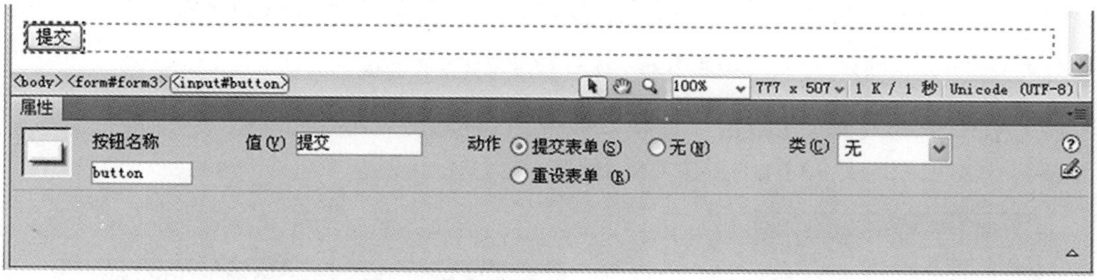

图 5-2-87　按钮属性栏

① 按钮名称：设置按钮的名称。

② 值：可以输入按钮上显示的文字。

③ 动作：选择点击按钮时所发生的动作。

a. 提交表单：将表单的数据提交到服务器上。

b. 重设表单：将表单输入的内容清空。

c. 无：按钮不设动作，需要 JavaScript 实现动作。

（3）按下 F12，在浏览器中预览效果。

5.2.12　应用 CSS 样式表

CSS 是网页设计制作中不可缺少的部分。使用 CSS 可以精确的对页面的布局、文本样式、颜色、边框、背景等进行控制，还可以为网页添加许多特殊效果。而且应用了 CSS 样式的文件非常容易更新，只需改变 CSS 样式，所有应用 CSS 的文件都自动更新。

1. 新建 CSS 样式表

（1）新建一个 HTML 文档，在菜单栏的“窗口”下确认“CSS 样式”被选择，在“插入”工具栏的下方出现 CSS 样式面板，如图 5-2-88 所示。

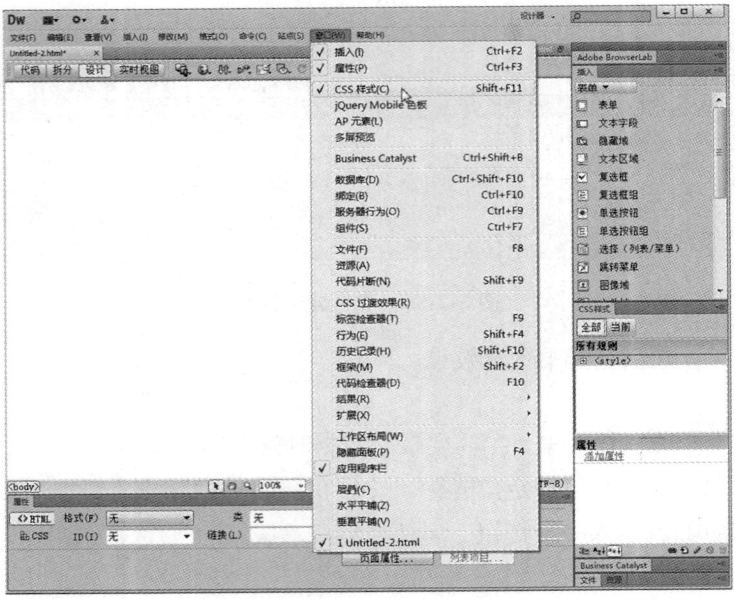

图 5-2-88　显示 CSS 样式工作面板

（2）在 CSS 样式面板上点击“新建 CSS 规则”按钮，如图 5-2-89。

（3）弹出如图 5-2-90 的“新建 CSS 规则”窗口。

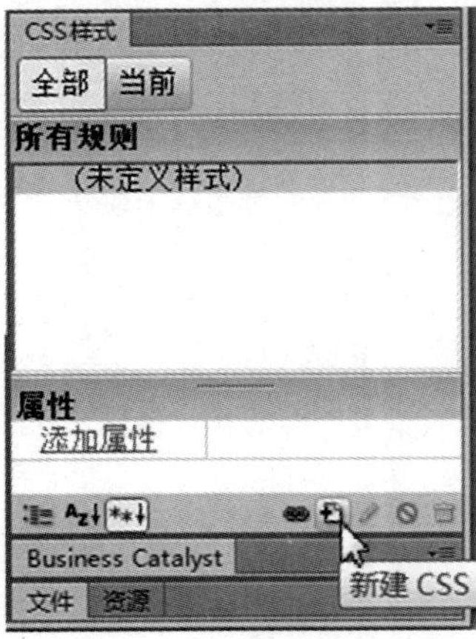

图 5-2-89　新建 CSS 规则

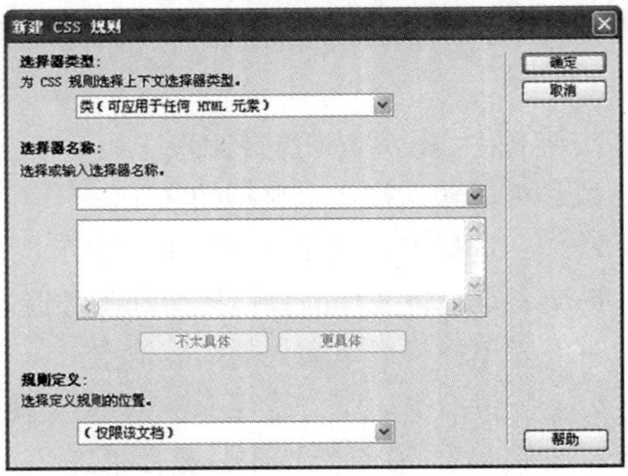

图 5-2-90　新建 CSS 规则设置窗口

（4）在“选择器类型”处点击，列出了四种 CSS 规则，如图 5-2-91 所示。在这里我们选择“类（可应用于任何 HTML 元素）”。

四种 CSS 规则：

图 5-2-91　选择 CSS 规则类型

① 类（可应用于任何 HTML 元素）：也被称为自定义规则，可以将该样式属性设置为任何文本范围和文本区域。如果在一个页面中的部分文本需要应用其他样式的时候，可以使用“类”。

② ID（仅应用与一个 HTML 元素）：个别地定义每个元素的样式，它具有一定的局限。

③ 标签（重新定义 HTML 元素）：重新定义特定标签的样式，使所有应用该标签的部分

都按照新定义的样式被更新。

④ 复合内容（基于选择的内容）：可以同时创建两个类、标签或 ID 的复合规则。

（5）在“选择器名称”处输入新建样式表的名称，该名称必须是英文字母开头或句点开头，不能包含特殊字符。

（6）在“规则定义”中选择定义规则的位置。CSS 样式按使用方法可以分为外部样式和内部样式。“仅限该文档”选择的是内部样式，它表示新建的样式表只能应用于这个文档内。“新建样式表文件”，不仅可以应用于本文档还可以应用到其他文档中。在这里选择“新建样式表文件”，如图 5-2-92 所示。

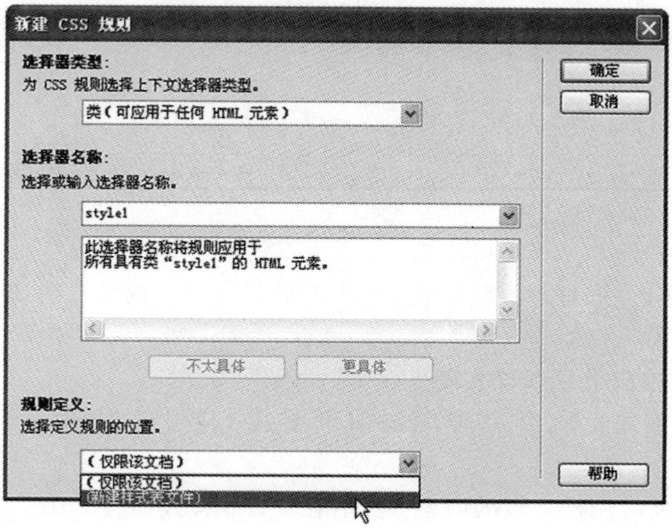

图 5-2-92　选择 CSS 规则定义

（7）设置好新建 CSS 的规则后点击“确定”，弹出“保存”窗口，在文件名中为了方便记忆建议输入与样式表一样的名称。点击“保存”，如图 5-2-93 所示。

图 5-2-93　保存 CSS 规则文件

（8）此时弹出了“CSS 规则定义”窗口，在窗口中有“类型”“背景”“区块”等八个选项，根据需要在“类型”中对文本选择进行设置，如图 5-2-94 所示。

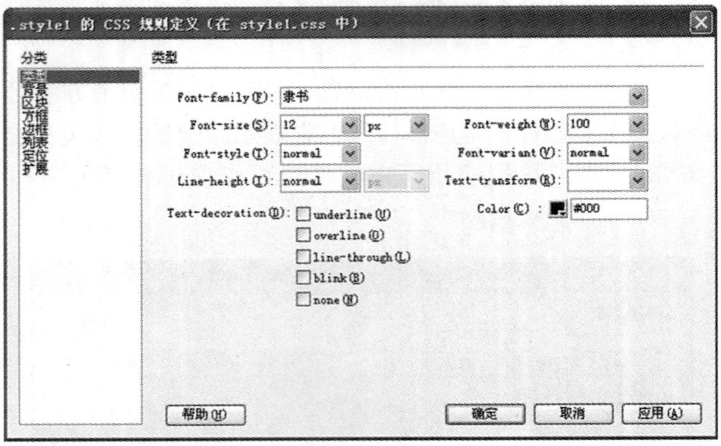

图 5-2-94　CSS 规则定义

（9）点击“确定”按钮后，就完成了一个 CSS 样式表的创建。在 CSS 样式表面板中也出现了新建的样式表。

2. 在文档设置中应用 CSS 样式表

当建立好 CSS 样式表后，有多种方法将 CSS 样式表应用到文档中。

方法一：

在文档中选择要应用样式表的内容，然后在“CSS 样式面板”中，选择要应用的样式名称，点击“CSS 样式面板”右上角的，在弹出的菜单中选择“应用”，如图 5-2-95，这样就可以将 CSS 样式应用到文档内容中。

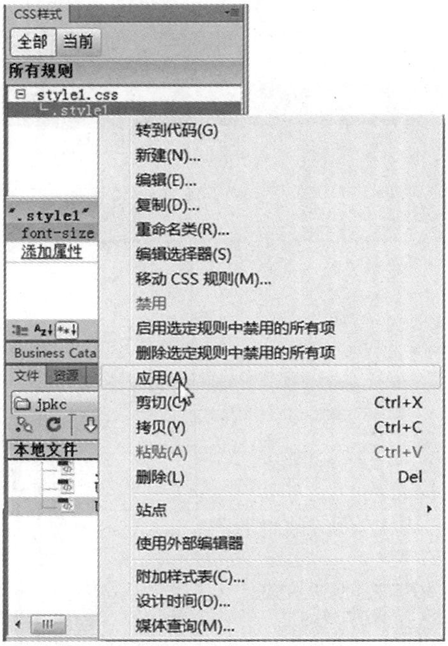

图 5-2-95　套用 CSS 规则

方法二：

在文档中选择要应用样式表的内容，在属性栏的“类”中点击 在下列列表中选择要应用的 CSS 样式名称，如图 5-2-96 所示，就将 CSS 样式应用到文档内容中。

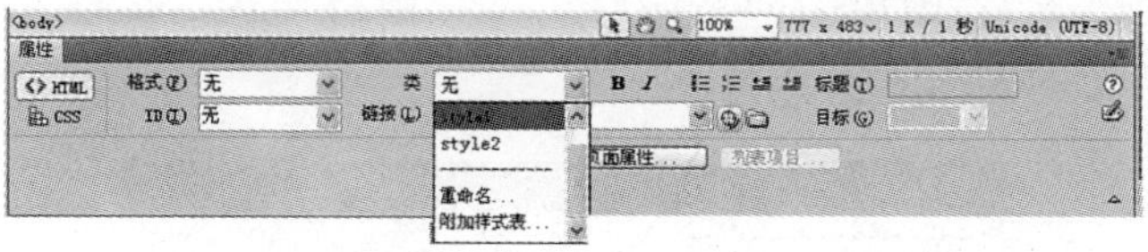

图 5-2-96　利用属性栏套用 CSS 规则

方法三：

在文档中选择要应用样式表的内容，在菜单栏点击“格式” > “CSS 样式”，选择要应用的 CSS 样式名称，这样也可以将 CSS 样式应用到文档内容中，如图 5-2-97 所示。

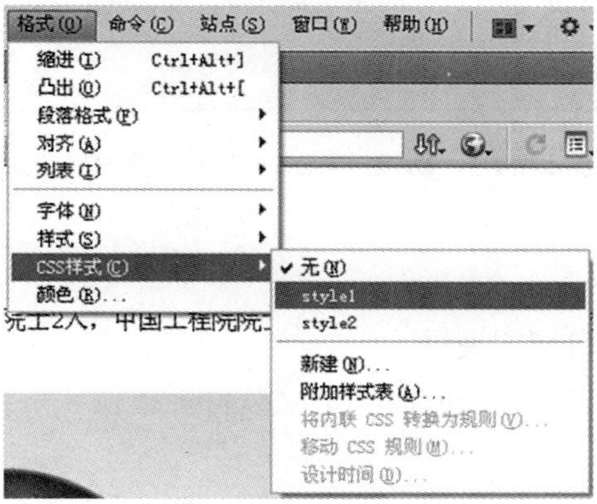

图 5-2-97　利用“CSS 样式”命令应用 CSS 规则

3. 使用附加样式表

在制作网站时，可能很多页的风格都相似，如果使用内部样式表，只能应用于一个文档。为了减少重复工作，我们经常会使用外部样式表，将它应用于不同的文档。下面就来看看如应用外部样式表。

（1）在文档中选择要应用外部样式表的内容，在 CSS 样式面板中点击附加样式表按钮 。

（2）在弹出的对话框中，通过点击“浏览”按钮选择外部样式表，可以选择“链接”和“导入”两种添加形式。“链接”是创建当前文档与外部样式表之间的链接；“导入”就是引用外部样式表，它也会应用已发布的样式表所在 URL，如图 5-2-98 所示。

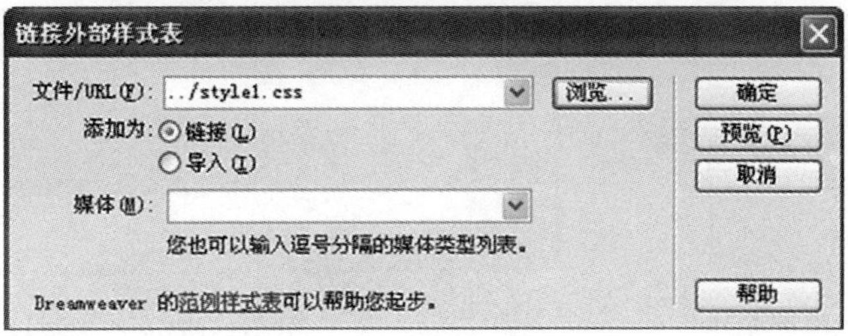

图 5-2-98　链接外部样式表

（3）点击“确定”后，外部样式表就出现“CSS 样式面板”中就可以像应用内部样式表一样将它应用于文档了。

此外，在 Dreamweaver 里也提供了很多样式表供用户选择。点击“范例样式表”的文字链接，如图 5-2-99 所示，在弹出的“范例样式表”窗口选择一种样式，点击“确定”，该范例样式表就出现在 CSS 样式面板中。

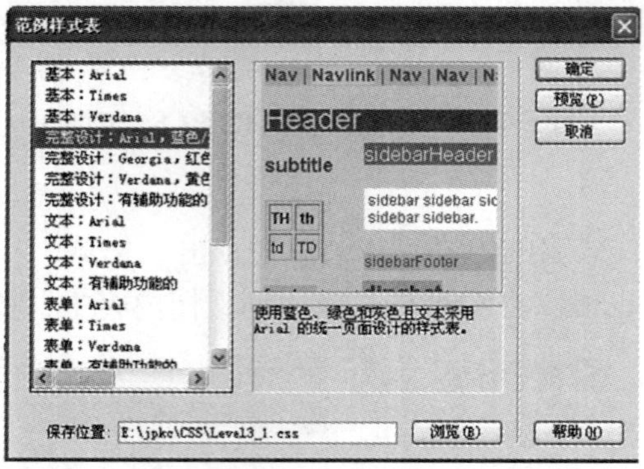

图 5-2-99 Dreamweaver 内置的范例样式表

5.2.13 使用模板

1. 应用 Dreamweaver 自带的模板

为了更方便用户建立网页，在 Dreamweaver 软件中提供了一些常用的模板。可以直接用这些模板建立网页。

（1）点击菜单上的“新建” > “文件”命令，如图 5-2-100。

（2）在“新建文档”窗口选择“空白页” > “HTML 模板”，在“布局”中会列出许多布局样式，选择一种你需要的，点击“创建”，如图 5-2-101。

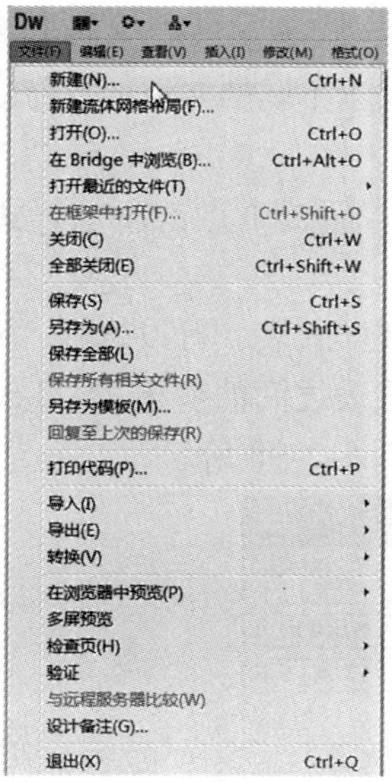

图 5-2-100 新建网页文件

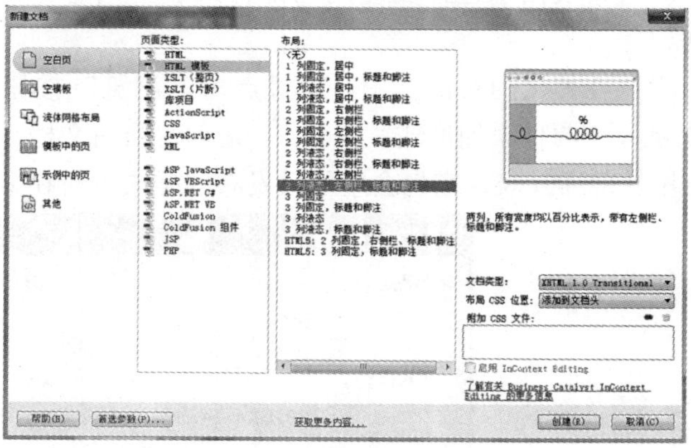

图 5-2-101 选择模板

（3）在工作页面就出现该种样式的网页，可以直接在上面编辑制作网页。

小提示

在“新建文档”窗口中，还可以选择“页面类型”为“HTML模板”，选择任意一种Dreamweaver附带的，基于CSS页面布局的预设计文档，在对话框的右侧将显示选定布局的预览和说明。

预设计的CSS布局提供了下列类型的列：

固定：列宽是以像素指定的。列的大小不会根据浏览器的大小或站点访问者的文本设置来调整。

液态：列宽是以站点访问者的浏览器宽度的百分比形式指定的。如果站点访问者将浏览器变宽或变窄，该设计将会进行调整，但不会基于站点访问者的文本设置来更改列宽度。

Dreamweaver还提供两个HTML5 CSS布局：两列固定和三列固定。

三栏布局是目前最常见的网页布局，主要页内容放在中间一栏，边上的两栏放置导航链接之类的内容。基本布局一般是标题之下放置三栏，三栏占据整个页面的宽度，最后在页的底端放置页脚，页脚也占据整个页面宽度。

2. 创建与应用自定义模板

（1）当想把一个制作好的网页定义为模板时，要在菜单栏选择“文件”>“另存为模板”命令，如图5-2-102。

（2）在弹出的对话框中的“另存为”输入模板的名称，点击“保存”，如图5-2-103。

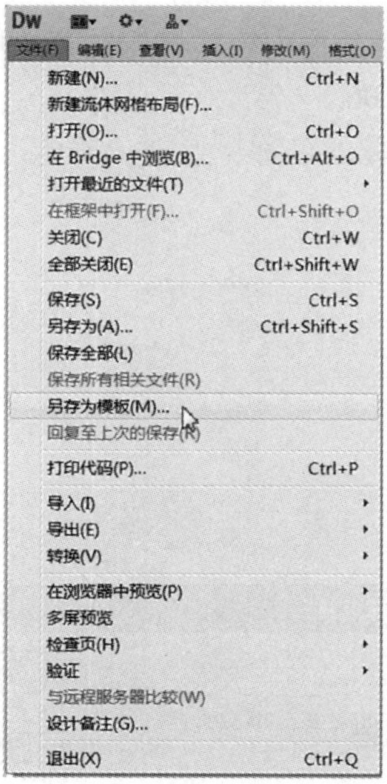

图5-2-102 将网页保存为模板

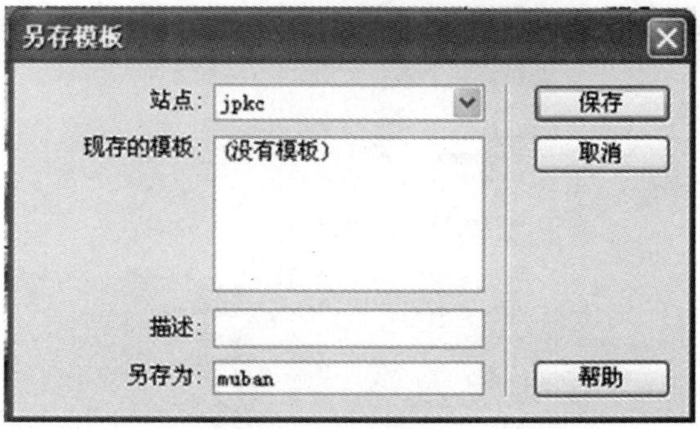

图5-2-103 输入模板名称

（3）在“站点”管理面板会自动生成一个Templates文件夹，在文件夹中显示刚保存的模板文件，该文件以.DWT为扩展名，如图5-2-104。

当创建了一个自定义模板后，就可以利用这个模板创建新的网页。在菜单栏点击“新建”>“文件”，在弹出的窗口中选择“模板中的页”>“站点”，在右侧会列出模板的缩略图，选择它，点击“创建”，就在工作页面建立了一个新网页，如图 5-2-105。

图5-2-104　在“站点”管理面板显示模板文件

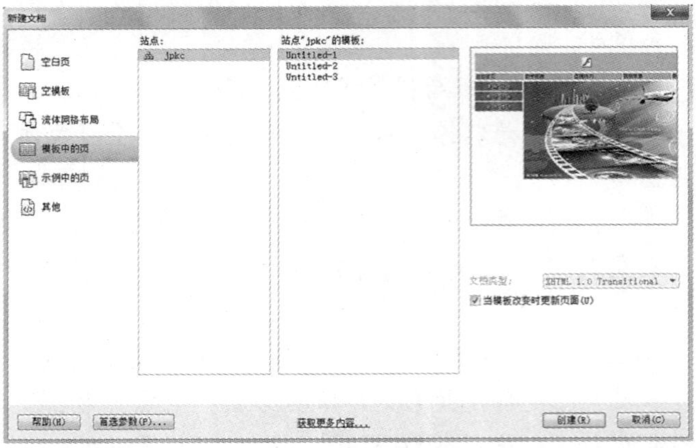

图 5-2-105　利用模板创建新网页

但当想要编辑该网页时，发现该网页不能被改动，这是因为在模板中没有定义可编辑的区域，下面就来定义可编辑区域。

3. 为模板设定可编辑区域

（1）在“站点管理面板”双击模板文件，打开该模板。

（2）在模板中选择要定义为可编辑区域的文本、表格及其他内容，然后在菜单中点击“插入”>“模板对象”>“可编辑区域”命令，如图 5-2-106。

（3）在“新建可编辑区域”的对话框中输入可编辑区域的名称，点击“确定”，如图 5-2-107。

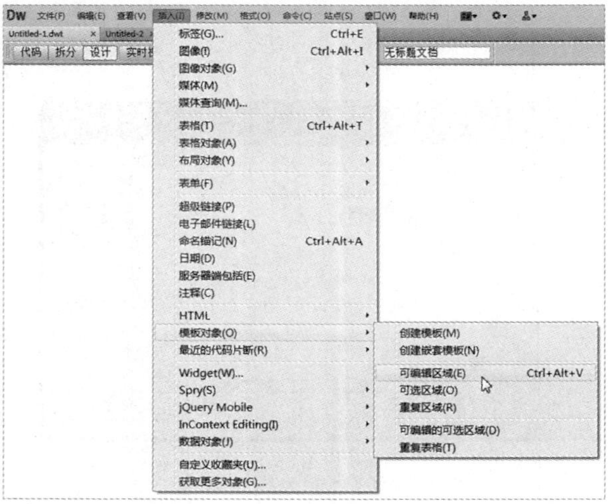

图 5-2-106　创建可编辑区域

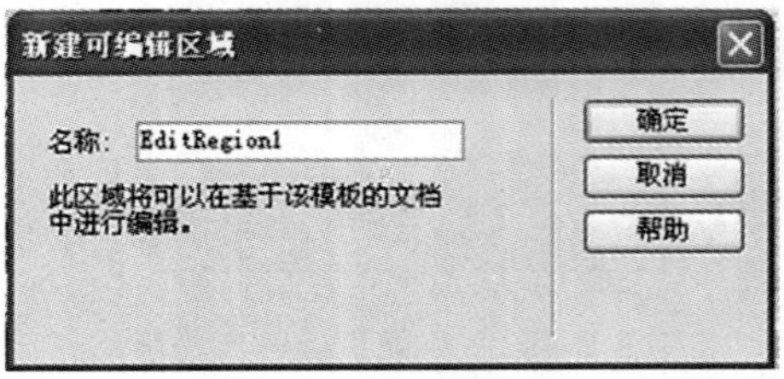

图 5-2-107　设置可编辑区域名称

（4）此时，再用模板新建一个页面，发现可编辑区域中的内容已经可以被改动。

5.2.14　管理和维护站点

对于站点的维护和管理都在“站点管理器”中进行。

（1）在“站点管理器”文件上点击鼠标右键就弹出站点管理器的各项命令，如图 5-2-108，可以通过这些命令实现新建文件、文件夹，拷贝、粘贴、删除、重命名文件及检查链接、上传文件等操作。

（2）此外，当需要移动文件时可以在“站点管理器”中直接拖动文件到目标文件夹，这时会弹出“更新文件”窗口，为了保证文件链接和插入元素的正确，必须选择“更新”按钮，Dreamweaver 会自动更新链接的相对路径，如图 5-2-109。

图 5-2-108　站点管理器快捷菜单

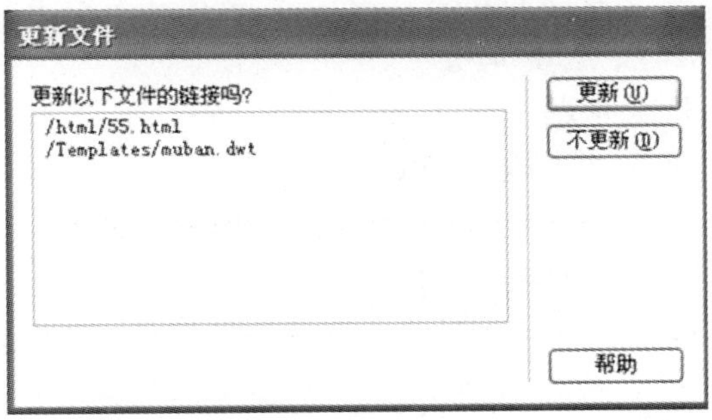

图 5-2-109　更新文件

至此，我们简要地讲解了 Dreamweaver CS6 的基础操作。相信你已经可以用 Dreamweaver 制作网页了，但网站的制作是一个复杂的系统工程，要考虑的因素还有许多，也还有许多技术需要更深入的学习。制作一个好的网站既需要良好的技术、丰富的经验，更需要制作团队的紧密配合，让我们在不断的学习中提高自己，一起遨游在网络的世界吧！

练习题

1. 填空题

（1）在 Dreamweaver 站点中建立一个文件，它的扩展名应是________。

（2）在网页中插入文本框、单选框、多选框或跳转菜单时，要先插入空白的________。

（3）在 Dreamweaver 中模板文件存放在________文件夹中。

（4）在表格的________中可以插入另一个表格，这称为表格的嵌套。

（5）建立锚链接时，在属性面板的链接文本框应输入________+定义的锚名称。

2. 选择题

（1）设置一个当鼠标指向页面中的图像时显示另外的图像，当鼠标离开页面中的图像时显示原图像的功能，应使用 Dreamweaver 的________功能。

A. 导航图像　　B. 鼠标经过图像

C. 轮换图像　　D. 预载图像

（2）打开 Dreamweaver CS6 窗口后，如果没有出现属性面板。可执行________菜单中的“属性”命令将其打开。

A. 插入　　B. 修改　　C. 窗口　　D. 命令

（3）Dreamweaver CS6 中通过________面板管理站点。

A. 站点　　B. 文件　　C. 资源　　D. 结果

（4）超级链接是网页中最重要的组成元素，关于创建超级链接叙述正确的是________。

A. 可以给空格创建超级链接

B. 选中文本或图像，选择右键菜单中的“创建链接”命令

C. 一幅图片可以创建多个超级链接

D. 选中文本，在其属性栏就会出现链接框，输入文件地址即可创建

（5）利用 Dreamweaver CS6 中的________技术，可以让网页上的内容随心所欲地放置在任何位置上。

A. 表单（Forms）　　B. 框架（Frames）

C. 层（AP Div）　　D. 图像（Image）

3. 思考题

（1）试述网站一般制作流程。

（2）为文本添加超链接的步骤是怎样的?

（3）如何在网页插入一个视频文件?

（4）试述相对路径与绝对路径的区别和用途。

第6章

网络基础知识

学习提要

本章主要描述了网络的基本概念、网络的组成、现在的热点技术以及简单介绍如何利用公共云平台构建自己的网络服务。通过阅读和学习，读者可以了解网络的分类、标准协议和IP地址、网关、域名的作用，以及组成一个局域网络的基本构件，并且可以跟随书中实例的步骤，以廉价的方式搭建自己的服务器和网络服务。

重点难点

了解网络的定义、分类、组成构件以及各个构件所起的作用，知道当前的网络发展趋势与热点技术，能够利用云平台提供网络服务。

6.1 基本概念与组成

自40年代中期计算机问世以来，信息技术就开始持续而深远地影响着人类社会生活，从早期专用的科学计算、文字处理到如今工作、生活的基本工具，计算机的性能和各种应用在不断地提高和丰富。网络技术将孤立的计算系统连接起来，为全世界人与人之间的相互沟通和信息交互提供了极为便捷的途径。

6.1.1 基本概念

1. 计算机网络

计算机网络是现代通信技术与计算机技术相结合的产物，它将若干独立的、且分布在不同物理位置的计算机系统通过一系列的标准设备和协议连接起来，从而实现资源共享和信息传递。计算机网络示意图如图6-1-1所示。

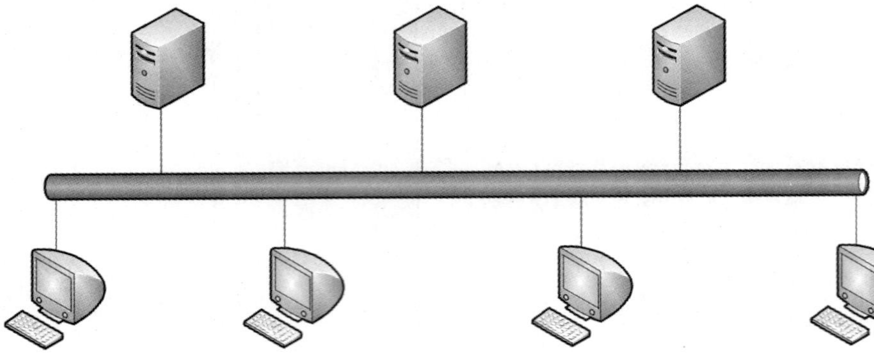

图 6-1-1 计算机网络示意图

2. 网络的分类

不同的划分标准可以将网络划分为不同类型，比较通用的是从地理范围或覆盖范围进行划分，主要分为局域网、城域网和广域网：

1）局域网（LAN，Local Area Network）

局域网是我们身边最常见的网络形态，通常由各个独立的单位或个人组建，计算机数量从两台到上万台不等。例如家庭内部的小型局域网，通常由 2 ~4 台组成；小型企业构建的局域网，由几十台至上百台组成；小区内的局域网可能有上千台；而一些规模较大的学校的局域网，可能由上万台组成。

如图 6-1-2 所示，局域网的特点是在局部地区内部实现计算机的连接，用户数相对较少，连接速率较高。

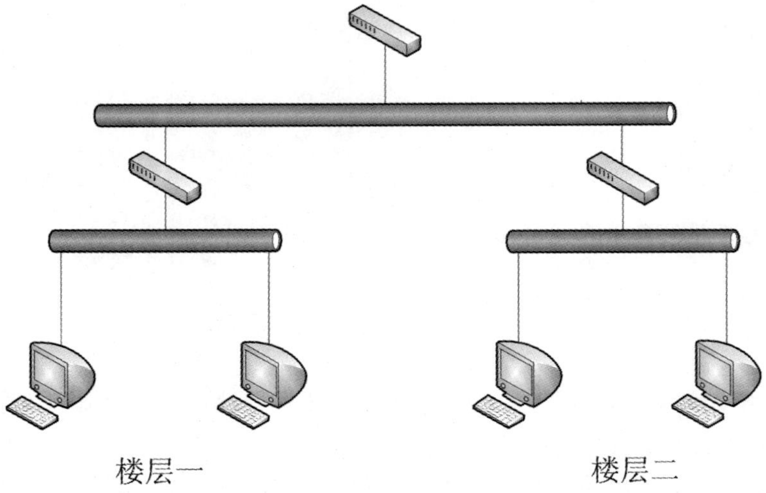

图 6-1-2 局域网示意图

2）城域网（MAN，Metropolitan Area Network）

城域网一般来说是一个城市内不同地理位置的网络互联，常见的有电信、联通、有线电视等面向大众的接入网络、各级政府机构互连的政府网络、各所学校互连的区域性教育网络，它们将不同地理位置的局域网连接起来，形成城域网。

如图 6-1-3 所示，城域网是局域网的延伸，相比局域网，它的覆盖范围更大，连接距离更远，连接的计算机数量也更多。

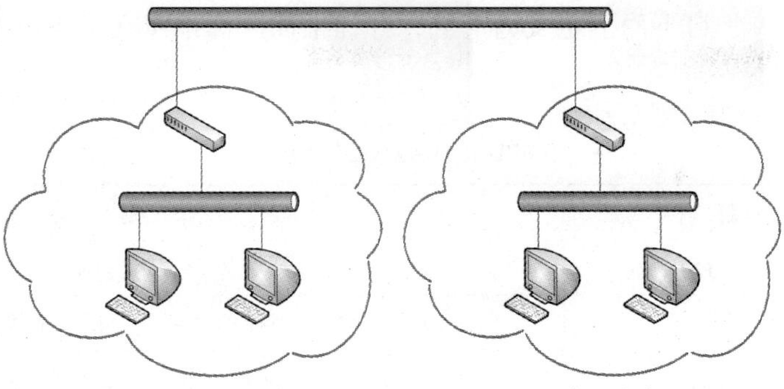

图6-1-3　城域网示意图

3）广域网（WAN，Wide Area Network）

广域网相比城域网更进一步，它连接了不同城市、不同国家、甚至更广泛范围内的网络，全世界的网络互相连接在一起，形成了我们通常所说的互联网。广域网示意图如图6-1-4所示。

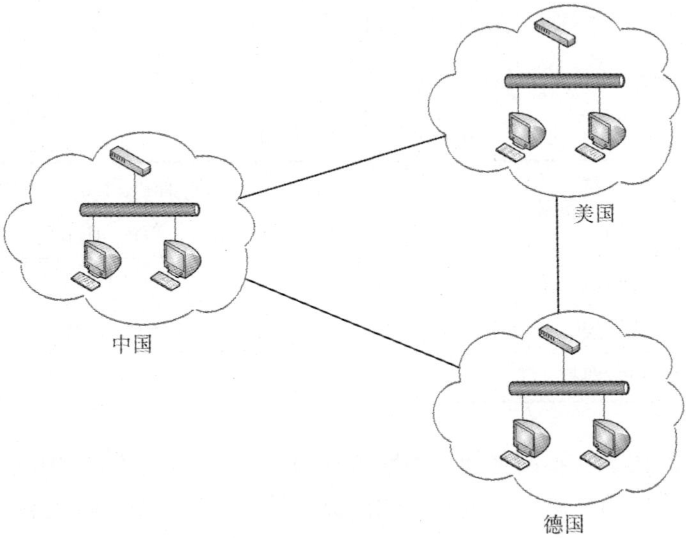

图6-1-4　广域网示意图

3. 通信标准与协议

与人类习惯使用的十进制不同，在计算机的认知世界里，电子信号只有“开”和“闭”两种状态，分别用1和0来表示，采用的是逢二进一的计算方式，称为二进制。

二进制在18世纪由德国数理哲学大师莱布尼兹发明，这种计算方式对于人类来说晦涩难懂，对于计算机来说却是最适合使用的表达方式。因此，为了能够直观地理解一串由“0”和“1”组成的符号的意义，并实现互相交换，人类约定了一系列的标准和协议，网络通讯协议即是其中的一种。

制定网络通讯协议是为了让不同体系、不同标准的计算机之间能够正确地对信息进行交换，从而达到信息传送与共享的目的。在网络发展初期，不同厂商之间的网络通讯协议互不兼容，为了实现统一，国际标准化组织ISO在七十年代末提出了开放系统互连参考模型

（ISO/OSI 七层模型），自下而上定义为七层，并详细而严谨地定义了各层的功能和属性，如表 6-1-1 所示。

表 6-1-1　ISO/OSI 七层模型

层　次	名　称	作　用
7	应用层	各个应用实例
6	表示层	在应用程序与网络之间进行翻译
5	会话层	在网络中两点间建立、维持和终止连接
4	传输层	控制数据交换的速率
3	网络层	将网络地址翻译成物理地址，并决定数据的路由
2	数据链路层	实现数据的可靠传递
1	物理层	将数据转换成电信号进行发送和接收

TCP/IP 作为 OSI 七层模型的一个具体实现，随着 Unix 系统的发展，成为目前最广泛使用的通讯协议。TCP/IP 对 OSI 七层模型进行了简化，通常被认为是一个四层的协议簇，如表 6-1-2 所示。

表 6-1-2　TCP/IP 协议簇

层　次	名　称	作　用
4	应用层	Telnet、FTP、Http 等
3	传输层	TCP、UDP
2	网络层	IP、ICMP、IGMP
1	数据链路层	设备驱动程序及接口

以人类语言作为例子：不同种族、不同国家都有自己的语言，像中国的汉语、韩国的韩语、德国的德语、法国的法语、英国和美国的英语等，不同国家的人在沟通时，由于相互之间语言不通，无法理解对方所要表达的意思，为了解决这个问题，国际组织曾推行过国际语，但最终全世界还是使用英语作为世界通行语言。TCP/IP 就如同英语一样，各个厂家虽然都有自己的通讯协议，但要实现与其他设备的互联互通，必须使用 TCP/IP 协议。

4. 客户机与服务器

计算机网络由大量的计算机互连而成，组成网络的目的是实现相互之间的信息交换与共享。根据用途进行划分，我们将这些计算机分为客户机和服务器。

对外提供信息的计算机称为服务器，根据所运行的服务器软件的不同，可以分为数据库服务器、网站服务器、存储服务器等等。如同各商铺的工作人员，向来访的客人提供不同的服务。

与服务器相对应的，用于获取信息的计算机称为客户机。

在某些特定的条件下，计算机可以既充当客户机，也充当服务器，例如现在常见的 P2P 应用（迅雷、电驴等），其原理就是在通过其他计算机获取资源的同时，也向其他计算机提供资源。

5. IP 地址、子网掩码与端口号

IP 地址是网络中用于标识主机唯一性的重要参数。端口号则在 IP 地址的基础上进一步辨别应用的类别。

举例来说，我们有一部相机需要维修，首先，我们通过资料查到广州售后服务中心的地址：广州市体育东路 611 号富财广场，其次，我们还需要知道它在这栋大楼里的具体位置：3301 室，这样，我们才能顺利找到售后服务中心，达到维修的目的。而不是将相机送到楼下的酒楼去维修。

IP 地址就相当于服务中心的地址，但我们光光知道地址还不够，还需要知道应用的具体房间号，称为端口号。

1）IP 地址和子网掩码

我们现在主要使用的 IP 协议是互联网协议（Internet Protocol，IP）的第四版，也是一个被广泛使用，构成现今互联网基石的协议，称为 IPv4。

IPv4 地址长度为 32，一般由四个用小数点分开的十进制数组成，每个十进制数的范围为 0 ~ 255，其可表示的范围从 0. 0. 0. 0 至 255. 255. 255. 255。传统中 IANA（The Internet Assigned Numbers Authority，互联网数字分配机构）将 IP 地址分为 A、B、C、D、E 五类，并有一些用作其他用途。IP 地址分类如表 6-1-3 所示。

表 6-1-3　IP 地址分类

地址分类	IP 范围	用途
A 类	0. 0. 0. 0 ~ 127. 255. 255. 255	互联网使用
B 类	128. 0. 0. 0 ~ 191. 255. 255. 255	
C 类	192. 0. 0. 0 ~ 223. 255. 255. 255	
D 类	224. 0. 0. 0 ~ 239. 255. 255. 255	多点播送
E 类	240. 0. 0. 0 ~ 255. 255. 255. 255	搜索、实验与开发
特殊 IP	0. 0. 0. 0 ~ 0. 255. 255. 255	本地主机
	127. 0. 0. 0 ~ 127. 255. 255. 255	用于循环测试
	169. 254. 0. 0 ~ 169. 254. 255. 255	保留地址
	10. 0. 0. 0 ~ 10. 255. 255. 255	局域网使用
	172. 16. 0. 0 ~ 172. 31. 255. 255	
	192. 168. 0. 0 ~ 192. 168. 255. 255	

随着互联网的快速发展，原有的 IP 分配方式远远不能满足实际使用的需求，所以现在普遍使用子网掩码对网络进一步进行划分，在满足需求的同时也能节省 IP 资源。

通过 IP 地址和子网掩码对子网进行划分的计算较为复杂，有兴趣的读者可以自行查阅相关书籍。

2）端口号

端口号是由 16bit 长度的数字表示的，可用范围为 0 ~ 65535，根据国际标准组织的规定和网络发展过程中的约定俗成，0～1023 为知名端口，固定分配给一些服务。比如我们经常使用的邮件收发过程中的 SMTP 服务端口号是 25，POP3 服务端口号是 110，浏览网页使用的 http 协议端口号是 80。我们可以通过查看操作系统中的 services 文件来了解有哪些端口和应用：

（1）打开“资源管理器”，进入“C：\ Windows \ System32 \ drivers \ etc”目录。

（2）使用记事本打开 services 文件，就可以看见如图 6-1-5 所示各个应用的清单，它分为四列，第一列写明是何种应用，例如我们常用的 ftp、smtp、domain（DNS 服务）、http 等；第二列写明使用的端口号和协议类型；第三列写明应用的别称；第四列是应用的备注说明。

```
ftp-data        20/tcp                          #FTP, data
ftp             21/tcp                          #FTP. control
ssh             22/tcp                          #SSH Remote Login Protocol
telnet          23/tcp
smtp            25/tcp   mail                   #Simple Mail Transfer Protocol
time            37/tcp   timserver
time            37/udp   timserver
rlp             39/udp   resource               #Resource Location Protocol
nameserver      42/tcp   name                   #Host Name Server
nameserver      42/udp   name                   #Host Name Server
nicname         43/tcp   whois
domain          53/tcp                          #Domain Name Server
domain          53/udp                          #Domain Name Server
bootps          67/udp   dhcps                  #Bootstrap Protocol Server
bootpc          68/udp   dhcpc                  #Bootstrap Protocol Client
tftp            69/udp                          #Trivial File Transfer
gopher          70/tcp
finger          79/tcp
http            80/tcp   www www-http           #World Wide Web
hosts2-ns       81/tcp                          #HOSTS2 Name Server
hosts2-ns       81/udp                          #HOSTS2 Name Server
kerberos        88/tcp   krb5 kerberos-sec      #Kerberos
kerberos        88/udp   krb5 kerberos-sec      #Kerberos
hostname       101/tcp   hostnames              #NIC Host Name Server
iso-tsap       102/tcp                          #ISO-TSAP Class 0
rtelnet        107/tcp                          #Remote Telnet Service
pop2           109/tcp   postoffice             #Post Office Protocol - Version 2
pop3           110/tcp                          #Post Office Protocol - Version 3
```

图 6-1-5　Services 文件中标注的端口号

通过这些知名端口，我们在访问应用的时候不需要另行标明端口号，例如，读者可以试一下通过以下两个 URL 访问网页，效果是一样的：http：//www. jnu. edu. cn、http：//www. jnu. edu. cn：80。

而 1024～50000 的端口，称为临时端口，在程序需要访问网络的时候向系统申请使用，一般由 1024 开始分配。50000 以上的端口，用于其他未定义的服务和实验。

6. 路由和交换

路由和交换是网络中数据报文的传送方式，路由在网络层进行，交换在数据链路层进行。

对于路由、交换的概念可以通过邮局的例子进行简单了解：

假设 A 写了一封信给 B，这封信由信纸和信封组成，其中信纸是所要传送的数据，信封上注明了 B 的收件地址，这封信就是一个数据报文。

如果 A 与 B 处于同一个区域内，那么这封信可以不通过邮局直接送到 B 处，这种方式称为交换。

如果 A 与 B 处于不同的省市，信件必须递交给 A 所在地的邮局，邮局再根据信封上所写的地址发往 B 所在地的邮局，B 所在地的邮局收到信件后，将信件送到 B 处，从而完成一次信件传递的过程。这种方式在网络中称为路由。

邮局在信件传递的过程中扮演了接收、分发的角色。在网络中，我们把邮局称为路由器，它在每个子网中都有一个 IP 地址，称为网关，它接收数据信息并决定如何发送。路由和交换如图 6-1-6 所示。

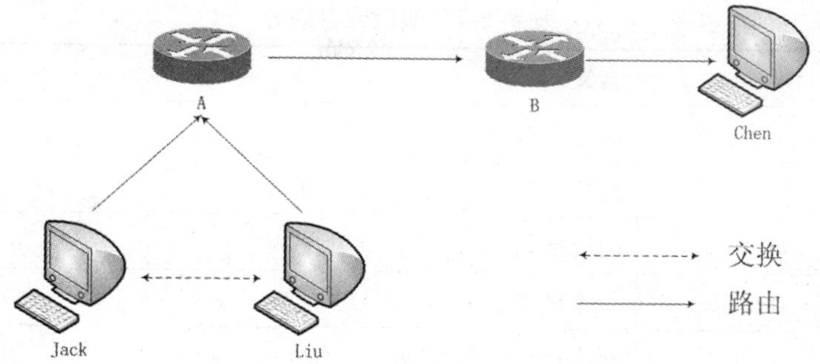

图 6-1-6　路由和交换

7. 域名和域名解析

IP 地址虽然采用了点分十进制的方法标识不同的计算机，但依然不符合人们的使用习惯。为了更好地帮助人们进行记忆，科学家发明了域名系统，以一定规则组成的自然语言表示不同的计算机，由 DNS（Domain Name System）服务器提供域名与 IP 地址的双向解析服务。

例如暨南大学主页，IP 地址是 202. 116. 0. 45，但我们访问主页时不会使用类似 http：//202. 116. 0. 45 的 URL，而是使用 http：//www. jnu. edu. cn，虽然两者的结果是一致的，但显然 http：//www. jnu. edu. cn 更容易被接受和记忆。

我们可以通过操作系统自带的 Ping 命令查看域名与 IP 地址的对应关系。Ping 命令用于检查网络连通性和性能，如果测试的是一个域名，它首先会对域名进行解析，如图 6-1-7 所示，打开命令提示符窗口后，输入“ping www. jnu. edu. cn”命令，首先显示 www. jnu. edu. cn 所对应的 IP 地址，其次显示数据包的响应延时，这个过程可以帮助我们检查 DNS 服务是否正常运行。

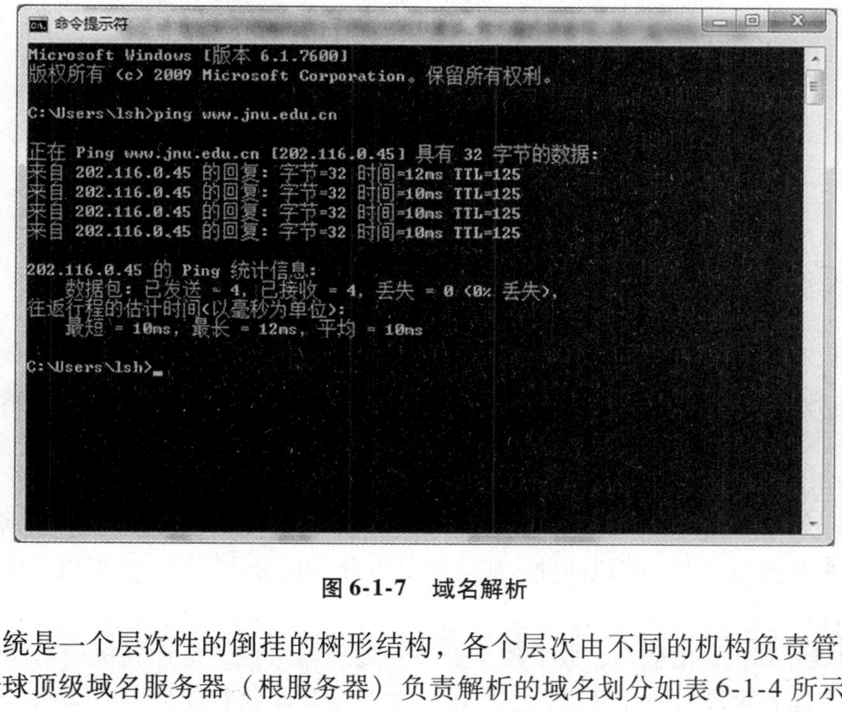

图 6-1-7　域名解析

域名系统是一个层次性的倒挂的树形结构，各个层次由不同的机构负责管理和解析服务。目前全球顶级域名服务器（根服务器）负责解析的域名划分如表 6-1-4 所示。

表 6-1-4 顶级域名划分

域名	含义
com	商业机构
edu	教育机构
gov	政府部门
mil	军事机构
net	网络运行服务机构
org	非营利性组织
int	国际组织
info	信息服务
shop	商店
国家代码	各个国家，如 cn（中国）、jp（日本）、kr（韩国）…

域名的各个部分都有不同的含义，由左至右逐级扩展，例如 www. jnu. edu. cn，www 表示的是主页（约定俗成的表示方法），jnu 表示的是暨南大学（Jinan University 的缩写），edu 表示的是教育，cn 表示的是中国，将域名转成中文，可以看作是“主页 . 暨南大学 . 教育 . 中国”，理解为中国教育机构中暨南大学的主页。域名系统的层次性架构如图 6-1-8 所示。

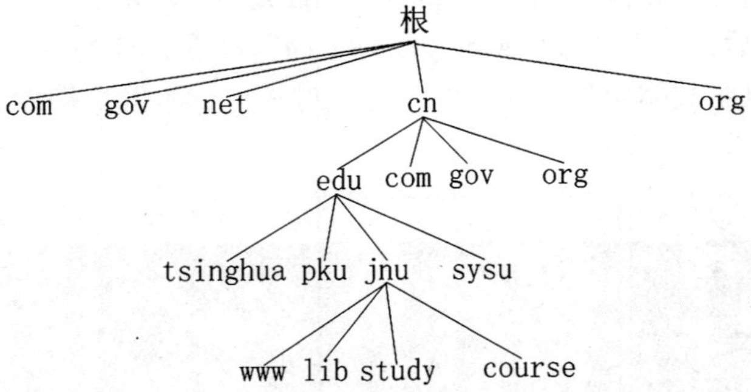

图 6-1-8 域名系统的层次性架构

6. 1. 2 网络的组成

在网络技术几十年的发展过程当中，有多种方式可以实现网络互联，其中有部分还在使用，如 ATM 网络、DDN 专线、ADSL、有线电视网等，以太网技术以其快速、廉价、支持面广的特点得到了大量应用。一个完整的以太网主要包括以下四个部分：

1. 各种用途的计算机

计算机是网络中面向最终用户的硬件终端，由 CPU、存储等部件组成。根据用途，计算机可以分为服务器和个人计算机两种。服务器又可分为超级计算机、大型机、中型机、小型机、PC 服务器等等。

（1）超级计算机：由数百、数千甚至更多的处理器组成，是计算机中功能最强、运算速度最快、存储容量最大的计算机，主要用于大型复杂课题的计算。2012 年，全球运算速度最快的超级计算机是美国的泰坦，由 18688 台服务器组成，运行能力达到 20130 万亿次，如图 6-1-9 所示。

图 6-1-9　超级计算机 – 泰坦

（2）大型机、中型机、小型机：最初是指体积非常大的计算机系统，一般采用专门设计的精简指令集（RISC）、操作系统和应用软件，在 I/O 能力、非数值计算能力、稳定性、安全性方面具有绝对的优势。主要用在金融、政府和电信行业。图 6-1-10 展示了 IBM 的大型机 Z10。

（3）PC 服务器：PC 服务器采用 X86 架构，1978 年由 Intel 开创，因为开放了技术规范和生产限制而得到大量厂家的支持。在摩尔定律的影响下，X86 架构的 CPU 计算能力不断提高，并从个人计算机领域逐步进入服务器领域。PC 服务器采用了通用指令集（CISC）架构，在开源软件的协助下，以其低廉的价格成本占据了服务器领域的主流地位。图 6-1-11 展示了 DELL 的 PC 服务器。

图 6-1-10　IBM Z10 大型机

图 6-1-11　DELL 服务器

个人计算机则分为台式机、笔记本电脑、工作站、平板电脑等等，以满足个人对办公家用、便携性、专业应用等各方面的需求。

2. 传输介质

传输介质是计算机与网络设备、网络设备与网络设备之间连接的媒介，按照物理形态来分，分为有线介质和无线介质两种。

1）有线介质

（1）双绞线

双绞线是综合布线工程中水平及垂直子系统中最常使用的一种介质，也就是我们通常所说的网线，它通过两条相互绝缘的金属导线按一定的规则相互缠绕而成，可以抵消相互之间和外部的干扰，保证高速传输的电气性能。

双绞线根据电气特性的不同，分为一类（CAT1）、二类（CAT2）、三类（CAT3）、四类（CAT4）、五类（CAT5）、超五类（CAT5e）、六类（CAT6），超六类、七类等等，越往后线径越粗，所能支持的传输带宽越大。目前常用的是超五类双缆线，在大楼的综合布线系统中，一般以六类（1Gb 传输）或超六类线（10Gb 传输）为主，布线距离均不能超过 100 米。

双绞线分为屏蔽双绞线（Shielded Twisted Pair，STP）和非屏蔽双绞线（Unshielded Twisted Pair，UTP）两种，其中屏蔽双绞线要求全部配件及建筑物良好接地，可以阻止外部电磁的干扰，因此，比非屏蔽双绞线有更高的传输速率。我们一般接触到的双绞线为非屏蔽双绞线，虽然稳定性和速度不如屏蔽双绞线，但因为其廉价、使用要求简单的特点，反而更受到市场的欢迎。非屏蔽双绞线如图 6-1-12 所示。

图 6-1-12　非屏蔽双绞线

（2）光纤

光纤是一种利用光在玻璃纤维或塑料纤维中的全反射原理而制成的光传导介质，分为多模光纤和单模光纤两种。多模光纤的芯径为 50μm 和 62.5μm 两种，单模光纤的芯径为 8 ~ 10μm。配合光发射器，两者在传输距离上差异明显，以 1Gbps 的速率进行传输，多模光纤的传输距离一般在 500 米以内，单模光纤可以达到几千米至几十千米。

与双绞线相比，光纤通过光信号进行数据传输，速度上占据明显优势，另外，光信号不易受到外界因素的影响，在传输稳定性上也非常优秀。图 6-1-13 所示的是 ST－SC 接口的光纤跳线。

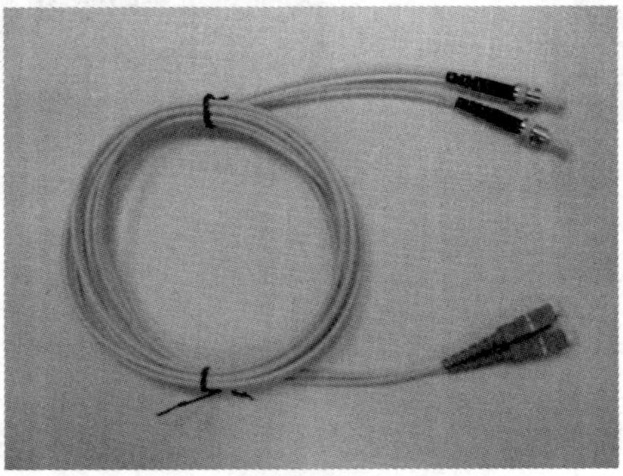

图 6-1-13　光纤

（3）同轴电缆

同轴电缆分为粗同轴电缆和细同轴电缆两种，在以太网技术发展的最初阶段，能够支持10Mbps 的速率传输，现在以太网带宽已发展到 100Gbps，同轴电缆远远不能满足要求，更多的是在有线电视网中使用，图 6-1-14 所示的是同轴电缆。

2）无线介质

无线是利用无线电波在空气中的传播原理进行通信的一种技术。局域网里，常用的是 802.11b（11Mbps）、802.11a/g（54Mbps）、802.11n（300Mbps）几种标准，千兆无线网标准（802.11ac）也即将制定完成。

3. 各种类型的网络设备

1）网络适配器（NIC）

网络适配器是计算机中的网络子系统，用于计算机与网络的连接，一般也称为网络接口卡或网卡。我们经常接触到的是以太网卡。除此之外，根据网络技术的不同，还有 ATM 网卡、令牌环网卡等。

根据接口类型划分，现在主流的以太网卡分为 RJ－45 接口和光纤接口，RJ－45 接口网卡通过双绞线与网络设备相连，光纤接口网卡通过光纤与网络设备相连，多用于服务器。

根据速率划分，现在主流的 RJ－45 接口网卡一般能够自适应 10M/100M/1000Mbps 速率，光纤接口网卡一般为 1000Mbps。随着以太网技术的发展，这两种接口的网卡也开始有 10Gbps 的产品在市场上销售。图 6-1-15 所示的是光纤接口的网络适配器。

图 6-1-14 同轴电缆

图 6-1-15 光纤网络适配器

2）集线器（Hub）

集线器工作在 OSI 七层模型中的物理层，它的主要作用是接收电路信号并在所有端口上进行复制，连接在其上的所有设备共享带宽，在网络繁忙时很容易受影响。

3）交换机（Switch）

交换机工作在 OSI 七层模型中的数据链路层，拥有很高带宽的背板总线和内部交换矩阵。与早期的集线器不同，它是一种独享带宽式的网络设备，主要工作原理如下：

（1）在数据链路层，各个网络设备通过 MAC 地址标识自己的唯一性和进行数据交换。

（2）交换机在接收到设备 A 发往设备 B 的数据报文后，首先检查内存里的映射表中是否有设备 B 的 MAC 地址与端口的对应关系，如果有，则将设备 A 的数据报文通过设备 B 所在的端口发送出去；如果没有，则向全部端口发送一个广播报文，然后等待设备 B 进行响应，接收到设备 B 的响应后，交换机会将设备 B 与其所连端口的对应关系添加到映射表中，再进行转发。

通过上述的步骤，交换机只在两个端口之间转发数据报文，从而大幅提高工作效率。图 6-1-16 是交换机的展示图。

图 6-1-16　交换机

4）路由器

路由器工作在 OSI 七层模型中的网络层，它能够识别 IP 地址，并根据路由表中的配置信息决定数据报文的下一跳地址。路由器的路由功能分为静态路由和动态路由两种，静态路由由网络管理员手工进行配置，动态路由则通过相应的路由协议主动进行学习和计算。

动态路由的原理如图 6-1-17 所示，网络中有三台路由器 A、B、C 和用户 Jack、Chen，A 靠近 Jack 一端，B 靠近 Chen 一端。当 A 收到 Jack 的信息后，判断下一跳应发往 B，再由 B 将信息发送给 Chen，这是最短最高效的路径；但当 A 与 B 之间的线路失效时，通过路由计算，A 会将信息发给 C，由 C 发给 B 后再发送给 Chen。

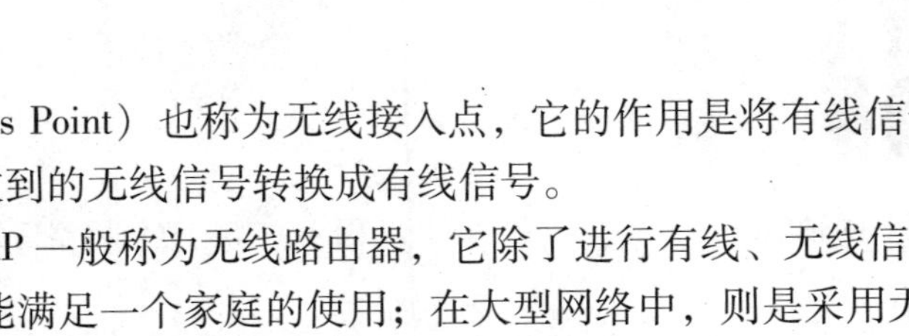

图 6-1-17　路由示例

5）无线 AP

无线 AP（Access Point）也称为无线接入点，它的作用是将有线信号转换成无线信号向外发送，同时将接收到的无线信号转换成有线信号。

家用型的无线 AP 一般称为无线路由器，它除了进行有线、无线信号转换外，还有 DHCP、NAT 等功能，能满足一个家庭的使用；在大型网络中，则是采用无线 AP + 控制器的方式进行管理，无线 AP 只具有简单的功能，各种策略由控制器统一分发。一台控制器通常能够管理上千个无线 AP。

4. 具备网络处理能力的操作系统和软件

通过传输介质将计算机相互连接起来之后，还需要安装支持网络功能的软件系统，才能真正实现相互之间的数据交换。操作系统作为硬件与应用软件之间的桥梁，首先要具备网络处理能力，才能支持各种软件提供不同的网络服务。

1）操作系统

操作系统是最底层的系统软件，它负责管理硬件资源，并为上层软件提供一致的调度接口。根据任务对时间的要求划分，可以分为实时操作系统和分时操作系统。

实时操作系统要求一个任务和数据在规定的时间内处理完成并作出响应，其具有高精度的计时系统、多级中断机制和实时调度机制，一般用于工业环境。

分时操作系统将系统资源分为多个时间片，轮流分配给多个任务，对任务完成时间的要求不高，一般适用于多用户、多任务的环境。我们常见的 MacOS、Linux、Windows、Android、ios 等属于分时操作系统。

2）网络应用

互联网上常见的服务和应用有：

（1）DNS

DNS（Domain Name Servies，域名解析服务）的作用是提供域名和 IP 地址的双向解析，是互联网最基础的服务。常见的 DNS 服务软件有开源的 Bind。

（2）DHCP

DHCP（Dynamic Host Configuration Protocol，动态主机配置协议）为接入的计算机自动分配 IP 地址、子网掩码、网关、DNS 等信息。在计算机频繁变动的环境下（如无线网接入、酒店、会议场所等）能够让计算机快速配置入网信息，避免管理人员过多参与。

（3）HTTP

HTTP（Hypertext Transport Protocol，超文本传送协议）是互联网上应用最为广泛的一种协议，最初目的是为了提供一种发布和接收 HTML 页面的方法。而 HTML 是网站展示页面的最终描述语言。HTTP 服务提供了一个载体，使浏览器能够访问和接收 HTML 文档。常见的 HTTP 服务软件有微软的 IIS、开源的 Apache、Tomacat 等。

（4）FTP

FTP（File Transfer Protocol，文件传输协议），是计算机通过网络共享文件的协议。Windows 平台常见的 FTP 服务软件有 Serv－U、IIS 等，Linux 平台常见的有 ftpd、Proftp。

（5）Email

Email（电子邮箱）是一个历史悠久的应用，它在人类沟通方面扮演着不可或缺的角色，各种新兴的即时通讯软件、社交类软件都无法取代它。常见的 Email 服务软件有微软的 Exchange 和开源的 sendmail、postfix 等。

6.2　热点技术

6.2.1　IPv6

IPv6 是互联网协议（Internet Protocol，IP）的第六版，是用于替代 IPv4 的下一代 IP 协议。设计 IPv6 的主要目的有两点：

（1）解决 IP 地址匮乏的问题。互联网在美国起步，北美地区占有约四分之三的 IP 地址资源，2011 年全球 IPv4 地址分配完毕后，地址数量的问题更是严重制约了其他国家和地区互联网的应用和发展。

（2）解决 IPv4 的安全性问题。IPv4 在设计之初并没有考虑到会得到如此快速的增长和广泛使用，其在结构体系和协议方面存在着大量的漏洞，例如近几年泛滥的 ARP 病毒，可以利用广播机制假冒网关，从而窃取用户信息或造成子网瘫痪。

IPv6 从设计之初就充分考虑了 IPv4 的优点和缺陷，并进行了完善和补充，主要有：

（1）具有更大的地址空间。IPv4 理论上有 2^{32} 个 IP 地址，IPv6 则有 2^{128} 个 IP 地址。地址数量的大幅增加，为大量设备接入网络提供了充裕的空间。IPv6 在推广时甚至宣称"地球上每颗沙子都有一个 IP 地址"。

（2）通过对数据进行加密和校验，使得 IPv6 网络具有更高的安全性。

（3）支持自动配置，能够进一步提升管理效率。

（4）优化的分配原则和结构设计使路由表项大幅减少，提高数据转发的效率。

我国在 IPv6 的发展和标准制定方面一直给予了高度重视，在 1998 年即开始进行研究，多家高校、企业、运营商建立了一系列的 IPv6 试验床，目前最大的是 CNGI 项目（China's Next Generation Internet，中国下一代互联网），由 CERNET、中国科学院、各大运营商共六个骨干网组成，2003 年由工信部、科技部、国家发展和改革委员会、教育部、国务院信息化工作办公室、中国科学院、中国工程院和国家自然科学基金委员会八个部委联合发起，并经国务院批准启动。

2008 年 ~ 2012 年，CERNET 组织了全国 100 所高校建设 IPv6 校园网升级项目，IPv6 用户超过 100 万人，部署和测试了大量的 IPv6 信息系统和试商用系统，成为全球最大的 IPv6 实验网。目前，各大运营商也在进行 IPv6 网络的试商用工作。

6.2.2 移动互联

移动互联是移动通信与互联网结合的一个产物，随着无线宽带技术的发展，运营商的 3G 网络已广泛使用，4G 网络也开始进行小范围测试，速率可以达到 100Mbps，而在无线局域网技术中，300Mbps 的 802.11n 产品早已遍地开花，并即将推出 1000Mbps 的无线标准。

无线技术的高速发展，以及各种智能终端的普及，使得人们在移动过程中摆脱线缆的束缚，随时随地访问互联网的梦想得到实现，这也是未来网络接入的主流方向。

6.2.3 物联网

物联网（The Internet of things）是物物相连的互联网，它通过红外感应器、射频识别（RFID）、全球定位系统、激光扫描器等各种信息传感设备，按约定的协议进行信息交换和通信，以实现智能化识别、定位、跟踪、监控和管理。

物联网是"智慧地球"的一个具体实现，它赋予了物体接入互联网的能力，并通过各种感应、传感技术将数据送入巨型数据中心，利用云计算技术进行信息处理和智能挖掘，从而使得人与物、物与物之间能够实现自动化的信息交互与处理。

6.2.4 云计算

云计算（Cloud Computing）的概念由 Google 在 2006 年提出，其核心技术是虚拟化，通过软件技术实现计算机之间的协同处理或对资源的充分利用。关键思想是资源池化，将 CPU、内存、存储空间、网络带宽等资源各自抽象到一个大的池子中，按需分配。

如图 6-2-1 所示，通过 Google 趋势分析显示，云计算技术在 2007 年至 2012 年是一个大发展的时期，各种概念、技术层出不穷，经过归纳总结，可分为三种：

（1）SaaS：Software as a Service，软件即服务，厂商利用云计算技术开发出的软件直接提供给用户使用，例如各类杀毒软件、云存储、视频类网站等等。

（2）PaaS：Platform as a Service，平台即服务，为开发人员和创业团队提供了软件开发平台和编程模型，并自动实现资源的动态扩展和容错管理。知名的有 Google 和其开源实现 Hadoop。

（3）IaaS：Infrastructure as a Service，基础架构即服务，通过虚拟化技术和统一管理技术为用户提供各类基础设施。知名的产品有虚拟化技术的 VMware、Xen、KVM 和云管理平台 AWS（Amazon Web Service）、OpenStack、CloudStack，国内则有阿里云、盛大云等云平台。

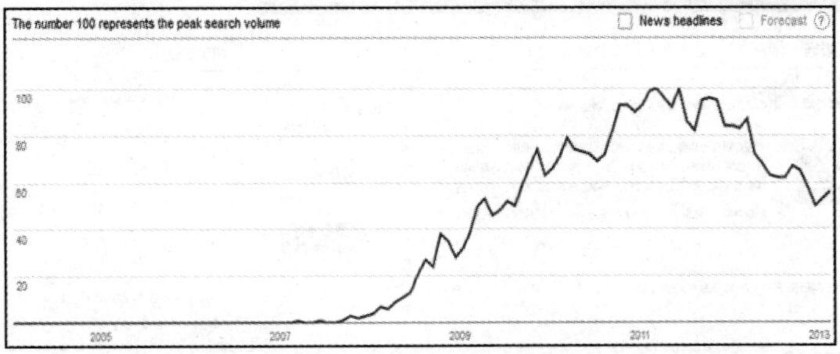

图 6-2-1　云计算在 Google 趋势中的统计

6.2.5　大数据

大数据是随着云计算技术成熟后的新一轮技术发展，在人们的日常生活当中，积累了大量的工作、生活、娱乐等原始资料，通过对这些资料的收集、处理和分析，从而提取出有意义的信息，帮助改进教育、医疗、社会管理、经济等社会各行各业各方面的工作水平。

目前大数据技术正处于大发展时期，各种理念与实现层出不穷，是值得高度关注的信息处理技术。

6.2.6　相互关系

本节介绍的五个热点技术是相互结合、相辅相成的：无线宽带技术和物联网技术的发展，促使大量的移动终端（智能手机、平板、佩戴式计算机等）和传感设备接入互联网，IPv6 解决了大量设备接入带来的地址匮乏问题，云计算技术则解决了移动终端和传感设备处理能力不强，存储空间较小的缺陷，而大数据技术对大量产生的数据进行分析处理，从而保证各类设备与人之间的协调共处，进一步提高人类的生活质量。

随着这些技术的进一步发展，人类社会的生活模式必将迎来巨大的变革。

6.3　构建自己的网络服务

6.3.1　申请虚拟服务器

1. 访问公共云平台，开通个人帐号

目前国内已有多个公共云平台提供商，包括阿里云、盛大云等等，我们可以在其上申请虚拟服务器，搭建开通自己的网站。

阿里云的网址是 http：//www. aliyun. com，打开后的网页如图 6-3-1 所示。

图 6-3-1 阿里云网站

（1）阿里云提供 5 天的试用服务，通过本例中的步骤，读者可以申请并建立一个免费的服务器，如果打算长期使用，则需要另行购买，具体的服务标准与费用以官方网站公布的信息为准。

打开网页后，点击“免费注册”，输入个人信息，并通过手机获取验证码，如图 6-3-2 所示。

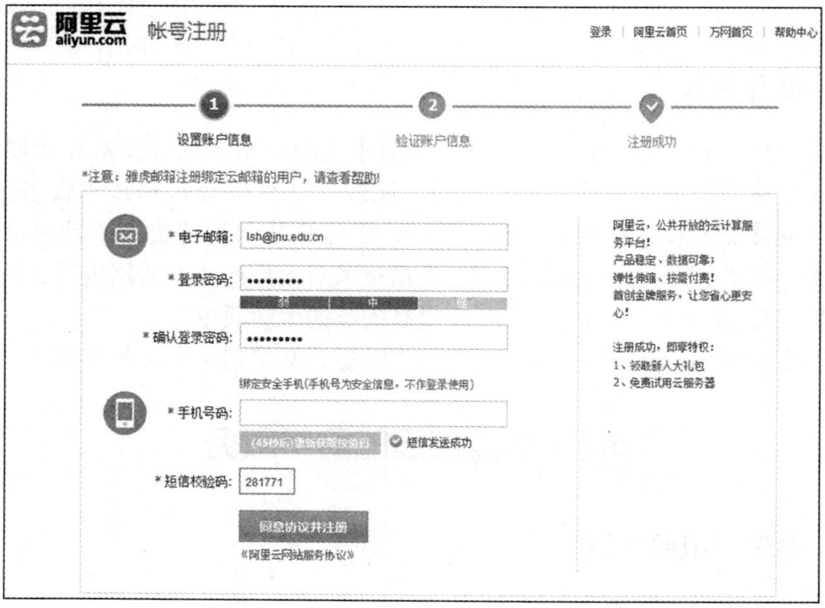

图 6-3-2 阿里云网站注册

（2）认证通过后，系统会发送一份邮件到注册时输入的邮箱，如图 6-3-3 所示。

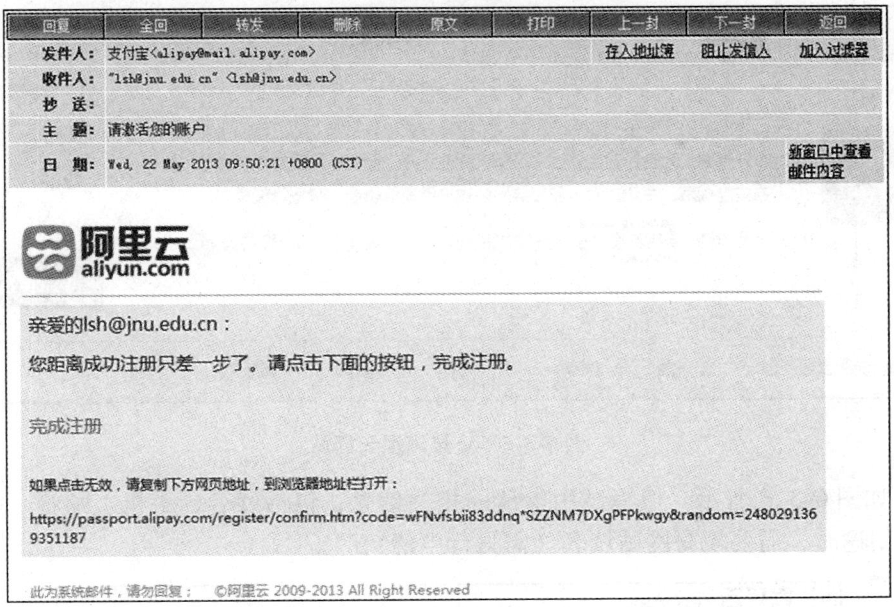

图 6-3-3　查收激活邮件

（3）如图 6-3-4 所示，点击其中的“完成注册”按钮，注册成功后，显示“注册成功”页面。

图 6-3-4　激活帐号

2. 申请虚拟服务器

重新登录 www. aliyum. com，用所注册的帐号进入。目前阿里云提供免费试用的服务，我们可以在网站首页的中部选择“免费试用”，如图 6-3-5 所示。

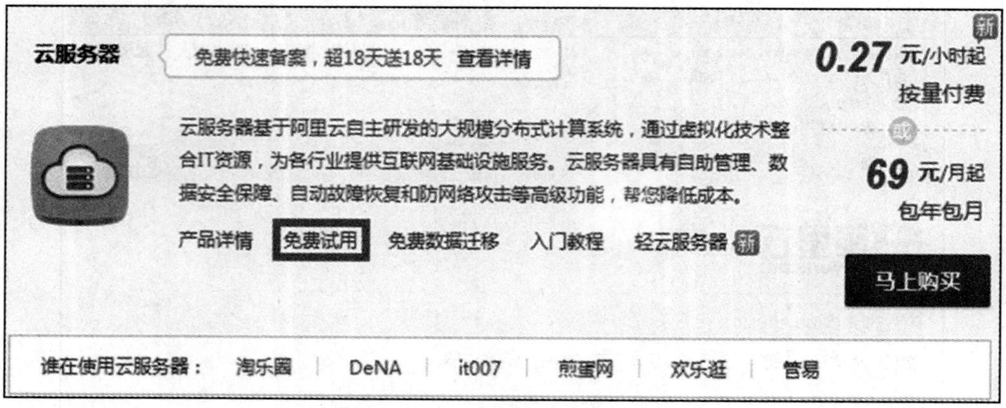

图 6-3-5 登录阿里云网站

（1）如图 6-3-6 所示，填写试用申请的相关信息，包括姓名、手机、邮箱、QQ 号等，选择个人用途时，需要填写网站域名（需另行申请）。

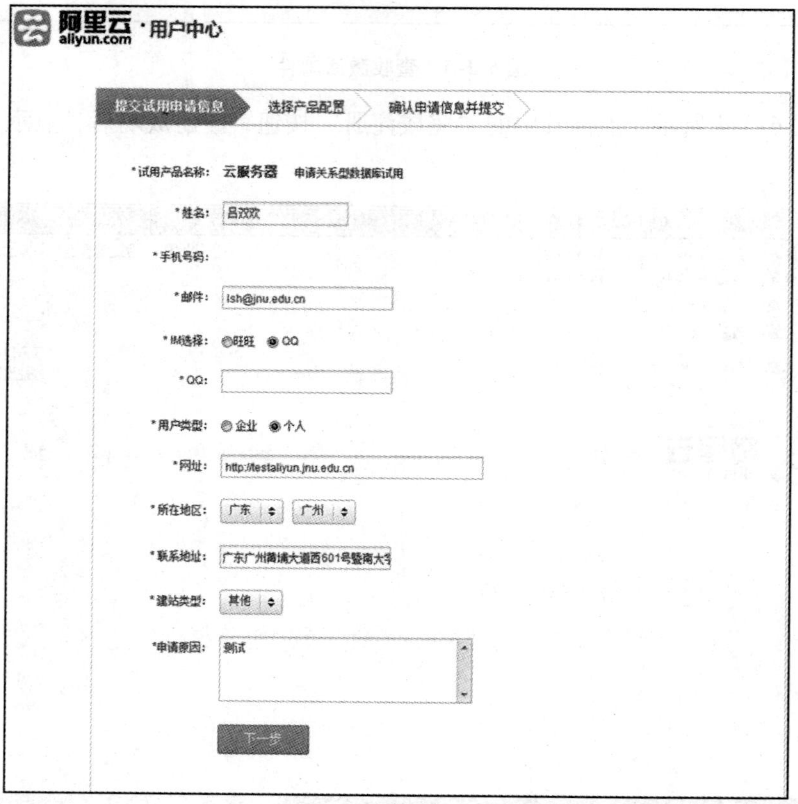

图 6-3-6 填写试用申请信息

（2）点击“下一步”，选择服务器的配置信息，包括 CPU 数量、内存大小、磁盘空间大小，带宽以及操作系统，如果要运行 Windows 操作系统，需要选择 1GB 以上的内存，如图 6-3-7 所示。

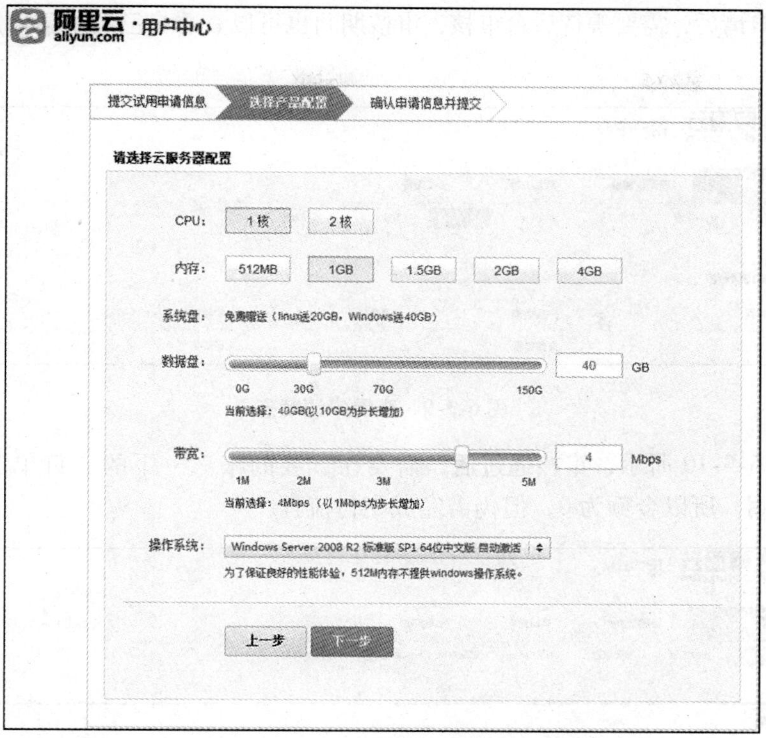

图 6-3-7　选择云服务器配置

（3）点击“下一步”，确认信息正确后，点击“确认提交”提交申请，如图 6-3-8 所示。

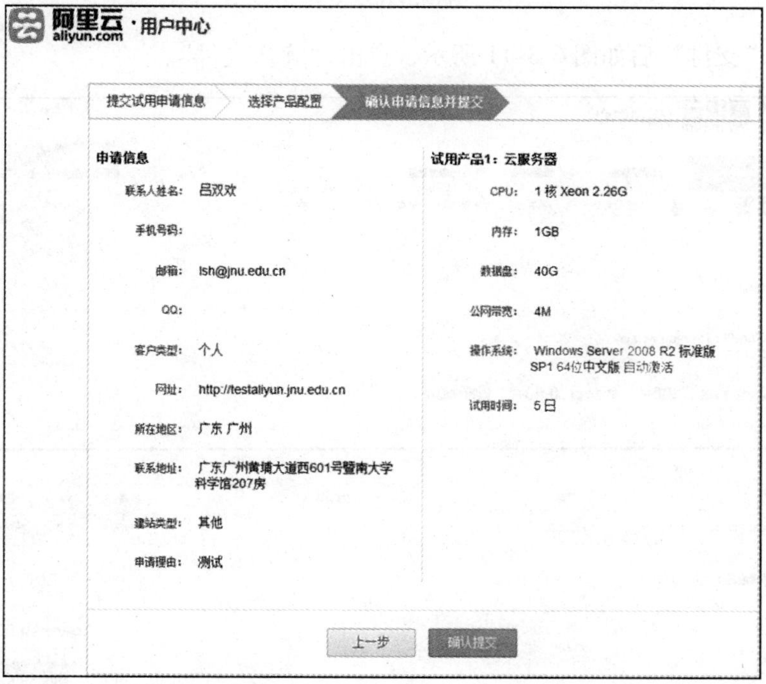

图 6-3-8　提交申请

完成试用申请后，需要等待后台审核，审核期间也可以查看自己的申请信息，如图 6-3-9 所示。

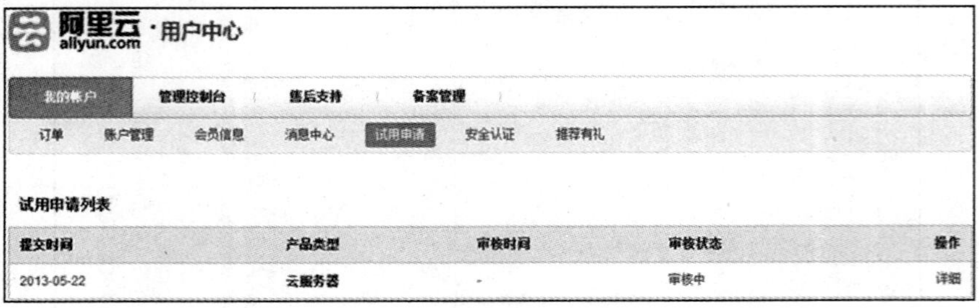

图 6-3-9　查看申请状态

（4）如图 6-3-10 所示，审核通过后，需要在“我的帐户”下的“订单”处进行支付，由于是免费试用，所以金额为 0，但仍需完成支付流程。

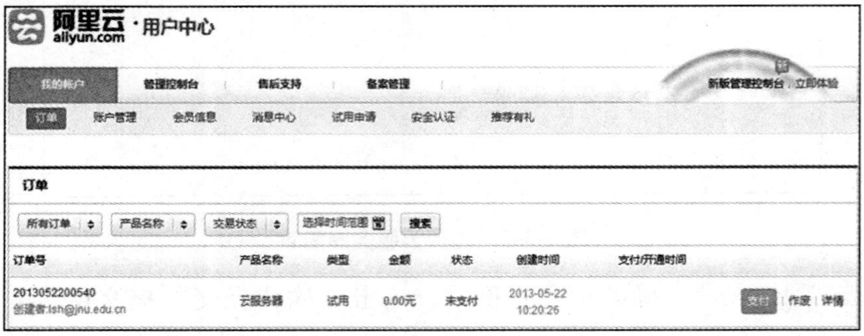

图 6-3-10　支付

（5）点击“支付”后如图 6-3-11 所示，点击“确认支付”。

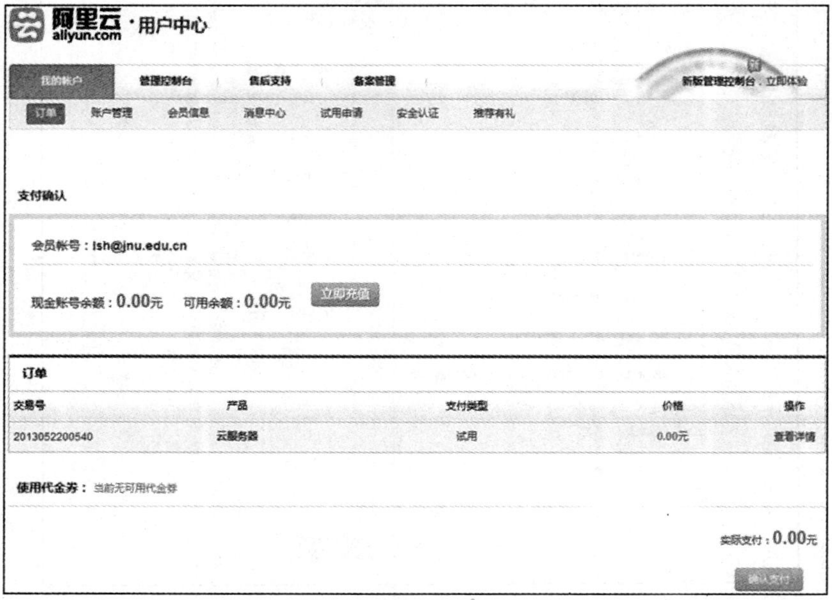

图 6-3-11　确认支付

（6）完成支付，如图 6-3-12。

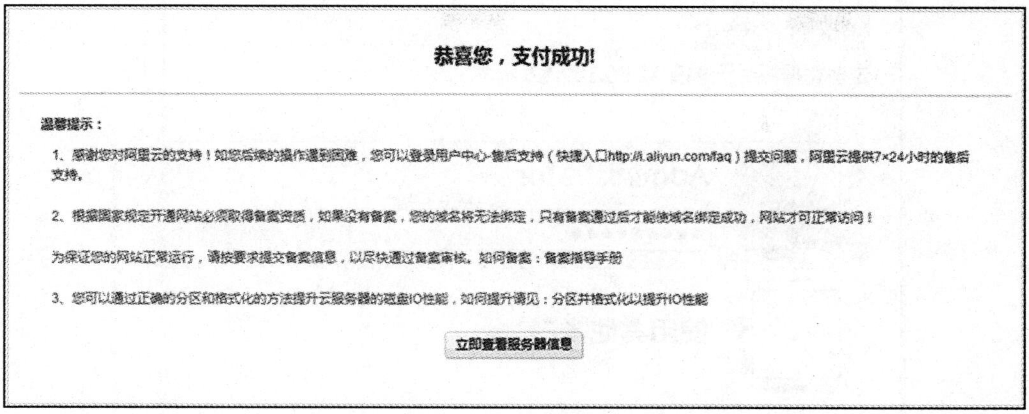

图 6-3-12　完成支付

至此，我们在云上的服务器已经创建完成。

3. 连接服务器

所有流程完成并等待服务器启动成功后，应能收到阿里云的短信通知，通知中告知了服务器的公网 IP、内网 IP、帐号名和初始密码等相关信息，以便于远程登录和管理。本例中安装的是 Windows 操作系统，所以需要通过远程桌面登录服务器：

（1）打开本地操作系统中“附件”中的“远程桌面连接”，输入阿里云分配的公网 IP 地址：42.96.189.52，如图 6-3-13 所示。

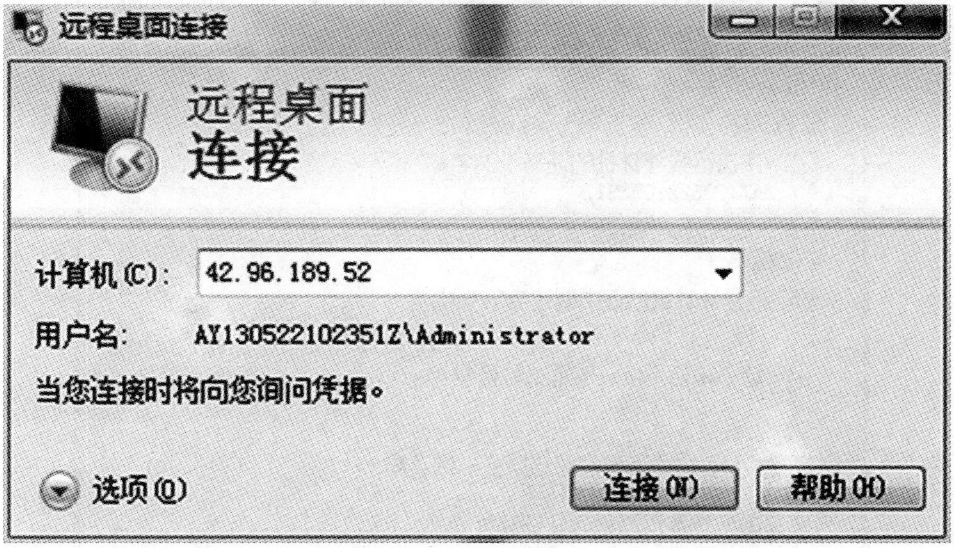

图 6-3-13　通过远程桌面连接云服务器

（2）在“Windows 安全”对话框中输入帐号名和初始密码，并点击“确定”，如图 6-3-14 所示。

图 6-3-14 输入帐号密码

（3）连接过程中可能出现证书的确认信息，选择“是”，如图 6-3-15 所示。

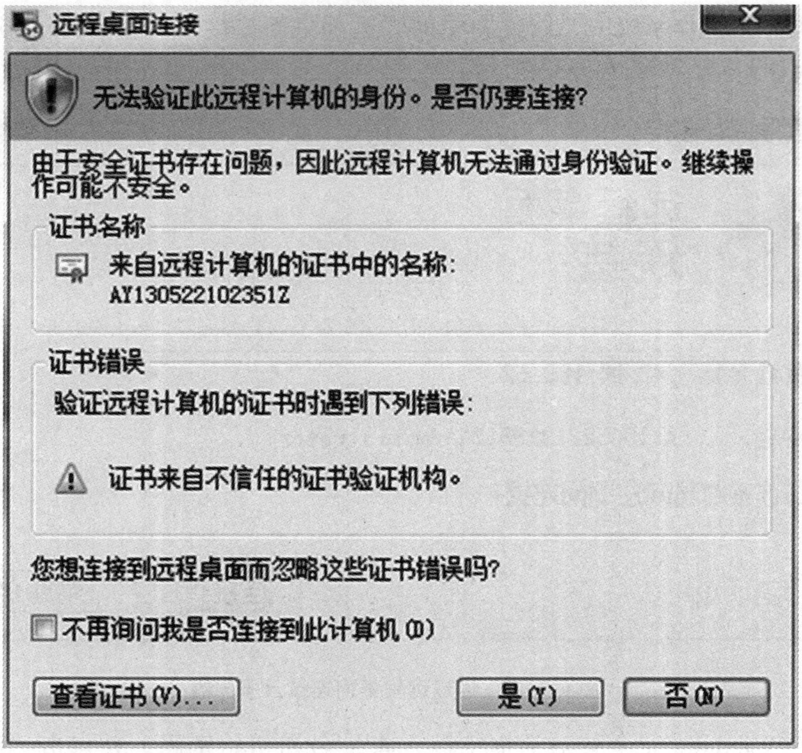

图 6-3-15 确认证书有效性

（4）如图 6-3-16 所示，连接完成后，就进入服务器的操作界面。进入后，系统会自动进行激活，确保服务器的正常使用。

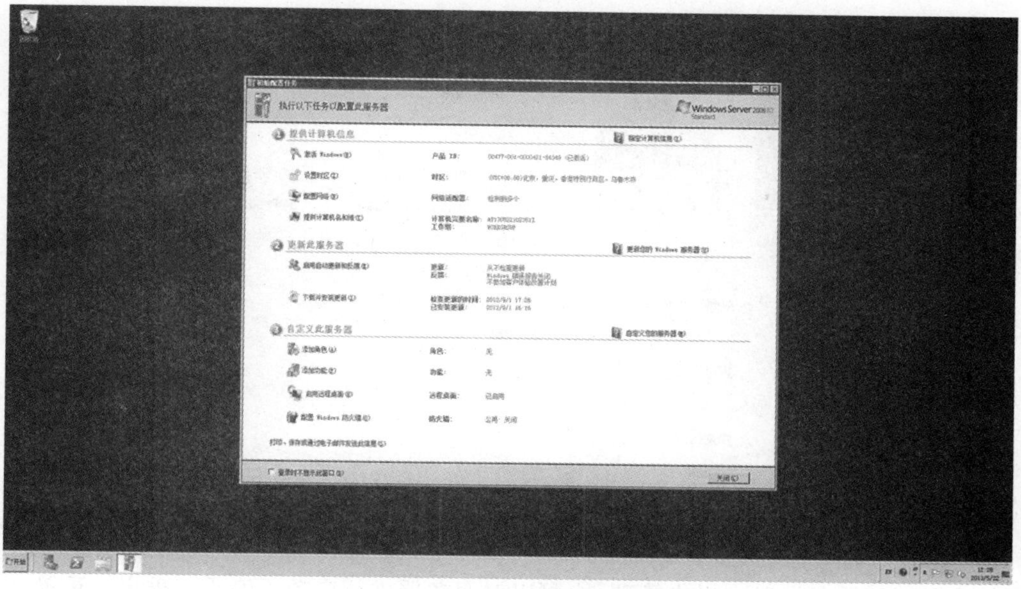

图 6-3-16　云服务器桌面展示

4. 对服务器的其他管理

关于服务器的详细信息查看及进一步的操作，可以通过“我的控制台”中的“管理”功能进行。

（1）选择“管理控制台”，选择需要管理的服务器右方“操作”中的“管理”功能，如图 6-3-17 所示。

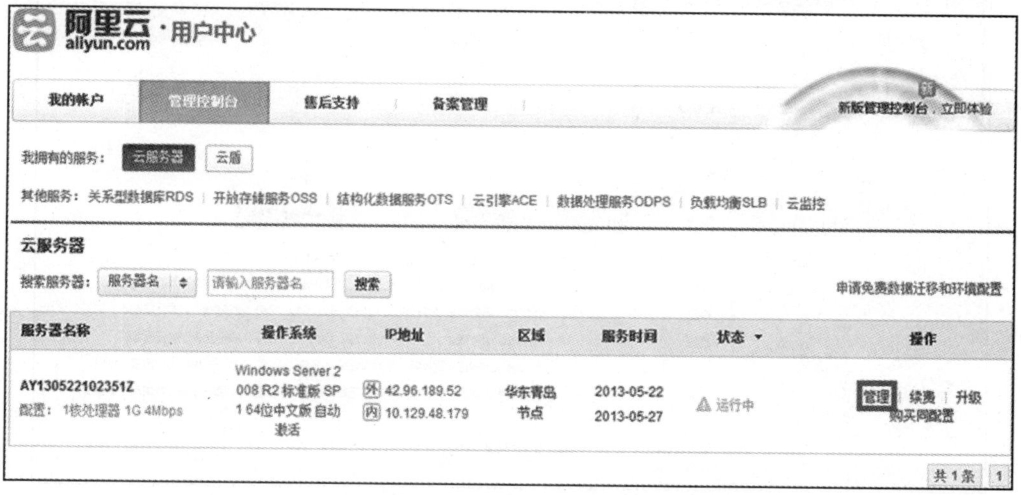

图 6-3-17　管理云服务器

（2）服务器的管理功能共有“系统信息管理”“系统监控管理”和“更换操作系统”三大模块，默认进入“系统信息管理”。

① 如图 6-3-18 所示，在“云服务器系统资源信息”中，可以看到服务器的名称、操作系统、外网及内网 IP、创建时间、运行状态，运行区域及服务器的硬件配置等相关信息。本例中的服务器运行在华东青岛的数据中心。

图 6-3-18　查看云服务器信息

② 选择“云服务器基本操作管理”，可以对服务器进行启动、停止、重启、重置、修改登录密码等操作，如图 6-3-19 所示。

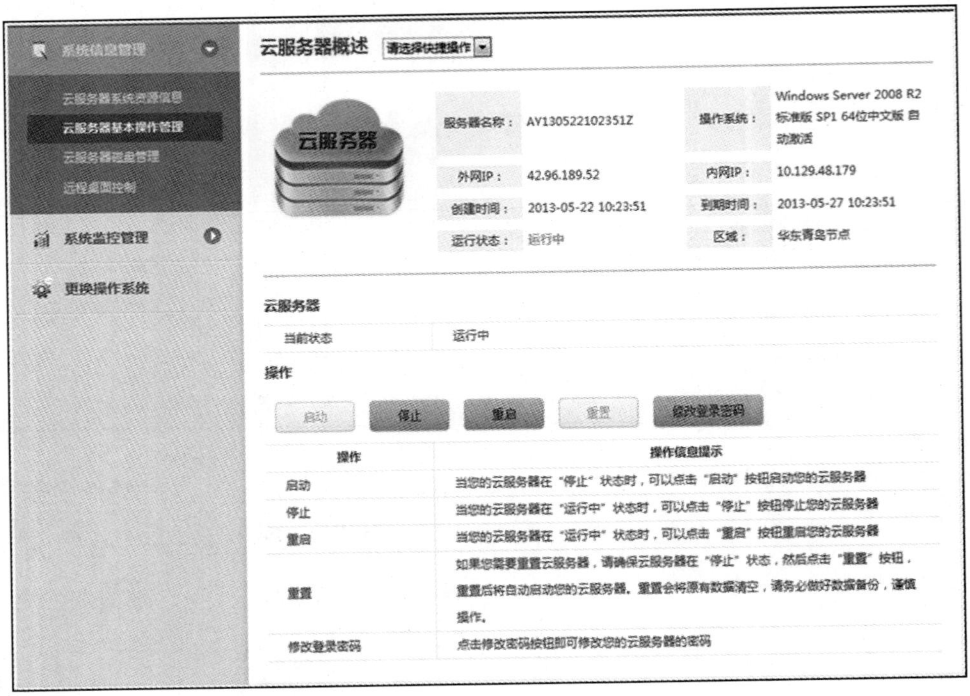

图 6-3-19　查看云服务器的操作

③“系统监控管理”模块可以帮助用户监控服务器的 CPU、磁盘、网络的使用情况；“更换操作系统”模块可以在服务器停机的情况下更换操作系统，例如将 Windows 更改为 Linux 系列。

6.3.2　安装 IIS 服务

IIS（Internet Information Services）是 Windows 操作系统的互联网基本服务组件，通过 IIS

我们可以快速地建立 WWW、FTP 等服务。Windows 2008 中自带的 IIS 版本号为 7.5。

（1）通过远程桌面登录上服务器后，点击“开始” > “管理工具” > “服务器管理器”，弹出“服务器管理器”对话框，如图 6-3-20 所示。

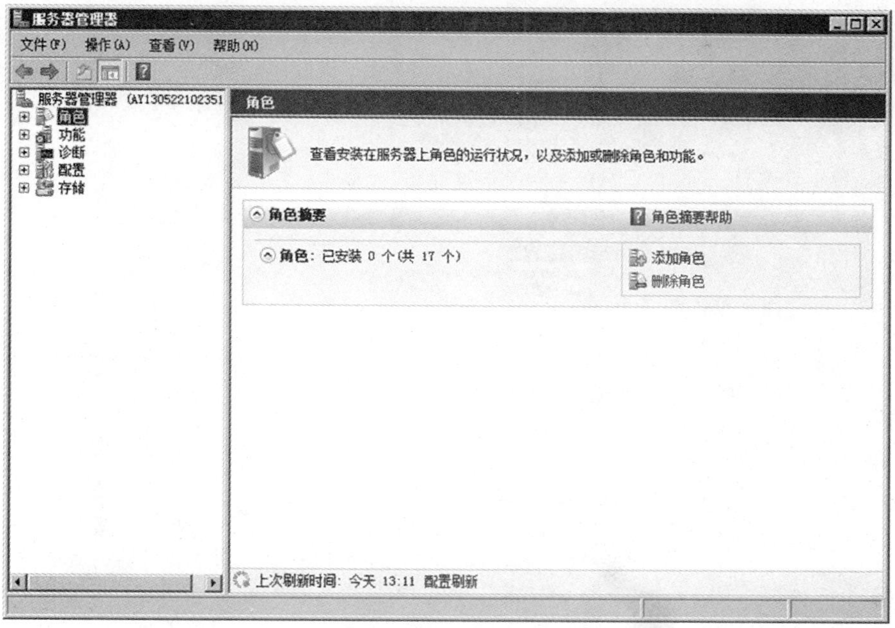

图 6-3-20　安装 IIS（1）

（2）右击“角色” > “添加角色”，弹出“添加角色向导”对话框，如图 6-3-21 所示。

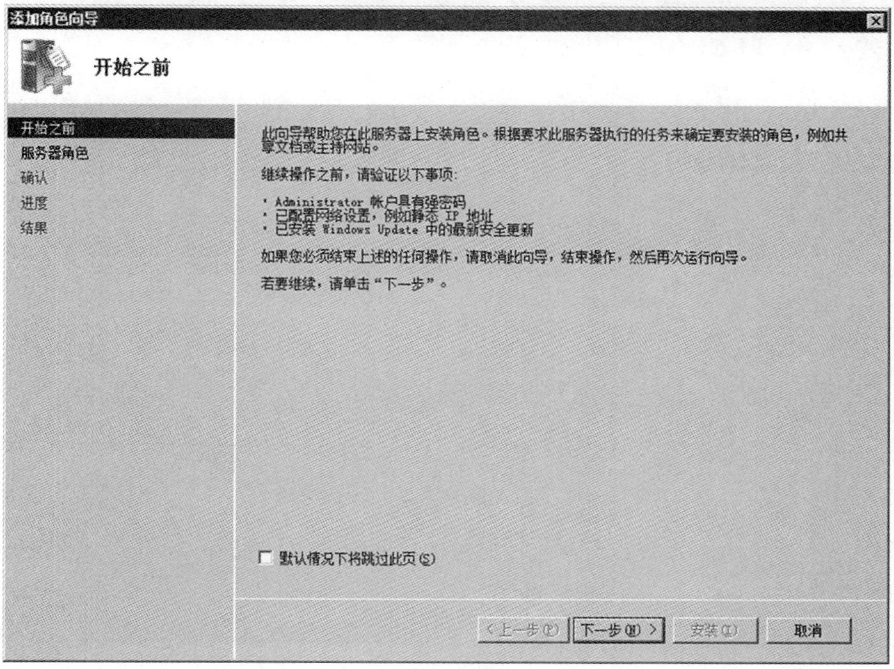

图 6-3-21　安装 IIS（2）

（3）点击“下一步”，选择“Web 服务器（IIS）”，如图 6-3-22 所示。

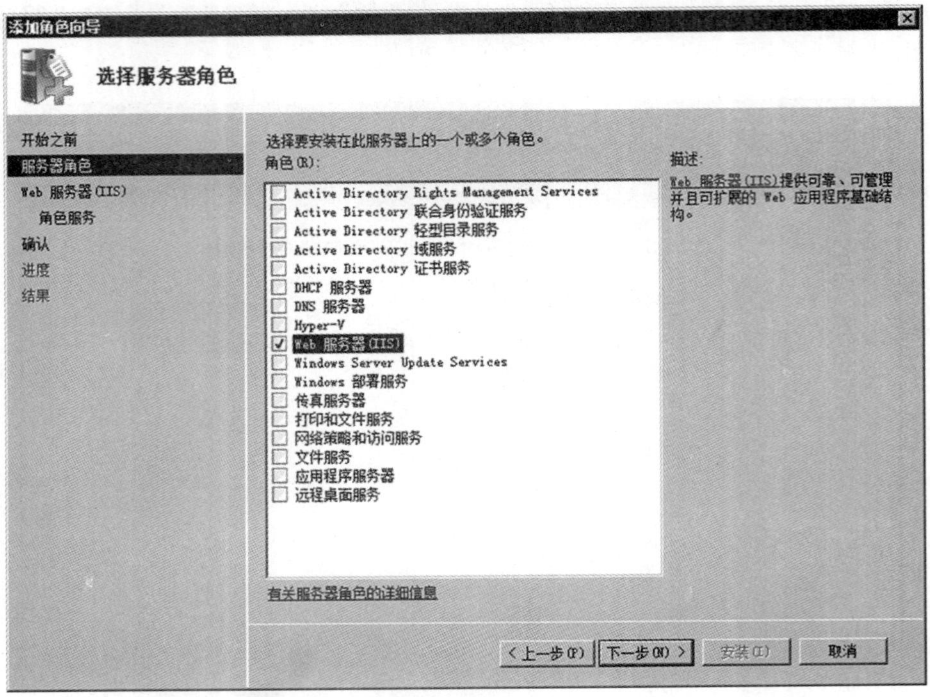

图 6-3-22　安装 IIS（3）

（4）点击“下一步”，显示关于 IIS 的简介，如图 6-3-23 所示。

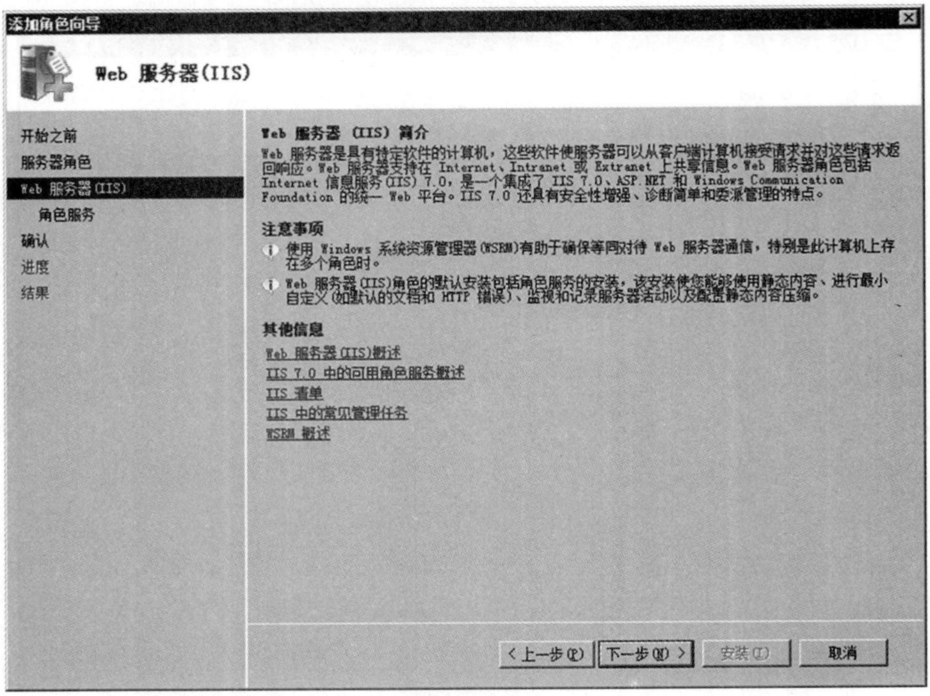

图 6-3-23　安装 IIS（4）

（5）点击“下一步”，在角色服务列表里选中“FTP 服务器”，如图 6-3-24 所示。

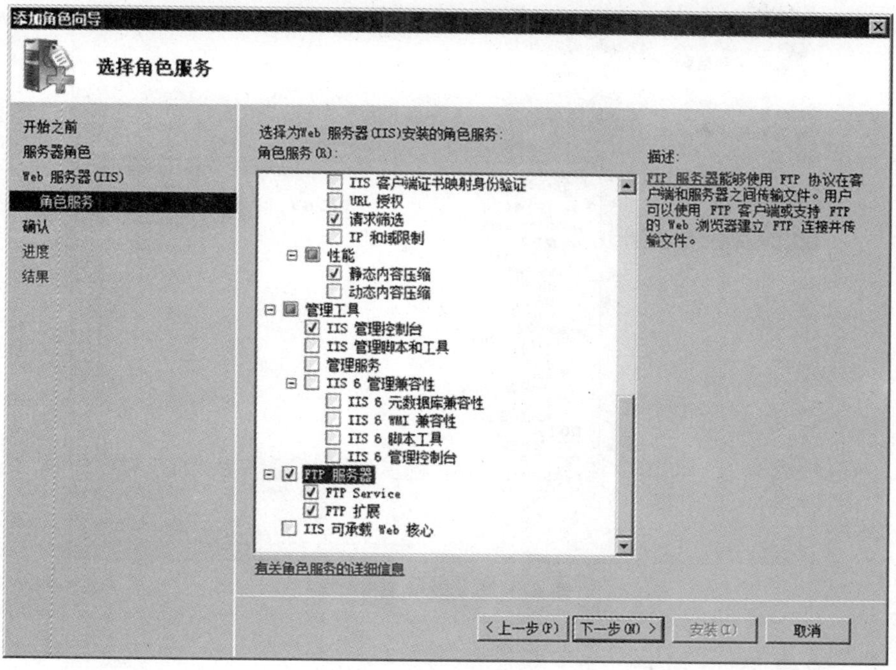

图 6-3-24　安装 IIS（5）

IIS 同时还提供了其他强大的功能，包括支持.net及.asp的动态网页技术、网络安全性等等，可以根据需要进行添加。

（6）点击“下一步”，确认安装信息无误后，点击“安装”，如图 6-3-25 所示。

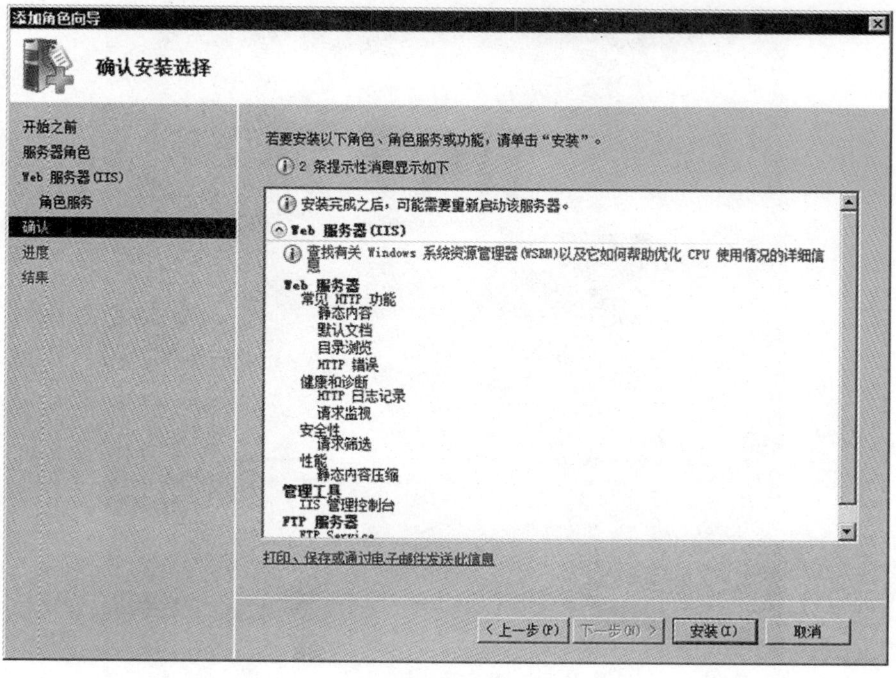

图 6-3-25　安装 IIS（6）

（7）安装结束后，点击“关闭”结束 IIS 的安装，如图 6-3-26 所示。

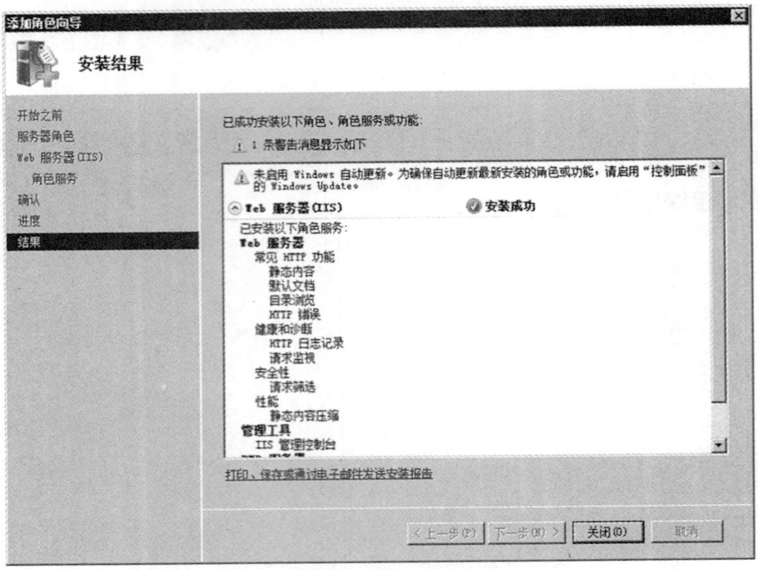

图 6-3-26　安装 IIS（7）

6.3.3　创建 Web 站点

安装好 IIS 后，HTTP 服务已默认启用。如图 6-3-27 所示，通过浏览器访问 http：//42.96.189.52/，可以看到 IIS7 的主页，说明 IIS 已经安装成功。

图 6-3-27　测试 IIS

（1）建立自己的网站目录。

① 远程桌面连接上服务器后，在电脑桌面新建一个名为“My First Website”的文件夹。

② 单击“开始”＞“所有程序”＞“附件”＞“记事本”，打开记事本程序，输入如图 6-3-28 所示的内容。

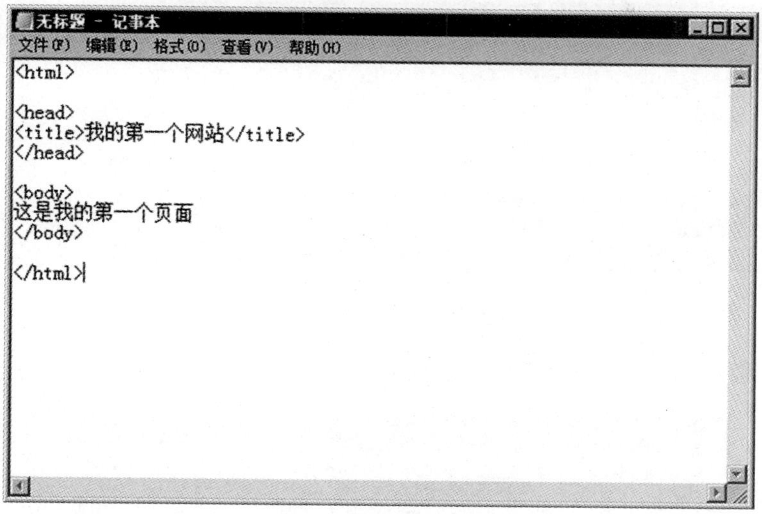

图 6-3-28　编写 html 文件

③ 右击记事本程序的“文件”＞“另存为”，将文件保存在新创建的目录中，并命名为 index. html，点击“保存”保存文件，如图 6-3-29 所示。

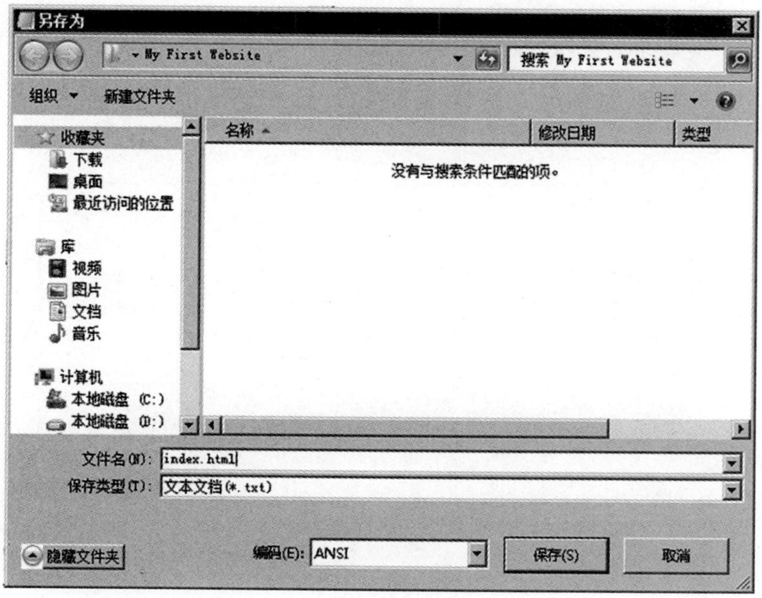

图 6-3-29　保存文件为 index. html

④ 右击文件夹，选择“属性”，弹出文件夹的属性对话框。

⑤ 点击“安全”标签页下的“编辑”，在弹出的权限对话框中单击“添加”，在“选择用户或组”对话框中输入名为 Users 的组，如图 6-3-30 所示。

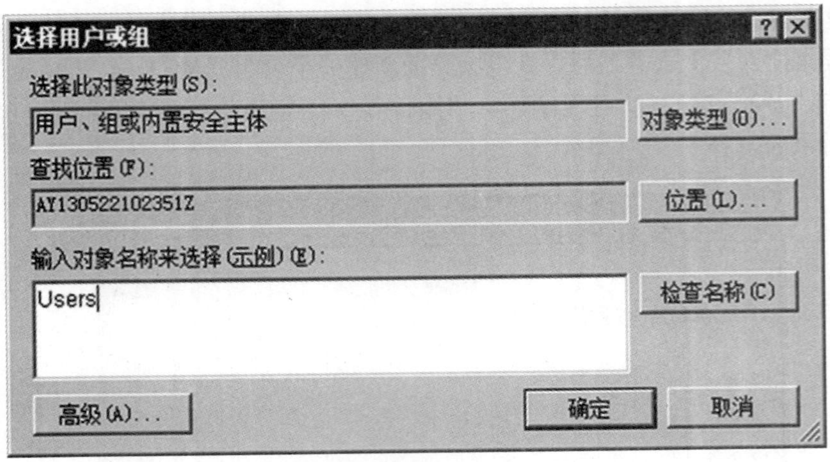

图 6-3-30　编辑文件夹权限

⑥ 单击“确定”，文件夹的属性对话框应如图 6-3-31 所示。

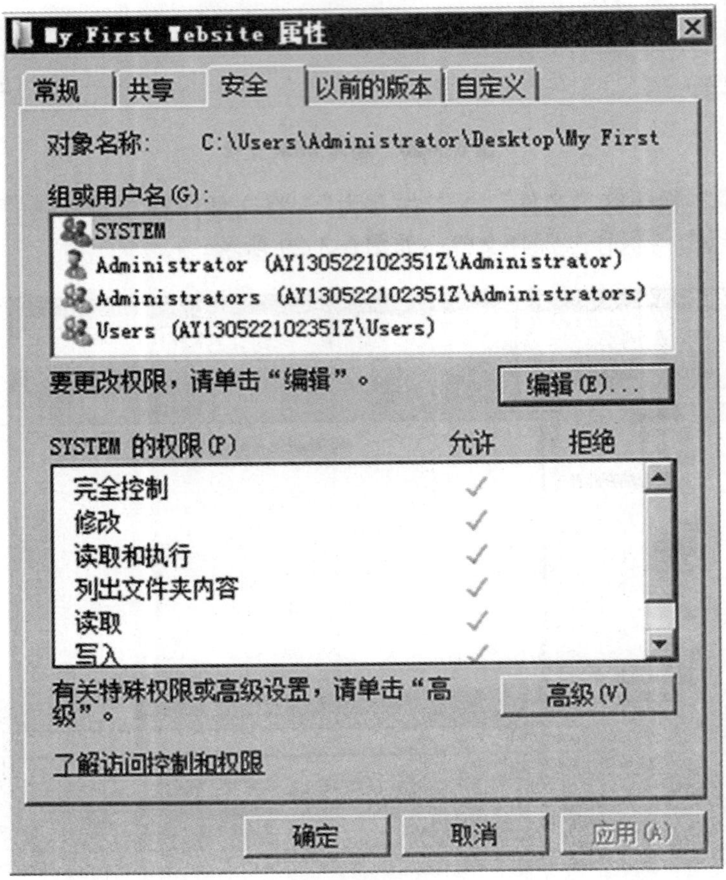

图 6-3-31　文件夹权限

（2）单击“开始” > “管理工具” > “Internet 信息服务（IIS）管理器”，打开管理界面，如图 6-3-32 所示。

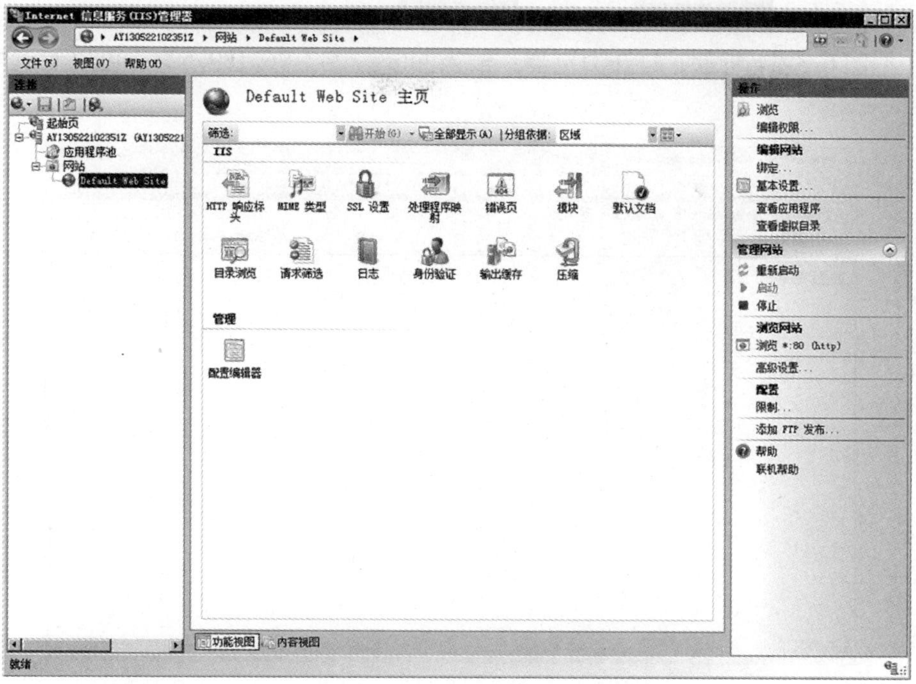

图 6-3-32 IIS 管理器

（3）右击“Default Web Site” > “管理网站” > “停止”，关闭 HTTP 服务。

（4）右击“网站” > “添加网站”，弹出“添加网站”对话框，在网站名称中输入“我的第一个网站”，物理路径选择第 1 步中新创建的文件夹：My First Website，在“IP 地址”一栏中输入服务器的外网 IP，如图 6-3-33 所示。

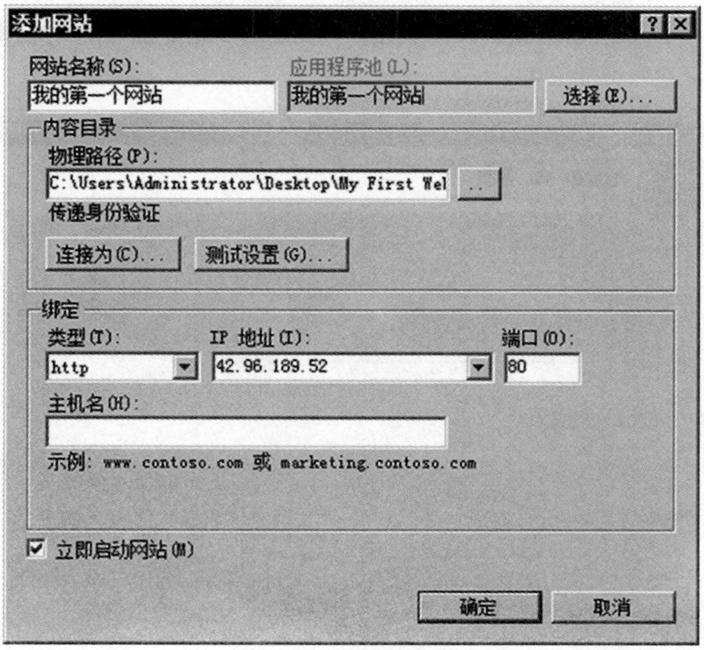

图 6-3-33 添加新网站

（5）单击“确定”。

（6）如图 6-3-34 所示，打开浏览器，输入 http：//42. 96. 189. 52/，可以看到网站已经生效。

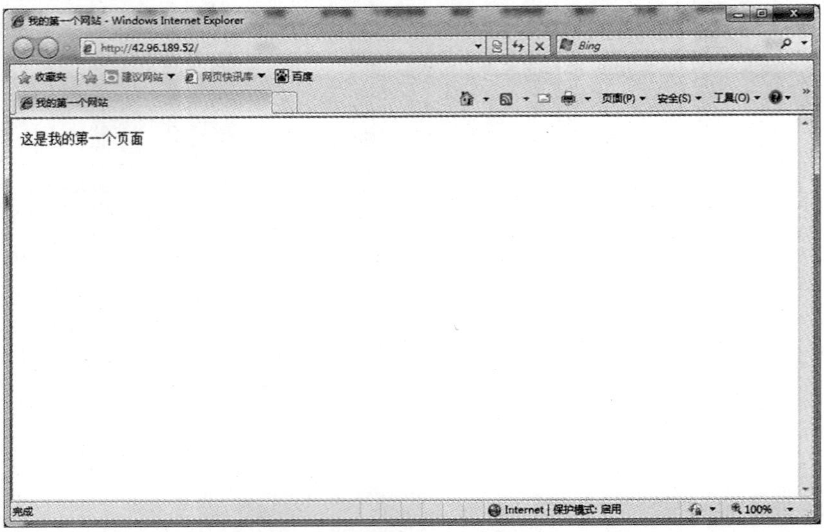

图 6-3-34　测试网站是否生效

6. 3. 4　配置 FTP 服务

网站建好后，需要开通 FTP 服务，以便于上传更新网站文件。建立 FTP 服务的步骤如下：

（1）在“Internet 信息服务（IIS）管理器”对话框中，右击“我的第一个网站” > “添加 FTP 发布…”，弹出如图 6-3-35 所示的“添加 FTP 站点发布”对话框，在 SSL 部分选择“无”。

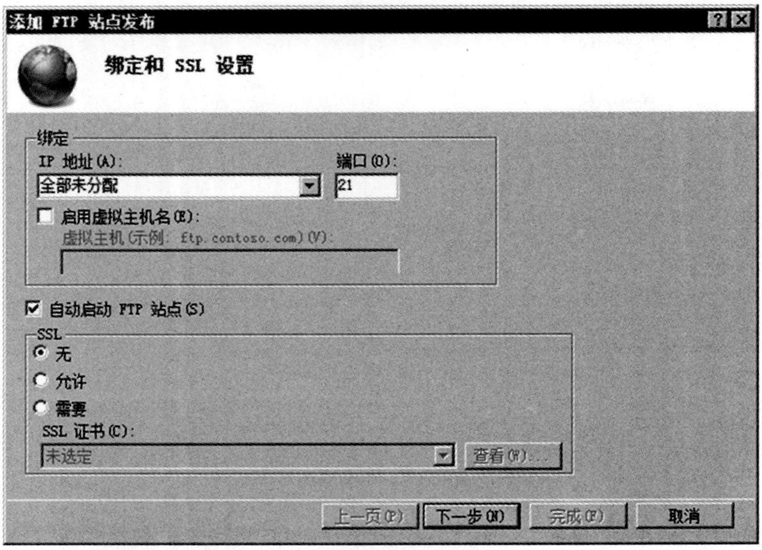

图 6-3-35　添加 FTP 站点

（2）点击“下一步”，在“身份验证”部分选择“基本”，在“授权”部分选择“指定用户”，输入“Administrator”，并给予“读取”和“写入”的权限，如图 6-3-36 所示。

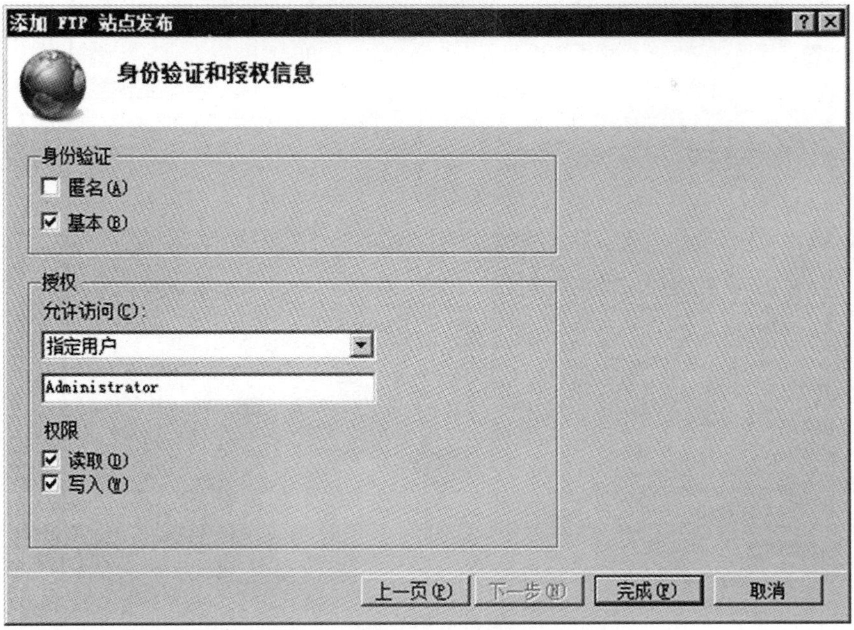

图 6-3-36　指定站点访问权限

小提示

Administrator 用户是系统的超级管理员，一般不用在普通应用中，本例只是举例，如果是长期使用，建议建立一般权限的用户进行文件的上传下载。

（3）点击“完成”，提示添加 FTP 站点成功，如图 6-3-37 所示。

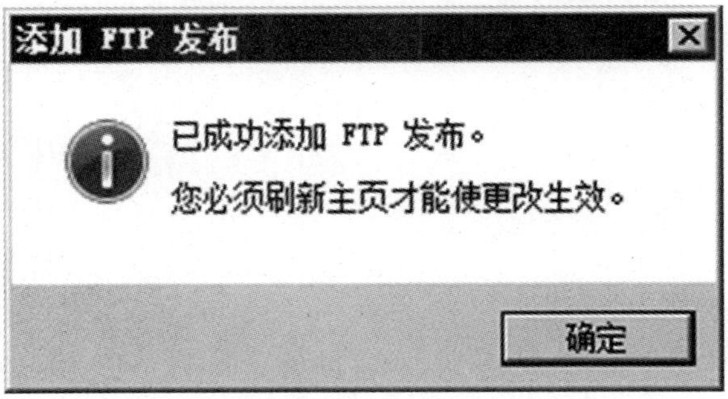

图 6-3-37　成功提示

（4）使用 FTP 客户端软件访问站点，能正常登录，并上传下载，如图 6-3-38 所示。

（5）本书中的例子为简单方便起见，并未过多考虑网络的安全性问题，实际上，在正式运行的网站中，需要仔细考虑权限问题，例如，FTP 服务一般不使用 Administrator 帐号，而是另用一个普通权限的帐号。

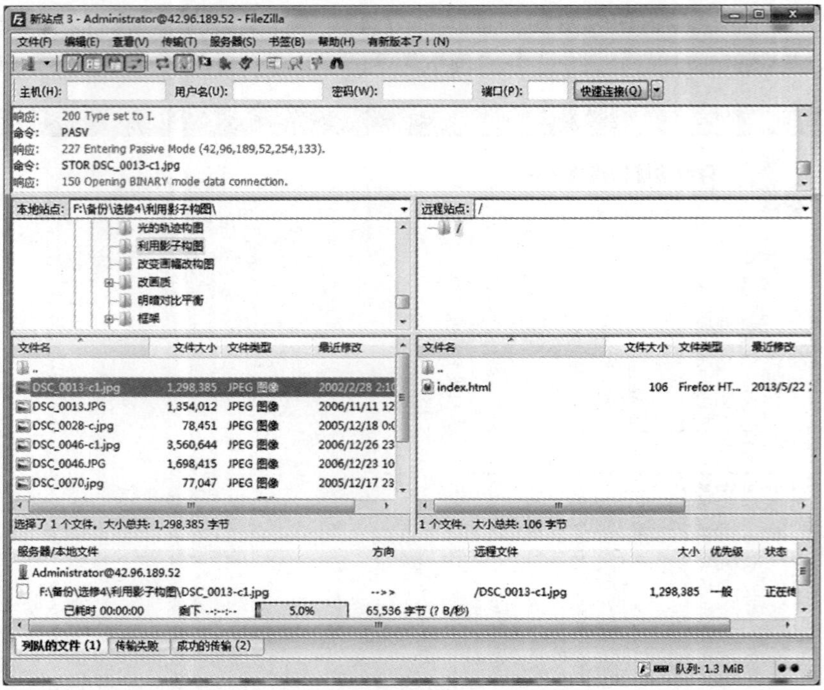

图 6-3-38 测试

练习题

1. 填空题

（1）按计算机网络所占物理区域的大小，可以把网络分为______、______、______。

（2）互联网主要使用的是通讯标准是______，具体实现是______协议簇。

（3）一个完整的以太网由 ______，______，______，______共同组成。

（4）目前的热点技术主要包括______，______，______，______，______。

2. 选择题

（1）常用的网络服务有______。

A. www　　B. FTP　　C. Email　　D. 以上均是

（2）202. 96. 128. 68 属于______类地址。

A. A　　B. B　　C. C　　D. D

（3）测试网络连通性的命令是______。

A. telnet　　B. tracert　　C. ping　　D. nslookup

（4）IPv6 的地址数量是 ______。

A. 2^{32}　　B. 2^{64}　　C. 2^{96}　　D. 2^{128}

3. 简答题

（1）ISO/OSI 七层模型分别是什么？交换机工作在哪一层？路由器工作在哪一层？

（2）IP 地址和端口号的意义是什么？

（3）云计算的类别及各自代表的含义是什么？

参考文献

［1］李绯，杜婧，等．数字媒体技术与应用［M］．北京：清华大学出版社，2012．

［2］黄荣怀．数字媒体技术与应用［M］．北京：中央广播电视大学出版社，2011．

［3］丁向民．数字媒体技术导论［M］．北京：清华大学出版社，2012．

［4］贺雪晨，等．数字媒体技术［M］．北京：清华大学出版社，2011．

［5］阮新新．多媒体技术与应用［M］．北京：清华大学出版社，2006．

［6］张正兰，等．多媒体技术及其应用［M］．北京：北京大学出版社，2007．

［7］黄荣怀，Jyri Salomaa．移动学习［M］．北京：科学出版社，2008．

［8］中华人民共和国教育部．教育信息化十年发展规划（2011—2020 年）．<http：//www. moe. gov. cn/publicfiles/business/htmlfiles/moe/s3342/201203/xxgk_ 133322. htm>

［9］ACCA 专家委员会 DDC 传媒，汪可，张明珍，张明真，於文财．Adobe Photoshop CS6 标准培训教材［M］．北京：人民邮电出版社出版，2013．

［10］前沿文化．中文版 Photoshop CS6 从入门到精通［M］．北京：科学出版社出版，2013．

［11］文杰书院．Photoshop CS6 中文版图像处理［M］．北京：清华大学出版社，2013．

［12］王亚希．教育信息媒体技术实用教程［M］．广州：暨南大学出版社，2010．

［13］孙刚．7 天精通 AdobeAuditionCS5．5 音频处理［M］．北京：电子工业出版社，2012．

［14］张国勇，等．会声会影 X5 视频剪辑入门到精通［M］．北京：机械工业出版社，2012．

［15］王国胜．会声会影 X4 中文版从入门到精通［M］．北京：中国青年出版社，2011．

［16］全国高等学校教育技术协作委员会．计算机媒体素材的制作与使用［M］．北京：高等教育出版社，2002．

［17］吴青，刘凤，沈剑．多媒体技术实用教程［M］．北京：清华大学出版社，2008．

［18］周宝平．Flash CS6 完全自学教程［M］．北京：人民邮电出版社，2013．

［19］胡菘，吴晓炜，李胜林．Dreamweaver CS6 中文版从入门到精通［M］．北京：中国青年出版社，2013．

［20］百度百科．http：//baike. baidu. com．

［21］［美］史蒂文斯（W. Richard Stevens）．TCP/IP 详解［M］．范建华，等，译．北京：机械工业出版社，2007．

［22］刘鹏．云计算：第二卷［M］．北京：电子工业出版社，2011．

［23］黄玉兰．物联网概论［M］．北京：人民邮电出版社，2011．